ENERGÍA ELÉCTRICA.
REGULACIÓN DE
FUENTES CONVENCIONALES, RENOVABLES Y SOSTENIBLES

©   by victorhernandezmendible@gmail.com/
     sandraorjuelacordoba@gmail.com
Hecho el Depósito de Ley
Depósito Legal: DC2016001065
ISBN: 978-980-365-364-4

Universidad MONTEAVILA
Final Av. El Buen Pastor, Boleíta Norte.
Teléfono (58) 212 - 232.52.55 / 32.21 / 51.42 / 71.70 Fax: 232.56.23
Email info@uma.edu.ve

Editorial Jurídica Venezolana
Avda. Francisco Solano López, Torre Oasis, P.B., Local 4, Sabana Grande,
Apartado 17.598 - Caracas, 1015, Venezuela
Teléfono (58) 212-762-25-53 / 762-38-42/ Fax. 763-52-39
Email fejv@cantv.net
http://www.editorialjuridicavenezolana.com.ve

Impreso por: Lightning Source, an INGRAM Content company
para Editorial Jurídica Venezolana International Inc.
Panamá, República de Panamá.
Email: ejvinternational@gmail.com

Diagramación, composición y montaje por: Mirna Pinto, en letra
Book Antiqua 10 Interlineado Exacto 11, Mancha 13x19.5

VÍCTOR RAFAEL HERNÁNDEZ-MENDIBLE
SANDRA PATRICIA ORJUELA CÓRDOBA

ENERGÍA ELÉCTRICA. REGULACIÓN DE FUENTES CONVENCIONALES, RENOVABLES Y SOSTENIBLES

PRÓLOGO

Joaquín Rodríguez Alonso
Rector (2005-2015)
Presidente del Centro de Altos Estudios
Universidad Monteávila

COLECCIÓN CENTRO DE ESTUDIOS DE REGULACIÓN
ECONÓMICA-UNIVERSIDAD MONTEÁVILA

N° 2

Universidad Monteávila
Editorial Jurídica Venezolana
Caracas 2017

Dedicatoria

Al artista plástico Miguel Javier Orjuela Córdoba,
diseñador de la portada de esta obra

Agradecimientos

A Joaquín Rodríguez Alonso, cuya amistad de tantos
años, nos renueva con este gentil prólogo

A Ronarcy J. Guevara Martínez, por su gran amistad y
su inconmensurable generosidad

AUTORES

Víctor Rafael Hernández-Mendible

Doctor en Derecho por la Universidad Católica Andrés Bello. Director del Centro de Estudios de Regulación Económica en la Universidad Monteávila (Venezuela); Profesor de la Maestría en Derecho en la Universidad del Rosario (Colombia), Profesor del núcleo básico en la Maestría en Derecho Energético y Sustentabilidad en la Universidad Autónoma de Nuevo León (México) e invitado en la *University for Peace*, de la Organización de las Naciones Unidas (ONU). Miembro de la Comisión Académica del Doctorado en Derecho Administrativo Iberoamericano de la Universidad de La Coruña (España), Miembro del Foro Iberoamericano de Derecho Administrativo (FIDA), de la Asociación Iberoamericana de Estudios de Regulación (ASIER), de la Red de Contratos Públicos en la Globalización Jurídica (Francia) y de la Red Iberoamericana de Contratación Pública (REDICOP); fundador del Instituto Internacional de Derecho Administrativo (IIDA), de la Asociación Iberoamericana de Derecho Administrativo y de la Red Internacional de Bienes Públicos (RIBP). Recientemente ha realizado consultorías internacionales a UNICEF (2011), la Corporación Dominicana de Empresas Eléctricas Estatales (2012) y la Dirección General de Bienes del Estado, del Ministerio de Hacienda de la República Dominicana (2013). Ha dictado 252 conferencias en 30 lugares de América y Europa. Es autor de 190 publicaciones entre libros, estudios y artículos editados tanto en soporte de papel como electrónico. Socio-Fundador de HMO Consultores. www.hmo-consultores.com/ victorhernandezmendible@gmail.com

Sandra Patricia Orjuela Córdoba

Doctora en Comunicación Organizacional-Mención Doctorado Europeo por la Universidad de Málaga (España). Profesora de Planificación Estratégica de Comunicaciones en la Universidad Monteávila (Venezuela); en Comunicación, Consumidores y RSE en el Diplomado en Gerencia y RSE en la Universidad Simón Bolívar (Venezuela); en Estrategias de Comunicación y Consultoría en Comunicación Organizacional en la Maestría en Comunicación Organizacional y en el Centro Internacional de Actualización Profesional de la Universidad Católica Andrés Bello (Venezuela); en Imagen Corporativa y RSE en la Maestría en Comunicación Estratégica de la Benemérita Universidad Autónoma de Puebla (México); en Comunicaciones Estratégicas en la Universidad Central de Venezuela; en Comunicación en Procesos de Crisis en la Maestría de Comunicación Estratégica en la Universidad de La Sabana (Colombia). Miembro de la Asociación Internacional de Investigadores en Relaciones Públicas (España), de Fisec-Foro de Estrategias de Comunicación (España) y de la Red Internacional de Investigadores y Consultores en Comunicación - RIICC (México). Consejo de Redacción de la Revista RSE Venezuela, Comité asesor en RSE de Fedecámaras y Consecomercio de Venezuela y del Comité de Integración Social de la Cámara Venezolano-Colombiana. Conferencista y consultora internacional en Estrategia + Comunicación + RSE. Recientemente ha realizado consultorías internacionales a UNICEF (2011), la Cancillería de Colombia asesorando al Consulado General de Colombia en Caracas (2013) y la Organización Iberoamericana de Seguridad Social (2015-actualmente). Ha dictado 35 conferencias en 22 lugares de América y Europa. Es autora de 30 publicaciones entre libros, estudios y artículos editados tanto en soporte de papel como electrónico en temas de Responsabilidad Social, Estrategia y Comunicación. Socia-Directora Ejecutiva de HMO Consultores. www.hmo-consultores.com/sandraorjuelacordoba @gmail.com

PRÓLOGO

La presente obra da continuidad inmediata a una publicación excepcional, aparecida recientemente, y dirigida por el mismo autor, en la que se hacía examen exhaustivo del "Derecho de la Energía en América Latina". Se focaliza ahora, con la minuciosidad propia de la autoridad competente, en el examen específico del sector eléctrico, abordando particularmente el escenario del mismo en Venezuela, caracterizado por problemas estructurales de tal magnitud que su necesaria e impostergable solución reclamará ingentes esfuerzos de toda la organización social, gubernamental y empresarial del país.

Pero este particular examen no es abordado desde una reductiva aproximación localista, antes por el contrario, se sitúa en la consideración previa y exhaustiva de los aspectos generales de la regulación de servicios, y en los marcos de referencia modernos de la comunidad regional, europea e internacional, de manera enjundiosa y pormenorizada, constituyéndose así en un compendio autorizado de las fuentes jurídicas del marco regulatorio (jurídico-institucional, económico-financiero y técnico) del servicio eléctrico, por lo tanto, una valiosa fuente de referencia para otros estudios relacionados.

La causa principal de la lamentable situación actual del sistema eléctrico venezolano es identificada en la política estatista de los últimos quince años, en los que una visión ideológica del control de la sociedad por parte del Estado, oportunamente promovida con unos excepcionales ingresos por venta de hidrocarburos, derivados de unos exorbitantes precios de los crudos durante un sostenido período, manejados directa, arbitraria e improvisadamente por el mismo Estado como dueño absoluto de la industria petrolera, y que extendió su control a los demás sectores productivos y de servicios, incluyendo prominentemente el sector eléctrico, mediante compras, expropiaciones y progresiva eliminación de la propiedad privada, resultó en una crítica desinversión en este sector, una alarmante falta de mantenimiento y la carencia más vergonzosa de planificación, en un país joven, con marcada tendencia de incremento poblacional y con una tradición, sembrada por la democracia de la república civil renacida al término de la dictadura anterior (1958), de aspiración de niveles de calidad de vida acordes con el progreso mundial.

Animados por la esperanza de una pronta reforma del Estado que reoriente nuevamente la vida del país en todas sus dimensiones y procure la convivencia pacífica, armoniosa, pero también útil y productiva de toda su gente, y que además se integre colaboradora y generosamente en el concierto de las naciones de la región y aún del mundo, tan interdependiente en este siglo XXI, los autores ofrecen el más calificado marco de referencia jurídico, desde las generalidades de la regulación de las energías hasta el detallado examen de las perspectivas internacionales y regionales, para presentar un amplio y comprensivo escenario regulatorio al proyecto nacional, como guía eficaz para los operadores jurídicos, económicos y técnicos que, conscientes de la absoluta necesidad de un sistema eléctrico sostenible para la viabilidad y el progreso del país, hayan de conceptualizar, planificar, organizar y ejecutar la recuperación de este sector y sumarlo a las bases fundamentales de la nueva estructura del país y de sus relaciones con el mundo.

América Latina es considerada la región más "verde" del mundo, en lo que a generación eléctrica se refiere, con un 60% de fuentes renovables (muy superior al 25% de media mundial), principalmente por el uso de los recursos hidráulicos en Brasil, Perú, Colombia y Venezuela. Pero también enfrenta el reto de un crecimiento acelerado, estimado en un 91% de incremento acumulado de la demanda para 2040, lo que supone prácticamente duplicar su capacidad de generación en los próximos 20 años. Y ello con las restricciones que impone la preservación del ambiente, establecidas en abundantes legislaciones y convenios, como el reciente acuerdo de la Cumbre del Clima, celebrada el año 2015 en París, que pauta la reducción obligatoria de las emisiones de gases de efecto invernadero por parte de todos los países firmantes (195), conjuntamente con el acceso universal a una energía sostenible y segura para el año 2030, entre otros compromisos del acuerdo.

Ante ello, dos tendencias irrumpen con el potencial de acomodar ambas exigencias: la creciente incorporación de tecnologías alternas (solar, eólica, geotérmica, etc.) y la optimización del uso/consumo de la energía (edificios, ciudades "inteligentes"). La dependencia fuerte de la mayoría de las energías alternas respecto de fenómenos climatológicos (variables), reclama además la diversificación de la misma en procura de oportunas compensaciones (una temporada de sequía que reduce el potencial eléctrico puede correlacionar con un incremento del potencial, en fuente, de energía solar y eólica). La progresiva reducción de costos que el desarrollo tecnológico ha venido favoreciendo en el aprovechamiento de energías alternas, comparativamente con los costos de producción de energías convencionales (basadas en carbón e hidrocarburos), supone un prometedor aliciente para su desarrollo y aplicación.

La propuesta para el debate, desarrollada en la presente obra, se enuncia sobre la base de un Estado Social de Derecho que no reclama la titularidad, gestoría o propiedad exclusiva de la prestación del servicio, sino que regula, controla y supervisa, con garantía social, el servicio que se realiza desde la natural vocación de la iniciativa privada (sin la necesaria exclusión de toda participación de operadores públicos, ni de las potenciales cooperaciones), para satisfacer la demanda de la población, en régimen de justa competencia, para lo cual crea las instancias que con autoridad y dominio técnico establecen las normas, supervisan su cumplimiento y corrigen su ejecución, para la mejor satisfacción de la comunidad. De este modo no abandona la responsabilidad de proveer eficazmente a las necesidades de la población, que ya han pasado a ser primarias y sujetas de progresivo ordenamiento de derechos humanos, evitando su subordinación a intereses oligopólicos, sino que la ejerce con la máxima autoridad que le ha confiado la ciudadanía para la defensa y promoción de las mejores condiciones de vida. Sobre este principio se desarrolla ampliamente la propuesta de la naturaleza y alcance de los entes reguladores, el enunciado y características de los derechos de usuarios y consumidores, y el amplio despliegue de la responsabilidad social de las empresas del sector.

Esta obra constituye un aporte extraordinario del proyecto de investigación, desarrollo e innovación sobre la Regulación Transnacional de las Energías Sostenibles, liderado por el Dr. Hernández Mendible, con el respaldo institucional del Centro de Estudios de la Regulación Económica (CERECO) de la Universidad Monteávila, que dirige desde su creación en 2012. Este Centro, con clara vocación académica, se ha dedicado a plantear propuestas en torno a las cuales se fomenten debates interdisciplinares para hacer concurrir a los entes reguladores, planificadores de políticas públicas, operadores privados y comités de usuarios, consumidores y técnicos, en cuanto a la actividad económica de los distintos sectores, infraestructuras y redes que sostienen la operatividad del país.

En este tiempo, relativamente breve, el Centro (CERECO) ha participado con 16 ponencias en eventos nacionales, 42 ponencias en eventos internacionales, 5 clases magistrales en universidades extranjeras, 36 contribuciones en libros o revistas, incluyendo 4 libros presentados por el Centro, ha liderado la organización de 3 Congresos Nacionales de Derecho Administrativo, y ha participado como miembro promotor y coordinador del Doctorado en Derecho Administrativo Iberoamericano, en conjunto con 12 universidades latinoamericanas, bajo la gestión de la Universidad de La Coruña, España.

Sin duda, el despliegue de esta actividad ha sido una manifestación ejemplar de la naturaleza y alcance de estos Centros de Estudio, con los que la Universidad Monteávila ha procurado abordar áreas de conocimiento y temas de relevancia para la sociedad, como una contribución –desde su naturaleza académica– a la identificación, clarificación y eventual solución de los problemas que dificultan el logro del bien común, y también, de modo positivo, con propuestas que alienten el compromiso de los universitarios por un mejor país y por un mundo mejor.

En este empeño, los Centros de Estudio quieren ser lugar de encuentro armonioso y fecundo, donde la libertad académica y el conocimiento científico, en un clima de respeto y de compromiso por la verdad, se abren de manera cordial al examen, debate, crítica y posible convergencia, de ideas, opiniones autorizadas, propuestas y planes de acción, invitando a la más amplia colaboración de otras personas e instituciones, con el objetivo de procurar el mejoramiento de las personas y las comunidades, o en expresión frecuente de nuestro Rector fundador, Dr. Enrique Pérez Olivares, "la marcha hermosamente dramática hacia su plenitud".

La profusa obra del Dr. Hernández-Mendible ha sido testimonio elocuente de esta disposición. Su esmerada dedicación al estudio, su perseverancia en el desarrollo de cada proyecto, su acuciosa contrastación de fuentes, su examen amplio e integrador, y su laboriosidad extraordinaria en el ejercicio profesional y académico, muy particularmente en la elaboración de ponencias, clases, artículos y libros, lo hacen destacar con excelencia de méritos en esta labor. Bastaría recorrer su extensa obra que, por su juventud, promete expandirse mucho más abundantemente, para constatar dicha ejemplaridad. En esta publicación, suma los aportes extraordinarios de su esposa, la Dra. Sandra Orjuela, brillante profesional de las comunicaciones sociales, excelente expositora, diligente académica y entusiasta promotora de iniciativas de estudio y cooperación, en la que contribuye de manera distintiva sobre la responsabilidad social empresarial aplicada al sector eléctrico.

Dr. Joaquín Rodríguez Alonso
Rector (2005-2015)
Presidente del Centro de Altos Estudios
Universidad Monteávila

INTRODUCCIÓN

En el presente siglo, la actividad económica energética a nivel mundial ha continuado la hoja de ruta de los cambios que se iniciaron a finales del siglo pasado, entre los que destacan desde la perspectiva jurídica (regulación orientada a la consecución de objetivos de interés general), institucional (separación de empresas operadoras, de los agentes políticos y de las autoridades técnicas reguladoras), económica (economía social de mercado y mayor estímulo a la competitividad), técnica (tecnologías modernas, limpias y energéticamente eficientes), social (universalización del acceso a las energías sostenibles y responsabilidad social empresarial) y ambiental (reducción de los gases de efecto invernadero y mitigación del cambio climático), lo que ha permitido evolucionar en la investigación, el desarrollo y la innovación (I+D+i) para transitar del insostenible aprovechamiento de los recursos naturales no renovables convencionales y no convencionales, hacia un aprovechamiento sostenible de los recursos naturales renovables convencionales y no convencionales.

Por su parte, América Latina que se mueve a su propio ritmo, ha producido cambios en el modelo económico y energético de los países, los cuales en unos casos han supuesto avances importantes (v.gr. México de manera cualificada con la nueva regulación[1], Colombia de forma cuantitativa al alcanzar en un determinado momento la producción del millón de barriles diarios[2] o Uruguay con el incremento del aprovechamiento de las fuentes de energías renovables[3]), en otros se ha mantenido con ligeros cambios (v.gr. Colombia o Chile en el sector eléctrico) y en los menos, se han experimentado retrocesos (v.gr. Venezuela con la disminución de la producción de la cesta petrolera que en el año 2000, rondaba los tres millones trescientos mil (3.300.000) barriles diarios aproximadamente, a la actualidad que según la

---

[1]   http://reformas.gob.mx/reforma-energetica/reformas-y-leyes; y, http://reformas.gob.mx/reforma-en-competencia-economica/reformas-y-leyes

[2]   http://www.eluniversal.com.co/economica/colombia-produjo-mas-de-un-millon-de-barriles-de-crudo-diarios -en-2013-147195

[3]   http://www.elpais.com.uy/economia-y-mercado/uruguay-sera-pais-mundo-mayor. html

OPEP es de dos millones ciento ochenta y nueve mil (2.189.000) barriles diarios aproximadamente[4], mientras en ese mismo período se incrementó la nómina de empleados en la industria petrolera, de 40.000 a 140.626[5] o en el sector eléctrico, con la universalización del racionamiento del suministro, luego de la estatización de todo el sector[6], pero sin duda, ninguna se encuentra en la misma situación que en el año 2000.

Ahora bien, dado que actualmente el contexto regional del sector energético ha sido estudiado con absoluta exhaustividad de los subsectores –petróleo, gas, electricidad y renovables–, en la obra colectiva *"Derecho de la Energía en América Latina"*[7], en la que participan más tres docenas de autores latinoamericanos abordando la situación continental del sector, desde cada una de sus realidades, este trabajo se centrará en el estudio del sector eléctrico nacional, cuyo problemas estructurales requieren de largo aliento para su superación.

En el caso concreto del sector eléctrico en Venezuela, la situación resulta muy lamentable, pues paradójicamente a haber vivido el Estado la época de mayores ingresos generados por la producción petrolera en la historia del país –aunque se producían menos hidrocarburos, se vendían cada vez más caros en función de los mercados internacionales–, no se invirtieron los recursos económicos necesarios para fortalecer la industria eléctrica nacional a los fines de lograr un funcionamiento más óptimo, sin fisuras; incluso de haberse efectuado una adecuada planificación y gestión ante los recurrentes efectos del cambio climático, se pudo haber cubierto la demanda nacional y exportado energía a los países vecinos, generando así nuevas fuentes de divisas.

Pero lejos de ello, la gestión gubernamental de los últimos tres lustros resolvió implementar una versión criolla de lo que se ha denominado –parafraseando a Paul Krugman– como la nueva economía vudú[8], pues aun-

---

[4]   OPEP., Monthly Oil Market Report, 13 June 2017, http://www.opec.org /opec_web/static_files_project/media/downloads/publications/MOMR%20June%202 017.pdf

[5]   http://www.pdvsa.com/index.php?tpl=interface.sp/design/faq.tpl.html&new sid_temas=8

[6]   El periódico El Universal titula el día 21 de abril de 2016, "Gobierno anuncia racionamiento eléctrico de cuatro horas diarias", http://www.eluniversal.com/noticias /econo mia/gobierno-anuncia-racionamiento-electrico-cuatro-horas-diarias_305989 y el periódico El Nacional señala "Suspenderán el servicio eléctrico 4 horas diarias durante 40 días" http://www.el-nacional.com/sociedad/Suspenderan-servicio-electrico-horas-diarias_0_833916713.html

[7]   AA.VV., (Dir. Hernández-Mendible, Víctor R. y Moreno Castillo, Luis F.), *Derecho de la Energía en América Latina,* 2 tomos, Universidad Externado de Colombia, Bogotá, 2017.

[8]   Krugman, Paul, The New Voodoo, *The New York Times*, 30 de diciembre de 2010. http://www.nytimes.com/2010/12/31/opinion/31krugman.html?_r=0

que la intervención del Estado se dirigió a suprimir toda iniciativa privada, libertad de empresa y propiedad privada –distinta a la propuesta formulada inicialmente por Ronald Reagan y cuestionada por George Bush, con el calificativo de economía vudú–, las consecuencias han sido igualmente perniciosas, pues la mezcla entre los altos ingresos en divisas derivadas de la exportación de hidrocarburos, que permitió la estatización progresiva de toda la economía –a través de compras en unos casos y en otros expropiaciones a los inversionistas extranjeros y en todos los supuestos confiscaciones a los inversionistas nacionales–, generó una nueva versión de la enfermedad holandesa o síndrome holandés.

Es así como la implementación de esa política económica carente de absoluta racionalidad, condujo a que inexplicablemente desaparecieran los recursos de la población que ingresaron al Estado por la exportación de los hidrocarburos, –sin que se haya producido una inversión significativa y es obvio que esa desaparición es la antítesis del ahorro, pues las reservas internacionales han descendido a niveles dramáticos–, el país ha asumido la mayor deuda de toda su historia, que ha terminado hipotecando el futuro de las generaciones que todavía no han nacido y se generó una ola especulativa con las divisas en el mercado paralelo producto del ineficaz control cambiario, que entre otros efectos condujo al desabastecimiento de los productos de primera necesidad y de medicamentos, la inflación más alta del continente y el mundo, así como a un decrecimiento económico, que ha dado como resultado una crisis económica y social sin precedentes, que se manifiesta en dos grandes síntomas, uno es que se sigue incrementando el endeudamiento público internacional; y el otro, la absoluta desaparición del ahorro privado.

Esta situación que tiene su proyección en todos los sectores y concretamente en el eléctrico, es la consecuencia directa de la improvisación, desorganización, populismo, opacidad respecto a la información, desinversión en la industria y sustitución del personal cualificado por uno carente de conocimientos elementales, que condujo a las únicas consecuencias posibles cuando no se actúa de manera diligente, eficaz y eficiente haciendo lo que se debe, que se iniciase la interrupción no programada del suministro energético, que fue seguida por los anunciados racionamientos como una forma de gestión de las crisis provocada por el propio gobierno, en el sistema interconectado.

Ante esto hay que conservar las perspectivas, pues para garantizar en el futuro el bienestar y el progreso económico y social, se requiere efectuar la planificación y gestión eficiente del sector, establecer una organización empresarial idónea, definir el modelo institucional, regular el mercado en los segmentos que sea necesario, contar con personal profesional cualificado y especializado, brindar toda la información, efectuar el mantenimiento técnico del sistema y considerar la interconexión e integración de las redes, teniendo presente que ningún país puede permanecer aislado del contexto internacional.

Únicamente pueden aspirar al desarrollo sostenible, los países que tengan un sistema eléctrico, seguro, confiable, asequible, sostenible, pues mediante una economía verde serán potencialmente capaces de atraer más inversiones nacionales e internacionales, generar mayores y mejores fuentes de trabajo y producir mayor cantidad de riqueza y bienestar a sus habitantes. Pero para lograrlo además requieren tener un sólido Estado de Derecho, un sistema político democrático, un modelo de economía de mercado, respeto a los derechos constitucionales, seguridad jurídica y normas claras en materia de inversión, lo que incluso ha llevado a algunos a compartir reglas y principios en el marco de los procesos regionales de integración, que han ido dando origen a un *Ius Commune Energiarum* a nivel mundial.

Es conforme a estos términos que se logra entender lo acontecido en 2015, año especialmente relevante para la energía en el contexto internacional, pues desde una visión interdisciplinaria se resolvió acelerar los esfuerzos para producir un cambio de paradigma en el modelo de desarrollo de las actividades económicas, que explotaban los yacimientos de las fuentes de energía de origen fósil ubicadas en el subsuelo, bajo el régimen de monopolio del Estado, dando como resultado una economía hipercarbónica, marrón y principal productora de los gases generadores del efecto invernadero, que contribuyó a acelerar el cambio climático durante el siglo XX y lo que va del siglo XXI; con la finalidad de transitar hacia un nuevo modelo de desarrollo mediante el aprovechamiento de fuentes de energías sostenibles, renovables, asequibles, seguras, eficientes y de acceso universal, que permitan satisfacer las necesidades energéticas de las personas, manteniendo el progreso económico (elemento económico), fomentando la cohesión social y erradicando la pobreza en todas sus formas (elemento social) y disminuyendo la emisión de gases que generan el efecto invernadero, contribuyendo de esa manera a mitigar el cambio climático (elemento ambiental), lo que debe garantizar una calidad de vida digna a las personas que existen en el tiempo presente, sin que se comprometa, afecte o ponga en peligro el desarrollo integralmente considerado de las personas llamadas a ser partes de las generaciones futuras.

La presente obra tiene como objetivo general, evaluar y explicar los cambios jurídicos, institucionales, económicos, técnicos, sociales y ambientales que ha experimentado la regulación de las energías, en virtud de la reforma que se ha producido a nivel mundial y regional, las cuales pueden servir de referencia para iluminar el camino del cambio, en el momento cuando el Estado vuelva al sendero del progreso económico, el bienestar social y la protección del ambiente que permitan el desarrollo sostenible integralmente considerado.

Este trabajo se presenta como un avance parcial del proyecto de I+D+i sobre la *Regulación Trasnacional de las Energías Sostenibles*, que tiene una dimensión internacional y se ha podido llevar adelante gracias al invalorable mecenazgo del Centro de Estudios HMO-Académico[9], así como al apoyo institucional del Centro de Estudios de Regulación Económica de la Universidad Monteávila (CERECO-UMA)[10].

La obra se encuentra orientada a profesionales, estudiantes universitarios, funcionarios de las instancias de planificación, diseño de políticas y regulación del sector energético, así como a inversionistas, empresarios, consumidores y usuarios de los bienes y servicios energéticos, y a través de ella se pretende generar la reflexión y brindar propuestas para afrontar los retos que existen en el país, teniendo como fuente de conocimiento los logros alcanzados en realidades que guardan similitudes normativas, económicas, sociales, tecnológicas y ambientales.

La investigación tiene la originalidad de abordar el estudio de la regulación del sector energético en general y el subsector eléctrico en particular desde cuatro dimensiones: La primera, a la que se dedican los capítulos iniciales, se analizan algunas categorías fundamentales para efectuar una regulación orientada a la consecución de los objetivos de interés general, como la concepción de los entes reguladores y los medios de control institucional; la configuración del estatuto de los consumidores y usuarios de los bienes y servicios energéticos, a lo que se suma la responsabilidad social empresarial de los operadores dentro del sector. La segunda, es la dimensión nacional, en la que se plantean la evolución jurídica, el desarrollo y estado actual de la regulación del sector eléctrico en Venezuela; para luego seguir con las reflexiones en la tercera dimensión constituida por el escenario internacional, en que se exponen las tres metas del Objetivo energético del Desarrollo Sostenible, como lo constituyen el acceso universal a las energías, el incremento del aprovechamiento de las fuentes de energías renovables y el aumento de la eficiencia energética; y se finaliza con la dimensión regional, en que se aborda la evolución del contexto suramericano andino, que se compara sucintamente con la integración centroamericana y se concluye con el europeo.

Ello así, para lograr una mayor claridad en la exposición, que permita a los operadores jurídicos, económicos y técnicos comprender algunos de los temas más apasionantes y controvertidos de la próxima reforma del sector energético, el presente trabajo se dividirá en cuatro grandes capítulos a saber: El primero, se referirá a los aspectos generales de la regulación de las energías (I); el segundo, versará sobre la regulación de las energías desde la perspectiva nacional (II); el tercero, se dedicará a la regulación de las energías desde la perspectiva internacional (III); y el cuarto, comprenderá el análisis de la regulación de las energías desde la perspectiva comunitaria (IV).

---

[9]   http://hmo-consultores.com/centro-de-estudios/

[10]   http://www.uma.edu.ve/interna/408/0/centro_de_estudios_de_regulacion _economic

LOS ASPECTOS GENERALES DE LA REGULACIÓN DE LAS ENERGÍAS

LOS ENTES REGULADORES Y LOS CONTROLES INSTITUCIONALES

I.   INTRODUCCIÓN

Una vez efectuada la despublificación y como consecuencia de la liberalización reconfiguradas las actividades económicas como de interés general en el Sector Energético, se plantea la necesidad de formular una nueva regulación que no supone la desaparición de la presencia del Estado, sino que éste abandone su condición de titular de la actividad hasta entonces reservada y de gestor directo de las mismas, así como del uso y aprovechamiento de los bienes necesarios para su explotación, para convertirse en regulador, en árbitro entre los distintos operadores que aspiran ingresar y competir en el mercado realizando dichas actividades económicas.

No se trata de que el Estado se inhiba o se desentienda de la prestación de la actividad o de la satisfacción de las necesidades colectivas; sino que el Estado de Derecho, actúa preocupado por la prestación de las actividades de interés general, pero ya no como el titular de la actividad, el gestor de los servicios o el propietario exclusivo de las infraestructuras, sino como una autoridad independiente, más propiamente autónoma, técnicamente capacitada, que establece las normas o reglas para la realización de la actividad, la prestación de los servicios y la explotación de los bienes por los particulares, es decir, el Estado actúa de manera tan intensa en la regulación, el control y la supervisión de la realización de las actividades, –como lo hacía cuando tenía la titularidad–, pero desde una posición distinta, pues ahora no realiza las actividades económicas, sino que las regula y garantiza su prestación[1].

Durante la existencia de un régimen de monopolio, no tenía mayor importancia la diferenciación entre el operador que realizaba la actividad, que prestaba los servicios, que explotaba las redes e infraestructuras del Sector

---

[1]   Parejo Alfonso, Luciano, Las relaciones y delimitación de competencias entre el regulador independiente y la Administración General del Estado, *Cuestiones actuales del Derecho de la Energía. Regulación, Competencia y Control Judicial*, (Dirs. Serrano González, M., y Bacigalupo Saggese, M.), Iustel, Madrid, 2010, p. 57.

Energético y el regulador, que debía determinar las condiciones, los presupuestos y los lineamientos para el desarrollo de las distintas actividades dentro del sector.

Este nuevo modelo de Estado que nace producto de la transformación política, jurídica, económica y social es el Estado de garantías de prestaciones (Estado regulador)[2], que es ante todo un Estado Social de Derecho, que utiliza nuevas técnicas de intervención y participación pública en la actividad económica liberalizada, creando autoridades administrativas con "autonomía reforzada", a quienes se encomienda la misión de regular, limitar y controlar la prestación de las actividades económicas de interés general, en condiciones de libertad de contratación, garantizando la autonomía de la voluntad dentro de los límites de la ley, así como el establecimiento de las condiciones de calidad técnica y eficacia económica en la producción de los bienes y prestación de los servicios destinados a satisfacer las necesidades colectivas, es decir, que el Estado regulador es el Estado Social de Derecho, que luego de un proceso de reingeniería ha asumido una nueva misión y una nueva visión, en virtud de la cual liberaliza los sectores de la actividad económica que se encontraban reservados –titularidad, gestión y afectación, o una sola de ellas– al control del Poder Público y permite el desarrollo de los derechos y libertades económicas, promoviendo la participación de la iniciativa privada empresarial y la libertad de empresa, dentro de los límites establecidos en el ordenamiento jurídico[3].

---

[2]   Hernández-Mendible, Víctor R., La regulación para la consecución de objetivos de interés general en el Estado de Garantía de Prestaciones, *Derecho Administrativo y Regulación Económica. Liber Amicorum Gaspar Ariño Ortiz*, La Ley, Madrid, 2011, pp. 1159-1177.

[3]   Brito, Mariano y Delpiazzo, Carlos, *Derecho Administrativo de la Regulación Económica*, Universidad de Montevideo. Facultad de Derecho, Montevideo, 1998; Tornos Mas, Joaquín, La actividad de regulación, *El Derecho Administrativo en el umbral del siglo XXI*, Tomo I, Tirant lo Blanc, Valencia, 2000, pp. 1329-1342; Bianchi, Alberto, *La Regulación Económica*, Tomo I, Ábaco, Buenos Aires, 2001; Moreno Castillo, Luis, *Servicios Públicos Domiciliarios*, Universidad Externado de Colombia, Bogotá, 2001; Delpiazzo, Carlos, Los Derechos Fundamentales y la Libertad Económica, *El principio de Legalidad y el ordenamiento jurídico-administrativo de la libertad económica*, FUNEDA, Caracas, 2004, pp. 59-83; Moraga Klener, Claudio, Cuestiones Generales sobre la Regulación Administrativa, *Revista de Derecho Público* Vol. 66, Santiago de Chile, 2004, pp. 391-404; Comadira, Julio Rodolfo, Servicios Públicos y Regulación Económica, *Estudios en Homenaje a don Jorge Fernández Ruiz. Responsabilidad, Contratos y Servicios Públicos*, Universidad Nacional Autónoma de México, México, 2005, pp. 135-203; Hernández-Mendible, Víctor R., El Ente Regulador de los Servicios Públicos de Agua Potable y Saneamiento, *A & C. Revista de Direito Administrativo e Constitucional*, N° 14. out/dez, Belo Horizonte, 2003; La Regulación Económica. *Tendencias Actuales del Derecho Público. Libro Homenaje a la Facultad de Derecho de la Universidad Católica Andrés Bello en su 50 Aniversario*, Tomo II, Universidad Católica Andrés Bello, Caracas, 2004, pp. 691-746; La Actividad de Servicio Público y la Regulación Bancaria, *II Jornadas sobre Derecho Administrativo. Las Formas de la Actividad Administrativa*, FUNEDA, Caracas, 2005, pp. 87-106; Los Servicios Públicos Competitivos

El uso y explotación de las redes e infraestructuras necesarias para la realización de las actividades económicas, por los distintos operadores que compiten en el sector, refuerza la necesidad de establecer unas autoridades reguladoras que sean "independientes", es decir, órganos que actúen como árbitro entre los operadores, que permitan el establecimiento y desarrollo de un mercado en régimen de competencia, donde los operadores no realicen prácticas anticompetitivas, que permita la efectiva entrada de los nuevos operadores; que prevenga los abusos de éstos frente a los usuarios, es decir, que actúe estimulando el libre mercado, mediante el establecimiento de un régimen jurídico estable, claro y técnicamente preciso[4].

No obstante, ello plantea la pregunta, ¿por qué si el Estado considera que no debe seguir manteniendo la titularidad de la actividad, ni la prestación de los servicios, ni el monopolio en el uso y aprovechamiento de las redes e infraestructuras debe intervenir en las relaciones jurídicas entre operadores o en las relaciones de éstos con los usuarios? o dicho de una manera más simple ¿cuáles son las razones que justifican la existencia de la regulación, en un régimen de libre mercado?

En los sectores liberalizados, al darse paso a la libertad de empresa, la iniciativa privada y producirse la competencia entre operadores, en principio, debe ser el mercado, el que regule la actividad económica, lo que haría innecesaria y por ende inútil la regulación por los órganos del Estado.

Si bien ello es lo ideal en los casos de un mercado que funciona en condiciones de competencia efectiva, no sucede así en los casos donde consecuencia de las externalidades no se produce tal efectiva competencia, en cuya situación, la ausencia de una regulación adecuada, puede conducir a que unos pocos operadores, contraríen las reglas de la competencia o a que se sustituyan los antiguos monopolios estatales, por los nuevos oligopolios privados.

---

y la Libertad de Empresa, *Estudios en Homenaje a don Jorge Fernández Ruiz. Responsabilidad, Contratos y Servicios Públicos,* Universidad Nacional Autónoma de México, México, 2005, pp. 313-346; Restrepo Medina, Manuel A., *Adaptación del Derecho Administrativo al cambio de modelo de Estado prestador a regulador,* pp. 631-646; Nallar, Daniel, "Roles y desafíos de la regulación sobre sectores estratégicos", pp. 681-706; Perrino, Pablo, "Reflexiones sobre las facultades normativas de los entes reguladores de servicios públicos en el Derecho argentino", pp. 707-714; Araujo-Juárez, José, "Intervención del Estado en la función de prestación, de garantía prestacional o de servicio público", pp. 717-734; Camacho Cépeda, Gladys, "Las entidades administrativas fiscalizadoras y la gestión regulatoria de los servicios públicos", pp. 799-820, todos publicados en *Desafíos del Derecho Administrativo Contemporáneo. Conmemoración Internacional del Centenario de la Cátedra de Derecho Administrativo en Venezuela.* (Coord. V. R. Hernández-Mendible), Tomo II, Ed. Paredes, Caracas, 2009.

4   Chillón Medina, José María, "Estado Regulador y Administración de las Telecomunicaciones", *Curso de Derecho de las Telecomunicaciones,* Dykinson, Madrid, 2000, p. 190.

Es justamente esta situación la que justifica una regulación que estimule o fomente la libre competencia, indicando las reglas para entrar, competir, invertir y salir del mercado, todo ello, sin descuidar la satisfacción del interés general[5].

Por tanto, la regulación es necesaria en las actividades, antiguamente calificadas como monopolios naturales –aunque no todas lo eran–, con la finalidad de garantizar que en los sectores liberalizados se produzca una auténtica competencia, pues de no establecerse la regulación, se podría frustrar el objeto de la liberalización[6], es decir, que los operadores entrantes tuviesen acceso a las redes, a las infraestructuras, así como al uso y explotación eficientes de los recursos escasos[7], que son necesarios para el funcionamiento del mercado y por otro lado, se quedarían los consumidores de los bienes y los usuarios de los servicios, sin garantías de obtener la adquisición o la prestación de éstos en condiciones de continuidad, regularidad, uniformidad, igualdad de trato, adaptación a los avances tecnológicos y a sus nuevas necesidades, conforme a condiciones de calidad específicas y dentro de unos precios asequibles.

Ello así, con la finalidad de garantizar que la regulación funcione de manera eficiente, se pretende analizar cómo deben ser concebidos los entes reguladores del Sector Energético.

Es importante mencionar que el Estado a través del legislador ejerce la libertad de configuración jurídica, siempre con estricto apego al marco constitucional, por lo que puede optar por establecer un regulador único para todo el Sector Energético; pero también podría considerar la configuración de varios entes reguladores en atención a los distintos mercados que integran este sector, como lo son aquellos apalancados en las fuentes de energías convencionales de origen fósil (hidrocarburos líquidos e hidrocarburos gaseosos), en las fuentes de energías renovables consideradas verdes (eólica, solar, hidráulica, mareomotriz, geotérmica, biomasa) o en la energía nuclear.

Es por ello que, sin perjuicio de la elección del legislador, se hace referencia a los entes reguladores en plural, entendiendo que la multiplicidad de

---

5   Hernández-Mendible, Víctor R., "Economía Social de Mercado en el Estado de Garantía de Prestaciones", (Dirs. Jaime Rodríguez Arana-Muñoz y Ernesto Jinesta Lobo, Coord. José Pernas García), *El Derecho administrativo en perspectiva. En Homenaje al profesor Dr. José Luis Meilán Gil. 40 años de la Cátedra de Derecho Administrativo*, Ed. RAP, Buenos Aires, 2014.

6   Tornos Más, Joaquín, "El regulador de la energía y otros reguladores sectoriales: Comparación de modelos", *Cuestiones actuales del Derecho de la Energía. Regulación, Competencia y Control Judicial*, (Dirs. Serrano González, M., y Bacigalupo Saggese, M.), Iustel, Madrid, 2010, p. 115.

7   Hernández-Mendible, Víctor R., "La regulación de los bienes necesarios para la satisfacción del interés general", *Revista Brasileira de Infraestrutura (RDINF) Nº 5*, Editora Forúm, Belo Horizonte, 2014, pp. 13-40.

reguladores deberá actuar de manera armónica y que una vez que los mercados se conformen e integren adecuadamente, se puede promover una reforma en la búsqueda de desarrollar una regulación más eficaz, que unifique a los distintos reguladores en uno, que deberán actuar sobre todos los mercados.

Son las precedentes consideraciones las que conducen a analizar cómo se deben concebir las autoridades reguladoras del Sector Energético, dentro de un Ordenamiento jurídico.

II. LAS CARACTERÍSTICAS GENERALES DE LOS ENTES REGULADORES

En respuesta a las forzosas inquietudes que generan los procesos de liberalización, el Estado ha venido creando los denominados entes reguladores, que la mayoría de la doctrina científica identifica con las autoridades administrativas independientes, a través de las cuales se pretende servir con objetividad al interés general y hacer operativo, eficaz y eficiente la función reguladora de las actividades económicas.

Tal situación lleva a analizar las características que identifican a los entes reguladores, con la finalidad de determinar, cuáles de ellas deben estar presentes en las autoridades administrativas creadas, para regular las actividades económicas del Sector Energético.

Hay que advertir, que estos rasgos se califican como generales, porque no es posible, ni conveniente establecer unos que sean comunes a todos los entes reguladores, dado que cada uno de ellos tiene encomendada la regulación de sectores específicos, lo que conduce a que se establezcan particularidades que impidan reconducirlos a un modelo único. Ello así, las características fundamentales que se pueden mencionar son las siguientes:

1. *Independencia o autonomía*

La separación entre los reguladores y los regulados constituye el primer paso, con carácter decisivo para determinar la independencia de aquéllos con respecto a éstos, es así, como se establecen unas autoridades administrativas, a las cuales se le otorga independencia y estabilidad, en el ejercicio de las competencias de regulación, supervisión y control; en tanto que las actividades de prestación de servicios y explotación de redes e infraestructuras, se encomienda a los operadores económicos –públicos y privados– que quedan sometidos a dicha regulación. Ello permite señalar que la actividad objeto de la regulación le es ajena a los entes reguladores en cuanto gestores, más no en cuanto órganos técnicos especializados para la regulación.

Es así, como la independencia de los entes reguladores respecto a los órganos que ejercen el Poder Público y que tienen atribuida las decisiones políticas es deseable para garantizar la gobernanza[8], pero no esencial a los fines del establecimiento del mercado liberalizado. Lo que sí resulta realmente importante es que, en cumplimiento del principio de lealtad institucional, éstos respeten el espectro de competencias de los entes reguladores y que se establezca la independencia de éstos de los operadores económicos, algunos de los cuales incluso formaban parte de la Administración Pública, al ostentar ésta la titularidad de la actividad económica que se ha liberalizado.

Según señala la doctrina científica existen tres niveles que no necesariamente coinciden, pero que garantizan la independencia de las autoridades administrativas reguladoras, las cuales se corresponde con el elemento estatutario, el elemento funcional y el elemento de gestión[9]. Comentemos brevemente cada una de ellas.

A. *El elemento orgánico o estatutario*

Este elemento implica establecer un conjunto normativo, que le otorgue suficiente cobertura legal, para garantizar a las personas que dirigen los entes reguladores, la independencia necesaria para llevar a cabo sus funciones.

El elemento orgánico supone el establecimiento de una estructura administrativa debidamente definida en sus funciones; que cuente con unas autoridades que la dirijan, las cuales deben ser designadas teniendo en consideración su competencia profesional en el sector, con independencia de las influencias de los grupos políticos y de los agentes económicos regulados.

En este sentido se pueden encontrar entes reguladores, integrados de forma unipersonal o conformados por un cuerpo colegiado, constituido por un consejo, comité o directorio, debiendo establecerse en tal caso en los estatutos, los requisitos para la convocatoria, votación y forma de expresión de las decisiones que adopten.

Teóricamente la colegiación ofrece mayor garantía de independencia que los órganos unipersonales, frente a las presiones políticas o los agentes económicos y además garantiza el pluralismo en la adopción de las decisiones.

El nombramiento o designación de las personas que dirigirán los entes reguladores, puede ser atribuido al Poder Ejecutivo o al Poder Legislativo y también puede ser compartida por ambos poderes. Sin embargo, debe destacarse que lo más importante para que la garantía orgánica o estatutaria funcione, consiste en establecer la estabilidad en los cargos durante un tiempo

---

8   Bacigalupo, Mariano, "Estudio preliminar", *Cuestiones actuales del Derecho de la Energía. Regulación, Competencia y Control Judicial*, (Dirs. Serrano González, M., y Bacigalupo Saggese, M.), Iustel, Madrid, 2010, p. 22.

9   Chillón Medina, José María, *Ob. cit.*, pp. 202-208.

determinado de las personas que dirigirán los entes reguladores, evitando el cese o remoción libremente, *ab nutum*, sin que haya finalizado el lapso legal para el cual se produjo la designación, pues ello frustra uno de los objetivos que persigue el elemento orgánico.

Ello hace necesario, que se establezca en los estatutos legales de creación de los entes reguladores, las razones específicas y objetivas que podrían conducir a la interrupción del mandato para el cual han sido designados, sin que agoten el tiempo legalmente establecido, pero tal situación, de cese anticipado en el cargo se debe producir con carácter excepcional y en aquellos supuestos taxativos previstos por el legislador[10]. Esto es necesario, porque la estabilidad contribuye a garantizar la independencia.

Ello además implica, la competencia para auto-organizarse, estableciendo por vía reglamentaria la estructura orgánica interna, es decir, las unidades administrativas necesarias para lograr el funcionamiento eficaz de los entes reguladores.

B. *El elemento funcional*

El elemento de la independencia funcional debe ser analizado en sus dos vertientes. La primera consiste en establecer que la independencia de los entes reguladores será mayor, en la medida en que se le otorguen menos competencias a la Administración Federal o Central, para dirigir o dictar órdenes a la administración reguladora. Ésta supone la imposición de limitaciones o la interdicción de directrices, instrucciones u órdenes de los órganos de la Administración Pública Central a los órganos reguladores.

La segunda implica el establecimiento de las adecuadas previsiones competenciales, que permitirán el eficaz y eficiente funcionamiento de los entes reguladores, según la distribución de competencias establecidas en la ley.

La potestad normativa tiene su fundamento en la expresa autorización otorgada por la ley y los reglamentos. Así se tiene que, las normas legales y reglamentarias constituyen el marco normativo con que cuentan los entes reguladores, para cumplir los fines de interés general que le encomienda el ordenamiento jurídico, velando por el cumplimiento y ejecución del ordenamiento sectorial.

Esta competencia normativa es ejecutable hacia dentro, internamente, es decir, para auto-organizarse a los fines de lograr mayor eficacia en sus cometidos, lo que permite la creación de las unidades administrativas internas y

---

[10] Parejo Alfonso, Luciano, "Las relaciones y delimitación de competencias entre el regulador independiente y la Administración General del Estado", *Cuestiones actuales del Derecho de la Energía. Regulación, Competencia y Control Judicial*, (Dirs. Serrano González, M., y Bacigalupo Saggese, M.), Iustel, Madrid, 2010, p. 96.

la distribución de las respectivas competencias; y también tiene competencia normativa externa, para dictar actos jurídicos generales, que tienen por objeto establecer el ordenamiento técnico sectorial, que garantice la ejecución de la ley.

Es así como la garantía funcional de los entes reguladores tiene una de sus manifestaciones a través del otorgamiento de competencias normativas, las cuales permiten determinar el mayor o menor grado de independencia de estas autoridades administrativas. Tal competencia se ejerce mediante el dictado de reglamentos o actos administrativos generales, que persiguen desarrollar y complementar el ordenamiento jurídico sectorial, estableciendo normas especiales, aplicables a los agentes económicos que interactúan en dicho sector.

En consecuencia, esta garantía implica la potestad de dictar actos de contenido normativo, –calificados en algunos ordenamientos como "instrucciones", "ordenes" o "circulares"–, siendo típicos actos administrativos generales, de rango sublegal y, en consecuencia, en desarrollo y ejecución de la ley, dentro del ámbito de sus competencias. Estas instrucciones, ordenes o circulares, pueden ser textos normativos que si bien deben estar sujetos a la ley y al Derecho, y su contenido tiene incidencia y eficacia en la esfera jurídica de los operadores y los usuarios, no necesariamente deben estar subordinados a otras disposiciones previas, todas vez que pueden normar situaciones hasta ese momento no reguladas expresamente, siempre que no infrinjan el principio de inderogabilidad de los actos de superior jerarquía en el sistema de fuentes.

Además, la garantía funcional se desarrolla mediante el ejercicio de competencias que permiten otorgar las habilitaciones administrativas, la supervisión, la inspección y el control de actividades, la imposición de sanciones ante la ocurrencia de infracciones administrativas; la fijación de precios o tarifas por los bienes o servicios, así como la promoción o fomento de la libre competencia entre los operadores.

La garantía funcional tiene una incidencia trascendental en el orden interno, porque sus decisiones ponen fin a la vía administrativa y no están sujetas a control jerárquico de los órganos del Poder Ejecutivo, lo que excluye los recursos administrativos y la consecuente, revisión del superior jerárquico, quedando sometidas estas decisiones únicamente, a una eventual revisión de los órganos del Poder Judicial.

C. *El elemento de gestión*

La garantía de gestión supone que se les otorguen a los entes reguladores tanto los recursos materiales como los humanos para lograr sus cometidos. Tal situación conlleva a que el legislador le asigne competencias para generar, recaudar, administrar sus propios ingresos, que le permitan su autofinanciación, sin depender del presupuesto general del Estado.

La separación patrimonial entre los entes reguladores y los órganos de la Administración general del Estado, evita la dependencia en la distribución de las partidas presupuestarias, dado que el presupuesto de ingresos que tiene asignado, lo recibe en forma oportuna y lo gestiona de manera realmente independiente, con el objetivo de alcanzar los fines que tiene encomendados.

Los recursos humanos deben estar conformados por un personal altamente calificado, desde el punto de vista técnico, que garantice la independencia de gestión de los entes reguladores. Es así como éste puede reclutar a los más calificados expertos y colocarlos en los puestos más adecuados, de acuerdo a la organización administrativa interna.

Lo anterior no es más que la posibilidad de establecer una administración independiente en el ejercicio de sus competencias y eficiente en la administración de los recursos financieros, conjugado con la posibilidad de ofrecer remuneraciones que le permitan reclutar al personal técnicamente mejor calificado, para incorporarlo a la organización administrativa, bien sea en condición de funcionarios de los entes reguladores o de asesores contratados.

D. *Autonomía*

Es preciso señalar, que aun cuando se han señalado los elementos que permiten determinar la independencia de los entes reguladores, hay que precisar que en los países de tradición jurídica latina, los entes reguladores no son real y totalmente independientes[11]; porque existe una vinculación con la Administración Pública Central y porque como todos los órganos de la Administración Pública se encuentran sometidos al control del Poder Legislativo.

Esta situación ha llevado a la doctrina científica a hablar de autonomía reforzada[12], la cual se manifiesta fundamentalmente en una autonomía funcional, administrativa, de gestión técnica, financiera y presupuestaria; que no se encuentra sometida al obligatorio control jerárquico en sus decisiones y que se garantiza mediante el establecimiento de una serie de incompatibilidades establecidas en la ley, para ejercer los cargos de dirección.

---

[11]   Arpón de Mendivil, Álmudena, Carrasco, Ángel. y Crespo, Manuel, *La Administración de las Telecomunicaciones, Comentarios a la Ley General de Telecomunicaciones*, Aranzadi, Pamplona, 1999. p. 834.

[12]   Hoyos Duque, Ricardo, "Las Comisiones de Regulación en Colombia". *El Derecho Público a comienzos del Siglo XXI. Estudios en Homenaje al profesor Allan R. Brewer Carías. Tomo II*, Civitas, Madrid, 2003, pp. 1403-1419.

2. *Neutralidad*

Los entes reguladores deben ser imparciales o neutrales respecto a los operadores económicos, ante quienes le corresponde actuar como un árbitro, pero también deben ser neutrales ante las líneas políticas, que coyunturalmente asumen los gobiernos de turno, esto se conoce como la neutralización política, a los fines del ejercicio de sus competencias[13].

La garantía de la neutralidad frente al Poder Político, tiene su justificación en dos premisas fundamentales: Una es que los expertos designados para dirigir los entes reguladores, poseen los conocimientos especializados, que los convierten en los más competentes para adoptar las decisiones técnicas cualificadas, que les permitan solucionar asuntos que les han sido encomendados, de una forma racional, proporcional y congruente.

La otra supone una reacción frente a la politización de la Administración, dado que los partidos políticos toman por asalto hasta el último puesto público, para colocar a sus adeptos, aun cuando no tengan los conocimientos y la capacitación técnica para ocupar los cargos, lo que convierte a la Administración en una organización ineficaz y carente de profesionalismo.

Por ello se postula, que los entes reguladores estén sustraídos a la influencia del Poder Público –que tiene una marca vocación política–, es decir, que no reciban instrucciones u órdenes de los órganos que ejercen dicho Poder Público.

La neutralidad de los entes reguladores supone que éstos establezcan reglas claras y abstractas, que brinden la seguridad a todos los operadores, de cuáles son las condiciones a las que se somete la actividad económica, sin que existan discriminaciones, tratos preferenciales o normas desventajosas respecto a unos y otros, es decir, que los entes reguladores deben actuar imparcialmente.

Ello permite a quienes cumplen las reglas establecidas, planificar, fijar objetivos, metas a cumplir y tener certeza que, si hacen lo correcto, su participación en el sector le permitirá obtener los resultados esperados.

Los entes reguladores deben velar porque las reglas de funcionamiento del mercado que han sido preestablecidas, sean cumplidas por todos los operadores del sector, ello es lo que garantiza que la ordenación del sector se realice de forma neutral, es decir, quien establece la regla y vela por su ejecución, es ajeno a la prestación de la actividad económica que regula, por ello se comporta como un verdadero árbitro, que actúa técnicamente, con objetividad e imparcialidad.

---

[13]   Bilbao Ubillos, Juan María, "Las Agencias Independientes: Un análisis jurídico desde la perspectiva jurídico-constitucional, Liberalización y Privatización de Servicios". Universidad Autónoma de Madrid, Madrid, 1999, p. 164.

Así se ha planteado, que frente a los entes reguladores capturables es necesario establecer los entes reguladores realmente autónomo, que sean equidistante entre los operadores actuantes y potencialmente en conflicto de intereses a los cuales aplicará el ordenamiento jurídico, es decir, en una posición de distancia y equilibrio entre operadores, lo que constituye una condición *sine qua non* para el adecuado funcionamiento de los entes reguladores[14].

La captura de los reguladores es una preocupación latente de los encargados de diseñar los entes reguladores, la cual surge entre otras razones, por la intensificación de los vínculos o relaciones personales entre los funcionarios que realizan la regulación y quienes representan a los regulados; la constante exposición de los funcionarios reguladores a las ideas, argumentos y actividad de cabildeo –lobby– que llevan a cabo los regulados y también, por las ofertas de negocios, comisiones u obsequios que efectúan los agentes económicos a los funcionarios reguladores.

Otra manera de captura de los reguladores es la formulación de propuestas de futuro empleo que efectúan los representantes de las empresas reguladas e incluso, existe una modalidad de captura de los reguladores denominada puerta giratoria, –*revolving door*–, que supone que los empleados calificados de los agentes económicos se trasladen a trabajar en los entes reguladores, manteniendo sus vínculos con su antiguo empleador, incluso intereses comunes y que luego de pasar un tiempo en los entes reguladores, vuelvan a trabajar con la empresa en la cual estaban empleados originalmente.

No obstante, esta modalidad de captura también puede funcionar en sentido contrario, valga decir, un funcionario capacitado y de larga experiencia profesional puede recibir ofertas de algunos de los regulados y pasar a trabajar algún tiempo con uno ellos y posteriormente, retornar a trabajar en los entes reguladores.

En uno u otro caso, existe el riesgo que, al haberse producido la captura, el funcionario que trabaja en los entes reguladores no actúe con la neutralidad e imparcialidad que demanda la actividad de regulación y al servicio del interés general; sino que actúe inclinado a favorecer los intereses de la empresa u organización con la que conserva sus antiguos vínculos. Para tratar de impedir estas situaciones de captura, se deben establecer normas que establezcan fuertes prohibiciones o restricciones a la posibilidad que se produzcan este tipo de situaciones entre los reguladores y los regulados.

La garantía de la neutralidad, no sólo se manifiesta frente a la tentación de captura de los grupos económicos que operan en el sector regulado, sino frente al gobierno. No obstante, la aparente neutralidad que es deseable os-

---

14 Chillón Medina, José María y Escobar Roca, Guillermo, *La Comisión del Mercado de las Telecomunicaciones*, Dykinson, Madrid, 2001, p. 46.

tenten los entes reguladores, el riesgo de la captura por los agentes regulados, quienes tratan de influir en beneficio de sus intereses, pone en tela de juicio tal neutralidad, al extremo que se duda de su existencia, lo que en palabras de Bilbao Ubillos, ha llevado a considerar que la neutralidad en sencillamente imposible[15].

3. *Transparencia*

La transparencia supone el establecimiento de un procedimiento determinado, que permite llevar a cabo los actos y trámites necesarios para la adopción de la decisión y que la emisión de los actos administrativos, se realice conforme a la legalidad, pero dentro de un marco de discrecionalidad jurídica, técnica y económica, que debe ser apreciado, analizado y concretizado, en atención a la realidad.

Sólo una auténtica transparencia en la actuación de los entes reguladores, puede garantizar que la necesidad de adaptar sus decisiones no afecte su credibilidad, elemento éste en el cual radica la confianza de los destinatarios de la regulación, sean estos operadores o usuarios.

Los entes reguladores deben ser transparentes en el otorgamiento de incentivos y garantías, sin que existan intereses ocultos, en condiciones de igualdad de trato, sin beneficiar a unos operadores y dejar a otros por fuera, es decir, garantizando a los operadores la seguridad jurídica para realizar actividades que les permitan proyectar los resultados de su gestión.

La transparencia no solo se relaciona con la igualdad de trato, sino con la objetividad en la actuación, tanto respecto de los usuarios como de los operadores. Esto impide la celebración de acuerdos o pactos individuales o secretos, con determinados operadores.

4. *Especialización*

La otra característica esencial de los entes reguladores es que deben ser especializados en el sector que pretenden regular. Para lograrlo se requiere definir cuál es su misión y qué función tiene encomendada.

Las personas que dirigen y actúan como técnicos de los entes reguladores, deben contar con el profesionalismo, los conocimientos especializados respecto al sector, manejar la información para tomar decisiones, no sólo ajustadas a la ley, sino razonables desde el punto de vista técnico y económico.

Los entes reguladores para lograr su real especialización funcional, deben ser integrados por personas que sean expertos técnicos, conocedores del

---

[15] Bilbao Ubillos, Juan María, Las Agencias Independientes: Un análisis jurídico desde la perspectiva jurídico-constitucional, *Liberalización y Privatización de Servicios*, Universidad Autónoma de Madrid, Madrid, 1999, p. 172.

sector, que tengan la experiencia e información necesaria para producir una regulación adecuada[16].

Ello supone que tales personas alcancen la experiencia mediante la continuidad en el tiempo, lo que pone en evidencia lo costoso de la especialización, para lo cual se requiere una inversión no solo de tiempo, sino de dinero, es decir, que los técnicos no se improvisan.

Los entes reguladores deben tener dos atributos fundamentales que le permitan materializar su independencia: La *auctoritas* y la *potestas*. La primera nace de prestigio que tenga o se gane, como consecuencia de la adopción de las adecuadas decisiones, que son producto del conocimiento especializado tanto en lo jurídico, lo técnico, como en lo económico sobre las actividades reguladas.

Ello trae como resultado la fiabilidad en la regulación, lo que brinda seguridad jurídica, elimina futuros conflictos y las tensiones entre los reguladores y los regulados.

Esta le otorga la credibilidad y el prestigio, para que sus decisiones se cumplan en función de la *auctoritas* que le reconocen los regulados, sin embargo, la doctrina científica ha señalado que si bien la *auctoritas* personal, combinada al prestigio de la institución es un elemento que no puede soslayarse para asegurar la autonomía de los entes reguladores, que "la *auctoritas* va más allá de la mera cualificación profesional y difícilmente las previsiones de los estatutos (que exigen normalmente que se nombre a "personas de reconocida competencia profesional" o a "profesionales de prestigio") serán capaces de garantizar que las personas finalmente designadas la posean. Lo dicho no cuestiona, por supuesto, la conveniencia de la inclusión de estas exigencias legales"[17].

La *potestas* la atribuye el ordenamiento jurídico, en razón de la misión y técnicas con las cuales los entes reguladores son investidos, para alcanzar los fines encomendados[18].

---

[16] Se sostiene que no se debe apostar en demasía, al hecho que los estatutos exijan un alto nivel en la calificación técnica de los llamados a dirigir los entes reguladores, como garantía de la independencia del ente regulador. Magide Herrero, Mariano, *Límites Constitucionales de las Administraciones Independientes*, Instituto Nacional de Administración Pública, Madrid, 2000, p. 103.

[17] Magide Herrero, Mariano, *Ob. cit.*, p. 103

[18] Chillón Medina, José María y Escobar Roca, Guillermo, *La Comisión del Mercado de las Telecomunicaciones*, Dykinson, Madrid, 2001, p. 39.

III.   LAS COMPETENCIAS DE LOS ENTES REGULADORES

Corresponde precisar, las competencias que realmente tienen los entes reguladores sobre las actividades económicas del Sector Energético.

No hay que olvidar, que como señala la doctrina científica, "la regulación es una función compleja que comprende decisiones normativas, ejecutivas y de resolución de los conflictos entre los operadores que actúan en el mercado"[19].

Esta complejidad de la actividad de regulación en el Sector Energético, lleva a examinar las distintas competencias que pueden ejercer las autoridades reguladoras.

1.   *Competencia normativa*

El ejercicio de las competencias normativas es lo que distingue a un verdadero ente "independiente" en sentido técnico y jurídico, de los entes autónomos, pero sin auténticas competencias normativas; sin embargo, tal como ha señalado la doctrina científica, la equiparación entre regulación y reglamentación o actividad normativa no es tan evidente en los Estados Unidos de América[20].

Anteriormente se señaló, que el establecimiento del régimen jurídico del Sector Energético es competencia del Poder Público Federal, correspondiéndole originariamente dicha atribución al Poder Legislativo. En tales términos, la competencia normativa es ejercida de forma primigenia por el Congreso, mediante la sanción de las leyes secundarias o la aprobación de los tratados internacionales válidamente suscritos y ratificados por Estado.

Sin embargo, el Poder Legislativo Federal al sancionar las leyes del Sector Energético puede delegar parcialmente la potestad normativa en el Poder Ejecutivo Federal, quien la ejerce mediante el dictado de los distintos reglamentos, que deben sujetarse al espíritu, propósito y razón de la Ley y que en ningún caso pueden lesionar la garantía de la reserva legal, ni menoscabar el goce y ejercicio de los derechos constitucionales. Con estos reglamentos se crean normas de carácter general, que reconocen derechos y establecen obligaciones, a los cuales quedan sometidas todas las personas –operadores y usuarios– que interactúan en el sector. Además de los reglamentos, le compete al Ejecutivo Federal elaborar las políticas públicas en el Sector Energético.

---

[19]   Muñoz Machado, Santiago, *Servicio Público y Mercado. I. Fundamentos*, Civitas, Madrid, 1998, p. 268.

[20]   Tornos Mas, Joaquín, "La actividad de regulación", *El Derecho Administrativo en el umbral del siglo XXI, Tomo I*, Tirant lo Blanc, Valencia, 2000, pp. 1333-1334.

El marco normativo del Sector Energético lo complementarán los entes reguladores que tendrán atribuida la competencia para dictar actos de contenido normativo, es decir, con eficacia jurídica plena frente a todos los operadores y usuarios. Estos son actos administrativos generales, que suponen el ejercicio de la competencia normativa, de rango sublegal y en consecuencia, en ejecución de las leyes y los reglamentos, dentro de su ámbito de competencia y que tienen incidencia sobre la esfera jurídica de los operadores y usuarios del Sector Energético.

La potestad normativa de los entes reguladores del Sector Energético debe ser ejercitada con estricta sujeción al Principio de Legalidad, en consecuencia solo tiene competencia normativa en los casos expresamente establecidos en la Ley, tal como lo señala la doctrina científica al precisar que "la dotación de las Administraciones independientes con poder normativo precisa inexcusablemente una habilitación legal (formal) expresa y determinada (en el sentido de delimitadora del ámbito, carácter y alcance de la correspondiente potestad normativa)"[21]. Además, se deben respetar los principios de transparencia, eficiencia, eficacia, responsabilidad, objetividad y contradicción, que informan el derecho fundamental a la Buena Administración.

El ejercicio de las competencias normativas, supone la realización de un procedimiento que comprende dos fases: Una, de consultas públicas previas –en principio–, de la cual se dará oportuna información a los interesados y se garantizará la posibilidad de aportar propuestas, opiniones, sugerencias o recomendaciones (garantía de la participación en los asuntos públicos)[22]; y la otra, consiste en la emanación, modificación o extinción de los actos normativos, los cuales deberán ser publicados en el Boletín Oficial (garantía del conocimiento de las decisiones).

Estas dos garantías, llevan a que los entes reguladores adopten una forma de actuación, distinta de la tradicional, pues éstos no actúan imponiendo su voluntad de manera unilateral, en ejercicio de la potestad de imperio; sino que convocan a los agentes económicos, a los operadores interesados, a las personas individualmente consideradas y a la comunidad organizada para que realicen propuestas, hagan observaciones, expongan sus argumentos, en fin, los entes reguladores actúan con ánimo de concertación, con la finalidad de lograr que las decisiones que se adopten, sean el producto del consenso entre los reguladores y los regulados.

Esto lo ha sostenido la doctrina científica al expresar que la autoridad administrativa reguladora "no dispone, como se predicaba en el pasado, de

---

[21] Parejo Alfonso, Luciano, "La potestad normativa de las llamadas Administraciones independientes: apuntes para un estudio del fenómeno. Administración Instrumental", *Libro Homenaje a Manuel Clavero Arévalo*. Tomo I, Civitas, Madrid, 1994, p. 651.

[22] Montero Pascual, Juan José, *Regulación Económica. La actividad administrativa de regulación de los mercados*, Tirant lo Blanch, Valencia, 2014, p. 73.

absolutos poderes cuya aplicación depende sólo de la valoración que de los intereses públicos relevantes realice el grupo político en el poder", lo que permite apreciar que "tras la ardua literatura legal que aparece en los Boletines Oficiales, subyace una compleja urdimbre de actos, acuerdos y negociaciones precedentes. El Estado aparece así, más que como un Leviatán, como un modesto componedor entre grupos contrapuestos, algo así como un árbitro, en caso de necesidad, entre poderes recíprocamente moderados o crónicamente en litigio, según se mire"[23].

Los entes reguladores pueden dictar todos los actos de naturaleza normativa, necesarios para realizar sus cometidos, cuya emanación no está atribuida a los órganos del Ejecutivo Federal.

Es así como pueden dictar las normas, programas y planes técnicos, para regular, ordenar, promocionar y desarrollar las actividades que realizarán los operadores en el Sector Energético.

También pueden dictar la regulación y ordenación de los bienes o recursos técnicamente limitados, que comprende la planificación y establecimiento de normas técnicas para su uso y aprovechamiento, la interconexión de redes, la seguridad de los equipos y de suministro, etc.

En fin, se puede afirmar que los entes reguladores del Sector Energético tienen competencia normativa para crear preceptos de derecho objetivo, dentro del sector y éstos serán válidos y productores de plenos efectos jurídicos, en el contexto del ordenamiento jurídico del Estado.

Considera la doctrina científica que la competencia normativa otorgada a los entes reguladores presenta dos manifestaciones claras: Una es la competencia normativa *ad extra*, que se ha analizado en este subepígrafe; y la otra, es la competencia normativa *ad intra*, que garantiza la organización y actuación de los entes reguladores, a la cual se hará referencia seguidamente[24].

2. *Competencia organizativa*

La competencia organizativa es aquella atribuida a los entes reguladores del Sector Energético para establecer y organizar sus estructuras y órganos, es decir, de auto-organizarse, estableciendo un conjunto de unidades administrativas con competencia y relaciones de jerarquía y subordinación.

El Consejo o Junta Directiva tiene competencia para dictar su propio reglamento y las normas de funcionamiento interno. El régimen ordinario de

---

[23]   Martín Mateo, Ramón, *Derecho Público de la economía*, Ceura, Madrid, 1985, p. 24.

[24]   Carlón Ruiz, Matilde, La Comisión del Mercado de las Telecomunicaciones, *El Derecho Administrativo en el Umbral del Siglo XXI*. Tomo III, Tirant lo Blanc, Valencia, 2000, pp. 2918-2919.

las sesiones del Consejo o Junta Directiva se determinará en el reglamento interno, mediante el cual se autovincula y que debe ser publicado en el Boletín Oficial.

El Consejo o Junta Directiva en ejercicio de la competencia de organización interna puede atribuirles a sus unidades administrativas, funciones específicas en virtud de las cuales pueden adoptar decisiones, que tengan efectos jurídicos frentes a terceros, sean éstos operadores o usuarios dentro del Sector Energético. En estos términos, la creación, modificación o supresión de tales órganos, se realizará mediante actos que gocen de rango normativo, como lo es el Reglamento interno.

Entre las competencias otorgadas al Consejo o Junta Directiva debe estar la aprobación del presupuesto, el plan operativo anual y el balance general.

Los entes reguladores deben tener competencia discrecional para establecer oficinas que dependan de ellos, en ciudades del país distintas de aquella donde se encuentra la sede principal, en la medida que ello contribuya a una mayor eficacia en sus funciones.

Por último, debe reconocerse a los entes reguladores atribución para ejercer las acciones de cualquier índole, tanto ante autoridades administrativas como jurisdiccionales, con el objeto de salvaguardar y proteger sus propios derechos e intereses.

3. Competencia de supervisión y control

Estas potestades las ejercen los entes reguladores sobre las distintas actividades de establecimiento e instalación, explotación, gestión de redes, infraestructuras y prestación de los servicios del Sector Energético y sobre los operadores de las mismas, a quienes puede supervisar, inspeccionar, fiscalizar y controlar para verificar el apego a la legalidad y la efectiva satisfacción del interés general en su gestión.

a) En materia de interconexión energética

Los entes reguladores supervisan que los operadores realicen las interconexiones con sujeción a las condiciones jurídicas, técnicas, económicas y ambientales preestablecidas.

Es así como pueden verificar la legalidad de los acuerdos de interconexión y según lo contemple el ordenamiento jurídico, girar instrucciones para ordenar su modificación para ajustarlos a las disposiciones legales o técnicas aplicables.

Lo dicho plantea la interrogante acerca de ¿la justificación de atribuir competencia de los entes reguladores, respecto a la posibilidad de dictar instrucciones en materia de interconexión?

En primer término, se puede señalar, que los entes reguladores pueden intervenir siempre en ejercicio de una competencia expresa, cuando los operadores no logren ponerse de acuerdo en el plazo establecido y ordenar que se haga efectiva la interconexión, estableciendo en su resolución las condiciones técnicas y económicas de la misma, es decir, que incluso puede fijar el precio máximo que deben pagar los operadores, por la interconexión.

Tal actuación puede ser realizada a instancia de parte interesada o por iniciativa de los propios entes reguladores del Sector Energético, que deberán resolver sobre el particular, previa audiencia de las partes involucradas, con la finalidad de brindar una estricta protección a los intereses generales que se pudieran ver afectado, en este caso, la protección de los derechos de los usuarios.

En segundo lugar, compete a los entes reguladores del Sector Energético la resolución de las controversias que no puedan ser dirimidas por los operadores, conforme a los términos del contrato de interconexión, en cuyo caso al ser sometidas al conocimiento de éstos, en ejercicio de la potestad de resolución unilateral de conflictos, pueden decidir lo que consideren pertinente dentro de la legalidad y en aras del interés general, a los fines de resolver el conflicto. Ello ha sido calificado como la potestad de mando de los entes reguladores sobre las relaciones particulares[25].

Los conflictos entre los operadores se pueden producir en lo referente a la interpretación y cumplimiento de los acuerdos de interconexión, en virtud de lo cual se debe otorgar competencia a los entes reguladores para realizar inspecciones y fiscalizaciones, así como requerir la información que consideren pertinente para adoptar su decisión, en cuyo caso, deberán seguir el procedimiento administrativo establecido respecto a las normas de interconexión, teniendo la decisión administrativa carácter vinculante para los operadores involucrados y pudiendo ser impugnada en vía administrativa o jurisdiccional, a opción del interesado.

En tercer término, puede emitir órdenes de desconexión y adoptar las medidas que se aplicarán, para minimizar los efectos negativos en caso de desconexión.

b) En materia de tarifas

Los entes reguladores pueden tener competencias en lo que concierne al cálculo de las tarifas.

La aprobación de las tarifas le corresponde al Ejecutivo Federal para los diferentes servicios del Sector Energético, en los casos así establecidos en la

---

25   Fernando Pablo, Marco, "El Poder Regulador del Mercado de las telecomunicaciones", *El Derecho Administrativo en el Umbral del Siglo XXI. Homenaje al Profesor Dr. D. Ramón Martín Mateo*, Tomo III, Tirant lo Blanc, Valencia, 2000, p. 2873.

ley, previa consulta pública y evaluación del mercado, para lo cual deberá tener en consideración los costos que se originan por la prestación de los servicios, la necesidad de establecer unos precios asequibles que garanticen la demanda de los usuarios y los beneficios razonables que deben obtener los operadores.

La aprobación de las tarifas de los servicios del Sector Energético, le corresponde realizarla a los ministerios competentes por la materia, de conformidad con los supuestos establecidos en la ley.

En tanto que a los entes reguladores le corresponde intervenir en la determinación del cálculo de las tarifas máximas y mínimas, a que quedarán sujetas las empresas que tengan una posición de dominio, en razón de la existencia de carteles, de monopolios, oligopolios y otras formas de dominio de mercado.

Por supuesto, que los entes reguladores tienen competencia cuando ordenen la interconexión, –tal como se señaló antes–, para establecer las condiciones económicas de la misma, lo que supone calcular el precio máximo que deben pagar los operadores por concepto de interconexión.

c) En lo que respecta a la libertad de asociación

Los entes reguladores podrán supervisar y aprobar o rechazar, previa opinión preceptiva de la autoridad de la libre competencia, las negociaciones o acuerdos de adquisición total o parcial de unas empresas por otras, así como su escisión, transformación o la creación de filiales que exploten los servicios del Sector Energético, cuando ello implique un cambio de control sobre las mismas.

d) En lo concerniente a la homologación y certificación

La Ley exige que los equipos de Sector Energético deban tener unas características técnicas específicas, que deban ser homologados y certificados, razón por la cual se le otorgó competencia a los entes reguladores para ello. El ejercicio de esta competencia la puede ejercer directa o indirectamente, a través de personas cualificadas que los entes reguladores hayan reconocido a tales efectos.

Los entes reguladores son responsables de la supervisión y exigencia de los certificados de homologación o sellos de certificación que los equipos que pueden ser utilizados en el Sector Energético y que deben ser aprobados u homologados, así como de los usos que pueden dárseles para garantizar la eficiencia energética.

e) Otras áreas de control

Igualmente, deben aprobar las condiciones generales de los contratos de servicios, que deben suscribir los operadores con los usuarios; así como el establecimiento de las unidades de medidas, que deberán emplear los operadores para el cobro de los servicios que presten.

También deben ejecutar y velar por el cumplimiento del Plan Nacional de Contingencias para el Sector Energético, así como por los planes que éste prevea.

Los entes reguladores tienen competencia para ordenar la constitución de las servidumbres administrativas necesarias, de las cuales serán beneficiarios los operadores del Sector Energético.

4. *Competencia para otorgar y revocar títulos jurídicos habilitantes*

Una de las competencias más importantes de los entes reguladores, es la relacionada con el otorgamiento de los títulos jurídicos habilitantes a las personas que pretenden operar en los mercados del Sector Energético, quienes tienen interés en conocer con certeza, cuál es la autoridad administrativa reguladora que tiene la atribución de otorgar las habilitaciones administrativas y de establecer cuáles son las condiciones generales –jurídicas, económicas y técnicas–, así como las especiales, que deben cumplir quienes aspiren entrar, invertir, competir y salir de los mercados del Sector Energético[26].

Estas competencias deben ser establecidas por la ley, al conferirle al Consejo o Junta Directiva la atribución para dictar las decisiones relativas a los procedimientos de los títulos jurídicos administrativos; dictar las decisiones sobre los procedimientos de oferta pública y adjudicación de dichos títulos; así como de decidir sobre la extinción de los títulos jurídicos administrativos, salvo cuando ello corresponda a otra autoridad administrativa o jurisdiccional.

En fin, a los entes reguladores se les debe atribuir la competencia para otorgar, modificar o extinguir los títulos jurídicos administrativos que habilitan a los operadores para establecer o explotar las redes e infraestructuras o para la prestación de los servicios del Sector Energético, en los supuestos expresamente señalados en la ley.

5. *Competencia sobre las instalaciones esenciales*

La entrada al mercado de distintos operadores, plantea la necesidad de administrar eficientemente las instalaciones esenciales dentro del Sector Energético, administración que debe realizarse con criterios de transparencia, neutralidad e igualdad de trato, con la finalidad de lograr que los agentes económicos puedan operar los servicios, así como establecer y explotar las redes e infraestructuras en condiciones de libre competencia.

---

[26]   Hernández-Mendible, Víctor R., "La libertad de empresa y los títulos habilitantes en el contexto de la Alianza del Pacífico, Derecho Administrativo: Innovación, cambio y eficacia", *Libro de ponencias del Sexto Congreso Nacional del Derecho Administrativo*, (Coords. Jorge Danós Ordoñez, Ramón Huapaya Tapia, Verónica Rojas Montes, José Antonio Tirado Barrera y Orlando Vignolo Cueva), Thomson Reuters-La Ley, Lima, 2014, pp. 687-710.

Además, de estos principios cardinales que deben orientar la gestión de las instalaciones esenciales, el legislador debe contemplar entre los objetivos generales de funcionamiento del sector y que debe encomendar su cumplimiento a los entes reguladores, que tal utilización se produzca de manera efectiva, eficiente, pacífica y que garantice la seguridad de suministro.

6.   *Competencia de dirimir o solucionar controversias*

Es cada vez más frecuente que el legislador contemple la promoción de los medios alternativos para dirimir o solucionar conflictos, disposición que se tuvo en cuenta, a los fines de atribuirle competencia a los entes reguladores del Sector Energético, para intervenir en la resolución de conflictos como "árbitro" utilizando el término en sentido amplio.

Es así como la ley del Sector Energético puede otorgar competencia a los entes reguladores para resolver los conflictos que se presenten entre operadores, con motivo de la aplicación del ordenamiento jurídico del sector. En tal sentido al atribuirle competencia para *actuar como árbitro* en la solución de conflictos que se susciten entre los operadores de servicios o entre estos y los usuarios, cuando ello sea solicitado por las partes involucradas.

Al respecto debe distinguirse cuando la Ley otorga competencia para dirimir conflictos en función arbitral o en ejercicio de competencias administrativas:

a) La función arbitral, permite a los entes reguladores del Sector Energético solucionar los conflictos que se susciten entre los operadores, cuando ello sea solicitado por las partes involucradas, lo que implica una convención entre éstas, para acudir al arbitraje.

Ésta constituye una función arbitral en el sentido estricto de la palabra, por cuanto concurren en ella los elementos que caracterizan al arbitraje propiamente tal: una convención originaria de jurisdicción y una separación *ex officium iudicis*, o efecto de equivalencia jurisdiccional, según la expresión del Tribunal Constitucional español.

b) Una función de resolución administrativa de conflictos, conforme a la cual los entes reguladores pueden solucionar las diferencias y controversias que puedan surgir entre los operadores, siempre que tal actuación sea necesaria en aplicación de una norma legal expresa, en cuyo caso, actúan en ejercicio de una típica función administrativa, de una competencia propia, eminentemente administrativa y deberá seguir el procedimiento administrativo especial de naturaleza triangular, establecido en la ley respectiva, para dictar el acto administrativo que resuelva la controversia, en la cual se encuentra involucrado el interés general.

En este orden de ideas, la doctrina científica distingue el arbitraje propiamente dicho, en virtud del cual la autoridad administrativa tiene atribuida la función dirimente de conflictos entre operadores, en aquellos casos en los cuales los interesados se someten al arbitraje por su propia voluntad[27]; de la actividad unilateral de resolución de conflictos, que ha sido calificada como actividad "arbitral" de la Administración[28], en el cual la administración actúa en ejercicio de potestades propiamente administrativas, resolviendo conflictos de naturaleza privada o pública, en los que está presente el interés general, en cuyo caso, la autoridad administrativa debe actuar de manera imperativa, obligatoria, inclusive de oficio; pero no para darle la razón a uno u otro operador, para dirimir un conflicto de interés estrictamente privados, sino para producir una decisión que favorezca el interés general.

Ambas funciones son diferentes en cuanto a la naturaleza, alcance y régimen jurídico, por ello, seguidamente, se analizarán las competencias para dirimir o solucionar controversias que puede otorgar el legislador a los entes reguladores del Sector Energético.

Siendo que la actividad arbitral de la Administración, constituye un género, que está conformado por dos especies: el arbitraje propiamente dicho o en sentido estricto y la resolución administrativa de conflictos, a continuación, se hará referencia a cada una de ellas.

A. *Arbitraje propiamente dicho*

El arbitraje propiamente dicho o en sentido técnico constituye la posibilidad de que las personas, sometan las cuestiones litigiosas o asuntos contenciosos, que surjan o puedan surgir entre ellos, respecto a materias en las cuales gozan de libre disposición, a la decisión de terceros que actúan como árbitros[29].

Los entes reguladores podrán actuar siempre que exista una habilitación de rango legal, que le atribuya la competencia en condición de árbitro propiamente tal, para intervenir y dirimir el conflicto sobre una cuestión controvertida y que las partes involucradas libremente han resuelto someter a su arbitraje.

El arbitraje requiere la concurrencia de dos elementos fundamentales: El contractual y el jurisdiccional, que son "ensamblados armoniosamente en una concepción ambivalente y sincrética, sin que haya de prevalecer el

---

[27]   Terol Gómez, Ramón, *El control público de las Telecomunicaciones. Autoridades Reguladoras*, Tirant lo Blanc, Valencia, 2000. pp. 171-175.

[28]   Parada Vásquez, José Ramón, *Derecho Administrativo I*, Madrid, 1998, pp. 578 y ss.

[29]   Arpón de Mendivil, Almudena, Carrasco Ángel y Crespo, Manuel., *Ob. cit.*, p. 846.

uno sobre el otro en el régimen jurídico que se diseña para la institución arbitral en su conjunto"[30].

El primer elemento es la voluntad inequívoca de las partes, que debe ser establecida en un contrato, lo que implica una manifestación voluntaria de las personas, es decir, libremente acordada, no obligatoria ni forzada, de acudir a dirimir el conflicto mediante el arbitraje y por supuesto, a la manifestación de aceptar la decisión del árbitro y del compromiso de cumplirla.

Si bien en algunos ordenamientos jurídicos se admite, que esta sujeción puede ser producto de una declaración "individual" del operador, quien de manera libre, voluntaria y expresamente, con la debida antelación, manifiesta que los conflictos que surjan con otros operadores, los someterá al arbitraje de los entes reguladores; también puede ser producto del convenio directo entre operadores, que debe contener la declaración inequívoca de voluntad de las partes de someter determinados conflictos al arbitrio de los entes reguladores, así como a la aceptación de su laudo y el compromiso de cumplirlo.

El segundo elemento para hacer reconocible el arbitraje es el jurisdiccional, que trae como consecuencia la sustitución de la jurisdicción estatal, lo que conlleva a que se sustraiga del conocimiento de los jueces naturales, la controversia sometida a arbitraje. Ésta se establece con efectos equivalentes a los que emanan de la jurisdicción estatal, se trata de una jurisdicción pactada, que sustituye a aquella y en consecuencia tiene carácter alternativo de la jurisdicción ordinaria.

En estos casos, la decisión que resuelve la controversia, no es un acto administrativo, sino un verdadero y auténtico laudo arbitral, por tanto, esta decisión arbitral de los entes reguladores no goza de la potestad de autotutela ejecutiva y en consecuencia no puede ser ejecutada de manera forzosa, por la Administración[31]. La función arbitral no tiene carácter público, razón por la cual, el laudo no será susceptible de impugnación en el orden jurisdiccional administrativo.

Al tratarse la decisión que resuelve el conflicto de un laudo arbitral, solo puede ser recurrida en nulidad ante los tribunales ordinarios, del orden jurisdiccional civil a quienes también corresponde realizar su ejecución forzosa y tal laudo una vez firme, tiene la misma fuerza de la cosa juzgada.

El arbitraje que realizan los entes reguladores del Sector Energético tiene como características que es un arbitraje institucionalizado; realizado por un

---

30   Chillón Medina, José María y Escobar Roca, Guillermo, *Ob. cit.*, pp. 229-230.

31   Marroquín Mochales, José Luís, La protección de la competencia entre operadores en el marco de la nueva legislación sobre las Telecomunicaciones. Especial análisis de la resolución de conflictos, *La Liberalización de las Telecomunicaciones en el mundo global*, La Ley, Madrid, 1999, pp. 590-591.

ente técnicamente especializado sobre la materia que debe resolver; no es exclusivo ni excluyente, pues admite la posibilidad que se acuda al arbitraje convencional; es gratuito, en tanto el legislador no establezca tasas que deban pagar los operadores para que le presten tal servicio; puede ser de derecho o de equidad, pues la norma jurídica no debe distinguir y en consecuencia el operador jurídico tampoco debe hacerlo; y el árbitro se encuentra preconstituido legalmente, lo que impide que las partes puedan designar los árbitros[32-33].

Lo antes expuesto no constituye óbice, para que los operadores puedan convenir el sometimiento de los conflictos que se susciten entre ellos, a lo dispuesto en la ley que regula el Arbitraje Comercial, mediante la designación de árbitros distintos a los entes reguladores, como son los centros de arbitraje reconocidos en la Ley, siempre que dichos conflictos no deban ser resueltos de manera obligatoria por los entes reguladores en virtud de lo establecido en la Ley, pues en este caso, se deberá actuar en los términos que se expondrán seguidamente.

B. *Resolución administrativa de conflictos*

La resolución extrajudicial de conflictos no tiene como única finalidad resolver una controversia entre particulares, sino que se establece como un medio expedito y efectivo para la resolución de los conflictos garantizando tanto la libre competencia en determinadas actividades económicas, como la continuidad en la prestación de los servicios o el uso y aprovechamiento de los bienes y recursos de manera eficiente, en definitiva, la satisfacción del interés general.

Ello lleva a admitir la actuación de oficio de los entes reguladores, con la finalidad de resolver los conflictos que surjan como consecuencia de las diferencias o controversias entre los agentes económicos, sin que sea necesario el consentimiento de los involucrados.

Para que sea posible la intervención de los entes reguladores, no se requiere un acuerdo previo de las partes en disputa, en virtud del cual voluntariamente convengan en someter la controversia a los reguladores, sino que se trata de una potestad legalmente atribuida a éstos, regida por el Derecho administrativo, lo que se traduce en que sus decisiones sean de carácter administrativo.

---

[32]   Chillón Medina, José María y Escobar Roca, Guillermo, *Ob. cit.*, p. 233-242.

[33]   Tornos Más, Joaquín, El regulador de la energía y otros reguladores sectoriales: Comparación de modelos, *Cuestiones actuales del Derecho de la Energía. Regulación, Competencia y Control Judicial*, (Dirs. Serrano González, M., y Bacigalupo Saggese, M.), Iustel, Madrid, 2010, p. 120.

Así lo ha señalado la doctrina científica, al expresar que "... las nuevas Leyes sectoriales otorgan a las correspondientes autoridades reguladoras la potestad de resolver los conflictos que se planteen entre los operadores de los distintos servicios y, en algunas ocasiones entre los operadores y los usuarios, aun tratándose de controversias *inter privatos* y referidas a relaciones jurídicas derivadas de contratos privados. Esta intervención administrativa no requiere el consentimiento de las dos partes enfrentadas. La resolución que se dicte para resolver el conflicto se considera un acto administrativo y sólo puede ser impugnada en vía contencioso administrativa"[34].

Cuando los entes reguladores llevan a cabo la actividad administrativa de resolución de conflictos, actúan en tutela del interés general lo que conlleva, no exclusivamente a la resolución de conflicto, sino también a la imposición de órdenes, incluso bajo apercibimiento y al establecimiento de prohibiciones dirigidas a los sujetos sometidos a su decisión.

Tal decisión de resolución de conflictos implica una actuación de los entes reguladores en ejercicio de una potestad administrativa, que luego de tramitado el procedimiento legalmente establecido, culmina con la emisión de un acto administrativo, que se dicta con estricta sujeción a la ley y en ejecución de un deber legal de cumplir las competencias otorgadas por el ordenamiento jurídico, lo que supone una actuación de naturaleza pública, sometida al control del orden jurisdiccional administrativo.

Las características de la resolución de conflictos son las siguientes: Ésta no se realiza por la voluntad de las partes en conflicto, sino que se impone aún en contra de su voluntad, por disposición legal, con el fin de garantizar el interés general que tutelan los entes reguladores; en consecuencia, se trata de una actividad de naturaleza pública, en la cual se ejercen auténticas potestades administrativas; que persigue resolver o dirimir una controversia entre los operadores de redes, infraestructuras o servicios del Sector Energético, quienes no han podido solucionarla amigablemente entre ellos; constituyendo la decisión que resuelva la controversia un acto de naturaleza administrativa, que no solo es vinculante para las partes, sino que constituye un título ejecutivo y ejecutorio; que debe ser emitido, previo cumplimiento de las garantías y el procedimiento administrativo legalmente establecido[35].

Sin embargo, el legislador puede condicionar que tal actuación de resolución administrativa de controversias, se lleve a cabo de manera subsidiaria, en el supuesto que las partes en conflicto no logren alcanzar un acuerdo que ponga fin a la controversia, es decir, que el legislador puede reconocer y garantizar la libertad de contratación y negociación, dejando el ejercicio de la potestad de resolución de controversias, para el supuesto en que las partes no logren solucionar sus diferencias directamente entre ellas.

---

[34]   Huergo Lora, Alejandro, *La Resolución Extrajudicial de Conflictos en el Derecho Administrativo,* Publicaciones del real Colegio de España, Bolonia, 2000, p. 247.

[35]   Chillón Medina, José María y Escobar Roca, Guillermo, *Ob. cit.,* pp. 252-253.

7. Competencia sancionatoria

La competencia sancionatoria ha sido atribuida a los entes reguladores con la finalidad de garantizar que puedan ejecutar con eficacia y eficiencia la función de regulación. Esta competencia sancionatoria se debe ejercer con estricto sometimiento a la Constitución, los tratados internacionales y la Ley, siendo aplicable en lo no previsto expresamente, los principios generales del Derecho Administrativo sancionatorio.

Tal competencia debe ser atribuida por norma expresa, con el objeto de iniciar, sustanciar y resolver acerca de los hechos que estén previamente tipificados como constitutivos de infracciones. Los entes reguladores pueden ejercer esta competencia, en tres supuestos:

a) Por una denuncia, en cuyo caso deberán determinar si existen méritos para el ejercicio de la potestad sancionatoria y, en consecuencia, ordenar el inicio del procedimiento sancionatorio;

b) Pueden actuar de oficio, al considerar que los operadores del Sector Energético pudieron haber incurrido en hechos que presumiblemente constituyan infracciones a la Ley;

c) Pueden ejercer la competencia a instancia de algún interesado-afectado, sea este operador o consumidor.

La potestad sancionatoria debe ejecutarse en respeto y garantía del derecho al debido proceso, del derecho a la defensa, con estricta sujeción a los principios de legalidad y tipicidad, presunción de inocencia, proporcionalidad, irretroactividad, *non bis in ídem*, imparcialidad y racionalidad.

Conforme a estos principios[36], los entes reguladores pueden imponer las sanciones establecidas por el legislador, en caso que se produzca una determinada infracción, siendo éstas exclusivamente las contempladas legalmente, sin que proceda acudir a la analogía u otra fórmula para suplir presuntos vacíos legales.

Debe precisarse, que en caso de producirse conductas que atenten contra los derechos de los usuarios de los servicios de Sector Energético, así como los derechos de libertad de empresa y libre competencia de los operadores, tales conductas deberán ser sancionadas por las autoridades administrativas competentes, valga decir, la autoridad administrativa que protege los derechos de los consumidores y los usuarios en el primer caso y en el segundo, por la autoridad administrativa competente para proteger la libre competencia.

---

[36] Urdaneta Sandoval, Carlos A., *Las medidas cautelares y provisionalísimas en el Derecho Administrativo formal venezolano. Con especial referencia al régimen sancionador de la Ley Orgánica de Telecomunicaciones*, FUNEDA, 2004, Caracas, pp. 106-132.

IV.   EL CONTROL INSTITUCIONAL DE LOS ENTES REGULADORES

Toda la actividad de los órganos que ejercen el Poder Público se encuentra sometida a una serie de controles que se pueden clasificar, en razón de aquellos órganos que los ejercen, como de naturaleza parlamentaria, de naturaleza administrativa y de naturaleza jurisdiccional. Al estudio de tales controles se dedicará este subepígrafe.

1.   *El control parlamentario*

El órgano parlamentario nacional tiene atribuido el control político del Gobierno y de la Administración Pública Nacional. Por tanto, siendo los entes reguladores del Sector Energético parte integrante de ésta última, se encuentran sometidos al control parlamentario del Congreso.

El Poder Legislativo puede ejercer su función de control mediante los siguientes mecanismos: Las interpelaciones, las investigaciones, las preguntas, las autorizaciones y las aprobaciones parlamentarias previstas en la Constitución y en la ley, así como cualquier otro mecanismo que establezcan las leyes y el reglamento. En ejercicio del control parlamentario, podrán declarar la responsabilidad política de los funcionarios públicos y solicitar al Ministerio Público que intente las acciones a que haya lugar para hacer efectiva tal responsabilidad.

En tanto, la Constitución atribuye al Congreso y sus Comisiones, la realización de las investigaciones que juzguen convenientes en las materias de su competencia, de conformidad con el reglamento. El ejercicio de esta facultad de investigación, no afecta las atribuciones de los demás órganos que ejercen el Poder Público.

Es conforme a la Constitución que todos los funcionarios públicos están obligados, so pena de ser sancionados en los términos que establezcan las leyes, a comparecer ante dichas Comisiones y suministrarles las informaciones y documentos que requieran para el cumplimiento de sus funciones. Esta obligación comprende también a los particulares, quedando a salvo los derechos y garantías que les reconozcan la Constitución y las leyes.

Con fundamento en estas premisas, el Poder Legislativo puede convocar a comparecer ante el pleno o la comisión respectiva, para realizar el control parlamentario sobre los funcionarios de la Administración Pública que tienen competencias dentro del Sector Energético y a los funcionarios integrantes de los entes reguladores del Sector Energético.

2.   *El control administrativo*

Los controles administrativos son fundamentalmente: El jerárquico, el de tutela y el fiscal.

a) El control jerárquico

El control jerárquico sobre las decisiones de los entes reguladores, siempre que sean desconcentrados o descentralizados funcionalmente lo ejerce el ministro de adscripción, de oficio cuando así lo permita la ley o en aquellos casos en que se formulen los recursos administrativos jerárquicos.

En el caso del Sector Energético, siempre que así lo establezca la Ley, corresponderá al ministro con competencia en materia eléctrica conocer y decidir el recurso jerárquico y en ejercicio de la potestad de autotutela de segundo grado o potencia, convalidar, confirmar, modificar, anular, revocar o incluso corregir errores materiales o de cálculo en una resolución administrativa, así como ordenar la reposición del procedimiento administrativo, cuando se hayan producido vicios en el mismo que así lo exijan.

Tal control jerárquico lo ejercerá el ministro cuando sean ejercidos los recursos administrativos jerárquicos, a elección de los interesados, contra los actos administrativos que dicten los entes reguladores del Sector Energético.

No obstante cabe destacar, que en la medida que se refuerce el grado de autonomía de los entes reguladores y se supriman o no se establezcan los controles jerárquicos, las decisiones adoptadas por ellos agotarán la vía administrativa y únicamente serán recurribles en vía jurisdiccional[37].

b) El control de tutela

El control de tutela consiste en la facultad otorgada de manera limitada, a un órgano público sobre los entes descentralizados funcionalmente que dependen de él, para que conforme al ordenamiento jurídico, se logre una unidad de actuación para alcanzar los fines públicos que tiene encomendados el órgano tutelante[38].

La doctrina científica distingue dos tipos de control de tutela: Uno es el control de tutela sobre la actividad que puede ser previo o posterior. Se señala que será previo o *ex ante*, en los casos en los cuales requiera obtener el acuerdo previo del ministerio de adscripción, para adoptar una decisión; y será posterior o *ex post*, en el caso que el ente pueda realizar determinadas actuaciones, que luego deben ser aprobadas por el ministerio de adscripción.

El otro, es el control de tutela sobre las personas, que consiste en la facultad de designación y remoción libremente o condicionado a determina-

---

[37]   Montero Pascual, Juan José, *Regulación Económica. La actividad administrativa de regulación de los mercados*, Tirant lo Blanch, Valencia, 2014, p. 63.

[38]   Entrena Cuesta, Rafael, *Curso de Derecho Administrativo*, Vol. I., Tecnos, Madrid, 1995, pp. 45-48.

dos supuestos y circunstancias de los directivos de los entes descentralizados funcionalmente, por los órganos de adscripción[39].

La noción de tutela como técnica de conexión o vinculación entre la Administración Central y la Administración descentralizada funcionalmente, ha sido considerada como "un tanto anticuada y no muy precisa"[40].

c) El control fiscal

Se encuentran sometidos al control, vigilancia y fiscalización de la Contraloría General de la República y demás órganos de control fiscal, tanto el ministerio con competencia en materia eléctrica como los entes reguladores del Sector Energético.

3. El control jurisdiccional

El Estado de Derecho tiene como uno de sus principios cardinales, el control jurisdiccional pleno, sin lagunas, de los órganos que ejercen el Poder Público.

Es así como de conformidad con lo establecido en la Constitución, el control jurisdiccional lo ejercen los tribunales que determine la ley.

Por ello, corresponde analizar los distintos órdenes jurisdiccionales, que tienen competencia para conocer de la actividad e inactividad que se deriven de las distintas relaciones jurídicas, que nacen de la aplicación de la legislación energética.

a) El orden jurisdiccional constitucional

En primer lugar, cabe mencionar que el orden jurisdiccional constitucional es competente para conocer de las pretensiones de nulidad por razones de inconstitucionalidad contra las leyes que regulen el Sector Eléctrico.

También corresponde al orden jurisdiccional constitucional conocer de las pretensiones de amparo constitucional que intenten los operadores o usuarios de los servicios de Sector Energético contra el ministerio o los entes reguladores Sector Energético, para obtener la tutela de sus derechos constitucionales, tanto de los individuales como de los colectivos y difusos.

b) El orden jurisdiccional administrativo

En segundo lugar, el orden jurisdiccional administrativo es competente, para ejercer el control jurisdiccional de la Administración pública.

---

[39]   Brewer-Carías, Allan R., *Principios del Régimen Jurídico de la Organización Administrativa Venezolana*, Editorial Jurídica Venezolana, Caracas. 1994, pp. 84-85.

[40]   Madige Herrero, Mariano, *Límites Constitucionales de las Administraciones Independientes*, INAP, Madrid, 2000, p. 37.

El control de la conformidad a Derecho de los actos administrativos generales o individuales del ministro con competencia en materia eléctrica o de las demás autoridades administrativas reguladoras del Sector Eléctrico.

También le corresponde al orden jurisdiccional administrativo conocer de las demandas por la negativa o abstención del ministro con competencia en materia eléctrica o de los entes reguladores del Sector Energético, a cumplir las obligaciones concretas en los casos establecidos en el ordenamiento jurídico.

En el caso del control jurisdiccional administrativo existe el debate sobre el alcance y límites del referido control jurisdiccional. Es así como pudiendo en principio sostenerse que este control debe ser pleno, como sucede con el resto de la actividad e inactividad administrativa que realizan los órganos que ejercen el Poder Público; existen quienes se inclinan por reconocer límites, en lo que respecta a los elementos discrecionales de los actos administrativos regulatorios[41].

c) El orden jurisdiccional civil

Finalmente, debe señalarse que corresponde al orden jurisdiccional civil conocer de la impugnación de los laudos arbitrales, que dicten los entes reguladores del Sector Energético, cuando actuando en ejercicio de su competencia arbitral, resuelvan las controversias que voluntariamente le sometan a su consideración, las partes en conflictos.

V.   CONSIDERACIONES FINALES

La importancia del configurar debidamente a los entes reguladores del Sector Energético parte de la necesidad de comprender el sector de manera integral, es decir, desde la perspectiva jurídica-institucional, económica-financiera y técnica[42].

No obstante, debe tenerse presente que no existen instituciones que *per se* funcionen perfectamente, pues las mejores leyes y los mejores reglamentos, no constituyen garantía de Buena Administración de los entes reguladores, si éstos no cuentan con las personas idóneas que las dirijan, que tengan los conocimientos y la formación cualificada para cumplir con la misión y los cometidos que les corresponde conforme al Ordenamiento jurídico.

---

[41]   Montero Pascual, Juan José, *Regulación Económica. La actividad administrativa de regulación de los mercados*, Tirant lo Blanch, Valencia, 2014, p. 101.

[42]   Hernández-Mendible, Víctor R., *Telecomunicaciones, Regulación y Competencia*, Editorial Jurídica Venezolana-FUNEDA, Caracas, 2009.

Es por ello que el éxito de la regulación no depende tanto de las disposiciones que crean y atribuyen las competencias de los entes reguladores que sin duda son insoslayables, como de la selección de las personas que van a ejercer la función reguladora, quienes deben estar dispuestas a un proceso de constante capacitación y mejoramiento, de formación continuada y con la plena consciencia del rol que les corresponde desarrollar en el sector, para que los operadores puedan realizar las actividades económicas con la motivación de obtener una ganancia razonable, lo que constituye un aliciente para llevar a cabo la investigación, el desarrollo y la innovación (I+D+i) que les permita competir en la oferta de bienes y servicios de calidad, a precios asequibles.

Antes de finalizar estas reflexiones, se debe mencionar que los entes reguladores del Sector Energético deben establecer relaciones de colaboración, coordinación y cooperación recíprocas con las demás autoridades administrativas que tienen competencias expresas –en ocasiones concurrentes o compartidas– sobre el sector, como lo serían aquellas que tienen encomendada la defensa de la libre competencia, la protección de los derechos de los consumidores y los usuarios, la promoción de I+D+i, así como aquellas que ejercen sus competencias en materia ambiental.

Cabe concluir señalando que en tanto autoridades administrativas deben actuar con sujeción plena a la Ley y el Derecho, los entes reguladores del Sector Energético se encuentran sometidos en su actividad o inactividad al control del orden jurisdiccional, en los términos que determinen la Constitución y las Leyes[43].

---

[43]   González, Óscar, Calacha Marzana, Fernando, Pacheco, Manuel, Lemmes, Carlos, El control judicial de las decisiones de los reguladores, *Cuestiones actuales del Derecho de la Energía. Regulación, Competencia y Control Judicial*, (Dirs. Serrano González, M., y Bacigalupo Saggese, M.), Iustel, Madrid, 2010, pp. 253-282; Ariño Ortíz, Gaspar, El control judicial de las entidades reguladoras. La necesaria expansión del Estado de Derecho, *Revista de Administración Pública N° 182*, Centro de Estudios Políticos y Constitucionales, Madrid, 2010, pp. 9-37.

EL ESTATUTO DE LOS CONSUMIDORES
Y LOS USUARIOS ENERGÉTICOS

I. INTRODUCCIÓN

En la mayoría de los países de tradición jurídica latina, inicialmente se adoptó una manera de intervención del Estado en la economía, que se desarrolló dentro de una regulación de primera generación, donde se establecía una titularidad del Estado sobre las actividades de servicios públicos (*publicatio*) y los bienes públicos (afectación). Esta titularidad y afectación se justificaban en la creencia que la satisfacción del interés general era tarea exclusiva del Estado y en la presunta existencia de un monopolio natural, que hacía al Estado totalmente responsable tanto de la prestación de los servicios, como del uso y aprovechamiento de los bienes públicos, en virtud de lo que este podía decidir discrecionalmente prestarlos o utilizarlos, bien de manera directa o convocando a los particulares para participar en la gestión y aprovechamiento, estando estos condicionados para realizar la explotación de la actividad o el uso de los bienes, a la previa obtención de una habilitación administrativa constituida generalmente por una concesión, que se convertía en el título que les transfería temporalmente a los particulares, el derecho de gestión de la actividad o de uso del bien –en principio– en régimen de monopolio, dentro de un mercado cautivo y en ejercicio de derechos exclusivos de explotación o aprovechamiento. Esto no impidió, –aunque ello era menos común–, el establecimiento de un mercado disputable donde la competencia quedaba restringida a pocas personas en zonas geográficas determinadas, debiendo tales personas efectuar la explotación de la actividad como el uso de los bienes públicos. Ello debía ejecutarse conforme a las previsiones del título habilitante, al igual que la realización todas las actividades esenciales, así como aquellas que no lo eran, pero que se encontraban comprendidas expresa o implícitamente en la gestión del sector, las cuales serían financiadas mediante un régimen uniforme de tarifas fijadas por el Estado y sometido a un marco jurídico preeminente de Derecho público, que regía tanto a toda la actividad de servicio público como a los bienes públicos, en lo que se conoció como el modelo de Estado prestacional (productor de bienes y prestador de servicios)[44].

Luego de la revolución científica y tecnológica que se iniciaba en el mundo en el último tercio del siglo XX y se sigue experimentado actualmente, se presentó una crisis en el modelo tradicional de intervención del Estado en la economía, que condujo a una nueva regulación, que evidentemente no podía ser igual que su predecesora, porque se sustentaba en un nuevo orden jurídico, económico, tecnológico, social y cultural que originalmente surge en la denominada Sociedad de la Información y en la actualidad transita hacia la Sociedad del Conocimiento y la Innovación.

El paso al nuevo modelo de intervención del Estado en la economía, se construye anclado en una regulación de segunda generación, donde desaparece la titularidad del Estado sobre la actividad (*despublicatio*) y sobre los bienes públicos (desafectación), por ende se extinguen los derechos de explotación exclusiva y en régimen de monopolio que ostentaban el Estado o los particulares por delegación de aquel, dando paso al ejercicio de los derechos y libertades económicas, como la libertad de empresa, la libre iniciativa empresarial, la propiedad privada sobre los bienes que pueden ser considerados esenciales –sujeta a restricciones, limitaciones y obligaciones por razones de interés general–, la libre competencia, lo que supone el traslado de la responsabilidad de la gestión económica de los servicios o del uso de los bienes a los operadores privados, que para explotarlas o utilizarlos requieren una habilitación administrativa de autorización reglada y que realizarán las actividades de prestación o uso de bienes en función de la oferta y la demanda, disputándose el mercado entre sí y en los casos que la libre competencia en el mercado no sea capaz de garantizar la satisfacción de las necesidades básicas de las personas, se encontrarán sujetos a que potencialmente se le establezcan obligaciones de servicio universal, así como servidumbres y cargas sobre los bienes, estando únicamente obligados a realizar las actividades estrictamente esenciales que deben prestarse en las condiciones técnicas, de calidad y asequibilidad económica que determine el ente regulador de conformidad con la ley. En tal caso concurrirá el régimen de financiación mediante la formación competitiva de precios, en las prestaciones que son claramente disputables; con el régimen de financiación mediante tarifas de las actividades que se prestan bajo la modalidad de servicio universal, den-

---

[44]   Sobre la evolución experimentada en las modalidades de intervención del Estado en materia de servicios públicos, puede consultarse Araujo-Juárez, José, *Derecho Administrativo General. Servicio Público*, Ediciones Paredes, Caracas, 2010, pp. 29-96; Brewer-Carías, Allan R., A manera de prólogo sobre el marco constitucional de los servicios públicos, al libro los Servicios Públicos Domiciliarios, *Los Servicios Públicos Domiciliarios*, Editorial Jurídica Venezolana-Fundación de Estudios de Derecho Administrativo (FU-NEDA)-Centro de Estudios de Regulación Económica de la Universidad Monteávila (CERECO-UMA), Caracas, 2012, pp. 17-41.

tro de un marco jurídico mixto, que por las características de la actividad ha conducido a proponer una nueva rama donde convergen distintas disciplinas jurídicas, que podría ser denominada *Derecho de los servicios energéticos*, todo ello en el modelo de Estado de garantía de prestaciones (regulador *ex ante*)[45].

Este modelo de Estado de garantía de prestaciones desde el punto de vista jurídico-político constituye la más avanzada expresión del Estado social y democrático de Derecho, en tanto que desde la perspectiva del sistema económico implica el desarrollo de una economía social de mercado[46], que es justamente donde la regulación encuentra el mejor escenario para lograr la consecución de los objetivos de interés general, es decir, para que se puedan ejercer las libertades económicas (libertad de empresa, libre competencia y libre iniciativa privada) en cuanto sea posible y se produzca la intervención del Estado que sea necesaria, para que todas las personas cuenten con pluralidad de bienes y servicios de calidad, a buenos precios (libertad de elección para satisfacer las necesidades)[47].

---

[45]   Cassese, Sabino, *La Nuova Costituzione economica*, Editori Laterza, Roma, 1995; Majone, Giandomenico, *La Communauté Européenne: Un État Regulateur*, Montchrestien, Paris, 1996 ; Bianchi, Alberto, *La regulación económica*, Tomo 1, Ábaco, Buenos Aires, 2001; Moreno Castillo, Luis, *Servicios Públicos Domiciliarios*, Universidad Externado de Colombia, Bogotá, 2001; Sendín García, Miguel A., *Regulación y servicios públicos*, Comares, Granada, 2003; Hernández-Mendible, Víctor R., La regulación de los servicios públicos competitivos, *Revista Actualidad en el Derecho Público Nº 21-23*, Ed. Ad-Hoc, Buenos Aires, 2003, pp. 229-258; La regulación económica, *Estudios de Derecho Público. Homenaje a la Facultad de Derecho de la Universidad Católica Andrés Bello en su 50 aniversario*, Tomo II, UCAB, Caracas, 2004, pp. 691-746; Ariño Ortiz, Gaspar, *Principios de Derecho Público Económico*, 3a. ed., Comares, Granada, 2004; Carbajales, Mariano, *El Estado regulador. Hacia un nuevo modelo de Estado*, Ábaco, Buenos Aires, 2006; Hernández, José I., *Derecho Administrativo y Regulación Económica*, Editorial Jurídica Venezolana, Caracas, 2006.

[46]   Hernández-Mendible, Víctor R., "Economía Social de Mercado en el Estado de Garantía de Prestaciones", *Libro Homenaje a José Luis Meilán Gil*, (Coords. Jaime Rodríguez Arana-Muñoz y José Pernas García), Ed. RAP, Buenos Aires, 2013, pp. 331-348.

[47]   Las constituciones políticas definen desde la perspectiva política-constitucional, los fundamentos del Estado social y democrático de Derecho y en el aspecto económico reconocen la libertad de la iniciativa privada, que se ejerce en un modelo de economía social de mercado, en el que corresponde al Estado actuar en la promoción de los servicios energéticos e infraestructuras, estimular la libertad de empresa, comercio e industria, reconocer el pluralismo económico y admitir que la economía se sustenta en la coexistencia de diversas formas de propiedad y de empresa. También en las constituciones políticas expresamente se asume el principio de concurrencia privada y pública en la actividad empresarial, por lo que únicamente se puede realizar esta previa autorización de ley y cuando medien razones de conveniencia nacional y de carácter estratégico e igualmente se encomienda al Estado facilitar y vigilar la libre competencia, así como la asunción de la defensa de los intereses de los consumidores y usuarios, en razón de lo que debe garantizar el derecho a la información sobre los bienes y servicios que se encuentran en el mercado.

Sin entrar en el análisis del debate entre la asunción de la mínima regulación o de la regulación para la consecución de los objetivos de interés general y sin dejar de mencionar que he apostado por esta última tesis[48], debe tenerse presente que el estudio de la actividad de gestión de los servicios energéticos no puede ser abordada sin considerar que no hay mercado sin demanda, ni regulación sin destinatarios de la misma, por lo que en esta ocasión el presente trabajo se centrará en contribuir a construir el estatuto de los consumidores y los usuarios de los servicios energéticos, como unos de los destinatarios de la regulación.

Para una mayor claridad en la exposición dividiré el presente trabajo en los siguientes aspectos a saber: Los fundamentos normativos de los derechos de los consumidores y los usuarios de los servicios energéticos (II); el derecho de los consumidores y los usuarios a la participación en los procedimientos administrativos de regulación normativa (III); los derechos de los consumidores y los usuarios ante los servicios energéticos (IV); y, las consideraciones finales (V).

II. LOS FUNDAMENTOS NORMATIVOS DE LOS DERECHOS DE LOS CONSUMIDORES Y LOS USUARIOS DE LOS SERVICIOS ENERGÉTICOS

Tanto la comunidad internacional como los gobiernos nacionales[49] han ido mostrando cada vez mayor interés en la protección de los consumidores

---

Sin ánimo de agotar la bibliografía sobre la materia, además de la mencionada en anterior oportunidad en Hernández-Mendible, Víctor R., "Hacia un régimen común de los servicios públicos competitivos", *El Derecho Administrativo y la Modernización del Estado Peruano, III Congreso Nacional de Derecho Administrativo*, Grijley, Lima, 2008, p. 234, se recomiendan las contribuciones contenidas en esa misma publicación y más recientemente, Orlando Vignolo (Cood.), *Teoría de los Servicios Públicos*, Grijley, Lima, 2009; Zegarra Valdivia, Diego, "Apuntes entorno a la caracterización jurídica de los usuarios de servicios energéticos y la actividad de la Administración reguladora", *Modernizando el Estado para un país mejor, IV Congreso Nacional de Derecho Administrativo*, Palestra, Lima, 2010, pp. 327-346.

[48]   Hernández-Mendible, Víctor R., *Telecomunicaciones, Regulación y Competencia*. Editorial Jurídica Venezolana-FUNEDA, Caracas, 2009; y, "La regulación para la consecución de objetivos de interés general en el Estado de garantía de prestaciones", *Derecho Administrativo y Regulación Económica. Liber Amicorum Gaspar Ariño Ortíz*, La Ley, Madrid, 2011, pp. 1159-1177.

[49]   Se atribuye al discurso de John F. Kennedy, en su *Mensaje Especial al Congreso sobre protección de los intereses de los Consumidores*, de 15 de marzo de 1962, donde se enunciaron por vez primera, cuatro derechos de los consumidores: el derecho a la seguridad, el derecho a ser informado, el derecho a elegir y el derecho a ser oído. *Cfr.* Acedo Penco, Ángel, Los derechos básicos de los consumidores reconocidos en el art. 51 de la Constitución y su ulterior desarrollo mediante el estatuto de los consumidores de Extremadura, *Anuario de la Facultad de Derecho*, Vol. XXI, Universidad de Extremadura, 2003, p. 341.

y los usuarios de los servicios esenciales, a los fines de garantizar tanto la satisfacción de las necesidades básicas como un trato adecuado y justo a las personas.

En efecto a partir del último tercio del siglo XX, se produjeron varios documentos internacionales destinados a brindar la protección de los consumidores, que se expondrán brevemente atendiendo a los espacios geográficos en que se produjeron y conforme a su aparición cronológica.

1. *En el contexto europeo*

Es así como el Comité Consultivo del Consejo de Europa, mediante resolución 543/73, elaboró la Carta Europea de protección de los consumidores[50], en el que se proponían los derechos a la protección y asistencia a los consumidores, el derecho a la reparación del daño ocasionado al consumidor por la circulación de productos defectuosos, a la información y educación, así como a la organización en asociaciones y a ser representados por estas.

Ello sería el antecedente de la Resolución del Consejo, de 14 de abril de 1975, relativa a un programa preliminar de la Comunidad Económica Europea para una política de protección e información de los consumidores[51], y posteriormente, a la Resolución del Consejo, de 19 de mayo de 1981, relativa a un segundo programa de la Comunidad Económica Europea para una política de protección e información a los consumidores[52].

Luego en los Tratados de Maastricht en 1992, Ámsterdam en 1997 y Lisboa en 2007, se fue avanzando moderadamente al contemplar una mención al tema de la protección de los consumidores, llegando así a la Carta de Derechos Fundamentales de la Unión Europea, en vigor a partir de 1° de diciembre de 2009, que reconoce en su artículo 38 los principios que rigen los derechos de los consumidores[53].

Estos textos principistas son desarrollados por la normativa europea sectorial, al regular tanto el mercado desde la perspectiva de la oferta, como de la demanda, siendo en este último donde se ubican los derechos de los consumidores.

---

[50] Sobre los derechos de los consumidores y usuarios en Europa, se recomienda Rodríguez-Arana Muñoz, Jaime y Canosa Usera, Raúl, (Coord.), *Derecho de los consumidores y usuarios. Una perspectiva integral*, Centro Universitario Villanueva-Netbiblo, Madrid, 2008.

[51] DOCE, N° C 092, de 25 de abril de 1975, http://eur-lex.europa.eu/legal-content/ ES/TXT/?uri=celex%3A31975Y0425(01)

[52] DOCE, N° C 133, de 03 junio de 1981, http://eur-lex.europa.eu/legal-content/ES/ ALL/?uri=celex%3A31981Y0603(01)

[53] DOUE N° C 303, de 14 de diciembre de 2007, http://www.derechoshumanos.net/normativa/normas/europa/CDFUE/CartaDerechosFundamentalesUnionEuropea-v2007.htm

Es por ello que no obstante las anteriores referencias genéricas, a los fines de este trabajo interesa mencionar que el denominado tercer paquete de la Unión de la Energía, estableció los estándares para mejorar el funcionamiento del mercado interior de la energía y buscar resolver algunos problemas de funcionamiento, contemplando entre otros aspectos la búsqueda de una mayor transparencia en los mercados, en beneficio de los consumidores minoristas.

Sobre este aspecto se deben destacar dos Directivas: La Directiva 2010/30/UE del Parlamento Europeo y del Consejo, de 19 de mayo de 2010[54], relativa a la indicación del consumo de energía y otros recursos por parte de los productos relacionados con la energía, mediante el etiquetado y una información normalizada, lo que permitirá que los consumidores ejerzan su derecho a elegir los productos más eficientes; y la Directiva 2012/27/UE del Parlamento Europeo y del Consejo, de 25 de octubre de 2012[55], relativa a la eficiencia energética, que permite a los consumidores gestionar su demanda, brindándoles un acceso fácil y gratuito a la información sobre el consumo, en virtud de un sistema de medición individual.

Esta normativa europea del sector energético sobre los derechos de los consumidores, debe ser desarrollada por los países de la Unión, pero tal adecuación escapa al desarrollo de este trabajo.

2. *En el contexto internacional*

El primer pronunciamiento de cobertura mundial, lo realizó la Organización de las Naciones Unidas cuando aprobó la Resolución 39/248, de 16 de abril de 1985, que establece directrices de las Naciones Unidas para la protección al consumidor como cuestión temática, para orientar las políticas y leyes de los Estados miembros[56]. En esencia se reconocen los derechos a la protección frente a los riesgos de salud y seguridad, la protección de los intereses económicos de los consumidores, el acceso de los consumidores a la información adecuada, la educación del consumidor, la posibilidad de reparación efectiva por los daños y la libertad de constituir grupos u organizaciones para la defensa de los derechos.

Aunque estas directrices han tenido una vigencia de treinta años, como se mencionará más adelante, durante este tiempo la Organización Internacional de Normalización (ISO), se embarcó en el proyecto de desarrollar una

---

[54]   DOUE L 153/1, de 18 de junio de 2010, http://www.f2e.es/uploads/doc/20130806094406.directiva_2010_30_ue.pdf

[55]   DOUE L 315/1, de 14 de noviembre de 2012, http://www.f2e.es/up-loads/doc/20130806094341.directiva_2012_27_eu.pdf

[56]   Asamblea General de las Naciones Unidas, Resolución 39/248, de 16 de abril de 1985.

iniciativa que se abordó a partir de 2001 por la ISO/COPOLCO, Comisión de política de los consumidores y que llevó en 2003, a la constitución del Grupo *ad hoc* de múltiples partes interesadas de ISO en Responsabilidad Social y a que en 2004 ISO celebrara una conferencia internacional de múltiples partes interesadas, respecto a si se debería efectuar o no el trabajo en Responsabilidad Social. De donde surgió la recomendación positiva que llevó a la creación a finales de ese mismo año del Grupo de Trabajo de ISO sobre Responsabilidad Social (ISO/WG SR) para desarrollar las normas internacionales ISO 26000:2010, de Guías sobre Responsabilidad Social[57].

Esta ISO tiene un capítulo dedicado a los consumidores. Se trata de normas cuyo propósito es el fomento del cumplimiento voluntario de los criterios establecidos por las organizaciones, más allá de la legislación que es siempre obligatoria y vinculante para todos, en cada país.

Los asuntos abordados sobre consumidores se resumen en los siguientes aspectos: prácticas justas de marketing, información objetiva e imparcial y prácticas justas de contratación; protección de la salud y seguridad de los consumidores; consumo sostenible; servicios de atención al cliente, apoyo y resolución de quejas y controversias; protección y privacidad de datos de los consumidores; acceso a servicios esenciales; y, educación y toma de conciencia[58].

Más recientemente, con motivo de los 30 años de aquella histórica resolución, la Organización de las Naciones Unidas, aprobó la Resolución 70/186, de 22 de diciembre de 2015, que establece las nuevas directrices de las Naciones Unidas para la protección al consumidor, que ha sido distribuida a partir del día 4 de febrero de 2016[59].

En esta resolución se pueden destacar tres directrices concretas en materia de energía, sin perjuicio de las referencias generales a la protección de los derechos de los consumidores.

Es así como se indica que los Estados deben promover los intereses del consumidor, particularmente en los países en desarrollo y a tales fines deberán dar prioridad cuando proceda, a lo relacionado con la salud del consumidor, –como los alimentos, el agua, los productos farmacéuticos–, la energía y los servicios públicos, así como abordar los aspectos específicos de turismo. Estos deben adoptar o mantener políticas para asegurar el control de calidad de los productos, medios de distribución adecuados y seguros, sistemas internacionales normalizados de etiquetado e información, y progra-

---

[57] http://www.iso.org/iso/home/standards/iso26000.htm

[58] http://www.iso.org/iso/discovering_iso_26000-es.pdf

[59] ONU., Resolución 70/186, de 22 de diciembre de 2015, http://unctad.org /meetings/es/SessionalDocuments/ares70d186_es.pdf

mas de educación e investigación en estos ámbitos, debiendo hacer todo ello conforme a lo establecido en las directrices[60].

En concreto, los Estados deben promover el acceso universal a la energía no contaminante y formular, mantener o reforzar políticas nacionales para mejorar el suministro, la distribución y la calidad de energía, que sea económicamente asequible a los consumidores en función de su situación. En razón de ello, debe prestarse atención al establecimiento de los niveles apropiados de servicio, calidad y tecnología, la supervisión regulatoria, la necesidad de contar con programas de sensibilización y la importancia de la participación de la comunidad[61].

Estas directrices específicas en materia de energías son fundamentales para la construcción del Estatuto de los consumidores a nivel mundial.

3. *En el contexto americano*

El Mercado Común del Sur, la Comisión Técnica Séptima emitió cinco resoluciones relacionadas con los derechos de los consumidores. Es así como se tienen la Resolución 123/96, que establece los conceptos fundamentales del Derecho del Consumidor; la Resolución 124/96, que establece una declaración de los derechos básicos de los consumidores; la Resolución 125/96, que fija las pautas concretas para lograr una efectiva protección de la salud y seguridad de los consumidores; la Resolución 126/96, que establece los criterios para la publicidad de los bienes y servicios destinados al consumo; y la Resolución 127/96, posteriormente sustituida por la Resolución 42/98, que establece las condiciones y alcances que debe cumplir toda garantía contractual de los productos comercializados[62].

Estas Resoluciones disponen que su contenido deberá ser incorporado a los ordenamientos jurídicos nacionales y que no entrarían en vigor hasta que se aprobase el Reglamento Común para la Defensa del Consumidor, que hasta el presente no se ha aprobado[63].

---

[60] Directriz N° 69 de la Resolución 70/186.

[61] Directriz N° 76 de la Resolución 70/186.

[62] MERCOSUR, Resoluciones de 13 de diciembre de 1996.

[63] Sostiene Lima Marques, que, en el Proyecto de Reglamento, "os direitos do consumidor não são considerados pelos órgãos do Mercosul como direitos fundamentais de nenhum cidadão dos países membros, mas sim como barreiras ao comércio que prejudicam os fornecedores-nacionais e devem ser reduzidos ao máximo, inclusive em sua interpretação de norma já reduccionista". Lima Marques, Claudia, "Regulamento Comum de Defesa do Consumidor do Mercosul - Primeiras Observações sobre o Mercosul como Legislador da Proteção do Consumidor", *Revista de Direito do Consumidor*, N° 23-24, julio/diciembre, Editora Revista dos Tribunais, Brasilia, 1997, p. 101.

Posteriormente, se produjo la Declaración Presidencial de Florianópolis, que consiste en una declaración política más que jurídica, en la que se formula la Declaración de derechos fundamentales de los consumidores del MERCOSUR[64].

Por su parte, en la Comunidad Andina se expidió la Decisión N° 608, que contiene las Normas para la protección y promoción de la libre competencia en la Comunidad Andina[65], que de manera refleja hacen referencia a la protección de los derechos de los consumidores y también se ha producido la Decisión N° 638, sobre los lineamientos para la protección al usuario de telecomunicaciones[66].

La normativa sucintamente mencionada, evidencia que en el ámbito de protección de los derechos de los consumidores de bienes y servicios energéticos no existe una regulación especial que los proteja en el contexto americano.

4. *En los contextos nacionales*

En las legislaciones nacionales, aunque con distintos niveles de desarrollo, los países han ido estableciendo disposiciones constitucionales, legales y reglamentarias para garantizar los derechos de los consumidores[67].

En esencia estos derechos de las personas, que requieren adquirir bienes o el uso de servicios, se pueden resumir en los siguientes:

El primero, es el reconocimiento del derecho de las personas naturales o jurídicas a demandar la producción de bienes y exigir la prestación de servicios de calidad, pero no se trata de cualquier calidad, sino a una conforme a

---

[64]   Declaración de Presidentes del MERCOSUR, de 15 de diciembre de 2000.

[65]   La Decisión N° 608, de 29 de marzo de 2005.

[66]   La Decisión N° 638, de 19 de julio de 2006, ha sido comentada por Hernández-Mendible, Víctor R., *El estatuto de los usuarios de las telecomunicaciones en la Comunidad Andina, 15 Años de regulación de las telecomunicaciones en Colombia,* Comisión de Regulación de Telecomunicaciones (CRT), Bogotá, 2007, pp. 57-80.

[67]   A manera de referencia pueden consultarse Durán Martínez, Augusto, "Los servicios públicos y los derechos de los usuarios. Tendencias actuales en el Uruguay", *Revista de Derecho Público N° 26.* Montevideo, 2004, pp. 54-60; Delpiazzo, Carlos E., *Régimen jurídico de los usuarios de los servicios públicos y de interés general en Uruguay, Derecho de los consumidores y usuarios: una perspectiva integral,* Netbiblo, La Coruña, 2008, pp. 248-269; y del mismo autor, *Deberes y derechos de los usuarios de servicios públicos en Uruguay, Derecho Administrativo Iberoamericano (Discrecionalidad, Justicia administrativa y Entes reguladores),* Vol. II, Netbiblo, Ciudad de Panamá, 2009, pp. 451-472; Hernández, José I., *La participación de los usuarios de los servicios públicos desde el Derecho Administrativo venezolano,* (Coord. Víctor R. Hernández-Mendible) *Desafíos del Derecho Administrativo Contemporáneo. Conmemoración Internacional del Centenario de la Cátedra de Derecho Administrativo en Venezuela,* Tomo II, Ediciones Paredes, Caracas, 2009, pp. 875-892; Araujo-Juárez, José, *Derecho Administrativo General. Servicios Públicos,* Ediciones Paredes, Caracas, 2010.

los estándares técnicos mínimos establecidos, los que se van elevando en la medida que el desarrollo tecnológico y el avance de la Sociedad del Conocimiento y la Innovación lo requieren.

El segundo, que se encuentra interrelacionado con el anterior, es el derecho de las personas a que se les brinde información adecuada y no engañosa sobre el bien o servicio que demandan, debiendo esta información señalar el contenido y características de los productos y servicios, para que el interesado pueda saber si se ajusta a sus necesidades y, en consecuencia, proceder a adquirirlos o contratarlos.

El tercero, es el derecho a la libertad de elección, lo que implica la existencia de pluralidad de ofertas, valga decir, la producción de bienes y prestación de servicios de distinta calidad –que nunca pueden ser inferiores a los mínimos técnicamente establecidos–, modalidades y precios, que permitan la existencia de una oferta variada y que como consecuencia las personas tengan la posibilidad de elegir libremente los bienes o servicios que desean utilizar o consumir para satisfacer sus necesidades básicas, teniendo en cuenta su poder adquisitivo y sus auténticas necesidades.

El cuarto, es el derecho de los consumidores y los usuarios a exigirle a los productores de bienes y prestadores de servicios, que le dispensen un trato equitativo, digno y sin discriminación de ninguna naturaleza.

El quinto, es el derecho a contar con los mecanismos idóneos para garantizar tales derechos: de carácter legislativo o reglamentario (normas de control de calidad y cantidad de bienes y servicios); de carácter administrativo (procedimientos sencillos y expeditos de defensa del consumidor ante las autoridades administrativas); y de carácter jurisdiccional (que establezcan reparaciones por daños o condenas por delitos).

Es importante mencionar que el empleo de la expresión "consumidores" es polisémico, en el sentido que comprende a los consumidores propiamente tales, a los usuarios y a los suscriptores. No obstante, siendo posible diferenciar desde una perspectiva técnico-jurídica entre consumidores, usuarios y suscriptores, se procederá a hacerlo a continuación:

En primer término, se consideran consumidores, a todas las personas naturales o jurídicas que utilizan o disfrutan de bienes de cualquier naturaleza, como destinatarios finales.

En segundo lugar, son calificados como usuarios, todas las personas naturales o jurídicas que utilizan una infraestructura o usan o se benefician de los servicios de cualquier naturaleza como destinatarios finales, con independencia de que lo hagan como suscriptores o como simples beneficiarios.

Los anteriores –consumidores y los usuarios– se diferencian de los suscriptores, en que estos son las personas naturales o jurídicas que celebran un contrato de provisión o adquisición de bienes, de uso de infraestructuras o de prestación de servicios, en su condición de titulares del mismo, es decir, son quienes asumen formalmente todos los derechos y las obligaciones que derivan del contrato frente al proveedor de bienes, al gestor de las infraestructuras o al prestador de los servicios.

Se debe mencionar que pueden coincidir en una misma persona la condición de consumidor y suscriptor o de usuario y suscriptor, pero también puede darse el caso que el consumidor o el usuario, sea distinto del suscriptor.

Dicho esto, se va a analizar, más allá del catálogo de derechos de los consumidores en sentido amplio, enunciados de manera general o sectorial en los ordenamientos jurídicos, algunas modalidades de protección del ejercicio de los derechos.

III. EL DERECHO DE LOS CONSUMIDORES Y LOS USUARIOS A LA PARTICIPACIÓN EN LOS PROCEDIMIENTOS ADMINISTRATIVOS DE REGULACIÓN NORMATIVA

En el epígrafe anterior se ha hecho referencia tanto al Derecho Internacional como al Derecho comunitario europeo y andino para tratar de precisar la construcción del estatuto de los consumidores de los servicios energéticos –estatuto que implica tanto el reconocimiento de derechos como la imposición de obligaciones–, pero este análisis no estaría completo si no se hiciese alguna sucinta referencia a lo que disponen los tratados internacionales sobre el derecho a la participación de las personas en los asuntos públicos.

Al respecto se debe señalar que el derecho a la participación en los asuntos públicos goza de pleno reconocimiento en el ordenamiento jurídico de los derechos humanos[68], –que además en algunos países integra el bloque de la constitucionalidad[69]–, al estar reconocidos los tratados inter-

---

[68]   Artículos 25 del Pacto Internacional de Derechos Civiles y Políticos; 21.1 de la Declaración Universal de Derechos Humanos; 20 de la Declaración Americana sobre los Derechos y Deberes del Hombre y 23.1 de la Convención Americana de Derecho Humanos.

[69]   El sistema universal de los Derechos Humanos constituye parte del bloque de la constitucionalidad. Duque Corredor, Román J., Postulados y principios. "El Sistema constitucional de los Derechos Humanos en la Constitución Venezolana", *Derecho Administrativo Iberoamericano. 100 autores en homenaje al postgrado de Derecho Administrativo de la Universidad Católica Andrés Bello*, tomo I, Caracas, Ediciones Paredes, 2007, pp. 155-171; en este mismo orden de ideas en otros países de Iberoamérica, se ha expresado que los instrumentos internacionales en materia de Derechos Humanos, forman parte del "Derecho de la Constitución o bloque de la constitucionalidad". Jinesta Lobo, Ernesto, "La oralidad en el nuevo Proceso Contencioso-Administrativo", *Procedimiento y Justicia Administrativa en América Latina*, Konrad Adenauer Stiftung, México, 2009, p. 339; en sentido similar se reconoce que la "decisión de nuestros constituyentes de 1994 de ubicar los tratados de derechos humanos en la cúspide del sistema constitucional –por vía de su incorporación en el art. 75, inc. 22, de la Carta Magna- al tiempo cerró parcialmente a nivel de regulación positiva una discusión sostenida en el plano juris-

nacionales válidamente suscritos y aprobados por el Estado, como instrumentos con jerarquía constitucional.

Además, el principio democrático reconocido en las constituciones, exige que los órganos que ejercen el poder público garanticen a las personas los mecanismos concretos, que les permitan tomar parte en la adopción de todas las decisiones que los puedan afectar.

Es ello lo que impone, que la potestad atribuida a las autoridades públicas de dictar normas, se ejerza con respeto a los derechos humanos y con sujeción a la Ley y al Derecho. Lo expuesto conduce a efectuar el análisis de la actividad administrativa normativa desde una doble perspectiva, distinta pero complementaria: Una, está relacionada por la atribución del ejercicio de la competencia normativa y la otra, se refiere a la garantía del derecho a la participación en los asuntos públicos. Cada una de ellas será objeto de reflexión separada a continuación.

1.   *La competencia normativa de las autoridades administrativas*

El régimen jurídico general de los servicios energéticos es competencia del Poder Público Nacional, –por ser quien en nombre del Estado administra los bienes y recursos públicos–, correspondiéndole originariamente dicha atribución al Poder Legislativo. En tales términos, la competencia normativa es ejercida de forma primigenia por el Legislador estatal, mediante la expedición de las leyes o la aprobación de los tratados internacionales válidamente suscritos y ratificados por el Estado.

Sin embargo, conforme a la Constitución el gobierno tiene potestad normativa, mediante el dictado de reglamentos, que deben sujetarse al espíritu, propósito y razón de la Ley y que en ningún caso puede lesionar la garantía de la reserva legal, ni menoscabar el goce y ejercicio de los derechos constitucionales. Con estos reglamentos se crean normas de carácter general, que reconocen derechos y establecen obligaciones, a las que quedan sometidas todas las personas que interactúan en un sector económico y social.

El marco normativo de los servicios energéticos lo puede complementar el ministerio competente, que, en su carácter de órgano rector del sector, debe formular, planificar, dirigir, coordinar, evaluar y controlar las políticas, planes, programas, proyectos y expedir las normas generales que han de aplicarse en el sector.

Ello es así, porque los ministerios tienen atribuidas la competencia para dictar actos administrativos individuales, es decir, con eficacia jurídica plena frente a determinados consumidores y los usuarios; y también pueden ex-

---

prudencial…". Gutiérrez Colantuono, Pablo A., *Administración Pública, Juridicidad y Derechos Humanos,* Buenos Aires, Abeledo Perrot, 2009, p. 3.

pedir actos administrativos generales, que suponen el ejercicio de la competencia normativa, de rango sublegal y en consecuencia, en ejecución de la ley, dentro del ámbito de su competencia, que tienen incidencia sobre la esfera jurídica de los consumidores y los usuarios de los servicios energéticos.

La potestad normativa debe ser ejercitada con estricta sujeción al Principio de Legalidad, en consecuencia, solo se tiene competencia normativa en los casos expresamente establecidos en la Ley, tal como lo señala la doctrina científica al precisar que "la dotación de las Administraciones independientes con poder normativo precisa inexcusablemente una habilitación legal (formal) expresa y determinada (en el sentido de delimitadora del ámbito, carácter y alcance de la correspondiente potestad normativa)"[70]. Además, se deben respetar los principios de transparencia, eficiencia, eficacia, responsabilidad, objetividad y contradicción, que informan la actividad administrativa, reconocidos en los ordenamientos jurídicos.

El ejercicio de las competencias normativas, supone la realización de un procedimiento administrativo que comprende dos fases: Una, de consultas públicas previas –en principio–, de la cual se dará oportuna información a todos los interesados y se garantizará la posibilidad de que aporten propuestas, opiniones, sugerencias o recomendaciones, a tenor de lo establecido en las leyes (garantía de la participación en los asuntos públicos); y la otra, consiste en la expedición de actos jurídicos que crean, modifican o extinguen situaciones jurídicas mediante actos administrativos, los cuales deberán ser publicados en los instrumentos de publicación oficial de los actos jurídicos, llámense gacetas, boletines, diarios o periódicos oficiales (garantía del conocimiento de las decisiones).

Estas dos garantías, llevan a que los entes reguladores adopten una forma de actuación, distinta de la tradicional, pues estos no actúan imponiendo su decisión de manera unilateral, en ejercicio de la potestad de imperio; sino que convocan a los agentes económicos: los operadores interesados, las personas individualmente consideradas, los consumidores y los usuarios agrupados en organizaciones, la comunidad organizada para que realicen propuestas, hagan observaciones, expongan sus argumentos, en fin, los entes reguladores actúan con ánimo de concertación, con la finalidad de lograr que las decisiones que se adopten, sean el producto del consenso entre los reguladores y los regulados.

Esto lo ha sostenido la doctrina científica al expresar que la autoridad administrativa reguladora "no dispone, como se predicaba en el pasado, de absolutos poderes cuya aplicación depende solo de la valoración que de los intereses públicos relevantes realice el grupo político en el poder", lo que

---

[70]   Parejo Alfonso, Luciano, "La potestad normativa de las llamadas Administraciones independientes: apuntes para un estudio del fenómeno. Administración Instrumental", *Libro Homenaje a Manuel Clavero Arévalo*. Tomo I, Civitas, Madrid, 1994, p. 651.

permite apreciar que "tras la ardua literatura legal que aparece en los Boletines Oficiales, subyace una compleja urdimbre de actos, acuerdos y negociaciones precedentes. El Estado aparece así, más que como un Leviatán, como un modesto componedor entre grupos contrapuestos, algo así como un árbitro, en caso de necesidad, entre poderes recíprocamente moderados o crónicamente en litigio, según se mire"[71].

Lo anterior permite afirmar que los entes reguladores tienen competencia normativa para crear preceptos de derecho objetivo, dentro del sector de los servicios energéticos correspondientes a su esfera de competencias y estos actos son válidos y productores de plenos efectos jurídicos, en el contexto del ordenamiento jurídico del Estado.

2. *La garantía del derecho a la participación en los asuntos públicos*

El régimen democrático contemplado en las constituciones tiene como uno de sus postulados fundamentales, que la soberanía reside en el pueblo y este la ejerce a través de sus representantes o directamente en ejercicio de derecho a la participación ciudadana en los asuntos públicos, en el marco de un Estado Social y Democrático de Derecho.

Este postulado se encuentra en la norma suprema, reconocido como un principio-derecho subjetivo de toda persona a participar libremente en los asuntos públicos[72] y establecido de manera general en las constituciones, se puede ejercer a través de los medios que establezca la ley.

El procedimiento administrativo para la expedición de actos jurídicos normativos es distinto de aquel previsto para la expedición de actos administrativos individuales. Es por ello que a continuación se analizarán sus rasgos definitorios.

a) *La justificación del establecimiento de este especial procedimiento administrativo*

La Ley debe establecer los estándares mínimos y obligatorios que debe cumplir la Administración Pública al tramitar los procedimientos administrativos dirigidos a la aprobación y expedición de los reglamentos, normas administrativas, planes y programas de alcance general.

---

71   Martín Mateo, Ramón, *Derecho Público de la Economía*, Ceura, Madrid, 1985, p. 24.

72   López Olvera, Miguel Alejandro, La participación ciudadana en la elaboración de normas administrativas de carácter general, *Derecho Administrativo Iberoamericano. 100 autores en homenaje al postgrado de Derecho Administrativo en la Universidad Católica Andrés Bello*, Tomo I, (Coord. Hernández-Mendible, V. R.), Ediciones Paredes, Caracas, 2007, pp. 791-818; Hernández-Mendible, Víctor R., "La participación ciudadana: pasado, presente y futuro", *Derecho Municipal Comparado*, Ediciones Liber, Caracas, 2009, pp. 807-841.

Es importante destacar que al ser obligatorios no pueden dejar de cumplirse y al considerarse mínimos, conforme a los principios de racionalidad y ponderación, pueden ser aplicados de manera flexible y abierta, para introducir incluso el empleo de las nuevas tecnologías que contribuyan a garantizar los fines que justifican este procedimiento administrativo.

La tramitación de estos procedimientos administrativos por la Administración Pública persigue varias finalidades:

1. Obtener la información necesaria para la aprobación de los reglamentos, normas administrativas, planes y programas.

2. Lograr el encauzamiento del diálogo con otros órganos y entes públicos, con los particulares (interesados) y con los terceros (público en general).

3. Garantizar la adecuada ponderación de las políticas sectoriales y los derechos involucrados, mediante la promoción del derecho a la participación ciudadana, como sustento de la buena gobernanza democrática.

La Administración Pública tiene la obligación de aplicar los principios y criterios en la tramitación del procedimiento administrativo con mayor rigor y amplitud de cumplimiento de su finalidad, en la medida que la regulación legislativa previa sea mínima en la configuración de los estándares para la aprobación de los reglamentos, normas administrativas, planes y programas.

En consecuencia, en tanto exista una mayor libertad de configuración administrativa otorgada por la ley respectiva, se torna más intensa la obligación de la Administración Pública de actuar con sujeción estricta a los principios y criterios mínimos que establece la Ley.

b) La obligación de realizar el procedimiento administrativo

La Administración competente para elaborar reglamentos, normas administrativas, planes y programas de alcance general, debe actuar con sujeción a los principios y criterios establecidos en el ordenamiento jurídico.

La Ley debe señalar que los órganos y entes públicos deben promover la participación ciudadana en la gestión y decisión pública, sin perjuicio de lo que dispongan la Constitución y las leyes especiales.

En consecuencia, no se trata de una competencia discrecional de las autoridades administrativas, que le permite a su arbitrio decidir si tramitan el procedimiento administrativo y permiten la participación de las personas, sino que se trata de una obligación que les impone la ley, cuyo incumplimiento puede afectar lo decidido por dichas autoridades, produciendo la invalidez de las decisiones adoptadas.

c) Los sujetos que pueden intervenir en el procedimiento administrativo

Al constituir la participación en los asuntos públicos un derecho fundamental, este puede ejercerlo todas las personas naturales y jurídicas, de modo directo, es decir, a título individual; a través de las asociaciones en que se agrupan o de las comunidades organizadas, mediante la presentación de propuestas y la formulación de opiniones sobre el anteproyecto de texto que constituye el objeto del procedimiento administrativo.

d) *La obligación de registrar a los participantes*

Con el fin de garantizar la participación en el procedimiento administrativo dirigido a la toma de decisiones para la expedición de los reglamentos, las normas administrativas, los planes, las políticas y los programas, las autoridades públicas deben llevar un registro de las personas individuales, de las asociaciones en que se agrupen y de la comunidad organizada, cuyo objeto social esté relacionado con el sector, para que todos ellos sean convocados a presentar propuestas y formular opiniones sobre la consulta pública dirigida a adoptar las decisiones correspondientes.

Es importante destacar que no debe imponerse la obligación a las personas, de inscribirse en el registro creado por la Administración, la solicitud de inscripción debe ser totalmente voluntaria; lo que existe es la obligación de la Administración de registrar a las personas que, cumpliendo los requisitos legales, soliciten la inscripción a los fines de ser llamados o convocados a participar en los respectivos procedimientos administrativos.

e) *El inicio del procedimiento administrativo*

El procedimiento administrativo se inicia con la elaboración por la Administración competente de un documento que constituirá el objeto de la consulta, que constituye una suerte de "anteproyecto" o "borrador" de los reglamentos, normas, planes y programas de carácter general.

Siempre que la legislación sectorial así lo contemple, los particulares en ejercicio del derecho a la participación en los asuntos públicos pueden ejercer su iniciativa privada, para elaborar y presentar a la Administración competente, el correspondiente anteproyecto de reglamento, norma, plan o programa, a los fines de que sea sometido a la tramitación y consulta prevista en la ley.

En cualquier caso, el anteproyecto para la adopción de reglamentos, normas, planes o programas debe comunicarse a las personas, organizaciones que las agrupan y grupos de la comunidad organizada, que estén inscritos en el registro de participantes de la respectiva Administración.

f) *El deber de publicitar el inicio del procedimiento administrativo*

Con la finalidad de lograr la mayor difusión posible sobre el objeto de la consulta pública y para garantizar de la manera más amplia y transparente la participación de todos los interesados en el procedimiento administrativo, concomitantemente a las comunicaciones escritas dirigidas a los inscritos en el registro, la autoridad administrativa debe difundir a través de cualquier medio de comunicación, la oportunidad en que se dará inicio a la recepción de los planteamientos de los interesados en participar en la consulta pública y deberá indicar la duración de la misma. Así mismo, deberá publicarlo en la página web del órgano o ente, en la cual deberá señalar el anteproyecto sobre el cual versará la consulta que se convoca.

Una de las consecuencias de la publicidad del procedimiento administrativo consiste en el deber de permitir la participación del público en general, con independencia de que se pueda ver afectado o no directamente por el proyecto de texto reglamentario, norma, plan o programa, debiendo garantizarse tal participación antes de la aprobación definitiva, salvo que exista una norma legal expresa que contemple una excepción en contrario.

g) El plazo para la tramitación del procedimiento administrativo

La Ley no debería preestablecer un plazo rígido, sino otorgar una competencia discrecional a la Administración para que, actuando con la debida racionalidad y ponderación, establezca el plazo mínimo para intervenir los interesados y el máximo para realizar la tramitación del procedimiento administrativo y resolver el asunto planteado.

En tal sentido se debería otorgar un plazo razonable y suficiente, teniendo en consideración la complejidad del asunto a resolver, la materia de que se trate y las circunstancias concurrentes, para que esa participación resulte real y efectiva.

De allí que cuando la Administración haya identificado a los potenciales interesados en participar en el procedimiento administrativo, debe informarles del texto íntegro del documento que contiene el anteproyecto y además les deberá indicar el lapso del cuál dispondrán para presentar ante la autoridad administrativa sus observaciones o comentarios escritos, así como los medios probatorios que consideren necesarios aportar.

Conforme a la dificultad del asunto, la Administración deberá contar igualmente con un plazo razonable y suficiente para procesar y analizar los alegatos realizados por todos los interesados, que hayan participado en la tramitación del procedimiento administrativo.

h) La realización de las audiencias

Durante el desarrollo del procedimiento administrativo se dará audiencia a las personas directamente o a través de las asociaciones que representen sus derechos e intereses y a la comunidad organizada, para escuchar sus alegatos y recibir sus medios probatorios antes de la aprobación final del texto reglamentario, norma, plan o programa.

Es así como una vez que finaliza el lapso de presentación de las observaciones, propuestas y recomendaciones escritas, la Administración competente debe establecer el lugar, día y hora en el cual los representantes de la misma, los técnicos que sean convocados, los sujetos inscritos en el registro y aquellos no inscritos que hayan manifestado algún tipo de interés en participar, así como el público en general, puedan asistir a las audiencias con el objeto de intercambiar opiniones diferentes, efectuar preguntas y formular observaciones, sugerencias y comentarios destinados a que se adopte, modifique o no se apruebe el proyecto como instrumento final e incluso a que la Administración competente abandone ese texto y considere la elaboración de un nuevo anteproyecto.

i) *La no preclusividad para intervenir en el procedimiento administrativo*

Tanto los interesados como el público general que participen en las audiencias y las autoridades administrativas que colaboran en el desarrollo del procedimiento administrativo, también podrán ser convocados a las fases previas de elaboración del anteproyecto o borrador y se podrá extender la convocatoria a la posibilidad de contar con su presencia en la etapa posterior a la aprobación de los reglamentos, las normas administrativas, los planes, las políticas y los programas, a los fines de que hagan seguimiento y supervisión de su cumplimiento, en ejercicio del derecho a la participación en los asuntos públicos.

j) *El conocimiento global del asunto a resolver*

El procedimiento administrativo en el que se tramita la aprobación del proyecto debe servir para obtener y procesar toda la información necesaria, a fin de garantizar el acierto de la versión que en definitiva se constituirá en el texto reglamentario, norma, plan o programa.

La Administración competente para tal fin deberá recabar los estudios, evaluaciones e informes de naturaleza legal, económica, ambiental, técnica o científica que sean pertinentes, así como las alegaciones realizadas por las personas participantes, con la finalidad de adoptar una decisión que comprenda todos los aspectos relevantes para la expedición del reglamento, norma, plan o programa.

k) *La colaboración entre órganos y entes administrativos*

La Administración a quien compete la aprobación del proyecto de reglamento, norma, plan o programa deberá efectuar la consulta de la información que sea necesaria y además requerir la coordinación, la colaboración y la cooperación de los demás órganos y entes públicos, para que les suministren informes y opiniones que sean pertinentes y oportunos, en la medida que ellos sean necesarios o convenientes, en virtud de los transcendentales efectos que pueda producir la decisión a adoptar.

l) *La obligación de motivación de las decisiones*

La Administración competente que ha elaborado los proyectos de reglamentos, normas, planes y programas, así como que ha tramitado el procedimiento administrativo tiene que elaborar la propuesta de texto final, teniendo en consideración tanto los alegatos presentados por los interesados y el público en general, inicialmente y durante el desarrollo del procedimiento, debiendo ponderar los derechos e intereses en conflicto; como todos los estudios, informes y evaluaciones que hayan aportado los demás órganos y entes públicos, durante la tramitación del procedimiento administrativo.

Es importante tener presente que, en virtud del principio constitucional de interdicción de la arbitrariedad, la Administración competente deberá motivar adecuadamente las razones de las opciones que resulten elegidas, a la vista de las distintas alternativas, antes de la aprobación definitiva.

m) El deber de publicar lo resuelto

La ley debe disponer expresamente que todos los reglamentos, resoluciones y demás actos administrativos de carácter normativo o general dictados por la Administración Pública sean publicados, en el medio que determine la ley y se les de la más amplia difusión posible.

n) La consecuencia de la omisión del procedimiento administrativo

Igual, la Ley debe establecer clara y expresamente la prohibición de aprobar reglamentos, normas, planes y programas de carácter general que no hayan sido objeto del preceptivo procedimiento administrativo legalmente establecido para ello.

En consecuencia, la expedición de los mencionados actos jurídicos sin la previa tramitación del procedimiento administrativo debe conducir a que se consideren inválidos los reglamentos, normas, planes y programas de carácter general que así hayan sido aprobados, por haber incurrido en un vicio de nulidad de pleno derecho.

3. *Las ventajas de garantizar la participación en la regulación de los servicios energéticos*

Tal como se puede observar, el procedimiento administrativo para la expedición de actos de regulación de los servicios energéticos, tiene varias finalidades.

En primer lugar, garantizar el derecho a la efectiva y directa participación de los consumidores y los usuarios en la toma de decisiones atribuidas a las autoridades competentes en general y a los entes reguladores de los servicios energéticos en concreto.

En segundo lugar, la garantía de participación de los consumidores y los usuarios constituye un mecanismo para fortalecer la legitimidad democrática de las decisiones.

En tercer lugar, la garantía de participación en la regulación permite una mayor transparencia en la función de regulación y disminuye el riesgo de captura del ente regulador por los agentes regulados.

En cuarto lugar, la garantía de participación permite la adopción de decisiones consensuadas entre los agentes económicos que acuden al procedimiento administrativo en representación de intereses contrapuestos, como generalmente sucede entre los operadores por una parte y por la otra, los consumidores y los usuarios de los servicios energéticos.

En quinto lugar, la garantía de la participación contribuye a la eficiencia y eficacia en la función de regulación, pues el ente regulador al gozar no solo de *potestas*, sino de *auctoritas* va a lograr que sus decisiones sean recibidas y ejecutadas voluntariamente por sus destinatarios, quienes se sentirán más motivados a darle pleno cumplimiento.

En sexto lugar, la garantía de la participación contribuye a fomentar la seguridad jurídica y la confianza legítima entre los destinatarios de la regulación (operadores, usuarios y consumidores), quienes al no tener reticencia hacia la regulación y en consecuencia no proceder a cuestionarla jurisdiccionalmente, no van a temer por una decisión contraria o modificatoria de la adoptada por el ente regulador, por parte del órgano jurisdiccional, generalmente carente de conocimientos técnicos y económicos de los asuntos que les corresponde resolver.

Por todo lo antes expuesto, el ordenamiento jurídico debe indeclinablemente garantizar –por mandato constitucional a través de un acto jurídico de rango legal–, dentro de los derechos de los usuarios y consumidores, el derecho a la participación en los procedimientos administrativos de regulación de los servicios energéticos, conforme a los tratados internacionales sobre derechos humanos, la propia Constitución –bloque de la constitucionalidad– y las leyes[73].

IV. LOS DERECHOS DE LOS CONSUMIDORES Y LOS USUARIOS ANTE LOS SERVICIOS ENERGÉTICOS

En anteriores oportunidades se le ha dedicado tiempo a la construcción del Estatuto de los consumidores de bienes y los usuarios de los servicios[74], en actividades como la turística[75], el sistema metropolitano de transporte[76], los servicios postales[77] o las telecomunicaciones[78].

---

[73] Sobre el sector eléctrico, Hernández-Mendible, Víctor R., "La regulación del servicio eléctrico", *Estudios Jurídicos en Homenaje al Prof. Mariano R. Brito,* Fundación del Cultura Universitaria, Montevideo, 2008, pp. 745-783; y del mismo autor sobre el sector del agua, "El ente regulador de los servicios públicos de agua potable y saneamiento", *Revista de Direito Administrativo e Constitucional, A & C, Nº 14,* out/dez., Fórum, Belo Horizonte, 2003, pp. 111-164.

[74] Hernández-Mendible, Víctor R., "La regulación constitucional, legal y administrativa de protección de los consumidores y usuarios". *Revista Jurídica del Perú Nº 112,* Normas Legales, Lima. 2010. pp. 273-295.

[75] Hernández-Mendible, Víctor R., "Hacia una regulación del turismo sostenible", *Direito Público Econômico Supranacional,* Editora Lumen Juris, Río de Janeiro, 2009, pp. 661-681.

En esta oportunidad el análisis se va a centrar en la determinación de los derechos que asisten a las personas, con respecto a los servicios energéticos.

1. *El derecho al establecimiento del servicio energético*

En el marco del Estado social de Derecho, en su más reciente expresión de Estado de garantía de prestaciones, una vez reconocida una actividad económica como de interés general en una norma constitucional o legal, surge una obligación para las Administraciones Públicas que no es de establecer el servicio, sino de promover las condiciones para que los operadores privados (en ejercicio de la libertad de empresa, la libre iniciativa privada y el derecho de propiedad), puedan llevar a cabo la actividad destinada a satisfacer el interés general, conforme a las previsiones contenidas en el ordenamiento jurídico.

No obstante, un sector de la doctrina científica considera, que salvo en los casos de servicios energéticos constitucionalmente reconocidos y aquellos que legalmente se imponen de manera obligatoria[79], no existe un derecho subjetivo de las personas como potenciales consumidores o usuarios, a exigir el establecimiento del servicio de manera directa por la Administración Pública[80].

Si bien se comparte la premisa inicial de que los servicios energéticos reconocidos en la Constitución o dispuestos con carácter obligatorio en la ley,

---

[76]   Hernández-Mendible, Víctor R., "La regulación del Sistema Metropolitano de Transporte (Metro)", *Régimen Jurídico del Urbanismo. Memoria del Primer Congreso de Derecho Administrativo Mexicano*, Instituto de Investigaciones Jurídicas de la Universidad Nacional Autónoma de México, México, 2009.

[77]   Hernández-Mendible, Víctor R., "La regulación de los servicios postales, *Revista de Derecho Administrativo N° 70*, Abeledo-Perrot, Buenos Aires, 2009. pp. 909-945.

[78]   Hernández-Mendible, Víctor R., "El estatuto de los usuarios de telecomunicaciones en la Comunidad Andina", *Quince Años de la Regulación de las Telecomunicaciones en Colombia*, Comisión de Regulación de las Telecomunicaciones, Bogotá, 2007, pp. 57-80.

[79]   Sobre los servicios públicos municipales se recomienda, Hernández-Mendible, Víctor R., "El régimen de los servicios públicos municipales (especial referencia a los servicios públicos domiciliarios)", *Temas de Derecho Administrativo. Libro Homenaje a Gonzalo Pérez Luciani*, Tribunal Supremo de Justicia, Caracas, 2002, pp. 1018-1022; Hernández, José I., "El régimen de los servicios públicos municipales", *Ley Orgánica del Poder Público Municipal*, 2ª ed., Editorial Jurídica Venezolana, Caracas, 2005, pp. 333-362; Martin Tirado, Richard, "Descentralización y servicios públicos regionales y municipales", *El Derecho Administrativo y la modernización del Estado Peruano*, Grijley, Lima, 2008, pp. 339-362; y Abad Liceras, José María, "Competencias municipales y servicios públicos obligatorios: Experiencias en el derecho español", *Derecho Municipal Comparado*, Liber, Caracas, 2009. pp. 421-458.

[80]   Araujo-Juárez, José, *Manual de Derecho de los Servicios Públicos*, Vadell Hermanos, Caracas, 2003, p. 247, y del mismo autor, *Derecho Administrativo General. Servicios Públicos*, Ediciones Paredes, Caracas, 2010, pp. 274-275.

generan el derecho de los eventuales destinatarios de reclamar su establecimiento, se debe tener claro que en el Estado de garantía de prestaciones, la Administración Pública debe actuar para lograr la promoción de las condiciones que garanticen el ejercicio pleno de los derechos y libertades a todas las personas, en razón de lo cual, todas aquellas actividades que hayan sido reconocidas como servicios energéticos en normas legales, aunque no tengan la calificación de obligatorios, le imponen a la Administración Pública el deber de actuar para garantizar su efectivo establecimiento.

Dentro de esa actuación, se encuentra la dirigida a remover los obstáculos que impiden a los operadores privados establecer los servicios energéticos, que garanticen una mejor calidad de vida y el pleno desarrollo de la persona humana.

El aserto anterior se basa en que la competencia, una vez que ha sido jurídicamente atribuida, no puede ser renunciada, delegada, relajada, prorrogada o transferida, sino en los casos previstos en el ordenamiento jurídico y teniendo presente que la Administración Pública encuentra su justificación en garantizar la satisfacción del interés general, que a su vez constituye la causa legitimante para la intervención y regulación en una actividad económica como la energética, pues está siempre deberá actuar promoviendo las condiciones para la satisfacción de tal interés, lo que la lleva a intervenir para garantizar el establecimiento del servicio.

Una vez que este ha sido establecido como tal en una ley, ella tiene la obligación de actuar con sometimiento pleno a la Ley y al Derecho, al servicio de las personas, realizando todo aquello que se encuentre en su esfera de competencia para garantizar que se desarrolle la actividad energética, so pena de incurrir en omisión o retardo en la misión que tiene atribuida, lo que genera el derecho subjetivo en las personas que sean los potenciales consumidores o usuarios, a exigir a la Administración Pública, –individual o colectivamente–, la remoción de los obstáculos y la creación de las condiciones que garanticen el establecimiento del servicio energético que satisfaga sus necesidades.

Ahora bien, el ordenamiento jurídico distribuye la competencia para regular y prestar los servicios energéticos entre los distintos niveles de la organización del Estado, lo que permite reconocer la existencia de servicios energéticos nacionales, regionales, provinciales y municipales.

En consecuencia, serán las entidades territoriales que tengan atribuidas las competencias de regulación y eventual configuración de las modalidades de prestación de los servicios energéticos, a quienes se les pueden exigir los potenciales consumidores o usuarios, el cumplimiento de la obligación de establecer las condiciones para la gestión de los servicios energéticos de manera directa o de regular y promover las condiciones para la creación y prestación de los servicios energéticos por los operadores privados.

Lo señalado lleva a reconocer, que configurado en el ordenamiento jurídico que el sector energético constituye una actividad de interés general, existe una auténtica obligación jurídica, de jerarquía constitucional o legal según sea la fuente normativa, que reconoce el derecho de las personas a reclamar el cumplimiento de la obligación de remover todos los obstáculos que impiden el efectivo establecimiento y prestación de los servicios energéticos.

Esta reclamación puede ser formulada de manera individual o colectiva, a través de una instancia o petición dirigida a la autoridad administrativa o al operador privado responsable y en caso de producirse una negativa expresa o una ausencia de respuesta adecuada y oportuna, se puede acudir ante los órganos del orden jurisdiccional administrativo para formular tal pretensión.

2.   *El derecho de acceso al servicio energético*

Los potenciales consumidores o usuarios tienen derecho de acceso a los servicios energéticos en condiciones de igualdad de trato, sin discriminación, con independencia del lugar donde vivan, de la condición social (necesidades sociales especiales), de las limitaciones físicas personales (motrices, visuales o auditivas) o de la capacidad económica.

Sin duda se trata de un derecho de acceso universal, para todos los consumidores o usuarios en cualquier lugar geográfico donde se preste el servicio, pero no implica el acceso de cualquier manera, sino conforme a las reglas y condiciones generales que rigen al servicio energético, que puede conllevar a la imposición de limitaciones de naturaleza jurídica, técnica y ambiental.

Además debe tenerse presente, que el servicio energético nunca es gratuito, en virtud de lo cual, puede existir la posibilidad de acceso sin pago de una contraprestación directa por el consumidor o usuario (tasa o tarifa, según quien lo preste), pues el servicio se financia con los presupuestos generales del Estado o puede suceder que para el acceso, se establezca un precio que cubra plenamente el costo del servicio, que debe pagar completamente el consumidor o usuario, o un precio más asequible que se debe pagar al momento de acceder al servicio (tarifa social), con independencia que el costo pleno de cobertura de acceso al servicio, se complemente a través de los aportes provenientes de los presupuestos públicos o de fondos de financiación de gestión pública (fondo de servicio universal), que se nutren de las contribuciones que realizan los operadores privados (subsidio directo al prestador concreto).

Por supuesto, que la definición del modelo de financiación dependerá del desarrollo de una determinada política pública, que en ningún caso puede implicar obstáculos de acceso al servicio energético a los consumidores o usuarios, porque estos carezcan de suficientes recursos económicos o se encuentren en incapacidad de pago al momento de requerir el servicio.

3. El derecho a la prestación del servicio energético

Las personas consumidores o usuarias, al suscribir los contratos de suministro de servicios energéticos tienen derecho a que los operadores les garanticen una prestación efectiva, permanente, segura, regular, asequible y de calidad.

Ahora bien, cabe preguntarse ¿quién tiene la obligación de prestar el servicio energético? La respuesta va a depender de la conformación del régimen jurídico en cada caso. Es así como en el modelo de Estado prestacional, en el cual el servicio energético era de titularidad exclusiva estatal *(publicatio máxima)*, la obligación de prestación le era exigible al operador público que tenía atribuida la competencia de gestión del mismo como un servicio público.

En el supuesto que el servicio energético no estuviese totalmente publificado *(publicatio media)* y se encontrase regulado de manera tal que admitiese la concurrencia de los operadores públicos y privados en condiciones de igualdad, transparencia y no discriminación en la prestación de dicho servicio, entonces la obligación le sería exigible al operador público o privado que hubiese asumido dicho compromiso por cualquier título habilitante (legal, administrativo o contractual), con los consumidores o usuarios que demandan la prestación de dicho servicio.

En el modelo de Estado de garantía de prestaciones, que el servicio público se encuentre liberalizado *(despublicatio plena)*, la obligación de prestación puede ser exigida a todos los operadores privados, que se encuentren jurídicamente habilitados para la prestación de tal servicio.

Este escenario no excluye las distintas manifestaciones de participación, asociación o cooperación público-privada (PPP, APP o CPP), en cuyo caso serán las personas que integran las alianzas contractuales, que constituyen los consorcios o conforman las sociedades mixtas creadas para la prestación de los servicios energéticos, las que tendrán la obligación de dicha gestión frente a los consumidores o usuarios que lo demanden.

Ello así, cualquiera que sea la modalidad de prestación de los servicios energéticos contemplada en el ordenamiento jurídico, los operadores se encuentran en la obligación de dispensar un trato equitativo y digno a los consumidores o usuarios.

Finalmente, no se puede soslayar, que existen supuestos en los cuales el propio ordenamiento jurídico admite la posibilidad de suspensión o interrupción temporal –en casos extremos hasta definitiva– de la prestación del servicio energéticos y en consecuencia se admite que exista una dispensa al operador de realizar la prestación de manera continua, regular, segura y eficiente, que impedirá al usuario seguir disfrutando del servicio, bien porque ello sea consecuencia de un hecho no imputable al operador (caso fortuito o fuerza mayor) o porque como consecuencia de un incumplimiento de las obligaciones del consumidor o usuario, se pueda llegar a la situación extrema, de supresión definitiva de la prestación del servicio.

4. El derecho a elegir el servicio energético que se necesita

En el marco de la economía social de mercado, los consumidores o usuarios tienen derecho a la elección de los servicios energéticos que requieren para la satisfacción de sus necesidades, lo que implica que exista la posibilidad de escoger entre las distintas ofertas de servicios, que prestan la pluralidad de operadores.

Es así como para que exista la posibilidad de que los consumidores o usuarios ejerzan el derecho a elegir en atención al criterio de la mejor calidad, deba considerarse cuál resulta ser la aceptable en el Estado de garantías de prestaciones. Sin duda, tal calidad no puede ser otra, que aquella que garantice las condiciones para llevar una vida digna y decorosa, que permita el desarrollo humano y fomente la posibilidad de lograr la cohesión social, a través del desarrollo sostenible, que cada uno logra a través del esfuerzo personal.

Esta calidad nunca deberá estar por debajo de los mínimos técnicamente aceptables en el estado de progreso de la sociedad actual y deberá definirse conforme a los estándares de cobertura, las tecnologías de punta, los costos de prestación racionales y las necesidades que se requieren satisfacer.

Este aspecto va a ser clave para la elección que deben realizar los consumidores o usuarios, quienes deberán escoger entre la diversidad de servicios que existen en el mercado o seleccionar entre los distintos operadores, teniendo en consideración toda la información suministrada por estos, pues de poco vale una oferta económica barata, que, al no tener la calidad adecuada, no permita brindarles satisfacción plena a las necesidades de los consumidores o usuarios.

Ahora bien, para ejercer el derecho a la elección, los consumidores o usuarios deben contar con acceso a la información relacionada con los servicios energéticos, la cual debe ser sencilla, de fácil comprensión, no engañosa, que indique las características, las condiciones, la frecuencia o tiempo de prestación, las obligaciones que se asumen al contratar el servicio, los derechos que le asisten como consumidores o usuarios, el valor del servicio y las formas de pago, en fin, toda la información que le permita efectuar una elección consciente y responsable de los servicios que se contratan.

5. El derecho a la información para ejercer el control del servicio energético

Relacionado con el derecho a la información que permite elegir a los consumidores o usuarios, se encuentra el derecho a controlar el cumplimiento efectivo de los compromisos asumidos por los operadores de los servicios energéticos.

Aquí cobran especial relevancia la utilización de las denominadas "Cartas Compromiso o Cartas de Servicios", que son los instrumentos diseñados por los prestadores de los servicios energéticos, con la finalidad de transmitirle a la sociedad en general y a los consumidores o usuarios en especial, cuáles son los compromisos efectivamente asumidos en la prestación de los servicios energéticos –lo que impide generar falsas expectativas–, desde una perspectiva evolutiva y de progresividad –que permitan la revisión, adaptación y mejora en función del desarrollo y la innovación–, indicándoles los estándares de calidad que se pretenden alcanzar, los plazos para lograrlo y los mecanismos tanto de comunicación como de participación, a que tendrán acceso los consumidores o usuarios[81].

Para que tales "Cartas" no se queden en una mera declaración de intención, se deben implementar los métodos de seguimiento, evaluación y control a través de los indicadores de gestión, que permitan verificar el efectivo y oportuno cumplimiento de los compromisos contenidos en las Cartas, así como la mención de las actuaciones dirigidas a indemnizar, reparar o compensar a los consumidores o usuarios, en caso de producirse el incumplimiento de tales compromisos o por la incorrecta información suministrada a través de dichas Cartas, que pueden producir un daño cierto a los consumidores o usuarios del servicio energético de que se trate.

6.   *El derecho al resarcimiento como consecuencia de la prestación del servicio energético*

Los servicios energéticos se deben prestar de manera eficiente, segura, regular e ininterrumpida, por lo que los operadores deben adoptar todas aquellas medidas necesarias y oportunas para evitar o minimizar las molestias, los daños y los perjuicios que pudieran ocasionarles a los consumidores o usuarios las posibles suspensiones, interrupciones o averías que se produjesen durante la prestación del servicio y de ser el caso, por los compromisos asumidos que no se han cumplido.

En caso que no resulten eficaces las medidas adoptadas para prevenir o contrarrestar las fallas, deficiencias o irregularidades en la prestación de los servicios o que se incurra en incumplimiento de alguna cláusula contractual, como en toda gestión responsable, los operadores deben asumir las consecuencias jurídicas, mediante la indemnización, reparación o resarcimiento a los consumidores o usuarios afectados por la gestión del servicio energético.

Por supuesto, ello no impide que los operadores de los servicios energéticos también deban responder, en los casos que la prestación regular del

---

[81]   Sobre este tema se recomienda, Tornos Mas, Joaquín, *Las cartas de servicios*, (Coord. Víctor R. Hernández-Mendible), *Derecho Administrativo Iberoamericano. 100 autores en homenaje al postgrado de Derecho Administrativo de la Universidad Católica Andrés Bello*, Tomo I, Ediciones Paredes, Caracas, 2007, pp. 571-589.

servicio energético pueda ocasionar daños y perjuicios tanto a los consumidores o usuarios como eventualmente a los terceros, aspecto este último que excede los límites del presente trabajo.

V.   CONSIDERACIONES FINALES

Conforme a lo antes expuesto, toda la intervención del Estado en los servicios energéticos, –que debe tener como motivación la centralidad de la persona–, debe estar dirigida a garantizar el desarrollo sostenible en la sociedad y el pleno respeto a la dignidad humana acorde a los tiempos actuales.

Es así como el Estado debe fomentar el ahorro y la eficiencia económica, la calidad en el suministro de los servicios y la universalidad de la prestación, para lo cual este debe crear las condiciones para que los operadores de los servicios se sientan motivados a invertir en investigación, desarrollo e innovación (I+D+i), a mejorar y asegurar las prestaciones que satisfagan las necesidades colectivas de las personas y garanticen la preservación de un ambiente sano.

En esto consiste el desafío que tienen las organizaciones gubernamentales internacionales y los Estados nacionales, para garantizar que las personas puedan seguir disfrutando de las comodidades presentes y de aquellas que se desarrollen en el futuro, con calidad, accesibilidad y asequibilidad, lo que implica un mayor compromiso con los retos para lograr una mayor pluralidad de servicios energéticos de calidad, a buenos precios y que brinden satisfacción real a las necesidades de los consumidores y los usuarios.

En fin, de lo que se trata no es simplemente de redefinir las instituciones jurídicas o de hacer uso de un nuevo léxico jurídico, sino del mejoramiento del Estado social y democrático de Derecho, para que efectivamente garantice a las personas la dignidad humana.

LA RESPONSABILIDAD SOCIAL EMPRESARIAL Y LA SOSTENIBILIDAD EN EL SECTOR ENERGÉTICO. CONSTRUYENDO EL FUTURO

I. INTRODUCCIÓN

Constituye un hecho incontrovertido que en el mundo actual el sector de la energía es imprescindible para el desarrollo estratégico, táctico y operacional, lo que ha llevado a transformarlo en un asunto de alto interés para la sociedad internacional, ya que es requerida para desarrollar múltiples actividades humanas y productivas, tanto en el espacio de tangibles como de intangibles.

La energía se ha convertido en un sector estratégico para el desarrollo económico y social, llegando al punto de erigirse como una arista de suma importancia para el logro de la sostenibilidad energética y ambiental.

La empresa actual debe enfrentar desafíos y compromisos no sólo de tipo financiero y económico, sino también a nivel social, ambiental e incluso en el orden tecnológico, respondiendo a las expectativas de sus diferentes *stakeholders* en pro de trabajar por un Desarrollo Sostenible.

De acuerdo a Enrique Iglesias, Ex-Secretario General de la Secretaría General Iberoamericana (SEGIB[82]) (2005-2014):

> Latinoamérica se enfrenta con muchos retos para desarrollar una estrategia energética sostenible en el siglo XXI, pero entre ellos no parece estar el agotamiento de las fuentes de energía primaria. América Latina debe partir de reconocer que la región tiene muchos recursos energéticos tanto renovables: agua, viento, sol; como no renovables: carbón, gas y petróleo, tanto convencional como no convencional. Y que las dificultades de una estrategia tendrán otros orígenes. Por ejemplo, el coste creciente de producción de hidrocarburos convencionales, las enormes inversiones que se requieren para atender la demanda, el avance hacia niveles peligrosos de las emisiones de gases de efecto invernadero.

---

[82] La Secretaría General Iberoamericana (SEGIB), fue fundada en 2003 y tiene un papel central ya que asume la coordinación y gestión de las Cumbres Iberoamericanas, además de ser una pieza clave para la articulación de una estructura institucional en Iberoamérica. Su sede está en Madrid.

Y complementa acotando, que, para desarrollar una estrategia energética sostenible para América Latina, hay otros factores que se convierten también en desafíos a superar y que no se relacionan con la ausencia de materias primas, sino respecto a:

- Lograr un equilibrio que sea socialmente aceptado, ya que "la sostenibilidad exige un cierto consenso social en la importancia relativa que una estrategia asigna a los distintos objetivos. Y ese consenso no es fácil de alcanzar porque cualquier fuente de energía primaria tiene limitaciones y pasivos significativos." Además, que no existe consenso en una energía primaria que sea aceptada por todos.

- Asegurar la cantidad de inversiones necesarias para garantizar el suministro energético con equidad y eficiencia. La región no puede permitir que se sigan teniendo poblaciones sin acceso a la energía eléctrica, pues ello afecta su progreso y comunicación.

- Y el tercer reto es el control de las emisiones de gases de efecto invernadero. Aunque actualmente no es la región con mayores emisiones, sí debe trabajar por evitar su calentamiento y aportar soluciones del problema a nivel global. (Iglesias, 2013, p. 178)[83].

II.   DEFINIENDO LA RSE

La Responsabilidad Social Empresarial es un tema que en los últimos años ha tomado una especial relevancia tanto en el ámbito empresarial como en lo económico y social a nivel nacional e internacional. Su definición ha ido evolucionando desde la filantropía, pasando por la inversión social, la solidaridad, el compromiso social, la acción social y la ciudadanía corporativa, sin olvidar también los temas de gobernanza y sostenibilidad.

Su conceptualización sigue sufriendo ajustes, aunque se encuentran elementos comunes que dan la plataforma de entendimiento hacia lo que es la RSE apalancándose en la voluntariedad, la transparencia, la ética empresarial, la relación con todos los *stakeholders* y así mismo el abordaje desde el *triple bottom line*[84] lo social, económico y ambiental.

---

[83]   Iglesias, E. (2013). "Una Estrategia Energética Sostenible para América Latina". En García, J. y Marín, R. (Ed.), *Responsabilidad Social Corporativa en el ámbito de la Sostenibilidad Energética y Ambiental* Navarra, España: Civitas - Thomson Reuters, pp. 177-183.

[84]   http://www.expoknews.com/que-es-el-triple-bottom-line/ "Triple Bottom line (inglés = "Triple balance"), refiere a los resultados de una empresa medidos en términos económicos, ambientales y sociales. Se presentan en los reportes corporativos de las empresas comprometidas con el desarrollo sostenible y son datos y mediciones de carácter voluntario. Surgieron inicialmente en Europa y luego se adoptaron en Estados Unidos. La expresión fue utilizada por primera vez por John Elkington en 1994, quien posteriormente lo expandió y articuló a fondo en su libro *Cannibals With Forks*".

De acuerdo a Méndez (2004, p. 145)[85]:

Así como los argumentos, también los principios fundamentales que sostienen las concepciones evolucionaron; la evolución va desde responsabilidad (producir es suficiente), justicia social (trabajo social industrial), solidaridad (filantropía), cooperación (inversión social), retribución (gestión de impacto), hasta corresponsabilidad y participación (ciudadanía corporativa).

Las concepciones toman en cuenta unos públicos preferentes de responsabilidad social, por ejemplo, la responsabilidad fundamental de producir para los clientes y accionistas, el trabajo social industrial para los trabajadores, la filantropía e inversión social a la comunidad, la gestión de impacto para el ambiente y la ciudadanía corporativa para el estado y la sociedad en general.

El entendimiento de la Responsabilidad Social Empresarial se ha nutrido de diversas corrientes, ideas y tendencias, que han ido apoyando su construcción y aplicación. A continuación se presenta una síntesis de las concepciones sobre RSE y cómo han ido cambiando y añadiendo nuevos conceptos[86]:

Concepción	Características
Producir como responsabilidad fundamental	• En función del principio de la responsabilidad • Impacto social de la actividad productiva • Generación de empleo y contribución fiscal • Enfoque interno • Beneficia a accionistas, consumidores y Estado • El público no lo identifica como acción social, le exige más
Trabajo social industrial	• Dimensión interna de la empresa • En función del principio justicia social • Modalidad ejecución directa • Enfoque interno • Se mantiene vigente • Se ha desarrollado hacia otros públicos • Se identifica con salario social y paternalista
Filantropía empresarial y corporativa	• Dimensión externa de la empresa • Principios de solidaridad y contribución • Modalidad de apoyo a terceros • Con instrumentos financieros y no financieros • Pasó de los dueños a las empresas • Se critica por asistencialista
Inversión social	• Dimensión de desarrollo social • Principios de cooperación y reciprocidad • Enfoque en la comunidad y el entorno • Modalidad de ejecución directa y cogestión • Implica retorno de la inversión • La más utilizada actualmente • Se critica por búsqueda de imagen, reputación o lealtad

---

[85]   Méndez, Charo. *Responsabilidad Social de Empresarios y Empresas en Venezuela durante el siglo XX*. Ed. Strategos Consultores. Caracas, Venezuela 2004.

[86]   *Ibídem*, pp. 167.

Gestión de impacto socio-ambiental	• Dimensión de desarrollo sustentable • Principios de respeto y compensación • Modalidad de ejecución directa y alianzas • Se percibe como licencia social para operar • Utilizada por petroleras y extractivas • Se critica por querer paliar los costos sociales y ambientales de la producción
Ciudadanía corporativa	• Dimensión política de participación empresarial • Principios de corresponsabilidad y participación • Modalidad fundamentalmente con alianzas • Participación en los asuntos públicos • Actualmente es un término innovador • La empresa se ve como actor fundamental en la vida del país • Genera sospecha por participación en políticas públicas

Fuente. Charo Méndez

Como se puede ver las significaciones que rodean a la RSE son múltiples y de diversa índole, por lo que hablar de un concepto único es imposible, ya que esta noción se sigue construyendo y alimentando de los intensos debates, investigaciones y análisis sobre el tema.

Para contribuir al mayor entendimiento de lo que hoy se entiende como Responsabilidad Social Empresarial, se presentan a continuación y de manera muy esquemática, varias de las acepciones más conocidas y trabajadas actualmente, con el fin de homologar términos y dudas respecto al tema base de este trabajo:

Fuente	Definición de RSE
Manual de Balance Social de la ANDI[87] (2001)	• La respuesta que la organización debe dar a las expectativas en los sectores con los cuales ella tiene relación, en materia de desarrollo integral de sus trabajadores y en el aporte a la comunidad que le permitió crecer y desarrollarse. Esto significa que la responsabilidad social empresarial es al mismo tiempo interna y externa: ✓ La primera concierne a su talento humano, el cual tiene sus propias expectativas y objetivos complementarios a los de la organización, aunque no idénticos, y en cuya satisfacción ella debe participar ✓ La segunda tiene que ver con los demás sectores con los cuales la organización tiene relación, considerándolos no como entes aislados y anónimos (clientes, proveedores, accionistas, distribuidores, sociedad, entre otros) sino como grupos que tienen sus propias expectativas y a las cuales la organización puede responder

---

[87]   Asociación Nacional de Empresarios de Colombia.

Centro Colombiano de Responsabilidad Social[88]	• La capacidad de respuesta que tiene una empresa o una entidad, frente a los efectos e implicaciones de sus acciones sobre los diferentes grupos con los que se relaciona (*stakeholders* o grupos de interés). De esta forma las empresas son socialmente responsables, cuando las actividades que realizan se orientan a la satisfacción de las necesidades y expectativas de sus miembros, de la sociedad y de quienes se benefician de su actividad comercial, así como también, al cuidado y preservación del entorno.
ISO 26000[89]	• Responsabilidad de una Organización ante los impactos que sus decisiones y actividades ocasionan en la sociedad y en el medio ambiente, mediante un comportamiento ético y transparente que: ✓ Contribuya al desarrollo sostenible, incluyendo la salud y el bienestar de la sociedad ✓ Tome en consideración las expectativas de sus partes interesadas ✓ Cumpla con la legislación aplicable y sea coherente con la normativa internacional de comportamiento ✓ Esté integrada en toda la organización y se lleve a la práctica en sus relaciones
Consejo Empresarial Mundial para el Desarrollo Sostenible (WBCSD)	• La RSE es el compromiso que asume una empresa para contribuir al desarrollo económico sostenible por medio de la colaboración con sus empleados, sus familias, la comunidad local y la sociedad, con el objeto de mejorar la calidad de vida
Programa Nacional de Competitividad, Consejo de Fundaciones Privadas de Guatemala y Banco Mundial (1999)	• Operación de una empresa que cumple o excede las expectativas éticas, legales, comerciales y públicas que la sociedad tiene de ella, en función de todos sus públicos: accionistas, empleados, clientes, proveedores, gobierno, industria y comunidad
Instituto Ethos[90]	• Capacidad de una empresa de escuchar, atender, comprender y satisfacer las expectativas legítimas de los diferentes actores que contribuyen a su desarrollo

---

[88]   www.ccre.org.co/cgi-bin/showproduct.asp?ISBN=2art03

[89]   La ISO 26000, es una guía que establece líneas y principios en materia de Responsabilidad Social establecidas por la Organización Internacional para la Estandarización (ISO por sus siglas en inglés). http://www.iso.org

[90]   El Instituto Ethos de Empresas y Responsabilidad Social es una Organización de la Sociedad Civil de Interés Público (Oscip), cuya misión es movilizar, alentar y ayudar a las empresas a gestionar su negocio socialmente responsable en pos de la construcción de una sociedad justa y sostenible. Fue creado en Brasil en 1998. http://www3.ethos.org.br/conteudo/ sobre-o-instituto/missao/#.Vy_GRfnhDIU

AliaRSE[91]	• Responsabilidad Social Empresarial, es el compromiso consciente y congruente de cumplir integralmente con la finalidad de la empresa, tanto en lo interno como en lo externo, considerando las expectativas económicas, sociales y ambientales de todos sus participantes, demostrando respeto por la gente, los valores éticos, la comunidad y el medio ambiente, contribuyendo así a la construcción del bien común
Forum Empresa[92]	• RSE es la forma de entender la gestión empresarial en que las empresas comienzan a tener más en cuenta el impacto social y ambiental de su negocio, tratando de generar rentabilidad para los empresarios y bienestar social. Para ello, tratan de tener en cuenta la necesidad y expectativas de los grupos sociales a los que impactan, directa e indirectamente, con la actividad de la organización o empresa
Comisión Europea (2011)	• "La responsabilidad de las empresas por su impacto en la sociedad", que proporciona una visión general de la Responsabilidad Social Corporativa, orientada a lograr los objetivos de la Estrategia Europea 2020 para un crecimiento inteligente, sostenible e integrador
BID	• Son las prácticas de la empresa que tratan de evitar el daño, al mismo tiempo que promueven el bienestar de los grupos de interés al acatar regulaciones y normas vigentes, yendo voluntariamente más allá de lo requerido

Fuente. Elaboración propia

Para Yepes, Peña y Sánchez (2007, p. 32-33)[93], la Responsabilidad Social Empresarial se relaciona con las obligaciones que las empresas deben cumplir a nivel económico, social y ambiental con el fin de lograr una empresa

---

[91] "La Alianza por la Responsabilidad Social Empresarial en México (AliaRSE), primera en su tipo, agrupa a 19 organizaciones con importantes antecedentes de trabajo en la promoción del tema... En sus propias palabras, la Alianza pretende "lograr que la empresa sea y se perciba como creadora de valor y generadora de un bienestar que promueve el bien común, por medio del ejercicio de su responsabilidad social, apalancando, coordinando y facilitando la sinergia de los esfuerzos de nuestras organizaciones en beneficio del país y en particular de nuestros miembros". Sus principios han sido reconocidos y adoptados como propios por otras organizaciones regionales con las que el Centro Mexicano para la Filantropía (Cemefi) ha establecido convenios para replicar su Programa de Responsabilidad Social de forma local —son los casos de Unirse Jalisco, la Fundación Sinaloa Eco-Región y la Fundación del Empresariado Sonorense (FESAC) —. Cemefi es promotor y miembro fundador de AliaRSE, junto con otros cinco organismos".

[92] Forum Empresa es la red de responsabilidad social más grande del mundo. "Es una alianza de organizaciones empresariales enfocada en la Responsabilidad y Sostenibilidad Empresarial. Creada en 1997, su meta es la promoción de prácticas de negocio responsable y la creación de una comunidad empresarial innovadora y sostenible en el continente americano, desde Estados Unidos hasta Chile". http://www.empresa.org /index.php?option=com_ content&view=article&id=56&Itemid=1

[93] Yepes, G., Peña, W. y Sánchez, L. *Responsabilidad social empresarial. Fundamentos y aplicación en las organizaciones de hoy.* Universidad Externado de Colombia. Colombia 2007.

comprometida con el desarrollo sostenible. Varias organizaciones gubernamentales, no gubernamentales, privadas y organismos multilaterales han aportado su visión a la conceptualización de la RSE:

Acción Empresarial	Deres	Proética	Global Compact	Cedis	Ethos
Ética empresarial	Valores y principios éticos	Cultura, valores y principios	Anticorrupción	Valores y ética	Valores y transparencia
Calidad de vida laboral	Condiciones de ambiente de trabajo y empleo	Público interno	Trabajo	Lugar de trabajo	Público interno
Medio ambiente	Protección del medio ambiente	Medio ambiente	Ambiente	Medio ambiente	Medio ambiente
Compromiso con la comunidad	Apoyo a la comunidad	Comunidad		Inversión social comunitaria	Comunidad
Marketing responsable	Marketing responsable	Consumidores		Mercadeo	
		Proveedores			Proveedores
		Gobierno	Derechos Humanos	Derechos Humanos	

Fuente. Principios más destacados de RSE según Yepes, Peña y Sánchez

Los autores señalan como temas más tratados: sociedad, comunidad, medio ambiente y trabajadores.

El Pacto Mundial[94] de las Naciones Unidas, considera posible "crear una economía global sostenible e integradora que ofrece beneficios duraderos a las personas, comunidades y mercados". Según indica su portal:

El Pacto Mundial de Naciones Unidas (Global Compact) es una iniciativa internacional que promueve implementar los 10 Principios universalmente aceptados para promover la responsabilidad social empresarial (RSE) en las áreas de Derechos Humanos, Normas Laborales, Medio Ambiente y Lucha contra la Corrupción en las actividades y la estrategia de negocio de las empresas. Con más de 13.000 entidades firmantes en más de 145 países, es la mayor iniciativa voluntaria de responsabilidad social empresarial en el mundo.

---

[94] El Pacto Mundial de Naciones Unidas (Global Compact), está respaldado por los CEOs de las empresas que lo componen; es un marco práctico para desarrollar, implantar y divulgar políticas y prácticas de sostenibilidad empresarial, ofreciendo a sus firmantes una amplia gama de recursos y herramientas de gestión para ayudarles a implementar modelos de negocio y desarrollo sostenible".

Para que esto suceda, el Pacto Mundial apoya a las empresas a:

1. Hacer negocios de manera responsable al alinear sus estrategias y operaciones con diez principios en materia de derechos humanos, trabajo, medio ambiente y lucha contra la corrupción.

2. Llevar a cabo acciones estratégicas para avanzar en los objetivos generales de la sociedad, tales como los Objetivos de Desarrollo Sostenible de la ONU, con énfasis en la colaboración y la innovación.

Los 10 Principios del Pacto Mundial de las Naciones Unidas emanan de: la Declaración Universal de los Derechos Humanos, la Declaración de la Organización Internacional del Trabajo, la Declaración de Río sobre el Medio Ambiente y el Desarrollo y la Convención de las Naciones Unidas contra la Corrupción.

A partir de estas declaraciones los 10 principios[95] que sirven como focos para las empresas en su aporte al desarrollo sostenible son:

En materia de Derechos Humanos:

Principio 1: Las empresas deben apoyar y respetar la protección de los derechos humanos fundamentales, reconocidos internacionalmente.

Principio 2: Asegurarse de que no son cómplices en la vulneración de los derechos humanos.

En materia de Derechos Laborales:

Principio 3: Las empresas deben apoyar la libertad de afiliación y el reconocimiento efectivo del derecho de negociación colectiva.

Principio 4: La eliminación de todas las formas de trabajo forzoso y obligatorio.

Principio 5: La abolición efectiva del trabajo infantil.

Principio 6: La eliminación de la discriminación en materia de empleo y ocupación.

En materia de Medio Ambiente:

Principio 7: Las empresas deberán mantener un enfoque preventivo que favorezca el medio ambiente.

Principio 8: Fomentar las iniciativas que promuevan una mayor responsabilidad ambiental.

---

[95] https://www.unglobalcompact.org/what-is-gc/our-work/sustainable-development/sdgs/17-global-goals - Recuperado el 21 de marzo de 2016

Principio 9: Fomentar el desarrollo y la difusión de las tecnologías respetuosas con el medio ambiente.

En materia de lucha contra la corrupción:

Principio 10: Las empresas deben trabajar contra la corrupción en todas sus formas, incluidas la extorsión y el soborno.

1.   *Misión y elementos de la RSE*

Para Costa y Ramírez-Pisco[96] (2013, p. 188), citando a Moneva:

> La misión de la RSC es «introducir elementos de dirección y de gestión orientados a innovar y mejorar el impacto de las empresas, de forma que estas generen externalidades socialmente responsables». Se debe tener en cuenta que la RSC está ligada a los *stakeholders*, entendidos estos como los «grupos sociales e individuos afectados de una u otra forma por la existencia y acción de la empresa, con un interés legítimo, directo o indirecto, por la marcha de esta» (LIZCANO & MONEVA, 2004).

Y prosiguen citando a Lizcano y Moneva, (Costa y Ramírez-Pisco, 2013, p. 189) que existen cinco elementos funcionales sobre los cuales existe algún grado de implicación por parte de lo que ellos denominan la Responsabilidad Social Corporativa (RSC)[97]:

• Gobierno corporativo: la RSC aplicada al gobierno corporativo implica la presencia e influencia de los principios sociales y medioambientales de gestión en los órganos que ejercen dicha dirección y control de las empresas (Consejos de Administración).

• Dirección estratégica: la dirección estratégica de la empresa, orientada a satisfacer necesidades diversas, a veces contrapuestas, de los distintos grupos de interés, introduce factores diferenciales de innovación que, desarrollados adecuadamente con los aspectos de dirección y gestión, otorgan a la empresa ventajas competitivas duraderas.

• Gestión y control interno: la gestión del comportamiento socialmente responsable implantará estrategias y sistemas de gestión que contemplen no solo aspectos económicos, sino también sociales y medioambientales, que satisfagan las necesidades y expectativas de los grupos de interés. La aplicación de sistemas de gestión medioambiental y social, generalmente aceptados puede resultar de gran ayuda para una efectiva implantación de la estrategia social.

---

[96]   Costa, M. y Ramírez-Pisco, R. (2013). "Objetivos y actuaciones de las empresas españolas en materia de sostenibilidad energética". En García, J. Editor y Marín, R. (Ed.), *Responsabilidad Social Corporativa en el ámbito de la sostenibilidad energética y ambiental* (pp. 187-206). Civitas-Thomson Reuters. Navarra, España 2013.

[97]   En España se habla de Responsabilidad Social Corporativa y no de Responsabilidad Social Empresarial, término más utilizado en la mayoría de países latinoamericanos.

• Información corporativa y verificación: en la medida que el principal instrumento del principio de transparencia es la información, la organización deberá orientar parte de sus esfuerzos a proporcionar información externa relativa a su impacto económico, social y medioambiental.

• Certificación: la certificación confirma el grado de cumplimiento de una serie de requisitos y especificaciones, una vez realizadas las correspondientes comprobaciones de acuerdo a unos sistemas y metodologías específicas.

2. *Principios de la RSE*

De acuerdo a la ISO 26000, los principios de la Responsabilidad Social[98] mínimos a cumplir por parte de las empresas son:

2.2.1. Rendición de cuentas: La ISO 26000 estimula a las organizaciones para que rindan cuentas por los impactos económicos, sociales y ambientales resultado de sus procesos y actuaciones, asumiendo su responsabilidad por los impactos negativos que pudiera generar, así como el compromiso de tomar las medidas pertinentes para repararlos y evitar repetirlos. Además, aceptar el escrutinio público de sus actividades, asumiendo un papel activo frente al mismo.

2.2.2. Transparencia: Se aconseja a las organizaciones ser transparentes en las actividades que desarrolla y puedan afectar a la sociedad y al medio ambiente. Se sugiere que la organización suministre toda la información que las partes interesadas puedan requerir. Se excluye la información protegida por la propiedad intelectual o la que pueda causar incumplimientos de obligaciones legales.

2.2.3. Comportamiento ético: La Responsabilidad Social se relaciona con la ética en el comportamiento de la organización. A partir de ello, se reivindica que, para lograr un impacto verdaderamente positivo en el desarrollo sostenible, la organización debería regirse bajo pautas de honestidad, equidad e integridad, lo que conlleva a que la empresa no sólo busque el beneficio económico, sino que también trate de maximizar los impactos positivos en su entorno medioambiental y social, minimizando los negativos.

2.2.4. Respeto a los intereses de las partes interesadas: La ISO 26000 señala que aun cuando los objetivos de una empresa puedan circunscribirse a los intereses de sus propietarios, existe un grupo de partes interesadas o actores que, si bien no forman parte de la empresa, tienen necesidades e intereses legítimos que pueden verse afectados por las actividades de la empresa. La guía recomienda tener en cuenta a estos grupos de interés a la hora de operar y tomar decisiones.

---

[98] La ISO 26000 habla de Responsabilidad Social y no de Responsabilidad Social Empresarial, ya que busca dar una panorámica más amplia, no sólo circunscrita a las empresas, sino a todos los sectores, incluso a los individuos-ciudadanos.

2.2.5. Respeto al principio de legalidad o supremacía del derecho: Ningún individuo u organización tiene la potestad de actuar fuera de la ley. En el terreno de la Responsabilidad Social, el respeto al principio de legalidad implica que la organización debería respetar y cumplir todas las leyes y regulaciones aplicables en su ámbito y para ello debería estar al tanto de las mismas y cumplir la legislación vigente en materia de Responsabilidad Social.

2.2.6. Respeto a la normativa internacional de comportamiento: La ISO 26000 exhorta a respetar la normativa internacional de comportamiento aun cuando la normativa nacional, no contemple las salvaguardas sociales y medioambientales, yendo más allá del mínimo que rigen en los países donde opera. Si se presentara que la ley que aplica en la jurisdicción nacional colide con la normativa internacional, la organización debería revisar la naturaleza de sus relaciones y actividades en esa jurisdicción y evitar ser cómplice de comportamientos que no sean compatibles con la normativa internacional de Responsabilidad Social.

2.2.7. Respeto a los Derechos Humanos: El respecto por los Derechos Humanos es aplicable a todos los individuos en todos los países y culturas. En caso que los Derechos Humanos no sean garantizados en su ámbito de actuación, ya sea por un vacío legal o por prácticas inadecuadas, la organización deberá hacer todos los esfuerzos que estén a su alcance para respetar y proteger esos derechos.

3. *Principales materias de la RSE*

Como parte de la definición del alcance de la Responsabilidad Social, la ISO 26000 identifica siete materias fundamentales a considerar en su estrategia de integración a la organización. Cada materia incluye asuntos que no necesariamente debe desarrollar, bien porque no los considera relevantes o porque no resulten prioritarios de acuerdo a su *core* de negocio o por la naturaleza de su entorno.

Las materias fundamentales son:

3.3.1. Gobernanza de la Organización: Es el sistema por el cual una organización toma e implementa decisiones para lograr los objetivos.

En lo que respecta a la Responsabilidad Social, la gobernanza es posiblemente el pilar más importante, ya que, a través de la toma de decisiones, una organización puede viabilizar un cambio hacia una conducta socialmente responsable, asumiendo los impactos que generan sus decisiones y procesos. La gobernanza tiene una doble singularidad: por un lado, ser una materia fundamental y por el otro, un instrumento imperioso para que las organizaciones aborden el resto de materias fundamentales.

La ISO 26000 identifica una serie de acciones que deberían desprenderse de una buena gobernanza de la organización. Entre las más destacables, se encuentran[99]:

- impulsar estrategias y objetivos de RS,

- avanzar en materia de compromiso y rendición de cuentas,

- crear una cultura de RS,

- establecer incentivos para conseguir un desempeño positivo en RS,

- hacer un uso eficiente de los recursos,

- mejorar las oportunidades de grupos vulnerables (mujeres, minorías étnicas, etc.) para ocupar puestos de liderazgo,

- atender las necesidades de las partes interesadas y de las generaciones futuras,

- mejorar la comunicación con las partes interesadas,

- fomentar la participación de miembros de la organización en las actividades de RS,

- hacer una revisión continua de la gobernanza de la organización.

3.3.2. Derechos Humanos: Son los derechos básicos que le corresponden a cualquier ser humano. El compromiso con el respeto y la protección de los Derechos Humanos, debe existir independientemente de la capacidad o disposición del Estado en el cual opera la organización, para cumplir con sus propias obligaciones en materia de derechos humanos.

Existen dos grandes categorías de derechos humanos: los civiles y políticos como, por ejemplo, el derecho a la vida, la libertad de expresión, la igualdad ante la ley; y los derechos económicos, sociales y culturales: el derecho a la salud, a la alimentación o a un salario digno.

Aunque en la ISO 26000 no se mencionan, vale la pena acotar que actualmente se reconocen los Derechos Humanos de tercera y cuarta generación. Los de tercera generación son los derechos de solidaridad, como, por ejemplo: autodeterminación, paz, ambiente, agua potable, saneamiento; y los de cuarta generación son más de tipo tecnológico-digital: acceso a la informática y autodeterminación informática, al uso del espectro radioeléctrico, acceso al espacio, derecho a las energías renovables, sostenibles y limpias (por las variables tecnológicas que requieren para su desarrollo). Incluso para algunos expertos ya no se hablaría de esta diferenciación por generaciones, ya que se entienden como una convergencia de Derechos Humanos que evolucionan según las necesidades de la humanidad.

---

[99]   ISO 26000. Una Guía para la Responsabilidad Social de las organizaciones. *Cuadernos de la Cátedra "la Caixa" de Responsabilidad Social de la Empresa y Gobierno Corporativo* Nº 11, junio de 2011, p. 18.

La guía identifica ocho asuntos que deberían ser tenidos en cuenta por las organizaciones para respetar, proteger y satisfacer los DD.HH.:

- Debida diligencia: Recomienda asegurarse que la toma de decisiones y el desarrollo de actividades no tengan impactos negativos sobre los Derechos Humanos, garantizando no sólo su cumplimiento dentro de la organización y en sus relaciones con otros, sino influyendo en el comportamiento de terceros para que satisfagan estos derechos.

- Situaciones de riesgo para los Derechos Humanos: Se destaca la importancia de identificar situaciones de riesgo y emplear todas las medidas que tenga a su disposición para proteger estos derechos, como por ejemplo en casos de conflictos políticos, fragilidad democrática, corrupción, pobreza extrema, explotación indiscriminada de recursos naturales, trabajo infantil y similares.

- Evitar la complicidad: Se aconseja evitar cualquier acto u omisión que vulnere los Derechos Humanos. Ello incluye evitar complicidad directa (violación directa de los DD.HH.), beneficiosa (obtener ventaja de la violación de los DD.HH. por otros) y tácita (no denunciar violaciones de los DD.HH. de las que se tenga conocimiento).

- Resolución de reclamaciones: La guía sugiere poner a disposición de sus públicos relacionados mecanismos de reclamación, para que se puedan denunciar posibles abusos y exigir compensación, más allá que la organización considere que no vulnera ningún Derecho Humano.

- Discriminación y grupos vulnerables: Se invita a hacer especial énfasis en garantizar los DD.HH. de los grupos tradicionalmente discriminados como mujeres, niños y niñas, discapacitados, pueblos indígenas, minorías étnicas, inmigrantes, etc.

- Derechos civiles y políticos: Sugiere que la organización debería identificar los derechos civiles y políticos y hacer todo lo que esté a su alcance para respetarlos y, en la medida de lo posible, garantizarlos. Entre esos derechos se encuentran: libertad de opinión, libertad de reunión, libertad de información, el debido proceso, etc.

- Derechos económicos, sociales y culturales: La organización debería identificar estos derechos y hacer todo lo que esté a su alcance para respetarlos y propender por garantizarlos. Estos son los derechos a la educación, la salud, la alimentación, un trabajo en condiciones favorables y justas, entre otros.

- Principios y derechos fundamentales en el trabajo: La ISO 26000 recomienda garantizar la libertad de asociación y negociación colectiva, la igualdad de oportunidades y la no discriminación, así como evitar el trabajo forzoso y el trabajo infantil. Todo ello no solo dentro de la propia organización, sino en todas aquellas relacionadas con el negocio y sobre las cuales tiene alguna influencia.

3.3.3. Prácticas laborales: Comprende todas las políticas y prácticas que involucran a los trabajadores de la propia organización y a los subcontratados. Las políticas incluyen, por ejemplo: reclutamiento, formación y desarrollo, seguridad e higiene industrial, salud, promoción, procedimientos disciplinarios, remuneración, jornada laboral, remuneración, etc.

Las prácticas laborales socialmente responsables, son esenciales para la justicia social, la estabilidad y la paz.

La ISO 26000, establece cinco asuntos relacionados con las prácticas laborales que toda organización debería considerar:

- Trabajo y relaciones laborales: La organización debería contribuir a aumentar la calidad de vida a través de la creación de puestos de trabajo, la estabilidad en el empleo y la generación de trabajo decente.

- Condiciones de trabajo y protección social: La guía llama a realizar un esfuerzo continuo por mejorar la situación de los trabajadores en temas como: remuneración, jornada laboral, vacaciones, prácticas de contratación y despido, protección de la maternidad y acceso a servicios del bienestar (agua, salud, alimentación). Se recomienda ofrecer todas las garantías legales y la implementación de políticas dirigidas a mitigar riesgos de exclusión social (vejez, desempleo, invalidez, etc.)

- Diálogo social: Se recomienda facilitar acuerdos, negociaciones e intercambio de información que busquen establecer consensos entre los representantes de los gobiernos, los empleadores y los trabajadores en relación a sus inquietudes económicas y sociales.

- Salud y seguridad en el trabajo: Se debería fomentar y garantizar el mayor nivel posible de bienestar mental, físico y social de sus trabajadores y prevenir daños en la salud que puedan ser ocasionados por las condiciones laborales.

- Desarrollo humano y formación en el lugar de trabajo: Ello implica, facilitar una vida larga y saludable, con acceso al conocimiento y la información, con oportunidades políticas, económicas y sociales, que amplíen la libertad de las personas para decidir su propio destino y vivir una vida provechosa.

En el marco de la temática laboral ha surgido el tema del balance vida-trabajo, entendido como el equilibrio adecuado entre el trabajo y la vida diaria: personal y social. Según la OCDE[100] quien ha estudiado el tema con detenimiento y en su portal se pueden encontrar estadísticas detalladas por países, indica que:

---

[100] La Organización para la Cooperación y el Desarrollo Económicos (OCDE), fue fundada en 1961. Agrupa a 34 países miembros y su misión es promover políticas que mejoren el bienestar económico y social de las personas alrededor del mundo. http://www.oecd betterlifeindex.org/es/topics/work-life-balance-es/

Las familias son las más afectadas. La capacidad de combinar con éxito el trabajo, los compromisos familiares y la vida personal es importante para el bienestar de todos los miembros de una familia. Los gobiernos pueden ayudar a resolver este asunto al estimular prácticas laborales solidarias y flexibles, que faciliten a los padres de familia el logro de un mejor equilibrio entre el trabajo y la vida personal.

Trabajadores con un horario de trabajo largo

Un aspecto importante del equilibro laboral-personal es el número de horas que una persona trabaja. La evidencia sugiere que un horario de trabajo largo puede resultar perjudicial para la salud personal, poner en peligro la seguridad y aumentar el estrés. La proporción de empleados que trabajan 50 horas o más a la semana no es muy elevada en los países de la OCDE: cerca de 13%. Turquía es, por un gran margen, la nación con la proporción más alta de personas que trabajan muchas horas, con alrededor del 39%, seguida por México con cerca del 28% e Israel con más de una sexta parte de sus empleados. En general, un mayor número de hombres trabajan muchas horas; el porcentaje de hombres empleados que trabajan en un horario muy largo en los países de la OCDE es del 17%, en comparación con el 8% en el caso de las mujeres.

Tiempo dedicado al ocio y al cuidado personal

Además, cuanto más trabajen las personas, menos tiempo tendrán para dedicarlo a otras actividades, como el cuidado personal o el ocio. La cantidad y la calidad del tiempo libre son importantes para el bienestar general de las personas y pueden generar beneficios adicionales para la salud física y mental. Un empleado de tiempo completo en la OCDE dedica de media el 62% del día, cerca de 15 horas, al cuidado personal (comer, dormir, etc.) y al ocio (vida social con amigos y familiares, pasatiempos, juegos, uso del ordenador y la televisión, etc.). Un horario más reducido de trabajo remunerado para las mujeres no necesariamente equivale a más tiempo de ocio, puesto que el tiempo dedicado al ocio es aproximadamente el mismo para hombres y mujeres en los 20 países de la OCDE estudiados.

3.3.4. Medio ambiente: Los procesos, decisiones y actividades de las organizaciones constantemente generan impacto en el medio ambiente. La utilización de los recursos, la localización física y la producción de residuos y agentes contaminantes son factores que afectan la estabilidad de los ecosistemas. La ISO 26000 aconseja adoptar un enfoque integrado que considere las implicaciones directas e indirectas de carácter económico, social, ambiental y de salud relacionadas con sus acciones y decisiones.

En la temática medioambiental, toda organización debería atender:

- Prevención de la contaminación: Busca prevenir al máximo la generación de agentes contaminantes, para lo cual la ISO aconseja manejar con sumo cuidado las emisiones al aire, la gestión de residuos, los vertidos al agua y el uso de productos químicos de alto riesgo, así como otras formas de contaminación (ruidos, olores, radiaciones, agentes infecciosos, especies invasoras, entre otros).

- Uso sostenible de los recursos: La organización debería garantizar la disponibilidad de recursos en el futuro, logrando un uso responsable en el presente. Para ello, la guía recomienda utilizar los recursos renovables a una tasa inferior a la de su renovación y en el caso de los recursos no renovables, adoptar las medidas pertinentes para depender cada vez menos de ellos.

- Mitigación y adaptación al cambio climático: Se estimula a las organizaciones para que se esfuercen decididamente a reducir la emisión de gases de efecto invernadero, iniciando por el control en el uso de combustibles fósiles. Para ello la ISO exhorta a planificar el uso de los recursos naturales, desarrollar infraestructuras y tecnologías para frenar sus posibles efectos (inundaciones, sequías, etc.) y contribuir a la toma de conciencia sobre la gravedad del asunto.

- Protección del medio ambiente, biodiversidad y restauración de hábitats naturales: La guía resalta la importancia en la protección y restauración de la biodiversidad y de los ecosistemas, el uso sostenible de la tierra y los recursos naturales, así como el fomento de un desarrollo urbano y rural en armonía con el medio ambiente.

3.3.5. Prácticas justas de operación: Hacen referencia a la necesidad que la organización tenga un comportamiento ético en sus relaciones con otras organizaciones, así como con sus *stakeholders*, por ejemplo, proporcionando liderazgo y promoviendo conductas de responsabilidad social en la esfera de influencia de la organización.

Los asuntos relacionados con esta materia fundamental son:

- Anticorrupción: La corrupción es el abuso de poder para obtener un beneficio privado. Como acciones se encuentran los sobornos, desfalco, fraude, blanqueo de dinero y tráfico de influencias entre otros. Contra ello la organización debería implementar políticas y prácticas que eviten que se produzcan estas actuaciones a través de la formación, motivación y educación del personal sobre comportamientos anticorrupción.

- Participación política responsable: Se aconseja facilitar procesos y políticas públicas para mejorar la calidad de vida de las personas que están dentro de su esfera de influencia.

- Competencia justa: La ISO invita a realizar actividades que estén en consonancia con las leyes en materia de competencia, a establecer mecanismos para evitar ser cómplice de conductas anticompetitivas, a desarrollar el conocimiento de sus trabajadores en materia de competencia justa y a no aprovecharse de posibles contextos desfavorables (como la pobreza) para obtener beneficios económicos.

- Promover la responsabilidad social en la cadena de valor: La guía sugiere tratar de influir en otras organizaciones con las que se relaciona en la cadena de valor, para que adopten un comportamiento socialmente responsable, por ejemplo, apoyando y comprando a los proveedores, que sigan los principios de Responsabilidad Social.

- Respeto a los derechos de propiedad: La ISO 26000 recomienda poner en práctica procesos y políticas que respeten la propiedad tanto física como intelectual.

3.3.6. Asuntos de consumidores: La ISO 26000 destaca la importancia que la organización asuma responsabilidades con sus consumidores, por ejemplo, brindándoles educación e información veraz sobre las estrategias de marketing y contratación, fomentando el consumo responsable y sostenible, y elaborando bienes y prestando servicios que estén al alcance de todas las personas, incluyendo las más vulnerables. También se recomienda tener la responsabilidad de retirar productos del mercado que puedan ocasionar daños y garantizar la privacidad de los datos privados que manejen de sus clientes y consumidores. Es recomendable que la organización tenga en cuenta las directrices de las Naciones Unidas para la protección del consumidor[101].

Los asuntos que la ISO 26000 identifica y que la organización debería considerar en esta materia son:

- Prácticas justas de marketing, información objetiva e imparcial y prácticas justas de contratación: El consumidor debe contar con toda la información que le permita decidir si el producto o servicio satisface realmente sus necesidades.

- Protección de la salud y la seguridad de los consumidores: La Guía insta a ofrecer productos y servicios que sean seguros y saludables.

- Consumo sostenible: Se recomienda que las organizaciones promuevan patrones de consumo que sean acordes con el desarrollo sostenible.

- Servicios de atención al cliente, apoyo y resolución de quejas y controversias: La ISO 26000 sugiere ofrecer mecanismos para que los consumidores cuenten con esquemas de servicio postventa a través de certificados de garantías, soporte técnico y disposiciones relacionadas con la devolución, reparación y mantenimiento.

- Protección y privacidad de los datos de los consumidores: Se insiste en la importancia de proteger el derecho a la privacidad y confidencialidad de los datos de los consumidores.

- Acceso a servicios esenciales: En el caso que la organización preste servicios básicos y aun cuando el Estado sea incapaz de garantizar el derecho a dichos servicios, la ISO aconseja contribuir a garantizar el acceso a dichos servicios.

---

[101]   ONU, Resolución 70/186, de 22 de diciembre de 2015, de Directrices de las Naciones Unidas para la protección al consumidor, que ha sido distribuida a partir del día 4 de febrero de 2016, http://unctad.org/meetings/es/SessionalDocuments/ares 70d186_es.pdf

- Educación y toma de conciencia: La ISO 26000 recomienda desarrollar actividades que permitan a los consumidores tener conocimiento de sus derechos y responsabilidades, empoderándolos para que puedan tomar decisiones con mayor libertad.

Como complemento en el tema de consumidores se encuentra el abordaje que propone el Parlamento Andino en 21 julio de 2015[102], conforme a las respectivas Constituciones Políticas y legislaciones internas de los países miembros, así como con sujeción a los compromisos internacionalmente adquiridos por la suscripción y ratificación de tratados, por los cuales deben tutelar el ejercicio de los siguientes derechos de los habitantes de los países miembros, en el marco del Desarrollo Energético Sostenible[103]:

- Al acceso universal y equitativo a productos energéticos de calidad, así como a una información precisa sobre su composición y características[104].

- Al acceso universal y equitativo a servicios energéticos básicos (electricidad y gas domiciliario) bajo los principios de calidad y continuidad[105].

- A la consulta previa, con la debida información, transparencia y oportunidad[106], para la aprobación de planes y programas de prospección, explotación, transformación y comercialización de recursos energéticos que se encuentren en su entorno[107].

- A la vida y desarrollo en un ambiente libre de contaminación energética[108].

---

[102]   Casi en simultáneo a la propuesta del Parlamento Andino en 2015, la Comisión Europea el 15 de julio de ese año, planteó al Parlamento Europeo, al Consejo, al Comité Económico Social Europeo y al Comité de las Regiones, establecer un nuevo acuerdo para los consumidores de energía, dado que "el marco estratégico para la unión de la energía aspira a una Unión de la Energía «centrada en los ciudadanos, en la que estos asuman la transición energética, aprovechen las nuevas tecnologías para reducir sus facturas y participen activamente en el mercado, y en la que se proteja a los consumidores vulnerables»".

[103]   Artículo 8 del Marco Regulatorio de Desarrollo Energético Sostenible.

[104]   Artículo 8.a) del Marco Regulatorio de Desarrollo Energético Sostenible.

[105]   Artículo 8.b) del Marco Regulatorio de Desarrollo Energético Sostenible.

[106]   Artículo 15 del Convenio N° 169, de la Organización Internacional del Trabajo sobre pueblos indígenas y tribales en países independientes, de 7 de junio de 1989: http://www. ilo. org/wcmsp5/groups/public/@ed_norm/@normes/documents/publication/wcms_100910. pdf; los artículos 5, 18 y 19 de la Resolución 61/295, de 13 de septiembre de 2007, que contienen la Declaración de las Naciones Unidas sobre los Derechos de los Pueblos Indígenas, http://www.un.org/esa/socdev/unpfii/documents/DRIPS_es.pdf; y el artículo XXIII de la Resolución 2888, de 14 de junio de 2016, que contiene la Declaración Americana sobre los Derechos de los Pueblos Indígenas, http://www.oas.org/es/sadye/documentos/res-2888-16-es.pdf

[107]   Artículo 8.c) del Marco Regulatorio de Desarrollo Energético Sostenible.

[108]   Artículo 8.d) del Marco Regulatorio de Desarrollo Energético Sostenible.

- Al acceso equitativo a los beneficios provenientes del aprovechamiento de los recursos naturales no renovables, mediante la asignación de una participación preferente y especial por los habitantes de los territorios, donde se encuentren estos recursos[109].

Complementariamente propone que los Estados conforme a su ordenamiento jurídico nacional y los compromisos internacionales, puedan instaurar los deberes de la población que habita en los países que integran la Comunidad Andina, a los fines de alcanzar el Desarrollo Energético Sostenible, siendo ellos[110]:

- Conservar, proteger y aprovechar de manera sostenible los recursos energéticos[111].

- Ejercer con responsabilidad social sus derechos en los procesos de consulta, participación y veeduría ciudadana, relacionados con el sector de la energía[112].

3.3.7. Participación activa y desarrollo de la comunidad: Es vital la relación de la organización con las comunidades, ya que de ello depende la "licencia social" para el desarrollo del negocio. La responsabilidad es alta con este *stakeholder*, por lo que la ISO 26000, propone desarrollar políticas y procesos que contribuyan al desarrollo político, económico y social de las comunidades que estén dentro de su esfera de influencia, por ello se invita a la organización a involucrarse en:

- Participación activa en la comunidad: A través del apoyo a instituciones o grupos de la sociedad civil, con el objeto de coadyuvar a la resolución de problemas en la comunidad.

- Educación y cultura: La guía recomienda que desde la organización se promuevan permanentemente la educación y la cultura.

- Creación de empleo y desarrollo de habilidades: Las decisiones de inversión y contratación de la organización, deberían tener en cuenta su impacto potencial sobre la creación de empleos de calidad en la zona donde se desempeña.

- Desarrollo y acceso a tecnología: Se propone facilitar el desarrollo y acceso de los ciudadanos a las tecnologías modernas, bien directamente o mediante alianzas con otras organizaciones y asociaciones.

- Generación de riqueza e ingresos: Fortalecer los recursos económicos y las relaciones sociales generando beneficios palpables para la comunidad. Prestar especial atención a los grupos vulnerables: minorías étnicas, mujeres en situación de riesgo, niñez, discapacitados, etc.

---

[109] Artículo 8.e) del Marco Regulatorio de Desarrollo Energético Sostenible.
[110] Artículo 10 del Marco Regulatorio de Desarrollo Energético Sostenible.
[111] Artículo 10.a) del Marco Regulatorio de Desarrollo Energético Sostenible.
[112] Artículo 10.b) del Marco Regulatorio de Desarrollo Energético Sostenible.

- Salud: La ISO 26000, aconseja favorecer actividades que minimicen los riesgos y maximicen los efectos positivos para la salud de la comunidad.

- Inversión social: La guía insta a que los proyectos de inversión en los que participe la organización, mejoren la calidad de vida de los ciudadanos de la comunidad de manera sostenible.

La licencia social (LSO) es un tema clave en este apartado sobre comunidades, ya que significa el ser socialmente aceptado por parte de la red de grupos de interés y se habla de "Red" ya que generalmente las comunidades la conforman diversos grupos con intereses, perfiles y expectativas diferenciadas, lo cual conlleva una gestión múltiple de este *stakeholder*.

Al nivel de un proyecto individual, la Licencia Social está enraizada en las creencias, percepciones y opiniones de la población local y otros grupos de interés acerca del proyecto. Por lo tanto, la licencia es "otorgada" por la comunidad. También es intangible, a menos que se lleven a cabo esfuerzos para medir estas creencias, opiniones y percepciones. Finalmente, es dinámica y no permanente, porque las creencias, opiniones y percepciones seguramente van a cambiar a medida que se adquiera nueva información. Por lo tanto, la Licencia Social debe ser ganada y mantenida.

La Licencia Social ha sido definida como existente cuando un proyecto cuenta con la aprobación continua dentro de la comunidad local y otros grupos de interés, aprobación continua o amplia aceptación social, y con más frecuencia como aceptación continua[113].

De acuerdo a Joyce, S. (2013), los componentes de la Licencia Social son[114]:

Percepciones comunitarias o de interesados de:		
Legitimidad social del proyecto	Credibilidad del proyecto/compañía	Confianza en los operadores del proyecto
De acuerdo a normas establecidas – las normas pueden ser legales, sociales, culturales y formales o informales.	La calidad que se cree la capacidad o poder para provocar credibilidad.	Depositar la confianza en alguien, sin más seguridad que la buena fe y la opinión que de él se tiene. Es la disposición de ser vulnerables al riesgo de pérdidas a través de las acciones de otro.
Los componentes son adquiridos secuencialmente en la mayoría de los casos, son acumulativos y funcionan en ambas direcciones		

Fuente. Joyce, Susan (2013)

---

113   http://socialicense.com/definition_spanish.html

114   Presentación realizada en el I Foro Regional: Oportunidades de la RSE en el sector de Energía Renovable y Electricidad en América Central. Noviembre 2013, Ciudad de Guatemala. http://www.olade.org/wp-content/uploads/2015/08/Susan-Joyce_Licencia-Social-para-Operar.pdf

Los expertos hacen énfasis en diferenciar aprobación y aceptación por parte de las comunidades, ya que la aprobación implica una calificación de bueno, positivo o favorable, mientras que la aceptación conlleva la disposición a consentir y tolerar. Por ello se puede hablar de dos niveles de Licencia Social: "…Un bajo nivel de aceptación y un alto nivel de aprobación. Mientras que el nivel más bajo es suficiente para permitir que un proyecto proceda y disfrutar una relación tranquila con los vecinos, el nivel más alto es más beneficioso para todos los involucrados"[115].

En definitiva sobre la RSE, algunas acciones podrían entenderse como filantropía, sin embargo las actividades filantrópicas por sí mismas, no logran el objetivo de integrar la Responsabilidad Social en la organización, ni mucho menos generar resultados sostenibles, sólo la sinergia entre los diversos procesos y *stakeholders* de la organización y así mismo la interiorización de lo planteado anteriormente a la gerencia de la empresa, permitirá que la misma se enfile hacia la verdadera Responsabilidad Social.

III. DEFINIENDO EL DESARROLLO SOSTENIBLE

Costa y Ramírez-Pisco (2013, p. 195) definen la sostenibilidad como:

El compromiso de las empresas por desarrollar la sociedad preservando el medio ambiente, desde un punto de vista social y responsable para con sus *stakeholders*. Adicionalmente, debe existir una política comunicativa con la sociedad en general, además de ir «más allá del mero cumplimiento de la normativa legal establecida y de la obtención de resultados exclusivamente económicos a corto plazo. Supone un planteamiento de tipo estratégico que afecta a la toma de decisiones y a las operaciones de toda la organización, creando valor en el largo plazo y contribuyendo significativamente a la obtención de ventajas competitivas duraderas» (LIZCANO & MONEVA, 2004)

El Consejo Empresarial Colombiano para el Desarrollo Sostenible (Cecodes)[116], define el desarrollo sostenible empresarial como "la visión de largo plazo que busca el equilibrio entre el crecimiento económico, progreso social y balance ecológico, dentro de un proceso de mejoramiento continuo de la acción empresarial que garantice una mejor calidad de vida para las generaciones presentes y futuras".

Cecodes, entiende que la pobreza es el reto más grande que tiene la sociedad actual para el Desarrollo Sostenible, "tanto al interior de la empresa como en su relación con las diferentes comunidades... La forma como las empresas respondan a este reto y su habilidad para generar bienestar y oportunidades, serán decisivas en el largo plazo".

---

[115]   http://socialicense.com/definition_spanish.html

[116]   Miembro del movimiento empresarial internacional liderado por el Consejo Mundial para el Desarrollo Sostenible (*World Business Council for Sustainable Development*–WBCSD)

En el portal de la Unesco[117], se encuentra la definición y dimensiones del Desarrollo Sostenible y así mismo diferencian entre este término y Sostenibilidad:

El Desarrollo Sostenible es el paradigma global de las Naciones Unidas. El concepto de Desarrollo Sostenible fue descrito en 1987 en el Informe de la Comisión de Bruntland como un *desarrollo que satisface las necesidades de la generación presente, sin comprometer la capacidad de las generaciones futuras de satisfacer sus propias necesidades*.

Existen cuatro dimensiones del Desarrollo Sostenible: la sociedad, el medio ambiente, la cultura y la economía, que están interconectadas, no separadas. La sostenibilidad es un paradigma para pensar en un futuro en donde las consideraciones ambientales, sociales y económicas estén equilibradas en la búsqueda de una mejor calidad de vida. Por ejemplo, una sociedad próspera depende de un ambiente sano que provea alimentos y recursos, agua potable y aire limpio para sus ciudadanos.

En cuanto a la diferencia entre Desarrollo Sostenible y Sostenibilidad, señala que:

A menudo se piensa en la Sostenibilidad como una meta a largo plazo (p. ej., un mundo más sostenible), mientras que el Desarrollo Sostenible se refiere a los muchos procesos y medios para lograrlo (p. ej., la agricultura y la silvicultura sostenibles, la producción y el consumo sostenibles, el buen gobierno, la investigación y la transferencia de tecnología, la educación y la capacitación, etc.).

Según la ISO 26000:

El desarrollo sostenible se refiere a la integración de los objetivos de calidad de vida elevada, salud y prosperidad con la justicia social y al mantenimiento de la capacidad de la tierra para mantener la vida en toda su diversidad. Estos objetivos sociales, económicos y ambientales son interdependientes y se refuerzan mutuamente. El desarrollo sostenible puede considerarse como una vía para expresar las más amplias expectativas de la sociedad en su conjunto.

Las empresas son un factor decisivo y preeminente en la consecución de los Objetivos de Desarrollo Sostenible (ODS), tal como lo indica el Pacto Global, ya que son agentes protagonistas del cambio. "La empresa responsable y la inversión –arraigada en los principios universales– serán esenciales para lograr el cambio transformacional a través de las ODS. Para las empresas, la implementación exitosa reforzará el entorno propicio para hacer negocios y los mercados de construcción en todo el mundo"[118].

Los 17 objetivos para transformar el mundo al 2030, se pueden sintetizar así:

---

[117]   http://www.unesco.org/new/es/education/themes/leading-the-international-agenda/education-for-sustainable-development/sustainable-development/

[118]   https://www.unglobalcompact.org/what-is-gc/our-work/sustainable-development/sdgs/17-global-goals

Cambio a generar	Objetivos y metas de Desarrollo Sostenible
Sin Pobreza	Objetivo 1. Acabar con la pobreza en todas sus formas en todas partes
Hambre cero	Objetivo 2. Acabar con el hambre, lograr la seguridad alimentaria y una mejor nutrición y promover la agricultura sostenible
La buena salud y el bienestar	Objetivo 3. Asegurar una vida sana y promover el bienestar para todos en todas las edades
Educación de calidad	Objetivo 4. Garantizar una educación inclusiva, de calidad y equitativa y promover las oportunidades de aprendizaje permanente para todos
Igualdad de género	Objetivo 5. Lograr la igualdad de género y la autonomía de todas las mujeres y niñas
Agua potable y saneamiento	Objetivo 6. Asegurar la disponibilidad y la gestión sostenible del agua y el saneamiento para todos
Energía limpia y asequible	Objetivo 7. Garantizar el acceso a una energía asequible, fiable, sostenible y moderna para todos
El trabajo decente y crecimiento económico	Objetivo 8. Promover el crecimiento económico sostenido, inclusivo y sostenible, el empleo pleno y productivo y el trabajo decente para todos
Industria, Innovación, e Infraestructura	Objetivo 9. Construir infraestructura resilientes, promover la industrialización inclusiva y sostenible y fomentar la innovación
Reducción de las desigualdades	Objetivo 10. Reducir la desigualdad dentro y entre países
Ciudades y comunidades sostenibles	Meta 11. Convertir las ciudades y los asentamientos humanos sean inclusivos, seguros, resilientes y sostenibles
Producción y Consumo Responsable	Objetivo 12. Asegurar los patrones de consumo y producción sostenibles
Acción por el clima	Meta 13. Tomar medidas urgentes para combatir el cambio climático y sus efectos
La vida bajo el agua	Meta 14. Conservar y utilizar de manera sostenible los océanos, los mares y los recursos marinos para el desarrollo sostenible
La vida en la Tierra	Meta 15. Proteger, restaurar y promover el uso sostenible de los ecosistemas terrestres, la gestión sostenible de los bosques, la lucha contra la desertificación, y detener y revertir la degradación de la tierra y detener la pérdida de biodiversidad
Paz y Justicia instituciones fuertes	Objetivo 16. Promover sociedades pacíficas e inclusivas para el desarrollo sostenible, proporcionar acceso a la justicia para todos y construir instituciones eficaces, responsables e inclusivas en todos los niveles
Asociaciones para los Objetivos	Objetivo 17. Fortalecer los medios de aplicación y revitalizar la alianza mundial para el desarrollo sostenible

Fuente. Elaboración propia a partir de la información presentada en el portal del Pacto Global

IV. GERENCIANDO SUS *STAKEHOLDERS*

Desde los años ochenta, el enfoque de *stakeholders* ha tomado fuerza como modelo de gestión, por su enfoque de empresa dinámica, plural y muy consciente de su entorno, generando estrategias y tácticas que respondan a su Responsabilidad Social Empresarial. (Navarro, 2008, p. 73)[119]

Según indica Navarro, citando a García (2008, p. 73), el interés ético se funda en "reclamar un cambio de actitud de la empresa de modo que responda a la pluralidad de intereses en juego que se hallan en la actividad empresarial, considerando y evaluando la legitimidad de los mismos".

Para Orjuela (2011, p. 148)[120], es muy valioso el modelo por *stakeholders*, tanto para la gestión como para la comunicación ya que:

• Proporciona un marco de trabajo estratégico simple y flexible, para adaptarse a los cambios que se generen sobre la marcha.

• Genera una visión amplia y equilibrada para integrar las relaciones y los objetivos del negocio y, por ende, comunicacionales.

• Se entiende a la organización desde su dinámica social con sus *stakeholders* y no sólo desde su dimensión productiva.

• Exige que la organización observe y analice con detenimiento la realidad que se genera, más allá de sus propios muros, identificando semejanzas para compartir, diferencias para tender puentes y estrechar lazos, con el fin de construir un diálogo constructivo, generar valor a la organización y a la sociedad en la cual está inmersa.

• Proporciona un conocimiento de personas reales, individuales, no sólo de fenómenos sociales, que en ocasiones generan una sombra sobre lo que realmente debe ser importante para la institución y se queda en planes, acciones o estadísticas, que al final no producen beneficios reales.

• Ofrece a las directivas un enfoque integrado para la toma de decisiones, que le permitirá satisfacer a cada *stakeholder* según su perfil y necesidades específicas, buscando relaciones profundas y a largo plazo, que *a posteriori* serán el soporte de su reputación organizacional, en beneficio de todo el negocio.

Escudero (2010, p.25)[121] afirma que el término "*stakeholder*" no existe formalmente en idioma inglés. Su primera aparición se puede verificar en un

---

[119] Navarro, F. *Responsabilidad Social Corporativa: Teoría y práctica.* ESIC Editorial. Madrid 2008.

[120] Orjuela, S. "La Comunicación en la gestión de la Responsabilidad Social Empresarial". En *Revista Correspondencias & Análisis* N° 1, 2011, pp. 137-156. http://www.correspondenciasyanalisis.com/es/pdf/rp/comunicacion_gestion.pdf

[121] Escudero, G. *Bien común y stakeholders. La propuesta de Edward Freeman,* Eunsa, Navarra 2010.

memorando de 1963 en *Stanford Research Institute* para referirse a "aquellos grupos sin cuyo apoyo la organización dejaría de existir. La lista de *stakeholders* originalmente incluía a dueños, empleados, clientes, proveedores, financistas y la sociedad". Y añade que:

> Desde entonces el concepto fue desarrollado con énfasis distintos por la literatura de cuatro disciplinas de investigación: planificación corporativa, teoría de sistemas, responsabilidad social empresarial y teoría organizacional. El término tampoco tiene una traducción literal. Se ha traducido como "grupos de interés", "sectores de interés", "interesados en el negocio", "grupos participantes", entre otras expresiones, o simplemente se usa sin traducir.

A lo largo de los trabajos publicados por Freeman, tanto individuales como colectivos, va presentando ajustes y redefiniciones a su propuesta inicial, agregando públicos a la lista inicial o redefiniendo términos como en el caso de accionistas, financistas e inversores. Es así como después de 20 años cuando publicó su primer trabajo y definición de *stakeholder*, presenta una visión más decantada en 2004 cuando publica *Ethical Leadership and Creating Value for Stakeholder*.

> Aquí aparece la distinción entre *stakeholders* "primarios" o "definicionales" y *stakeholders* "instrumentales". Los primeros son vitales para el crecimiento continuo y la supervivencia de cualquier empresa, e incluyen a clientes, empleados, proveedores, comunidades y financistas. Los instrumentales aparecen en el entorno ampliado de la empresa, pudiendo influir a los primarios, e incluyen a activistas, competidores, gobierno, ambientalistas, medios de comunicación, críticos corporativos y grupos de interés especial, entre otros.

> En relación con esta distinción, en el mencionado artículo *Corporate Citizenship and Community Stakeholders* aparece el término "*stakeholders* derivativos" aplicado a aquellos grupos que tienen el poder de ayudar o de obstaculizar las actividades fundamentales de la firma, aunque no estén involucrados en una relación recíproca con ella. Sería el caso de los grupos virtuales de defensa.

Como se puede verificar de la teoría de Freeman, son muchos los *stakeholders* que pueden afectar a la organización y así mismo sobre los cuales la empresa tiene influencia. Es por ello la importancia de definir claramente el mapa de *stakeholders* para la gerencia no sólo del negocio, sino de la Responsabilidad Social Empresarial y de su comunicación.

De acuerdo a Yepes, Peña y Sánchez (2007, p. 129), el sistema de *stakeholders* ha sido utilizado en las organizaciones para conocer ante quién es responsable la empresa. Los grupos primarios son aquellos sin cuya continua participación la empresa no puede sobrevivir; entre ellos se cuentan los accionistas, inversores, empleados, clientes y proveedores. En cuanto al grupo de *stakeholders* públicos lo conforman "los gobiernos y comunidades que proporcionan la infraestructura y mercados, cuyas leyes y regulaciones deben ser obedecidas y a quienes se les deben pagar impuestos y otras obligaciones". La interdependencia más alta es entre la empresa y su grupo *stakeholders* primario.

En cuanto al grupo de *stakeholders* secundario ha sido interpretado "como los que influyen o afectan, o son influidos o afectados por la empresa; sin embargo, ellos no participan en las operaciones ni son esenciales para su supervivencia". Buena parte de este grupo "tiene la capacidad de movilizar la opinión pública a favor o en contra de una empresa. Dichos grupos pueden dañar de manera significativa a la empresa".

Los *stakeholders* o grupos de interés según los define el *Global Reporting Iniciative* (GRI)[122] G4 son:

> Entidades o individuos a los que pueden afectar de manera significativa las actividades, los productos o los servicios de la organización, y cuyas acciones pueden afectar dentro de lo razonable a la capacidad de la organización para desarrollar con éxito sus estrategias y alcanzar sus objetivos. Se incluyen aquí las entidades o los individuos cuyos derechos en virtud de una ley o un acuerdo internacional les permiten plantear con total legitimidad determinadas exigencias a la organización.

> Entre los grupos de interés pueden encontrarse aquellos que mantienen una relación económica con la organización (por ejemplo, empleados, accionistas o proveedores) y los que tienen otro tipo de relación (por ejemplo, los grupos vulnerables dentro de comunidades locales o la sociedad civil).

Dado este múltiple relacionamiento de la empresa con sus *stakeholders*, es que surge el compromiso que la empresa debe desarrollar con cada uno de ellos de acuerdo a su perfil, necesidades e influencia en la gestión. Para Yepes, Peña y Sánchez (2007, p. 130) "las últimas dos décadas han sido testigos del fuerte énfasis puesto en incluir al medio ambiente como un legítimo *stakeholder* de la empresa, contribuyendo al surgimiento de la idea del desarrollo sustentable".

El modelo de gestión de la Responsabilidad Social Empresarial por *stakeholders* es de los más recomendados actualmente, para lograr generar sinergia con todos los públicos y lograr los objetivos de negocio, de compromiso social y a nivel comunicacional, con un enfoque sostenible.

Para Navarro (2008, p. 76) los intereses legítimos de los *stakeholders* son:

---

[122]   El GRI fue fundado en los EE.UU. en 1997 por CERES y por el Programa de las Naciones Unidas para el Medio Ambiente (PNUMA o UNEP en inglés), originalmente tuvo su sede en Boston, Massachusetts. En 2002, el GRI trasladó su sede central a Ámsterdam, donde se encuentra actualmente la Secretaría. Es una organización no gubernamental basada en una red, que tiene como objetivo impulsar los Reportes de Sostenibilidad y de ESG (Medio ambiente, Social y Gobierno Corporativo), para ello el GRI produce la estructura de reportes de sostenibilidad más ampliamente utilizada en el mundo, lo que permite impulsar una mayor transparencia. www.globalreporting.org

Tipo	Intereses legítimos
Socios, accionistas e inversores	Beneficio, rentabilidad inversiones, gestión…
Empleados	Salario, prestaciones sociales, seguridad, higiene, estabilidad, promoción, empleabilidad, participación, formación…
Directivos	Capacidad de gestión, prestigio, ingresos…
Creadores de opinión y conocimiento	Transparencia, información veraz y actualizada…
Clientes	Justa relación calidad-precio, información veraz, garantías de salud y seguridad, posventa
Instituciones financieras	Transparencia, solvencia, lucha contra la corrupción
Competidores	Respeto a las reglas libres de competencia, reciprocidad, cumplimiento de compromisos, cooperación
Proveedores y subcontratistas	Respeto a las reglas de libre mercado, capacidad de pago, información clara, posibilidades comerciales, respeto, marcas y propiedad intelectual
Comunidades locales, países y sociedades	Respeto a la soberanía nacional, legalidad, lucha contra la corrupción, contribución al desarrollo, colaboración con instituciones
Administración pública	Legalidad, contribución al desarrollo, colaboración con instituciones científicas, culturales, universidades, medioambiente, ONGs
Partidos políticos	Legalidad, contribución al desarrollo
Iglesias	Respeto a sus creencias y valores morales
Sindicatos	Respeto y promoción de derechos sociolaborales
Universidades	Investigación, desarrollo, formación…

Fuente. Navarro, Fernando. (2008). Responsabilidad Social Corporativa: Teoría y práctica.

V.   COMUNICANDO LA RSE

Cuando se piensa en cómo comunicar la RSE, se debe comenzar por pensar en la estrategia, por lo que el primer paso debiera ser el acercamiento al mapa de *stakeholder* con el fin de lograr un entendimiento más global y profundo de la dinámica comunicacional a nivel interno y externo, así como de la organización con su entorno.

Cada empresa y gerente debe conocer en profundidad cuáles son los *stakeholders* con los que se comunica; su perfil y necesidades de contenidos; relacionamiento e identificación de su dinámica social, así como definir sus objetivos de identidad, imagen y reputación.

Cuando se habla de la afectación de la organización desde y hacia sus *stakeholders*, denota una doble vía que conlleva al intercambio, al diálogo y la construcción de una cultura social, donde la RSE se convierte en un valor organizacional que se proyecta a su entorno para generar bienestar y progreso entre sus *stakeholders*.

Con el ánimo de ofrecer pautas más claras para la gestión de una comunicación de la RSE, se propone un sencillo modelo desde el enfoque de *multistakeholders* y las variables del entorno que lo pueden impactar, a manera de ruta para la conceptualización y planificación de la comunicación, adaptándolo a la necesidad puntual de cada institución pública, privada o del tercer sector:

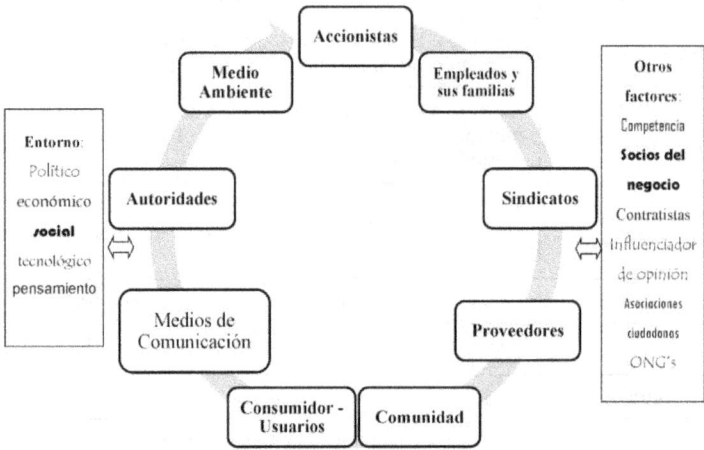

Fuente. Elaboración propia a partir del modelo HMO Consultores de RSE

Comprender las expectativas de cada público permite adecuar la estrategia de abordaje, mensajes, medios, pautas acerca del formato y soporte que debe utilizarse para su publicación: impreso, digital, audiovisual, de acuerdo a su perfil.

El verdadero diálogo se logra cuando se dan puntos de encuentro y de identificación *con el otro*, de reconocimiento *en el otro*; es lograr empatía con sus públicos de interés. Todo esto aporta de manera importante para el despliegue necesario a la hora de iniciar el proceso para la realización del informe, aporta a la hora de diseñar las estrategias de Responsabilidad Social y Sostenibilidad más apropiadas de acuerdo a la identidad de la organización, a la planificación estratégica del negocio, a las necesidades del entorno y del mercado y por supuesto a los intereses y expectativas que tienen los públicos de interés con los que hace comunidad la organización.

La ISO 26000, también presenta indicaciones acerca de la comunicación de la Responsabilidad Social, para ello considera que los propósitos de la comunicación deberían ser:

- Apoyar para que una organización logre la alineación interna entre su orientación de Responsabilidad Social, junto a sus objetivos, prácticas, estrategias, metas, indicadores, desempeño y preocupaciones de las partes interesadas.

- Comunicar los aspectos de Responsabilidad Social, afines a sus productos y servicios, así como acrecentar la conciencia, tanto de la dirección como de los empleados sobre la Responsabilidad Social.

- Reconocer a aquellos que son responsables por el desempeño y estimular las mejoras en la gestión de Responsabilidad Social.

- Promueve que la organización identifique, evalúe, aborde y mejore su compromiso y desarrollo de los temas relacionados con Responsabilidad Social.

- Reconoce las necesidades y preocupaciones de los grupos de interés y "los dilemas de responsabilidad social de la organización"

- Facilita el alineamiento de los planes y acciones de responsabilidad social de una organización con las expectativas, necesidades y demandas de los stakeholders.

- Fortalece la confianza de las audiencias interesadas claves en la organización, fomentando una reputación de acciones responsables, apertura e integridad.

- Coadyuva a que la información completa y exacta de responsabilidad social sobre una organización, sus productos y servicios sea transmitida consistentemente al mundo exterior, por los empleados y otros dentro de la organización.

- "Puede ser necesaria para satisfacer los requisitos y requerimientos para informar, etiquetar u otras comunicaciones relacionadas a la responsabilidad social, impuestas por ley, por los inversionistas o clientes"

- Mantiene actualizado el status en cuanto al cumplimiento con los compromisos establecidos desde la RS, de acuerdo a lo establecido por la organización.

- "Puede ser crítica para asegurar la respuesta adecuada y pronta frente a emergencias relacionadas a temas de responsabilidad social".

En definitiva, la comunicación de la RSE no implica sólo el contar lo que se está haciendo, sino el cómo, por qué y con qué fin. Exige el entendimiento claro y profundo de cada uno de los *stakeholders* y los temas propios a la gestión de cada uno de ellos, para a partir de ello generar las estrategias internas y/o externas para coadyuvar en el éxito de la RSE en la organización.

Todo ello redundará en su reputación e imagen, así como en el relacionamiento y posicionamiento en los mercados, entre los consumidores, con sus competidores, frente al gobierno local regional y nacional, de cara a la comunidad aledaña a sus centros de producción y servicios y frente a la sociedad.

Para ampliar este entendimiento desde el enfoque de *stakeholders* y como ello incide en la comunicación misma de la RSE, para establecer su enfoque, objetivos y estrategias, recurrimos a la experta venezolana Charo Méndez quien sintetiza los temas centrales desde la RSE a trabajar con cada público de interés así:

- Accionistas: El tema central es el Gobierno Corporativo que direcciona eficientemente los recursos, atrae inversión y optimiza el ambiente para hacer negocios. Implica el conjunto de normas que permite la generación de valor, la potencialización del talento humano, la investigación, la estrategia corporativa y el desempeño financiero.

- Empleados: Es el espacio para hablar del cumplimiento de los Derechos Humanos y el código de conducta empresarial: planteamiento ético y las normas de conducta. Además, se incluyen los temas de adiestramiento y desarrollo. También se trabaja en el respeto por la diversidad y la importancia del balance trabajo–vida personal.

- Proveedores: Las cooperativas como elemento clave de la economía social. Además, se trabaja en la cadena de valor y el comercio justo.

- Consumidores: Se entiende no sólo como el que compra/consume sino el que conoce y lucha por sus derechos, además de ser un consumidor responsable que busca ejercer su consumo apoyando el comercio justo, respetando el medio ambiente, apoyando con su compra los productos y servicios que cumplen con los Derechos Humanos de todos los empleados implicados y que en general cumplen con todos los preceptos de RSE en toda la cadena de valor.

Así mismo se destacan en la gestión de este *stakeholders*, los temas de Mercadeo y negocios con consumidores de bajos recursos, el Marketing con causa y el Marketing Social. Nueva tendencia: Marketing para seres humanos

- Comunidad: La empresa como palanca para superar la pobreza y la exclusión. El capital social y desarrollo social. Beneficios de la alianza empresa-comunidad. Voluntariado corporativo.

La obtención de la Licencia Social, como pilar de aceptación por parte de la comunidad para el inicio y desarrollo de operaciones, sobre todo en rubros empresariales como los de explotación minera y/o de recursos energéticos, ya que implican un impacto importante a nivel medio ambiental para las comunidades aledañas y la sociedad en general.

- Autoridades: Los DDHH sirven de medida para comprobar el compromiso de los Estados con la democracia y de las empresas con la RSE. Allí es importante revisar el panorama legal de la RSE, así como las políticas públicas de fomento y regulación, el debate entre la obligatoriedad y la voluntariedad, así como las disertaciones sobre la autorregulación.

En síntesis[123], las expectativas de cada *stakeholder* y por ende fundamentos para la planificación de la comunicación de RSE son:

- Accionistas: Transparencia.

- Trabajadores: Derechos Humanos.

- Proveedores: Crecimiento.

- Consumidores: Responsabilidad.

- Autoridades: Cooperación.

- Comunidades: Desarrollo social.

En definitiva, la comunicación aporta en la construcción de la realidad y en la cohesión con su entorno y con sus diversos públicos de interés. Es un proceso transversal a toda la organización, no son sólo acciones dispersas, sino la estrategia que permite hacer sinergia entre la identidad, cultura, imagen y reputación de la organización; además logra alinear desde la comunicación interna y la externa. La comunicación permite conocer y reconocer al otro, entenderlo y buscar puntos de encuentro para articular una relación de valor entre todos, su gestión permite generar confianza y credibilidad hacia lo que está desarrollando la empresa desde el punto de vista del negocio, como desde sus relaciones y vínculos con sus *stakeholders,* creando marcos de referencia para un diálogo abierto y sincero. Aporta en la transformación de cultura que requiere la organización para interiorizar la Responsabilidad Social en su ADN identitario. Coadyuva en lograr la legitimidad frente a su entorno y mercado, así como en presentarse desde la transparencia y la ética como bases de gestión.

De acuerdo a Yepes, Bustos, García y Devia (2016)[124]

Como se puede apreciar hay diferentes acciones que adelantar desde la comunicación para los grupos de interés y cada una de ellas supone el desarrollo de procesos esencialmente de carácter comunicativo y de gestión de la información tales como: a) indagar sobre las necesidades, intereses y percepciones de los diferentes grupos de interés, b) establecer procesos de mediación y/o de diálogo, a través de medios y espacios c) organizar y sistematizar la información sobre las acciones con los grupos de interés para, d) elaborar informes sobre la gestión de responsabilidad social en general y acorde con el lenguaje y percepciones de cada grupo de interés, e) recoger y divulgar al interior de la organización las valoraciones sobre las acciones de responsabilidad social, f) evaluar como dichas

---

[123]   Tomado del material de clase de Charo Méndez. Diplomado en RSE, Universidad Católica Andrés Bello, Venezuela.

[124]   Yepes, G., Bustos, L., García, S. y Devia, A. (2016). "Responsabilidad Social Empresarial en el Sector Minero". En Henao, J. y Retrepo, C. (Ed.), *Minería y Desarrollo. Competitividad y desempeño en el sector Minero*. Tomo 3, Universidad Externado de Colombia. Bogotá, Colombia 2016, p. 275.

percepciones afectan la confianza y la reputación de la organización y por último g) sugerir acciones correctivas tanto en términos de acción de responsabilidad en sí misma, como en manejo comunicativo. Conviene aclarar que el desarrollo de estos procesos comunicativos favorece la aplicación de los principios de la Responsabilidad social, tales como: la inclusión, la reciprocidad y el diálogo para la construcción de confianza. Ello se consigue gracias a que la comprensión de la diversidad de perspectivas de los grupos de interés puede contribuir a lograr modos de acercamiento o búsqueda de aspectos comunes para integrar los diferentes actores al desarrollo social y económico, lo que autores como Schvarstein ha llamado la inteligencia social de las organizaciones y que define como "el conjunto de competencias y habilidades necesarias para el cumplimiento de la responsabilidad social".

Igualmente ofrece el marco de las condiciones que debe cumplir la comunicación en la gestión de responsabilidad social tales como direccionalidad, desarrollo del conocimiento compartido y establece las bases para la presentación de información comprensible para los grupos de interés, la cual además debe ser: completa, íntegra, transparente y confiable.

La Comunicación Estratégica y la Responsabilidad Social Empresarial comparten enfoques, metodologías, principios y metas, que pueden generar una doble gestión con esfuerzos compartidos, si se logran armonizar para una gestión más eficaz y eficiente para las dos áreas logrando intención, acción y reacción de acuerdo a los objetivos propuestos por la organización.

VI.   LOS REPORTES Y MEMORIAS DE SOSTENIBILIDAD, UN DIÁLOGO CON LOS *STAKEHOLDERS*

Las memorias son documentos voluntarios, que cuentan con metodologías diversas para su diseño y presentación. Algunas empresas han optado por diseñar sus propias metodologías, basadas en las ya existentes para presentar sus reportes e informar sus acciones de responsabilidad y sostenibilidad, de acuerdo a sus propios modelos acordes a la identidad de la organización.

De acuerdo a Orjuela[125] (2014, p. 38-39), existen algunos modelos que en los últimos años se han destacado por ser los más utilizados o convertirse en referencia para el diseño de modelos propios. Ellos son:

Modelo Ibase[126]: Se inspira en el formato del balance financiero. Expone data organizada en varios apartados a saber: base de cálculo, indicadores sociales internos, indicadores sociales externos, indicadores ambientales, indicadores del personal funcional, informaciones relevantes sobre el ejercicio del liderazgo empresarial y otras informaciones.

[125]   Orjuela, S. "Diálogo con los *stakeholders*". *Revista Comunicación*. Cuarto trimestre 2014, N° 168, Venezuela 2014B. p. 36-43.

[126]   Instituto Brasileiro de Análises Sociais e Económicas (Ibase). www.ibase.org.br

Modelo Ethos[127]: Se basa en un informe detallado de los principios y acciones de la organización, incluyendo la plantilla usada por Ibase y presentando con mayor detalle el contexto de la toma de decisiones, los inconvenientes presentados y los resultados obtenidos. Se parte de la importancia de verificar todo lo informado en el balance, tal como se hace con los balances financieros y exige que sean verificados principios como la relevancia, transparencia, regularidad, veracidad y comparación.

Modelo del Global Reporting Iniciative -GRI: Creado en 1997 en Estados Unidos, por CERES, con el apoyo del Programa de las Naciones Unidas para el Medio Ambiente (PNUMA). Su secretariado está ubicado en Ámsterdam y funciona a través de puntos focales u oficinas regionales en Australia, Brasil, China, India, Sudáfrica, Estados Unidos y Colombia. Además, el GRI cuenta con alianzas estratégicas con entidades como la Organización para la Cooperación y el Desarrollo Económicos (OCDE), el Pacto Global de las Naciones Unidas, PNUMA y la Organización Internacional para la Estandarización (ISO). Las Guías GRI pueden ser utilizadas por cualquier tipo de organización sin importar, su tamaño, naturaleza, sector o región donde opere.

El objetivo de GRI es "promover el cambio hacia una economía global sustentable. El GRI cree que el proceso de memoria es una herramienta crítica para promover los cambios que se necesitan urgentemente para construir una economía global sustentable". La economía de este tipo se caracteriza básicamente por: proteger los recursos naturales, disminuir la pobreza, respetar los derechos humanos y gestionar con transparencia.

En el marco de la V Conferencia Global GRI[128], los expertos en esta metodología de *reporting*, presentaron los cambios en las guías originales GRI G4 ya que están evolucionando hacia un conjunto de normas sobre informes de sostenibilidad modulares, más flexibles, fáciles de actualizar y referenciar: *GRI Sustainable Reporting Standards* (*GRI-SRS* o *GRI Standards*).

Las modificaciones de las guías GRI G4, implican principalmente una mejora en la estructura y el formato de los contenidos para facilitar su uso, actualización y la manera en que son referenciadas en iniciativas políticas de todo el mundo. Así, las GRI SRS mantendrán los principales conceptos e información contenidos en la guía G4, pero con una estructura más flexible, requisitos más claros y un lenguaje más sencillo[129].

Para GRI G4, los factores a considerar para elegir y diseñar el mapa de públicos inicial, para diseñar luego el Reporte con su metodología son: "responsabilidad, influencia, proximidad, dependencia y representación".

---

[127]   Instituto Ethos de Empresas e Responsabilidade Social. www.ethos.org.br

[128]   La V Conferencia Global GRI, concluyó el 20 de mayo de 2016 en Ámsterdam, sede principal del Global Reporting Iniciative.

[129]   http://www.mercadosdemedioambiente.com/actualidad/las-guias-gri-g4-evolucionan-hacia-un-nuevo-conjunto-de-normas-mas-flexible-y-facil-de-actualizar-y-referenciar/

La selección de los grupos de interés es adaptable, dependiendo de las metas de la organización durante el proceso de la memoria.

Para generar el diálogo constructivo y efectivo, GRI G4, propone las siguientes etapas y temas:

Etapas	Temas a considerar
1. **Identificación** de temas relevantes	• Amplio rango de grupos de interés y representantes. • Cuáles grupos de interés son los más interesados, afectados por, o involucrados en los temas que afronta la organización (presentes/futuros). • Los temas pueden venir de impactos dentro o fuera de la organización.
2. **Priorización** de aspectos materiales	• Selección más reducida que en la "identificación". • Los grupos de interés que ayudan a la organización a priorizar los aspectos.
3. **Validación** de los aspectos materiales	• Principales grupos de interés internos. • Validado por los encargados de tomar decisiones de alto nivel.
4. **Revisión** del proceso	• Grupos de interés del paso de Identificación proveen de retroalimentación.

Fuente. Elaboración propia a partir del material de Capacitación Certificada de GRI G4

En junio de 2012, se desarrolló en Brasil, la Cumbre Río+20 (Conferencia de las Naciones Unidas sobre el Desarrollo Sostenible), en la cual se exhortó a las empresas del mundo a construir sus memorias o reportes de sostenibilidad, en el marco de la exigencia social por cumplir con los compromisos éticos, transparentes y sostenibles de las organizaciones, por lo que el Reporte de Sostenibilidad ha tomado gran protagonismo en la relación con los *stakeholders*, ya que es un instrumento donde se presenta de forma clara, sencilla y transparente lo que se está haciendo con y por los diversos públicos.

El Reporte de Sostenibilidad, debiera exponer lo que se hizo y lo que se proyecta hacer, presentar la realidad de manera que sea verificable a través de testimonios de personas involucradas, fotos, videos, datos que muestren cambios y mejoras. Para lograr credibilidad entre los públicos, se impone una comunicación clara, oportuna y honesta, pues se logra más cuando se dice la verdad, que cuando se pretende maquillar o generar confusión.

El Reporte gana más valor al convertirse en el espejo del desempeño realizado por una organización durante el año y especialmente por su capacidad de mejora, autodiagnóstico y autoevaluación en cada una de sus áreas. No es sólo un documento que contiene datos, es el reflejo del diálogo establecido con sus públicos de interés y el trabajo realizado con éstos, con lo cual lo presentado allí debiera ser fácilmente verificable por cualquiera de los involucrados, lo que apoya y genera la credibilidad de la empresa en su entorno competitivo y relacional.

Siguiendo el GRI (*Global Reporting Iniciative*)[130], éste exige canales de comunicación directa y abierta con los públicos para conocer sus percepciones y opiniones acerca del desempeño de la empresa en sus esferas económico-financiera, social y ambiental. Un buen reporte debe generar espacios de diálogo franco y sincero con sus públicos a través de entrevistas y/o *focus group* para conocer directamente lo que opinan, así como sus propuestas para mejorar e innovar en la gestión de RSE y la comunicación con ellos mismos. A nivel interno sirve como autodiagnóstico de sus procesos productivos, administrativos y financieros en relación con su entorno ambiental, de mercado y social, así como con sus empleados, generando un sistema de alerta ante posibles riesgos. A nivel intermedio, se hace seguimiento con las familias de empleados, proveedores, etc. Y a nivel externo, propicia el diálogo con las comunidades, consumidores, gobiernos locales, entre otros relacionados de acuerdo al *core* del negocio y su entorno de mercado.

El proceso de diseño del reporte, exige una profundización en el autoconocimiento de la empresa, así como de sus procesos, logros y relacionamientos con todos sus públicos, generando data sólida, que sirva como insumo para la gestión de la reputación, identidad, imagen corporativa, marcas-producto y comunicación de la empresa con sus *stakeholders*[131].

A la hora de planificar la comunicación del Reporte de Sostenibilidad, debe buscarse la ponderación entre lo que es la organización, lo que se hace con sus *stakeholders* y los formatos y piezas comunicacionales a través de los cuales va a ser presentado. Vigilar el presupuesto que se dedica a la RSE *versus* el presupuesto utilizado para editar el Reporte de Sostenibilidad, es una variable altamente valorada entre los públicos de interés, quienes han demostrado en varios espacios su molestia por lo que denominan falta de ética al gastar más dinero en la edición del reporte, que en lo invertido realmente en los programas de RSE.

El reporte habla de lo que somos y lo que trabajamos; en últimas el gran valor reputacional se centra en lo que los demás dicen que hicimos, cómo lo hicimos y qué logramos cambiar, en definitiva, generar confianza, transparencia y rendición de cuentas. El proceso para generar el reporte no sólo es importante, también lo es el por qué lo hacemos, cómo lo hacemos, quiénes lo hacemos, cómo se utiliza para la gestión de la empresa y además demostrar el compromiso real por lograr una sociedad más equitativa, responsable y sostenible. (Orjuela, 2016, p. 40)[132]

Los beneficios de los reportes y memorias de sostenibilidad para las organizaciones son:

- Muestra transparentemente lo que la empresa ha estado realizando en Responsabilidad Social.

---

[130]   www.globalreporting.org

[131]   Orjuela, S. (2014)b.

[132]   Orjuela, S. *Los Reportes de Sostenibilidad: Una Herramienta de Comunicación con los stakeholders*. Evolución-IARSE. Año 5, Mayo 2016c, pp. 37-41.

- Mide la evolución del desempeño de la organización en el tiempo.

- Implementa procesos de gestión de la Responsabilidad Social.

- Identifica indicadores de Responsabilidad Social, mejorando la administración de los procesos y guiando toma de decisiones.

- Compara el desempeño de la organización respecto al sector local e internacional.

- Demuestra el compromiso con el desarrollo sostenible.

- Genera capacidad interna en la organización en el tema de Responsabilidad Social.

- Incentiva el mejoramiento ambiental.

- Fortalece la confianza por parte de los *stakeholders*.

Para Legna (2007, p. 3)[133], existen varias razones por las cuales las empresas se han decidido a presentar sus reportes de sostenibilidad y entre ellas se encuentran:

El reporte representa la integración de la RSE en la visión y la estrategia de la compañía, lo que genera valor económico para competir. La comunicación crea ventajas competitivas para la compañía ya que este proceso eleva la reputación corporativa, lo que le brinda a la empresa la "licencia para operar", requisito importante para mantener buenas relaciones con la comunidad.

Otra ventaja del informe es que incide sobre la operación interna, ya que motiva al personal por sentirse involucrado en la elaboración del reporte o por participar en actividades de RSE que son incluidas dentro del informe. También atrae y retiene al personal altamente calificado.

Un beneficio fundamental del reporte es que construye relaciones con todos los públicos de interés, o *stakeholder*, los cuales están formados por empleados, accionistas, proveedores, clientes, comunidad en general, ONG's, estado, etc.

El valor del reporte para la organización se puede sintetizar en:

- Desarrolla visión y estrategia.

- Mejora los sistemas de gestión, los procesos internos y establece objetivos.

- Detecta puntos fuertes y débiles.

- Atrae personal y mantiene su motivación.

- Relaciona entre sí los departamentos y fomenta la innovación.

---

[133] Legna, P. (2007). Reportes de sostenibilidad. Parte 1: concepto, beneficios y contenido. UAIS. Sustentabilidad. Universidad Abierta Interamericana. Recuperado dé http://www.sustentabilidad.uai.edu.ar/pdf/rse/UAIS-RSE-300-001%20-%20Reportes%201.pdf

- Provoca la toma de conciencia de la máxima gerencia.

- Aporta ventaja competitiva y liderazgo.

- Atrae inversores y garantiza el éxito comercial a largo plazo: triple cuenta de resultados.

Para Tejada (2013, p.78)[134], los reportes de sostenibilidad se han convertido en "el camino a la mejora continua", de allí que su valor radique en que:

El ejercicio de elaboración de un reporte de sostenibilidad, implica la recopilación, análisis y evaluación de datos sobre todos los procesos del negocio. Asimismo, ayuda a una organización a identificar las oportunidades de mejora, amplía el análisis organizacional, fortalece los sistemas de gestión y estimula un pensamiento de vanguardia, lo que conlleva a innovaciones que mejoran la competitividad de la organización.

Incluir y gestionar los impactos reales y potenciales de los ámbitos sociales y ambientales relacionados a las actividades de la organización, disminuye su nivel de riesgo y mejora/fortalece su imagen ante sus inversores actuales y potenciales.

De acuerdo al portal de GRI – Colombia[135], en su base de datos de "Divulgación GRI Sustainability", en 2013 se tuvieron 82 reportes de empresas colombianas, frente a 76 presentados en 2012, utilizando la metodología GRI para informar sobre sus impactos de sostenibilidad. De estos 82, 14 reportes (17,1%) "se identifican como las pequeñas y medianas empresas (PYMES), que representa a diversos sectores de alto impacto como la construcción, los textiles, la ropa y la energía".

De acuerdo a este mismo portal las empresas colombianas del sector energía que reportaron en 2015[136] son: AES Chivor, Canacol Energy, Central Hidroeléctrica de Caldas CHEC, Codensa, Ecopetrol, Empresa URRA, EMSA - Electrificadora del Meta, Enertolima, Equion Energia Limited, Gas Natural Colombia, Gases de occidente, Gecelca, Genelec, Gran Tierra Energy, Hocol, ISA, Omega Energy Colombia, Organización Terpel, Pacific Exploration & Production, Petronorte, Surtigas, Tipiel, Transelca, Vetra y XM.

[134]   Tejada, S. El valor del Reporte de Sostenibilidad, un camino de mejora continua. En *Revista Stakeholders Responsabilidad Social*, edición 43, 2013. Recuperado de https://issuu. com/stakeholdersrs/docs/revista_stakeholders _edicion_43

[135]   https://www.globalreporting.org/network/regional-networks/gri-focal-points /focal-point-colombia/Pages/default .aspx

[136]   https://www.globalreporting.org/SiteCollectionDocuments/GRI-Reports-List-Limited.zip

Las empresas suministradoras de energía eléctrica que reportaron en 2015 son[137]: Celsia, Centrales Eléctricas del Norte de Santander, Codensa-Emgesa, Electricaribe, Electrificadora de Santander S.A. ESP, Empresa de Energía de Bogotá –EEB, Empresa de Energía de Boyacá S.A. E.S.P., Empresa Energía del Quindío, Empresas Públicas de Medellín, EPSA, ESSA, InterColombia, Isagen, Mansarovar Energy, Mayagüez, Promigas S.A.

Al 30 de abril de 2016[138], las empresas colombianas que habían presentado sus reportes GRI eran: Aguas Nacionales, Banco CorpBanca, Fundación Universitaria del Área Andina, Fundown Caribe, Grupo Bancolombia, Grupo Nutresa, InterColombia (suministradora de energía eléctrica), ISA (energía).

VII. APLICACIÓN DEL CONCEPTO DE RSE EN LA EMPRESA

A la hora de definir la actuación de Responsabilidad Social en la empresa, se deben realizar varios análisis previos, para tomar la decisión más apropiada para la organización.

Se debe iniciar por definir el área en la que va a desarrollar su RSE y dónde sería más útil de acuerdo a la incidencia que tenga en las comunidades y demás *stakeholders* con los que interactúe, así como el entendimiento de los focos de mayor necesidad en la región y país donde opere.

Así mismo se debe tener muy claro el marco legal del lugar donde tiene operaciones la organización, así como las experiencias preexistentes por parte de otras empresas del sector. Según Méndez (2004, p. 251):

> El Estado puede recomendar donde actuar; incluso es preferible conciliar intereses, ya que la iniciativa privada no puede ser sustitutiva de la acción gubernamental, ni cuenta con los recursos para lograr suficiente cobertura. Debe ser para el interés público, preferiblemente en áreas no atendidas y para enfrentar problemas cuya gravedad preocupa a la población.

> La empresa debe tomar en cuenta criterios de selección de sus áreas de actividad en lo social, como la vinculación con su actividad productividad y la cercanía a la zona de influencia de su operación, siempre que cumpla con las expectativas que la sociedad tiene de ella. La acción seleccionada debe poder ofrecer resultados visibles, ser manejada con los recursos disponibles y garantizar la identidad propia.

La empresa debe definir el nivel de compromiso que quiera asumir, en qué área (algunos expertos sugieren que el enfoque de RSE esté directamente relacionado con el *core* del negocio, ej.: salud, educación, etc.), nivel de

---

[137]   https://www.globalreporting.org/SiteCollectionDocuments/GRI-Reports-List-Limited.zip

[138]   https://www.globalreporting.org/SiteCollectionDocuments/GRI-Reports-List-Limited.zip

permanencia y ejecución, así como las herramientas e instrumentos a utilizar: alianzas, fundaciones, donaciones, voluntariado corporativo, patrocinios, mercadeo filantrópico, entre otros, con el fin de iniciar un proyecto que realmente genere un impacto positivo y sostenible entre los *stakeholders* objetivos de su RSE. Para ello, es muy importante tener muy claros los objetivos a alcanzar, la planificación y estructura necesaria para lograr el impacto deseado por la organización, generando valor al público de interés, enmarcado en la naturaleza de la operación de cada empresa u organización.

Así mismo es de vital importancia, profesionalizar la gestión de la RSE, pues para la empresa actual este tema no es una labor marginal, ni anexa, ya que se está visualizando como un modelo gerencial y de hacer negocios que va más allá del Mercadeo, la Comunicación, las Relaciones Públicas, los Recursos Humanos o la gerencia misma. No es sólo una persona con sensibilidad social la que deba asumir la gerencia de la RSE, sino un profesional–estratega que gerencie con visión integral, holística y de contexto que le permita evaluar el impacto de la organización en su entorno y a su vez de éste sobre la misma empresa y sus procesos.

De acuerdo a Yepes, Peña y Sánchez (2007, p. 155) "para que las prácticas socialmente responsables puedan ser dirigidas, controlables y cumplan los objetivos previstos se hace necesario que estas prácticas sean administradas". Y añaden que:

> La administración o gestión de las prácticas socialmente responsables debe implementar cinco factores fundamentales para su éxito, los cuales deben buscar la identificación de la situación actual, la inclusión del concepto en la estrategia de la compañía y su debido despliegue estratégico, incluirla en la agenda diaria como parte importante de la ejecución del objeto social de la empresa, y medir y asegurar su cumplimiento, reportando finalmente los resultados obtenidos.

> Tales resultados requieren de unos pequeños cambios en la forma de planear, desplegar, dirigir y controlar cada una de las actividades de la empresa, ya que el logro de tales objetivos requiere que la acción empresarial sea cada vez más armónica, ya no solo con su cliente, como tradicionalmente lo hacía, sino con los otros grupos con los que tiene relación (*stakeholders*).

> Para esto es indispensable, en primera instancia, identificar y concientizarse de las relaciones relevantes de la empresa, conocer el impacto de la acción de la empresa en sus grupos de interés y las expectativas que estos tienen de la empresa para finalmente implementar acciones concretas que permitan la obtención de beneficios comunes.

El inicio e inclusión de la Responsabilidad Social Empresarial en una organización no es una labor sencilla, ni de poco tiempo, para ello se requiere del interés y compromiso de iniciar acciones al respecto, lo cual exige una alta motivación de los líderes, la junta directiva y el cuadro de gobierno corporativo, lo que garantizaría la continuidad del proyecto; además es fundamental tener "*la idea clara de la condición actual, la claridad sobre la dirección del cambio deseado, y el conocimiento del proceso o mecanismo de cambio*". (Yepes, Peña y Sánchez, 2007, p. 177).

A la hora de dar el primer paso hacia la instauración de la RSE en la organización se deberían cumplir con algunas etapas que les podrían ayudar a afianzar y asegurar el camino a seguir[139]:

1. Análisis de antecedentes:

- Conocer y analizar las expectativas que la organización pueda generar en su entorno. Determinar las actuaciones que empresas similares (competencia) han realizado en su marco geográfico.

- Establecer claramente el marco jurídico que le aplicaría e identificar lo que las directivas y accionistas esperan de la RSE.

- Evaluación de la situación actual desde el punto de vista relacional. Revisión de documentos y registros.

- Diagnóstico sobre entorno para lograr la Licencia de Operación[140].

- Entrevistas al personal que interactúa con grupos de interés internos y externos.

- Observación.

2. Pautas para seleccionar el enfoque:

- Identificar el interés del negocio por vincularse a la actividad productiva (productos y/o servicios o a los contenidos de su actividad productiva), a grupos específicos y al lugar de operación.

- Definir los objetivos de la empresa a partir de la RSE.

- Seleccionar áreas no atendidas.

- Puntualizar los problemas prioritarios identificados y a partir de ello precisar el área temática a trabajar: educación, salud, medio ambiente, protección social, agricultura, ciudadanía, Derechos Humanos, ciencia, desarrollo social, emprendimiento, cultura, etc.

- Seleccionar los destinatarios focales de la RSE.

3. Modalidades operativas:

- Determinar el nivel de compromiso que aspira adquirir la organización y a partir de allí seleccionar la modalidad: apoyo a terceros, gestión compartida o ejecución propia.

---

[139] Este modelo ha sido construido a partir de los modelos de Charo Méndez, Yanet Rodríguez y Sandra Orjuela.

[140] "Actualmente, cada vez más empresas aceptan que pueden perder su licencia social si no internalizan la sustentabilidad en todas sus acciones y el reto es definir estándares mínimos que un negocio debe tener para continuar su operación y su crecimiento. Algunos de estos estándares pueden legislarse, pero también es importante que se conviertan en una norma social". Recuperado de www.expoknews.com

Se debe analizar el nivel de legitimación social, credibilidad y confianza entre la comunidad que será afectada con su operación.

- Definir el rol de la empresa: proveedor de recursos, diseñador, ejecutor, orientador o evaluador.

- Seleccionar los instrumentos: donaciones (efectivo u en productos), patrocinios, voluntariado, uso de instalaciones, mercadeo filantrópico, campañas, alianzas, convenios, fundaciones, programas propios, etc.

4. Operacionalización e inversión:

- Definir el equipo de trabajo.

- Realizar mesas de trabajo, con los principales líderes de la organización, para determinar el interés general de la empresa.

- Definir los criterios y las decisiones que permitan diseñar un plan con sus respectivos objetivos, estrategias, públicos de interés, esquema de alianzas, metas, plataforma organizacional para su operacionalización, recursos humanos y financieros.

- Identificación de indicadores para su monitoreo y evaluación.

- Capacitar al personal.

- Elaboración y selección de metodologías de trabajo.

5. Comunicación y relacionamiento:

- Mapeo de públicos.

- Diseño del plan de relaciones para grupos de interés.

- Diagnóstico para levantar información sobre perfiles y expectativas puntuales por cada *stakeholder*.

- Alineación de la estrategia + comunicación + RSE.

- Definir los criterios para una comunicación responsable interna y externa.

6. Control, seguimiento:

- Establecer esquemas que permitan medir (indicadores) y realizar seguimiento a las actividades y operacionalización del plan.

- Recolección y sistematización de información, del proceso y resultados de la ejecución de un programa o programas seleccionados por la empresa y de la evaluación en función de los objetivos propuestos e impacto observado, con el propósito de realizar recomendaciones y sugerencias.

VIII. ALGUNOS ORGANISMOS GLOBALES Y DOCUMENTOS INTERNACIONALES DE INTERÉS PARA EL SECTOR ENERGÉTICO Y LA APLICACIÓN DE LA RSE

1. *El Pacto Mundial (Global Compact)* [141]

Es una iniciativa internacional propuesta por las Naciones Unidas que pretende fomentar la gestión de algunos de los principales retos sociales y medioambientales entre las empresas. De este modo, el Pacto Mundial proporciona a las empresas la oportunidad de participar en estos retos a través de iniciativas voluntarias en su propia organización y en sus cadenas de suministro y/o trabajar conjuntamente con las Naciones Unidas, los poderes públicos o con organizaciones no gubernamentales en actividades que contribuyan al desarrollo sostenible en la comunidad local o internacional.

2. *Iniciativa Mundial de presentación de informes-GRI* [142]

Esta iniciativa pretende fomentar la elaboración por parte de las organizaciones de memorias de sostenibilidad, con el fin de fomentar una mayor transparencia en la gestión de las empresas. Establece principios e indicadores que le permiten presentar los avances en cuanto a su desempeño económico, medioambiental y social.

3. *La Asociación Mundial para Electricidad Sostenible* [143]

Es una organización sin fines de lucro cuyos miembros son las compañías eléctricas más importantes del mundo. Buscan "impulsar el desarrollo energético sostenible a través de proyectos en el sector de la electricidad y las actividades de creación de capacidad humana en naciones en desarrollo y emergentes en todo el mundo".

4. *Propuestas de la Organización de las Naciones Unidas (ONU):*

Durante varias décadas se ha estado trabajando en la generación de un modelo de Desarrollo Sostenible y ha alcanzado sus iniciativas más relevantes con:

4.1. La Década de la Energía Sostenible para Todos (2014 - 2024) [144]

4.2. Los Objetivos del Desarrollo Sostenible [145] (2016 - 2030).

---

[141]   http://www.pactomundial.org/global-compact/

[142]   https://www.globalreporting.org/Pages/default.aspx

[143]   http://www.globalelectricity.org/en/

[144]   ONU. Reporte del Foro Energía Sostenible para todos, 4-6 de junio de 2014, Nueva York, 2014, http://www.se4all.org/sites/default/files/l/2014/09/SE4ALL_forum_re port_ final.pdf

5. *La Carta Internacional de la Energía*[146]

Adoptada en La Haya el 20 de mayo de 2015. Los objetivos de la Carta Internacional de la Energía son:

• Apoyar la política de consolidación, expansión y difusión de la Carta con el propósito de facilitar la expansión del alcance geográfico del Proceso y el Tratado de la Carta de la Energía;

• Entablar un diálogo estructurado con los no signatarios de la Carta Europea de la Energía para promover los principios de la Carta y su marco para una cooperación a escala global;

• Modernizar la Carta Europea de la Energía como la declaración política básica del proceso de la Carta de la Energía; apoyar el estatus de observador activo en la Conferencia de la Carta de la Energía, destinado a la estrecha cooperación política y a la accesión temprana de los países observadores del Tratado de la Carta de la Energía.

6. *El Marco Regulatorio del Desarrollo Energético Sostenible*[147]

Adoptado por el Parlamento Andino, mediante la decisión N° 1347 del 21 de julio de 2015. Esta propuesta contó con el apoyo para su elaboración de la OLADE[148], organización de carácter público intergubernamental, de cooperación técnica sobre políticas de desarrollo sostenible integral, coordinación y asesoría, que tiene como propósito fundamental la integración, protección, conservación racional, aprovechamiento, comercialización y defensa de los recursos energéticos en el ámbito Latinoamericano.

7. *Principios OCDE*[149] *de Gobernabilidad*

Proporciona guías específicas para que generadores de políticas, los organismos de regulación y los participantes en el mercado, mejoren el marco legal, institucional y regulatorio que fundamenta al gobierno corporativo.

---

[145]   ONU. Objetivos del Desarrollo Sostenible, http://www.un.org/sustainable development/es/objetivos-de-desarrollo-sostenible/

[146]   Carta Internacional de la Energía. La Haya. de 20 de mayo de 2015 http://www.energycharter.org/fileadmin/DocumentsMedia/Legal/IEC_ES.pdf

[147]   Gaceta Oficial del Parlamento Andino, Año 12, N° 7, agosto de 2015. Decisión N° 1347, de 21 de julio de 2015. Marco regulatorio de Desarrollo Energético Sostenible http://www.parlamentoandino.org/banners /pdf/proyectoenergetico.pdf

[148]   http://www.olade.org/quienes-somos/

[149]   La Organización para la Cooperación y el Desarrollo Económicos (OCDE), fundada en 1961, agrupa a 34 países miembros y su misión es promover políticas que mejoren el bienestar económico y social de las personas alrededor del mundo.

Estos principios brindan sugerencias para los mercados bursátiles, los inversionistas, las corporaciones y todas las partes que inciden en el desarrollo de un buen gobierno corporativo[150].

8.   *ISO 14000*[151]

"La familia de normas ISO 14000 proporciona herramientas prácticas para las empresas y organizaciones de todo tipo que buscan gestionar sus responsabilidades ambientales".

ISO 14001: 2015 y sus normas de apoyo, tales como la norma ISO 14006: 2011 se centran en los sistemas ambientales para lograr esto. Las otras normas en el foco de la familia sobre los enfoques específicos, tales como auditorías, las comunicaciones, el etiquetado y el análisis del ciclo de vida, así como los desafíos medioambientales como el cambio climático.

9.   *Convención OCDE contra la corrupción*[152]

Convención para combatir el cohecho de servidores públicos extranjeros en transacciones comerciales internacionales.

10.   *Convención Interamericana contra la Corrupción*[153]

Aprobada por la Organización de Estados Americanos (OEA).

11.   *Pacto Mundial para el empleo*[154]:

"Es un conjunto de medidas políticas equilibradas y realistas que los países, con el apoyo de las instituciones regionales y multilaterales, pueden adoptar para aliviar el impacto de la crisis y acelerar la recuperación del empleo".

Adoptada en junio de 2009 por la Organización Internacional del Trabajo (OIT):

Aborda el impacto social de la crisis mundial en el empleo y propone políticas centradas en el empleo de los países a adaptarse en función de sus necesidades nacionales. Guiados por el Trabajo Decente y los compromisos asumidos por los miembros de la OIT, en la Declaración de 2008 sobre la justicia social para una globalización equitativa, el Pacto recuerda que el respeto a los principios y

---

[150]   http://www.ejournal.unam.mx/rca/216/RCA21608.pdf

[151]   http://www.iso.org/iso/home/standards/management-standards/iso14000. htm

[152]   https://www.oecd.org/daf/anti-bribery/ConvCombatBribery_Spanish.pdf

[153]   https://www.oas.org/juridico/spanish/tratados/b-58.html

[154]   http://www.ilo.org/jobspact/about/lang--en/index.htm

derechos fundamentales en el trabajo, el fortalecimiento de la protección social, la promoción de la igualdad de género y el fomento de la expresión, la participación y el diálogo social son esenciales para la recuperación y el desarrollo.

En resumen, en el Pacto se trata de promover el empleo y la protección de las personas, se trata de responder tanto a la agenda del pueblo y las necesidades de la economía real[155].

12.   OHSAS 18001[156]

Esta norma establece los requisitos mínimos de las mejores prácticas en gestión de seguridad y salud en el trabajo. Las ventajas de esta norma son:

- Crear las mejores condiciones de trabajo posibles en toda su organización.

- Identificar los riesgos y establecer controles para gestionarlos.

- Reducir el número de accidentes laborales y bajas por enfermedad para disminuir los costes y tiempos de inactividad ligados a ellos.

- Comprometer y motivar al personal con unas condiciones laborales mejores y más seguras.

- Demostrar la conformidad a clientes y proveedores.

El Borrador Internacional de la Norma (DIS) ISO 45001, la primera norma internacional de gestión de seguridad y salud laboral del mundo, ha sido publicado para comentario público.

13.   SA8000:2008[157]

Es un estándar de Responsabilidad Social global, focalizado sobre la mejora de las condiciones laborales. Permite dar a conocer los procesos internos implantados para asegurar los Derechos Humanos de los empleados.

La certificación SA8000 se basa en los acuerdos internacionales sobre las condiciones laborales, los cuales incluyen temas tales como justicia social, los derechos de los trabajadores, etc...

...Básicamente establece condiciones mínimas para alcanzar un ambiente de trabajo seguro y saludable; la libertad de asociación y negociación colectiva; y

---

[155]   "Su implementación exitosa depende de las decisiones nacionales e internacionales, por los gobiernos, las empresas, los sindicatos, los parlamentos, las autoridades locales y la sociedad civil, así como por los donantes y las instituciones multilaterales". http://www.ilo.org/jobspact/about/lang--en/index.htm

[156]   http://www.bsigroup.com/es-ES/Seguridad-y-Salud-en-el-Trabajo-OHSAS-18001/

[157]   La SA8000 es una certificación voluntaria, la cual fue creada por la organización estadounidense Responsabilidad Social Internacional (Social Accountability International - SAI)

una estrategia empresarial para tratar los aspectos sociales relacionados con el trabajo. Además, contiene reglas respecto a la duración de la jornada laboral, los salarios, la lucha a la discriminación y al trabajo infantil o forzado[158].

14.   *Código de Comercio Ético (Ethical Trading Code)*[159]

Este código se fundamenta en: El trabajo se elegirá libremente, se respetará la libertad de asociación y el derecho a las negociaciones colectivas, las condiciones de trabajo serán seguras e higiénicas, no se empleará mano de obra infantil, se pagará un salario digno, las horas de trabajo no serán excesivas, no habrá discriminación, se proporcionará un trabajo regular, no se permitirá un trato inhumano o severo.

15.   *AA1000SES:2015*[160]

Proporciona un marco normativo para ayudar a las organizaciones a asegurarse del compromiso y cumplimiento con sus grupos de interés.

Los principios de esta norma son: involucramiento e integración, objetivo, enfoque y determinación de los grupos de interés y proceso de involucramiento.

Hay tres Principios de Accountability AA1000:

-   El Principio Básico de Inclusividad.

-   El Principio de Relevancia.

-   El Principio de Capacidad de Respuesta.

El principio básico de Inclusividad es necesario para alcanzar los de Relevancia y Capacidad de Respuesta. La unión de los tres principios respalda el alcance de la accountability.

La Inclusividad es el punto de partida para determinar la relevancia. El proceso de relevancia determina los temas que son más importantes y significativos para la organización y sus grupos de interés. Por otro lado, la Capacidad de Respuesta se refiere a las decisiones, acciones y desempeño relacionado con aquellos asuntos relevantes[161].

---

[158]   http://www.fao.org/docrep/007/ad818s/ad818s06.htm

[159]   http://www.ethicaltrade.org/resources/eti-base-code

[160]   http://www.accountability.org/standards/aa1000ses.html

[161]   http://www.accountability.org/images/content/3/5/350.pdf

16. *Estándares y Directrices para la Gestión Ética y de Responsabilidad Social: SGE 21:2008 (Forética) y la ISO-26000.*

16.1. La SGE 21[162] –Sistema de Gestión Ética y Socialmente Responsable– "es la primera norma europea que establece los requisitos que debe cumplir una organización para integrar en su estrategia y gestión la Responsabilidad Social".

16.2. ISO 26000[163]: Busca ayudar a las organizaciones a contribuir al desarrollo sostenible. "Proporciona orientación sobre cómo las empresas y organizaciones pueden operar de una manera socialmente responsable. Esto significa actuar de una manera ética y transparente, que contribuye a la salud y el bienestar de la sociedad".

Tiene como propósito fomentar que las organizaciones vayan más allá del cumplimiento legal, reconociendo que el cumplimiento de la ley es una obligación fundamental para cualquier organización y una parte esencial de su responsabilidad social. Se pretende promover un entendimiento común en el campo de la responsabilidad social y complementar otros instrumentos e iniciativas relacionadas con la responsabilidad social, sin reemplazarlos.

Al aplicar la Norma ISO 26000 es aconsejable que la organización tome en consideración la diversidad social, ambiental, legal, cultural, política y organizacional, así como las diferencias en las condiciones económicas, siempre que sean coherentes con la normativa internacional[164].

17. *SE4ALL*[165]

Es una iniciativa de Naciones Unidas. "La iniciativa Energía Sostenible para Todos (SE4ALL) cataliza las principales inversiones nuevas, para agilizar la transformación de los sistemas de energías mundiales, eliminar la pobreza energética y mejorar la prosperidad".

El Secretario General de las Naciones Unidas Ban Ki-moon presentó esta iniciativa global para movilizar a las partes interesadas y tomar medidas concretas hacia la consecución de tres objetivos esenciales para 2030:

• Garantizar el acceso universal a servicios de energía modernos.

• Duplicar el índice global de la mejora en eficiencia energética.

• Duplicar la proporción de energía renovable en el conjunto global de fuentes de energía.

---

[162]   http://www.foretica.org/tematicas/sge-21/

[163]   http://www.iso.org/iso/home/standards/iso26000.htm

[164]   http://www.iso.org/iso/iso_26000_project_overview-es.pdf

[165]   https://www.unops.org/espanol/where-we-work/multi-country-programmes/Paginas/Sustainable-Energy-for-All. aspx

18. *ISO 50001*[166]

Apoya a las organizaciones de todos los sectores que utilizan la energía de manera más eficiente, mediante el desarrollo de un sistema de gestión de energía (SGEn).

Proporciona a las organizaciones del sector público y privado, estrategias de gestión para aumentar la eficiencia energética, reducir costos y mejorar la eficiencia energética.

La norma tiene como finalidad proporcionar a las organizaciones un reconocido marco de trabajo para la integración de la eficiencia energética en sus prácticas de gestión…

Proporciona un marco de requisitos que permite a las organizaciones:

• Fijar metas y objetivos para cumplir con la política.

• Utilizar los datos para entender mejor y tomar decisiones sobre el uso y consumo de energía.

• Medir los resultados.

• Revisar la eficacia de la política.

• Mejorar continuamente la gestión de la energía.[167]

19. *Observatorio de Responsabilidad Social Corporativa en el ámbito de la sostenibilidad energética y ambiental*

En España se encuentra el Observatorio de Responsabilidad Social Corporativa de FUNSEAM[168], éste fue creado gracias a la colaboración de las ocho principales empresas energéticas españolas, Fundación Repsol, Endesa, Acs, Enagás, Clh, Gas Natural Fenosa, Cepsa y Edp Renováveis, que integran su Patronato y conforman el Comité Ejecutivo. La Fundación tiene como marco de trabajo el área de la sostenibilidad energética y ambiental. Fue desarrollado como herramienta para realizar "el seguimiento del avance que las empresas del sector energético y de infraestructuras efectúan en esta materia, así como para añadir valor a sus actividades"[169].

Este Observatorio recopila la información de cuatro indicadores que corresponden a la metodología creada por FUNSEAM, cuyo objetivo es diferenciar el comportamiento de las empresas españolas frente a las del resto

---

[166] http://www.iso.org/iso/home/standards/management-standards/iso50001. htm

[167] http://www.iso.org/iso/iso_50001_energy-es.pdf

[168] Fundación para la Sostenibilidad Energética y Ambiental.

[169] www. funseam.com/es/

del mundo, especialmente en tres sectores: el sector de servicios energéticos, el sector industrial y el sector de la energía. El análisis se basa en que:

> Mediante la extracción de la información de posicionamiento o reconocimientos a las empresas a partir de los informes publicados por cada una de las entidades analizadas, se obtiene un listado con cada uno de los reconocimientos otorgados por Sustainability Yearbook, CDP, Global 100 y Newsweek Green Rankings. A partir de una metodología de tratamiento de datos desarrollada por FUNSEAM, que consiste en valorar el rendimiento de las compañías a lo largo de un período de años, teniendo en cuenta los reconocimientos que estas han obtenido durante este tiempo, se obtiene una puntuación de cada empresa. Se tiene en cuenta que los reconocimientos de mayor exigencia tienen un mayor peso dentro del proceso. De esta forma, se puede analizar el éxito de la aplicación de políticas de sostenibilidad dentro de los modelos empresariales españoles.

FUNSEAM en alianza con la Universidad de Barcelona han creado la Cátedra de Sostenibilidad Energética[170], cuyos objetivos son: Desarrollar un programa de investigación en materia energética y ambiental, impulsar la investigación en materia energética y ambiental a través de un grupo permanente de investigación, impulsar el debate científico a través del programa de seminarios y profesores visitantes relacionados con la actividad de la Cátedra, trabajar en un marco internacional en colaboración con universidades y centros de investigación en energía de reconocida calidad científica, impulsar la publicación de trabajos de investigación en revistas del JCR temáticamente relacionados con la Cátedra, organizar congresos científicos internacionales en relación con la actividad de la Cátedra, publicación de monografías en relación con la actividad de la Cátedra.

IX. CONSIDERACIONES FINALES

La Responsabilidad Social Empresarial y el Desarrollo Sostenible, no son temas que se pusieron de moda de repente o que se volvieron tendencia en la actualidad, sino que han evolucionado en el tiempo y constituyen un modelo para gerenciar las organizaciones, buscando garantizar a través de la gobernanza, la permanencia del negocio, mediante la construcción y apoyo de una sociedad más equitativa, inclusiva y justa, comprometida con el medio ambiente, el respeto por los empleados y sus familias, apoyando el comercio justo en la relación con sus proveedores, logrando una relación de corresponsabilidad con los gobiernos locales y nacionales, estimulando el consumo responsable, logrando transparencia en sus procesos y en toda su cadena de valor.

---

[170] http://www.ieb.ub.edu/es/20121121273/ieb/catedra-de-sostenibilidad-energetica-y-ambiental-funseam#.V0Tnq5H hDIU

El sector energético como los demás sectores empresariales, no escapa a la responsabilidad y compromiso con la comunidad, los gobiernos y los mercados. En general, todos los estamentos que integran la sociedad están exigiendo de las empresas de energías, que se caracterizan por sobresalir en los sectores productivos dado su impacto en el medio ambiente (ambiental), en las comunidades aledañas, a los centros de producción (social), así como por los importantes niveles de inversiones y ganancias (económico), que tengan una relevante incidencia frente a sus *stakeholders*, lo que conlleva a que asuman un mayor riesgo a nivel comunicacional, relacional y reputacional. El reto es bastante alto, pues no sólo es mantener sus operaciones limpias y transparentes, sino generar calidad de vida y aportes a la sociedad en la cual desarrollan el negocio.

De acuerdo a Yepes, Peña y Sánchez (2007, p. 215):

El concepto de responsabilidad social empresarial ha cobrado, desde las estructuras contemporáneas, unas características propias al demostrar una dimensión interna que vincula en términos de inclusión a los individuos con las acciones propias de la empresa, y una dimensión externa, que a la vez se vincula con la comunidad tanto local como global y se relaciona con la cadena del negocio. La responsabilidad social empresarial involucra todos los aspectos, sociales, políticos, económicos y culturales; por eso no se puede desconocer su profundo sentido crítico y al asumirla compete un trabajo multidisciplinario y complejo.

El desafío de las empresas del sector energético actualmente, pasa por incluir en sus agendas el compromiso decidido por contribuir a la disminución de los gases que producen el efecto invernadero y por ende contribuir a mitigar los efectos del cambio climático, así como dar respuesta en el desarrollo económico y social, por lo que deben asumir los retos globales, como propios y bajarlos a su escala de desempeño para llevarlos a sus propios indicadores gerenciales, con el fin de responder a las expectativas frente a sus *stakeholders*, quienes cada día tienen un peso más alto y definido en su reputación. Los clientes y los consumidores tanto individual como colectivamente, han asumido un papel protagónico en la construcción de esta nueva sociedad, así mismo cada uno de sus públicos de interés, cuentan con un peso específico e influyente para la organización, razón por la cual las empresas deben cuidar su relación y comunicación con estos, generando diálogos e intercambios para construir proyectos conjuntos, enmarcados por sus valores corporativos y los valores sociales exigidos hoy a las empresas de alto impacto como lo son sin duda las del sector energético. Valores como la transparencia en la gestión, procesos y relaciones, respeto por el medio ambiente y la responsabilidad social de cara a todos sus públicos de interés, son el norte a seguir por las empresas y más si cotizan en bolsa, ya que todo lo que hagan o dejen de hacer, tendrá un efecto en su reputación y por ende en su desempeño bursátil.

De acuerdo a Costa y Ramírez-Pisco (2013, p. 204):

La RSC se está convirtiendo en parámetro esencial para comparar el grado de implicación de las empresas con su entorno. No se trata solo de demostrar que las empresas se preocupan por cubrir sus metas empresariales, sino que esa cobertura de metas se hace con responsabilidad. Esta dimensión resulta tan importante que el cumplimiento de las metas relacionadas con esos "valores" se ha convertido en una variable decisiva en la toma de decisión para grupos de inversores para los que no basta un desempeño financiero adecuado, sino que también requieren que las compañías respondan a esta obligación táctica frente a la sociedad.

El sector energético, tiene grandes desafíos desde la investigación, el desarrollo y la innovación (I+D+i), no sólo a nivel de desarrollo de tecnologías para el negocio en sí mismo, sino para generar programas y tecnologías que contribuyan a la eficiencia energética, apoyen el mejoramiento del medio ambiente, la calidad de vida de sus públicos de interés, la sostenibilidad del negocio y su aporte al mejoramiento del mundo como lugar para que las persona vivan actualmente y para las futuras generaciones. El reto es hoy y para ello se cuenta con múltiples lineamientos, metodologías y enfoques para ponerse en sintonía con las expectativas de sus propios colaboradores, sus familias, la comunidad aledaña, los gobiernos locales, regionales y nacionales, del mercado y en general de toda la sociedad con el fin de alinearse y generar soluciones sostenibles y comprometidas, minimizando su impacto y maximizando los beneficios reputacionales, financieros, aceptación de las comunidades logrando la licencia social, siendo atractivas para el mejor recurso humano calificado y así mismo por las mejores opciones de proveedores, logrando un círculo virtuoso para todos.

En conclusión, las empresas del sector energético tienen un papel protagónico en el reto de alcanzar los Objetivos del Desarrollo Sostenible para 2030 y sin duda, el diseño de las buenas políticas de Responsabilidad Social, será fundamental para lograrlo.

LA REGULACIÓN DE LAS ENERGÍAS EN LA PERSPECTIVA NACIONAL

EL INICIO DE LA REGULACIÓN DEL SECTOR ELÉCTRICO

I. INTRODUCCIÓN

Corresponde comenzar señalando que Venezuela ha pasado de un modelo de servicio eléctrico prácticamente carente de regulación constitucional y legal, con las contadas excepciones de una incipiente regulación sublegal a un modelo de intensa regulación constitucional y legal, complementada y desarrollada por las disposiciones infralegales dictadas a tal efecto.

Además hay que advertir que siendo considerada la actividad de servicio eléctrico como un servicio público domiciliario, no cuenta con una regulación similar a otros países, donde ha experimentado un amplio proceso de liberalización[1], producto de la transformación del modelo de Estado social y democrático de Derecho, ajustado a los avances políticos, jurídicos, económicos, sociales, científicos, tecnológicos y ambientales de las últimas décadas.

Ello ha llevado a que el estudio de este servicio público domiciliario se aborde desde la teoría de la regulación, lo que exige un análisis del mismo desde una triple perspectiva: La regulación jurídica-institucional, la regulación económica-financiera y la regulación técnica, es decir, se trata de abordar la investigación y el análisis a partir de un enfoque multidisciplinario que permita comprender cada aspecto de este sector económico de manera integral.

Como operador jurídico corresponde centrar este análisis en el primer aspecto, que por sí solo resulta bastante amplio en virtud de la cada vez mayor intervención del Estado en la producción de normas jurídicas y de su presencia institucional en la gestión de los servicios públicos, con la confesa intención de los operadores políticos que actualmente gobiernan el país, de demostrar que, bajo su dirección, las empresas públicas sí pueden ser eficientes en la gestión de tales servicios.

---

[1]   Moreno Castillo, Luis, *Servicios Públicos Domiciliarios,* Universidad Externado de Colombia, Bogotá, 2001.

Para una mayor claridad en la exposición de las ideas, se dividirá el presente trabajo en los siguientes aspectos a saber: El régimen jurídico del sector eléctrico (II); las actividades del sector eléctrico (III); los paradigmas jurídicos del sector eléctrico (IV); la nueva política pública en el sector eléctrico (V); y, consideraciones finales (VI).

II. EL RÉGIMEN JURÍDICO DEL SECTOR ELÉCTRICO

La actividad económica de la energía eléctrica ha transitado por varias etapas. Como todas aquellas actividades que iniciaron su desarrollo a finales del siglo XIX, el sector eléctrico surgió en Venezuela producto de la libre iniciativa empresarial privada a partir de 1880, sin mayor regulación que aquella contenida en la legislación mercantil.

Es así como la regulación del sector eléctrico se encontraba legalmente establecida en el Código de Comercio, que consideraba entre los actos de comercio, la constitución de las empresas para el aprovechamiento industrial de las fuerzas de la naturaleza, tales como la producción y utilización de la fuerza eléctrica[2].

Este régimen jurídico era complementado por la Ley de Servidumbres de Conductores Eléctricos[3] y mucho tiempo después, por la Ley Orgánica de Régimen Municipal. Ello permite afirmar que, desde finales del siglo XIX, cuando comenzó la explotación de la energía eléctrica, el sector era considerado jurídicamente como una actividad privada mercantil, conforme al Código de Comercio y posteriormente a la Ley Orgánica de Régimen Municipal de 1989.

Sin embargo, no se puede soslayar que un acto de rango sublegal como el Decreto N° 2383, de 18 de junio de 1992, se refería en el "considerando" segundo a que el suministro de electricidad era un servicio público obligación del Gobierno Nacional[4].

Al respecto hay que señalar, que el "considerando" del Decreto no tiene carácter normativo, sino que constituye una manifestación de las razones que tuvo presente el Ejecutivo Nacional para expedir dicho acto jurídico. Además, debe mencionarse, que el *suministro* constituye solo una de las actividades que se realizan en el sector eléctrico, lo que implicaba que el Ejecutivo Nacional parecía no considerar a todas las actividades del sector como servicio público.

---

[2]   Artículo 2.7 del Código de Comercio.

[3]   Gaceta Oficial de 19 de julio de 1928, reimpresa por haberse agotado la edición en la Gaceta Oficial N° 19.382, de 4 de octubre de 1937.

[4]   Gaceta Oficial N° 35.010, de 21 de julio de 1992.

Para salvar cualquier duda, el Ejecutivo Nacional luego dictó el Decreto Nº 1558, de 30 de octubre de 1996[5], que declaraba al sector eléctrico como un servicio público nacional (artículo 1), que comprendía las actividades de generación, despacho de cargas, transmisión, distribución, comercialización, venta de potencia y energía eléctrica, así como las transacciones de potencia y energía eléctrica en el sector, que están destinadas a satisfacer las necesidades colectivas en forma permanente[6].

Ambas declaraciones de servicio público establecidas en actos de rango sublegal –una sin carácter normativo, referida a una sola actividad y la otra con rango jurídico normativo, referida a todas las actividades–, se efectuaron en contravención a lo dispuesto en la Constitución de 1961[7], vigente en ese momento. Adicionalmente cabe destacar, que siendo consideradas las actividades eléctricas como actividades de naturaleza mercantil, regidas por la libertad de empresa, la libertad de negociación y la libertad de contratación, estas libertades no podían ser restringidas por un acto de rango sublegal en desconocimiento de los derechos constitucionales económicos[8].

---

5   Gaceta Oficial Nº 36.085, de 13 de noviembre de 1996.

6   El artículo 5 del Decreto Nº 1.558, promovía la libertad de empresa y la iniciativa privada en las actividades del sector eléctrico, mediante el señalamiento que la participación del Estado como empresario en la prestación del servicio público nacional de electricidad, se realizara a través de empresas destinadas a este fin y de manera subsidiaria, en caso que ello no fuere de interés para los particulares.

7   El artículo 96 señalaba que "Todos pueden dedicarse libremente a la actividad lucrativa de su preferencia, sin más limitaciones que las previstas en esta Constitución y las que establezcan las leyes por razones de seguridad, de sanidad u otras de interés social" y el artículo 98 establecía que "El Estado protegerá la iniciativa privada, sin perjuicio de la facultad de dictar medidas para planificar, racionalizar y fomentar la producción, y regular la circulación, distribución y consumo de la riqueza, a fin de impulsar el desarrollo económico nacional". Estas disposiciones analizadas de manera concordada con los artículos 179.5 y 190.11 de la Constitución establecía que el Ejecutivo Nacional únicamente podía ser autorizado, en caso de emergencia comprobada, por la Comisión Delegada del Congreso, durante el receso de éste, para crear y dotar nuevos servicios públicos, así como para modificar o suprimir servicios públicos existentes, lo que evidencia que la creación, modificación o supresión de los servicios públicos constituía una materia de reserva legal del Congreso, por tener incidencia sobre el ejercicio de derechos constitucionales.

8   Además de lo expuesto por Hernández-Mendible, Víctor R., "La regulación económica", *Estudios de Derecho Público. Homenaje a la Facultad de Derecho de la Universidad Católica Andrés Bello en su 50 aniversario*, Tomo II, UCAB, Caracas, 2004, pp. 741-745; también puede leerse Hernández, José I., *Derecho Administrativo y Regulación Económica*, Editorial Jurídica Venezolana, Caracas, 2006, pp. 389-394; en la doctrina científica uruguaya al formular la noción de servicios públicos se señala que "se entiende por tales aquellos desarrollados por entidades estatales o por terceros mediante un mandato expreso (a través de concesión), para satisfacer necesidades colectivas impostergables mediante prestaciones suministradas directa e inmediatamente a los individuos bajo un régimen de Derecho Público, *cuya determinación requiere de un acto legislativo, tanto desde el punto de vista material como formal porque implica sustraer la actividad respectiva del campo de la activi-*

Posteriormente, se dictó un texto de rango legal y el servicio eléctrico fue regulado con carácter general, por el Decreto N° 319, con rango y fuerza de Ley del Servicio Eléctrico, de 21 de septiembre de 1999[9] y de manera parcial por la Ley de Servidumbres de Conductores Eléctricos, de 19 de julio de 1928, en aquello que no fue derogado por el referido Decreto-Ley.

Cabe mencionar, que la primera oportunidad después de más de un siglo, en la cual se declaró la actividad eléctrica como servicio público en un acto jurídico con rango y valor de ley, fue a través del Decreto-Ley N° 319.

A partir de diciembre de 1999, con la entrada en vigencia de la Constitución y por virtud del artículo 153 de la Constitución[10], el ordenamiento jurídico del sector eléctrico se encontraba conformado por una parte, por el derecho supranacional de la integración o derecho comunitario andino, entendido por tal, tanto el derecho originario constituido por el Tratado del Acuerdo de Cartagena como por el derivado producido por los órganos comunitarios, el cual una vez dictado se incorpora al ordenamiento jurídico venezolano[11]. Las Decisiones adoptadas por los órganos supranacionales son

---

dad privada. Sus destinatarios se encuentran en una situación estatutaria, por cuanto la utilización del servicio respectivo los ubica en un régimen predeterminado". Delpiazzo, Carlos E., *Derecho Administrativo Especial,* Vol. I, AMF, Montevideo, 2007, p. 20. (Las cursivas son mías).

9   Gaceta Oficial N° 36.687, de 26 de abril de 1999.

10   El artículo 153 establece que "La República promoverá y favorecerá la integración latinoamericana y caribeña, en aras de avanzar hacia la creación de una comunidad de naciones, defendiendo los intereses económicos, sociales, culturales, políticos y ambientales de la región. La República podrá suscribir tratados internacionales que conjuguen y coordinen esfuerzos para promover el desarrollo común de nuestras naciones, y que garanticen el bienestar de los pueblos y la seguridad colectiva de sus habitantes. Para estos fines, la República podrá atribuir a organizaciones supranacionales, mediante tratados, el ejercicio de las competencias necesarias para llevar a cabo estos procesos de integración. Dentro de las políticas de integración y unión con Latinoamérica y el Caribe, la República privilegiará las relaciones con Iberoamérica, procurando sea una política común de toda nuestra América Latina. Las normas que se adopten en el marco de los acuerdos de integración serán consideradas parte integrante del ordenamiento legal vigente y de aplicación directa y preferente a la legislación interna".

11   El Protocolo Modificatorio del Tratado de Creación del Tribunal de Justicia del Acuerdo de Cartagena, ahora de la Comunidad Andina establece lo siguiente:

"Artículo 2. Las Decisiones obligan a los Países Miembros desde la fecha en que sean aprobados por el Consejo Andino de Ministros de Relaciones Exteriores o por la Comisión de la Comunidad Andina.

Artículo 3. Las Decisiones del Consejo Andino de Ministros de Relaciones Exteriores o de la Comisión y las Resoluciones de la Secretaría General serán directamente aplicables a los Países Miembros a partir de la fecha de su publicación en la Gaceta Oficial del Acuerdo, a menos que las mismas señalen una fecha posterior.

Cuando su texto así lo disponga, las Decisiones requerirán de incorporación al derecho interno, mediante acto expreso en el cual se indicará la fecha de su entrada en vigor en cada País Miembro.

de vigencia inmediata, las Decisiones y las Resoluciones son de aplicación directa o efecto directo y el ordenamiento andino no debe ser objeto de medidas que contravengan o que obstaculicen su aplicación[12]. Es conforme a ello que resultaban aplicables las Decisiones adoptadas para la liberalización de los servicios públicos[13], sobre la libre competencia[14], respecto a las actividades del sector energético[15] y de las inversiones extranjeras[16].

No puede soslayarse el anuncio efectuado por la República de Venezuela a comienzos del año 2006, que se materializó el 22 de abril de 2006, de denunciar el Acuerdo de Cartagena y en consecuencia iniciar el retiro de la Comunidad Andina, lo que no afecta en absoluto las referencias al ordenamiento jurídico andino anterior a dicho retiro, en virtud que el mismo se incorporó plenamente al derecho nacional.

Sin embargo debe advertirse que la denuncia produjo el cese de los derechos y obligaciones que se derivaban de su condición de País Miembro y por ende, de la aplicación y cumplimiento del ordenamiento jurídico andino, surgiendo como única obligación la aplicación del Programa de Liberación que se ejecutó durante un período de 5 años[17].

Por otra parte, la Constitución de 1999 contiene dos normas que hacen alusión expresa al servicio eléctrico. La primera de las normas es la atributiva de competencia al Poder Público Nacional, para establecer el régimen general de los servicios públicos domiciliarios, entre los cuales destaca el servicio eléctrico[18]; en tanto que la segunda, señala que es competencia de los

---

Artículo 4. Los Países Miembros están obligados a adoptar las medidas que sean necesarias para asegurar el cumplimiento de las normas que conforman el ordenamiento jurídico de la Comunidad Andina.

Se comprometen, asimismo, a no adoptar ni emplear medida alguna que sea contraria a dichas normas o que de algún modo obstaculice su aplicación".

[12]   Suárez Mejías, Jorge Luís, *El derecho administrativo en los procesos de integración: La Comunidad Andina,* FUNEDA, Caracas, 2005.

[13]   Decisión N° 439, Marco General de Principios para la Liberalización del comercio de servicios en la Comunidad Andina, complementada por las Decisiones N° 510 y 659.

[14]   Decisión N° 608, Normas para la protección y promoción de la libre competencia en la Comunidad Andina.

[15]   Decisión N° 536, Marco General para la interconexión subregional de sistemas eléctricos e intercambio intracomunitario de electricidad y Decisión N° 639 de Incorporación de Bolivia al Marco General para la interconexión subregional de sistemas eléctricos e intercambio intracomunitario de electricidad.

[16]   Decisión N° 291, Régimen común de tratamiento a los capitales extranjeros y sobre marcas, patentes, licencias y regalías.

[17]   En razón de ello se ha suscrito el Memorando de Entendimiento entre Venezuela y la Comunidad Andina, que a los fines de darle pleno valor jurídico fue aprobado por la Comunidad Andina, en Decisión N° 641, de 9 de agosto de 2006.

[18]   Artículo 156.29 de la Constitución.

municipios la gestión que le asignan la Constitución y las leyes nacionales en la dotación y prestación de los servicios públicos domiciliarios, como el eléctrico[19].

Según estas normas, corresponde al Poder Legislativo Nacional dictar la legislación general sobre el servicio público domiciliario eléctrico, en tanto que la dotación y prestación de dicho servicio es una competencia atribuida directamente a los municipios.

Por su parte, el Ejecutivo Nacional dictó el Decreto N° 1507, con fuerza de Ley de armonización y coordinación de competencias de los poderes públicos nacional y municipal para la prestación de los servicios de distribución de gas con fines domésticos y de electricidad, con la finalidad de adecuar el régimen, organización, funcionamiento y condiciones para la prestación eficaz y eficiente de los servicios públicos de distribución de gas con fines domésticos y de electricidad (artículo 1)[20].

El Decreto-Ley N° 319 de 1999, fue reformado parcialmente por la Ley Orgánica del Servicio Eléctrico, de 31 de diciembre de 2001[21] y además, se dictó con rango sublegal, el Decreto N° 1124, de 13 de diciembre de 2000, que contiene el Reglamento General de la Ley del Servicio Eléctrico[22]. A este Decreto se suma la resolución N° 310, del Ministerio de Energía y Minas, de 18 de noviembre de 2003, que contiene el Reglamento de Servicios[23] y la resolución N° 225, del Ministerio de Energía y Minas, de 19 de agosto de 2004, que establece las Normas de calidad del servicio de distribución de electricidad[24].

Luego se dictó la Ley Orgánica del Poder Público Municipal, de 8 de junio de 2005, que desarrolla la disposición constitucional que le atribuye competencia a los municipios para la dotación y prestación de los servicios públicos domiciliarios, que serán prestados directamente por ellos o mediante alguna forma de contratación, conforme a lo que establezca la legislación nacional[25].

---

[19]   Artículo 178.6 de la Constitución.

[20]   Gaceta Oficial N° 37.319, de 7 de noviembre de 2001.

[21]   Gaceta Oficial N° 5558, de 31 de diciembre de 2001.

[22]   Gaceta Oficial N° 5510, de 14 de diciembre de 2000.

[23]   Gaceta Oficial N° 37.825, de 25 de noviembre de 2003.

[24]   Gaceta Oficial N° 38.006, de 23 de agosto de 2004.

[25]   Artículos 56 y 63 de la Ley Orgánica del Poder Público Municipal, en su versión de original de 8 de junio de 2005, que luego de las sucesivas reformas parciales, el texto vigente fue publicado en Gaceta Oficial N° 6.015, de 28 de diciembre de 2010.

Posteriormente se dictó el Decreto N° 5.330, con rango, valor y fuerza de Ley Orgánica de Reorganización del Sector Eléctrico, de 2 de mayo de 2007[26], que dio inició al cambio del marco regulatorio general del sector eléctrico, que se expondrá seguidamente.

III. LAS ACTIVIDADES DEL SECTOR ELÉCTRICO

La Ley estableció que el servicio eléctrico está constituido por las actividades de generación, transmisión, gestión, distribución y comercialización de energía eléctrica[27]. A continuación, se precisará en qué consisten cada una de estas actividades:

1. *La actividad de generación*

La generación, consiste en la actividad de instalación y operación de las infraestructuras para la producción de potencia y energía eléctrica, por cualquier medio y en la prestación de los servicios complementarios, que están dirigidos a asegurar las condiciones adecuadas de calidad, confiabilidad y seguridad de suministro, tales como control de frecuencia, generación de potencia reactiva, reserva de generación y suministro de potencia de arranque de unidades de generación.

La actividad de generación y también en principio la autogeneración[28] y la cogeneración[29] podía ser realizada por los operadores privados, en régi-

---

[26]   Gaceta Oficial N° 38.736, de 31 de julio de 2007.

[27]   Artículo 1 de la Ley Orgánica del Servicio Eléctrico.

[28]   El artículo 24, parágrafo único de la Ley Orgánica del Servicio Eléctrico, exceptuaba de la aplicación de dicha norma, a la autogeneración, considerada como la actividad de generación eléctrica destinada al uso exclusivo de la persona que la realiza, salvo lo dispuesto en el artículo 119 de la misma Ley, el cual disponía que mientras la Comisión Nacional de Energía Eléctrica no estableciera otros criterios, no estarían sujetos a autorización y estarían exentos de las obligaciones contempladas en el artículo 43, los operadores titulares de las instalaciones de autogeneración de hasta 2 megavatios y las centrales de generación en sistemas independientes de hasta 5 megavatios.

[29]   La cogeneración consiste en la generación de electricidad asociada a la producción de calor con fines industriales (artículo 10.8 del Decreto N° 1558 actualmente derogado) y luego se ha definido como la "generación de electricidad asociada a otros procesos industriales de carácter principal" (artículo 2 del Decreto N° 1124, que contiene el Reglamento General de la Ley del Servicio Eléctrico, Gaceta Oficial N° 5510, de 14 de diciembre de 2000); la Comisión de Regulación de la Energía Eléctrica de Colombia define la cogeneración como "el proceso de producción combinada de energía eléctrica y energía térmica, que hace parte integrante de la actividad productiva, destinadas ambas al consumo propio o de terceros y destinadas a procesos industriales o comerciales". http://www.creg.gov.co/plantilla-creg.jsp?id=11; Delpiazzo, Carlos E., define la cogeneración como el aprovechamiento del calor desprendido de procesos industriales o de

men de libre competencia, previa autorización de la Comisión Nacional de Energía Eléctrica[30]. Sin embargo, se admitía que la mencionada Comisión reguladora podía exceptuar de la obligación de obtener autorización, a los titulares de instalaciones de generación de energía eléctrica, que por sus características no la requiriesen.

Fue excluida de la operación privada, la generación hidroeléctrica en las cuencas de los ríos Caroní, Paragua y Caura, que fueron reservadas al Estado[31].

2. La actividad de transmisión

La transmisión es la actividad que se realiza para transformar y transportar la energía eléctrica, mediante el uso de la red de transmisión nacional, desde el lugar de generación hasta el lugar de suministro a los usuarios del servicio eléctrico.

La actividad de transmisión podía ser realizada por los operadores privados, previa obtención de la respectiva concesión administrativa por el Ministerio de Energía y Petróleo[32].

3. La actividad de gestión

La gestión, implica la realización de las actividades destinadas a garantizar la óptima utilización de los recursos de las energías primarias, generación y transmisión de energía eléctrica, así como de contribuir a la prestación de un suministro de electricidad confiable, económica, segura y de la mejor calidad.

La actividad de gestión del sistema eléctrico nacional debía realizarla una empresa propiedad de la República, que estaría adscrita al Ministerio de Energía y Petróleo[33].

4. La actividad de distribución

La distribución, consiste en el transporte y entrega de energía eléctrica a todos quienes lo requieran, de manera continua, eficiente, no discriminatoria, conforme a parámetros de calidad y atención a los usuarios, a través de líneas e instalaciones diferentes a las utilizadas en la actividad de transmisión.

---

tratamientos de residuos. *Derecho Administrativo Especial,* Vol. I, Ed. AMF, Montevideo, 2007, p. 461.

[30]   Artículos 24 y 43 de la Ley Orgánica del Servicio Eléctrico.

[31]   Artículo 3, parágrafo único de la Ley Orgánica del Servicio Eléctrico.

[32]   Artículos 22 y 44 de la Ley Orgánica del Servicio Eléctrico.

[33]   Artículo 33 de la Ley Orgánica del Servicio Eléctrico.

La actividad de distribución podía ser realizada por operadores privados, previa obtención de la concesión administrativa, dentro de un área exclusiva, la cual sería otorgada en principio por el Ministerio de Energía y Petróleo[34], ello sin perjuicio de los acuerdos que se pudiesen realizar con los Municipios, sobre las modalidades y condiciones de la concesión, en los casos que el área de distribución se encontrase totalmente, dentro del ámbito territorial de un sólo municipio[35].

5.   *La actividad de comercialización*

La comercialización, consiste en la actividad de compra y venta de potencia y energía eléctrica, así como la medición de la demanda y del consumo, la facturación y el cobro de la energía vendida.

La actividad de comercialización especializada podía ser realizada por operadores privados, bajo el régimen de libre competencia, previa autorización de la Comisión Nacional de Energía Eléctrica[36].

Todas estas actividades económicas que persiguen la satisfacción de las necesidades colectivas, de uso de la energía eléctrica para lograr un nivel de vida digna en la sociedad actual, se encontraban sometidas a una intensa regulación del Estado e históricamente habían estado sujetas de manera preponderante a la gestión semi-directa[37] o diferenciada de la Administración Pública Nacional[38].

IV.   LOS PARADIGMAS JURÍDICOS DEL SECTOR ELÉCTRICO

Hay que señalar que el Decreto-Ley N° 319 de 1999, estableció los paradigmas del sector eléctrico, que se mantendrán inalterables luego de la reforma producida con la entrada en vigencia de la Ley Orgánica del Servicio Eléctrico.

---

[34]   Artículos 35 y 43 de la Ley Orgánica del Servicio Eléctrico.

[35]   Artículo 4 de la Ley de Armonización y Coordinación de Competencias de los Poderes Públicos Nacional y Municipal, para la prestación de los servicios de distribución de gas con fines domésticos y electricidad.

[36]   Artículos 38 y 43 de la Ley Orgánica del Servicio Eléctrico.

[37]   Hernández-Mendible, Víctor R., "El régimen de los servicios públicos municipales (especial referencia a los servicios públicos domiciliarios)", *Tema de Derecho Administrativo. Libro Homenaje a Gonzalo Pérez Luciani*, Tribunal Supremo de Justicia, Caracas, 2001, pp. 993-996.

[38]   Hasta el 1° de enero de 2007, existían 10 empresas del Estado que operaban en el sector eléctrico, mientras que sólo existían 8 empresas privadas, las cuales debieron pasar a propiedad del Estado, en acatamiento de lo dispuesto en el Decreto N° 5.330, con rango, valor y fuerza de Ley Orgánica de Reorganización del Sector Eléctrico, publicado en la Gaceta Oficial N° 38.736, de 31 de julio de 2007.

Este texto legal constituye una nueva regulación, no solo desde el punto de vista jerárquico del sistema de fuentes jurídicas, sino porque al regular una actividad económica que debe perseguir tanto el ejercicio de los derechos y las libertades económicas como la satisfacción del interés general, exige que se produzca una intensa intervención del Estado que debe realizarse con estricta sujeción a la Constitución, la ley y el Derecho.

En la doctrina científica se ha señalado que la intervención del Estado en el sector eléctrico tiene como justificación la protección de tres bienes jurídicos fundamentales: En primer lugar, el servicio público; en segundo lugar, la promoción de la libertad de empresa, la libre competencia y la apertura a la participación de capitales privados y en tercer término, la protección del ambiente[39].

1. El servicio público y el sector eléctrico

Según lo dispuesto en la Constitución, se ha señalado que tanto el artículo 156.29 y 178.6, le otorgan carácter de servicio público domiciliario a las actividades de los servicios eléctricos y el legislador señaló que todas las actividades del sector eléctrico constituyen un servicio público y declaró de utilidad pública e interés social, las obras directamente afectadas a la prestación del servicio en el territorio nacional[40].

No obstante, algún sector de la doctrina científica ha considerado que ello lleva a entender que el sector eléctrico no se trata de un servicio público tradicional, sino de una actividad reglamentada por un ordenamiento sectorial, que conforma el sector en su conjunto[41]. En este mismo orden de ideas, se ha considerado que la declaración no implica reserva a favor del Estado de la totalidad de las actividades, que ello no conlleva a la existencia de efectivas obligaciones prestacionales a cargo de la Administración y que de tal declaración solo se derivan obligaciones de contenido patrimonial impuestas a los operadores económicos[42].

En otra ocasión he sostenido que el tránsito del Estado prestacional hacia el Estado de garantía de prestaciones conlleva a revaluar el concepto tradicional del servicio público sustentado en el criterio subjetivo u orgánico,

---

[39]   Araujo Juárez, José y Rodríguez, Oscar, "El nuevo derecho de la electricidad", *Leyes sobre servicios públicos domiciliarios: agua, electricidad y gas,* Editorial Jurídica Venezolana, Caracas, 2001, p. 28-42.

[40]   Artículos 4 y 5 de la Ley Orgánica del Servicio Eléctrico.

[41]   Araujo Juárez, José y Rodríguez, Oscar, "El nuevo derecho de la electricidad", *Leyes sobre servicios públicos domiciliarios: agua, electricidad y gas,* Editorial Jurídica Venezolana, Caracas, 2001, p. 29.

[42]   Hernández, José I., *Derecho Administrativo y Regulación Económica,* Editorial Jurídica Venezolana, Caracas, 2006, p. 409.

por un concepto de servicio público que pivota en el criterio de objetivo, material o teleológico[43]. Si bien ésta parece haber sido la intención del legislador, que se pretendió plasmar en el espíritu de la ley, debe reconocerse que ha existido una evidente fractura entre el deber ser y el ser en este importante sector de la economía nacional, pues la aplicación o, mejor dicho, la no aplicación de la ley para aquel momento vigente, permitió que en la realidad se mantuviese una concepción de servicio público tradicional.

En el moderno Estado social de Derecho, el concepto de servicio público establecido por el constituyente y desarrollado por el legislador sobre la actividad económica de la energía eléctrica, debe entenderse en razón de la importancia que tiene para el Estado cumplir con su obligación de garantizar la satisfacción de las necesidades básicas de todas las personas, para que puedan vivir con dignidad y alcanzar el libre desarrollo de su personalidad, en un entorno de cohesión social, solidaridad e igualdad, lo que otorga a dicha obligación una vocación universal y progresiva[44].

Es así como este servicio público eléctrico debe ser prestado conforme a los principios de: continuidad, adaptabilidad o mutabilidad, neutralidad, igualdad, obligación de correcta prestación[45], imparcialidad, transparencia y participación[46] y los principios del servicio universal[47]: accesibilidad, estándares mínimos de calidad y asequibilidad económica de los usuarios.

Ahora bien, siendo que la regulación legal pretende fomentar la competencia en la gestión de los servicios públicos de energía eléctrica, debe analizarse qué técnica planteó el legislador para ello.

---

[43]   Hernández-Mendible, Víctor R., "La regulación para la consecución de objetivos de interés general en el Estado de Garantía de Prestaciones", *Derecho Administrativo y Regulación Económica. Liber Amicorum Gaspar Ariño Ortíz.* (Coords. Juan Miguel de la Cuétara Martínez, José Luis Martínez López-Muñiz, Francisco J. Villar Rojas), *La Ley*, Madrid, 2011, pp. pp. 1159-1177.

[44]   Hernández-Mendible, Víctor R., "Los servicios públicos competitivos y la libertad de empresa", *Estudios en Homenaje a don Jorge Fernández Ruiz*, Universidad Nacional Autónoma de México, México, 2005, p. 346.

[45]   Fernández Ruiz, Jorge, *Derecho Administrativo (Servicios Públicos)*, Porrúa, México, 1995, pp. 116 y ss.; Rodríguez Rodríguez, Libardo, *Derecho Administrativo. General y Colombiano,* 15ª ed., Temis, Bogotá, 2007, pp. 557-559.

[46]   Araujo Juárez, José, *Manual de derecho de los servicios públicos,* Vadell Hermanos, Caracas, 2003, pp. 137-160.

[47]   Araujo Juárez, José, "Régimen jurídico de los servicios económicos de interés general", *El Derecho Público a comienzos del siglo XXI. Estudios en Homenaje al profesor Allan R. Brewer Carías,* Tomo II, Thomson-Civitas, Madrid, 2003, p. 1976.

2.   *La promoción de la libertad de empresa, libre competencia y la apertura a la participación de capitales privados*

La promoción de la libertad de empresa, la libre competencia y la apertura a la participación de los capitales privados nacionales y foráneos en los servicios públicos en general y en el sector eléctrico en particular tiene su origen y fundamento en el Derecho Comunitario Andino. Sin perjuicio de lo anteriormente señalado sobre la situación actual de Venezuela respecto a la Comunidad Andina, el derecho producido en su seno mientras la República formaba parte de ella en forma plena, se incorporó al derecho nacional, por lo que resultan aplicables las Decisiones adoptadas para la liberalización de los servicios públicos[48], sobre la libre competencia[49], respecto a las actividades del sector energético[50] y de las inversiones extranjeras[51].

Ello encaja perfectamente con los postulados constitucionales, que por una parte reconocen a la libertad de empresa, libre iniciativa privada y libre competencia, la cualidad de derechos públicos subjetivos[52] que deben ser garantizados por todos los órganos que ejercen el Poder Público y por ende tutelados jurisdiccionalmente; y por la otra, establece que la libre competencia y la iniciativa empresarial privada que concurre con la iniciativa empresarial pública, constituyen principios rectores del modelo socio-económico de la República[53].

Las anteriores son las premisas consideradas por el legislador para establecer el deber del Estado de fomentar la participación privada y de promover la libre competencia en aquellas actividades del sector eléctrico en que ello sea posible, sin perjuicio del ejercicio de la atribución para regular las situaciones donde aquélla no sea viable, en cuyo caso por existir un monopolio, debe garantizarse una prestación eficiente en términos económicos[54].

---

[48]   Decisión N° 439, Marco General de Principios para la Liberalización del comercio de servicios en la Comunidad Andina, complementada por las Decisiones N° 510 y 659.

[49]   Decisión N° 608, Normas para la protección y promoción de la libre competencia en la Comunidad Andina.

[50]   Decisión N° 536, Marco General para la interconexión subregional de sistemas eléctricos e intercambio intracomunitario de electricidad y Decisión N° 639, de Incorporación de Bolivia al Marco General para la interconexión subregional de sistemas eléctricos e intercambio intracomunitario de electricidad.

[51]   Decisión N° 291, Régimen común de tratamiento a los capitales extranjeros y sobre marcas, patentes, licencias y regalías.

[52]   Artículos 112 y 113 de la Constitución.

[53]   Artículo 299 de la Constitución.

[54]   Artículo 3 de la Ley Orgánica del Servicio Eléctrico.

Conforme a tales premisas, los objetivos generales que el Estado se trazó alcanzar a través de la Ley fueron los siguientes:

A. *La libertad de empresa y la libre competencia*

Si bien la Ley reconoce su interés en promover la libertad de empresa y la libre competencia, no puede soslayarse que la regulación establece un conjunto de disposiciones que matizan el espíritu de los postulados iniciales. Es así como las actividades de generación y de comercialización se encuentran abiertas al régimen de libre competencia[55] y los precios pueden fijarse de manera competitiva, en tanto que las actividades de transmisión y distribución son actividades sustraídas a la competencia[56] y por ende, sujetas a la fijación de las tarifas por el Estado[57], constituyendo éste solo un ejemplo de las restricciones a la libertad de empresa y a la libre competencia.

B. *La separación de la función de planificación, de la regulación y de la actividad empresarial*

La Ley permite distinguir entre la autoridad administrativa planificadora y creadora de las políticas públicas en el sector eléctrico, que no es otra que el ministerio del ramo y la autoridad administrativa a la cual se atribuye las funciones de regulación, supervisión, fiscalización y control de las actividades que constituyen el servicio eléctrico.

Una vez creada la Comisión Nacional de Energía Eléctrica como ente técnico regulador, se le encomiendan unas funciones plenamente diferenciadas de los operadores del sector eléctrico, tanto de los públicos como de los privados.

Ello persigue lograr una separación entre la función de regulación y la actividad de prestación, pues el ente regulador técnicamente creado con tal fin, debe cumplir sus cometidos de manera equidistante del poder político y del poder económico, debiendo actuar con neutralidad, transparencia, objetividad e imparcialidad[58].

La separación entre la actividad empresarial pública y la función de regulación, constituye un paso más en el tránsito de la intervención del Estado a través de la *publicatio*, en favor de la intervención del Estado mediante la

---

55   Artículos 24 y 38 de la Ley Orgánica del Servicio Eléctrico y 85 del Reglamento General de la Ley.

56   Artículos 27 y 35 de la Ley Orgánica del Servicio Eléctrico.

57   Tribunal Supremo de Justicia, en Sala Constitucional, sentencia 2257, de 13 de noviembre de 2001.

58   Hernández-Mendible, Víctor R., "Los entes reguladores del sector energético", *Revista de Derecho Administrativo,* N° 99, Abeledo-Perrot, Buenos Aires, 2015.

ordenatio en este sector económico, es decir, se ubica dentro del camino de transformación del Estado prestacional que asumía la titularidad pública (Estado productor de bienes y prestador de servicios), por el Estado de garantía de prestaciones (Estado regulador)[59].

C. *La desintegración vertical*

La desintegración de cada una de las actividades económicas, mediante el establecimiento de reglas claras que fomenten y garanticen la competencia tiene como finalidad diferenciar dos categorías de actividades: Por una parte, las competitivas, que se rigen por las reglas del mercado y se someten al régimen jurídico-económico de la libre competencia; y por el otro, las no competitivas, en las cuales no es posible el ejercicio pleno de la libertad de empresa, la libre iniciativa empresarial privada y la libre competencia, y que puede conducir a la imposición de cargas o misiones de servicio público[60].

La separación jurídica, implica la constitución de personas jurídicas distintas, separadas legalmente para realizar actividades económicas en un mismo mercado[61]; la separación contable, conduce a llevar una contabilidad separada para cada actividad que se realiza, en razón de cada unidad de negocios[62]; la separación de actividades, puede requerir o no la separación jurídica, pero cuando ésta no es exigida, implica que una misma persona jurídica realice distintas actividades, que deberán efectuarse de manera claramente diferenciada[63].

Esta regulación persigue reducir los costos de transacción, la transparencia en la fijación de tarifas, la eliminación de las subvenciones cruzadas, la reducción de las concentraciones económicas, impedir que se produzcan abusos de posición de dominio y el falseamiento de la competencia[64].

---

[59]   Cassese, Sabino, La noción de "Constitución Económica" y las transformaciones del Estado, *A & C. Revista de Direito Administrativo e Constitucional*, N° 14, Out/Dez, Belo Horizonte, 2003, pp. 16-17.

[60]   Hernández-Mendible, Víctor R., "La regulación de los servicios públicos económicos", *Memorias del 1er. Congreso Iberoamericano de Derecho Administrativo*, Editorial Jurídica Míguez & Mosquera, Guayaquil, 2004, pp. 210-211.

[61]   Artículo 123 del Reglamento de la Ley Orgánica del Servicio Eléctrico.

[62]   Artículo 6, parágrafo primero de la Ley Orgánica del Servicio Eléctrico.

[63]   Artículo 6, parágrafo primero de la Ley Orgánica del Servicio Eléctrico.

[64]   En este sentido, la Superintendencia para la promoción y protección de la Libre Competencia, -siguiendo el criterio de la Corte Suprema de Justicia en Sala Político Administrativa, sentencia 375 de 18 junio de 1998-, estableció en la resolución N° SPPLC/034, de 29 de junio de 1999, lo siguiente: "Las normas que aseguran y protegen la libre competencia están dirigidas a fortalecer el ejercicio del derecho individual a la libertad económica conforme a lo previsto en el primer aparte del artículo 96 de la Constitución de la República. El derecho a la libertad económica no se encuentra destruido, ni

D. *La garantía de libertad de acceso de terceros a las redes*

Una regulación que persiga fomentar la competencia debe garantizar el acceso de los terceros a las instalaciones esenciales o el libre acceso de terceros a las redes e infraestructuras. La doctrina científica ha construido la tesis jurídica de las instalaciones esenciales y la doctrina económica elaboró la tesis del libre acceso de terceros a las redes, cuya finalidad es establecer la obligación del operador titular de las redes e infraestructuras, que ostentan una posición de dominio, de permitir el libre acceso a las mismas, a los actuales o potenciales competidores, en condiciones de transparencia, igualdad y no discriminación, impidiendo el abuso de la posición de dominio y garantizando una efectiva competencia en el mercado eléctrico[65]. Ello plantea como contrapartida que los operadores entrantes tienen derecho al uso de las redes e infraestructuras y tienen la obligación de pagar los cargos de uso de las mismas[66].

Esto es justamente lo que persigue el estatuto jurídico de las redes, la definición de las condiciones de acceso de terceros a las infraestructuras y redes, en especial, cuando existe un operador establecido que se encuentra en posición de dominio en el mercado, en virtud de su condición de titular de las mismas, es decir, que éste persigue garantizar el efectivo acceso de los operadores entrantes al mercado eléctrico, aunque limitado por razones de carácter técnico y de seguridad[67].

E. *El fomento de la conformación del mercado mayorista*

El legislador fomenta la conformación de un mercado mayorista de energía cuyas transacciones de compra y venta se realizarán en bloques de

---

disminuido cuando una empresa realiza una actividad de servicio público. Si bien se afecta un elemento propio de ese derecho, como es la libre concurrencia de acceder a la actividad, una vez que se levantan esas barreras legales y se permite el acceso a varias empresas para que realicen el servicio público, a través de una concesión o autorización, se está colocando a esas empresas en condición de competir. Por otro lado, cuando el Estado ha otorgado a una sola empresa la concesión o autorización para prestar el servicio público, confiriendo de esta manera a la empresa una clara posición de dominio en la prestación del servicio público, las normas de libre competencia son aplicables en cuanto al abuso que en su posición de dominio pueda realizar la empresa concesionaria o autorizada, salvo que la ley que regule el servicio público haya expresamente exceptuado la aplicación de normas de libre competencia".

[65]   Parejo Alfonso, Luciano, "Servicio público y sector eléctrico", *El nuevo servicio público. Actividades reservadas y regulación de actividades de interés general*, FUNEDA, Caracas, 2002, p. 353.

[66]   Moreno Castillo, Luís Ferney, *Servicios Públicos Domiciliarios*, Universidad Externado de Colombia, Bogotá, 2002, pp. 214-216; Hernández-Mendible, Víctor R., "La regulación de los servicios públicos económicos", *Memorias del 1er Congreso Iberoamericano de Derecho Administrativo, Editorial Jurídica Míguez & Mosquera*, Guayaquil, 2004, p. 212.

[67]   Artículo 7 de la Ley Orgánica del Servicio Eléctrico.

potencia y energía eléctrica. En este mercado podrán concurrir en régimen de libre y abierta competencia los operadores que sean generadores, distribuidores, comercializadores especializados y los grandes usuarios[68], debiendo traducirse ello en beneficio colectivo.

Cabe mencionar que la inaplicación de la ley supuso entre otros aspectos, que bajo su vigencia el mercado mayorista jamás se desarrollase[69], pues no se crearon las condiciones económicas ni técnicas para su establecimiento y además jurídicamente se emitieron normas en contravención a la ley, como sucedió con el Decreto de creación de la empresa del estado denominada Empresa Nacional de Generación (ENAGEN), que tendría por finalidad *"lograr una mayor eficiencia, seguridad y calidad en la generación de electricidad para garantizar el suministro de energía"*[70].

F. *La garantía de la calidad de los servicios*

El Estado debe velar porque el servicio eléctrico sea de calidad, en razón de lo cual se le atribuye a la Comisión Nacional de Energía Eléctrica en su condición de ente regulador, la expedición de las normas de calidad que regirán las actividades del servicio eléctrico. No obstante, mientras se producía la entrada en funcionamiento de la referida Comisión, las normas de calidad del servicio de distribución de electricidad fueron dictadas por el Ministerio de Energía y Petróleo[71].

3. *La protección del ambiente*

Los tratados internacionales válidamente suscritos y ratificados por Venezuela[72], establecen el derecho de las personas a vivir en un ambiente sano y a contar con servicios públicos básicos[73], correspondiendo al Estado la promoción de la protección, preservación y mejoramiento del medio ambiente[74].

---

[68]   Artículo 78 de la Ley Orgánica del Servicio Eléctrico.

[69]   Ugas Martínez, Cira, "El régimen de servicio público de energía eléctrica. Aspectos de su transformación", (Dir. Hernández-Mendible, V.R.), *Los Servicios Públicos Domiciliarios*, Editorial Jurídica Venezolana, FUNEDA y Centro de Estudios de Regulación Económica de la Universidad Monteávila (CERECO-UMA), Caracas, 2012, pp. 82-84.

[70]   Decreto N° 4.911, Gaceta Oficial N° 38.546, de 19 de octubre de 2006.

[71]   Resolución N° 315, de 18 de noviembre de 2003, Gaceta Oficial N° 37.825, de 25 de noviembre de 2003.

[72]   Artículos 22 y 23 de la Constitución.

[73]   El artículo 11.1 del Protocolo Adicional a la Convención Americana sobre Derechos Humanos en materia de Derechos Económicos, Sociales y Culturales "Protocolo de San Salvador", 1988.

[74]   En la doctrina científica, puede verse Guzmán Aguilera, Patricia, *Introducción al análisis económico del derecho ambiental*, Universidad Externado de Colombia, Bogotá,

Este derecho se encuentra complementado a nivel supranacional, con las normas jurídicas internacionales, los tratados en materia ambiental[75] y por supuesto los acuerdos económicos que se celebren con los países que integran la comunidad internacional.

A nivel nacional, en la Constitución Ambiental se contemplan el conjunto de normas que establecen las reglas destinadas a proporcionar el marco jurídico fundamental que permita la intervención del Estado, por una parte, para ordenar el territorio atendiendo a la realidad ecológica y proteger la existencia de un ambiente sano, libre de contaminación y por la otra, garantizar el uso de los recursos naturales y el desarrollo sostenible[76].

Es así como la Constitución Ambiental constituye uno de los límites al derecho a la libertad de empresa que admite la Constitución Económica[77], en el marco del Estado social de Derecho. Entre esos límites establece una cláusula constitucional que dispone respecto a los contratos que celebre la República o de los permisos que se otorguen para realizar actividades que puedan ser susceptibles de afectar los recursos naturales, que aun cuando no se incluyan expresamente, existe la obligación de quienes obtengan la habilitación administrativa de conservar el equilibrio ecológico y restablecer el ambiente a su estado natural si éste resultare alterado, de conformidad con lo que disponga la ley[78].

En virtud del principio constitucional que inspira el modelo socio-económico de la República, de protección del ambiente[79], el legislador estableció la obligación del Estado de velar porque las actividades económicas que involucran el sector eléctrico se realicen considerando el uso racional y eficiente de los recursos, la utilización de las fuentes renovables de energía y la preservación del ambiente[80].

2006; Sagrera, Laura Viviana, (Coordinadora) *Derecho Ambiental*, s/p.i., Buenos Aires, 2007; Villegas Moreno, José Luis, *Manual de Derecho Administrativo Ambiental*, Universidad Católica del Táchira, San Cristóbal, 2014.

[75]   El Protocolo de Montreal relativo a las sustancias que agotan la capa de ozono, de 16 de septiembre de 1987; el Convenio Marco de las Naciones Unidas sobre Cambio Climático, de 9 de mayo de 1992; y, el Protocolo de Kyoto del Convenio Marco de las Naciones Unidas sobre Cambio Climático, de 11 de julio de 1997.

[76]   Artículos 127 al 129 de la Constitución.

[77]   El artículo 112 de la Constitución señala que "Todas las personas pueden dedicarse libremente a la actividad económica de su preferencia, *sin más limitaciones que las previstas en esta Constitución* y las que establezcan las leyes, *por razones de* desarrollo humano, seguridad, sanidad, *protección del ambiente* u otras de interés social".

[78]   Artículo 129 de la Constitución.

[79]   Artículo 299 de la Constitución.

[80]   Artículo 2 de la Ley Orgánica del Servicio Eléctrico.

Además, dispone que tales actividades deben realizarse conforme al principio de desarrollo sostenible y con estricta sujeción tanto a la propia Ley Orgánica del Servicio Eléctrico y sus reglamentos, como a la Ley Orgánica del Ambiente[81].

4.   *La intervención del Estado en el sector eléctrico*

La legislación ha establecido un complejo régimen institucional: Uno, relacionado con el modelo de regulación desde el punto de vista orgánico bicéfalo, integrado por el Ministerio de Energía y Petróleo y por la Comisión Nacional de Energía Eléctrica; otro, con las administraciones públicas prestadoras de los servicios eléctricos, en el cual participan el Centro Nacional de Gestión del Sistema Eléctrico, las empresas del Estado y las entidades municipales; y finalmente, con las administraciones públicas tutoras del libre mercado y de los usuarios. Seguidamente se hará una sucinta referencia a cada uno de ellos:

A.   *El Ministerio de Energía y Petróleo*

Al Ministerio de Energía y Petróleo le correspondió con carácter general la formulación, regulación y seguimiento de las políticas públicas, así como la planificación y fiscalización de las actividades en materia de energía, la dirección de la política general de la industria eléctrica y se le atribuyeron las competencias de supervisión y tutela tanto de la Comisión Nacional de Energía Eléctrica como del Centro Nacional de Gestión del Sistema Eléctrico[82].

Es así como debe señalarse que la regulación administrativa de primer grado la debe realizar el Ministerio de Energía y Petróleo, conforme a las competencias que de manera irrenunciable, indelegable e improrrogable le otorgan tanto la Ley Orgánica del Servicio Eléctrico, los reglamentos de dicha Ley y el Decreto sobre organización y funcionamiento de la Administración Pública Nacional.

B.   *La Comisión Nacional de Energía Eléctrica*

La Comisión Nacional de Energía Eléctrica se concibió como una autoridad administrativa, cuya naturaleza jurídica ha sido objeto de un controvertido debate en la doctrina científica, producto de la imprecisa técnica legislativa en la conformación de la misma.

---

[81]   Gaceta Oficial N° 5.833, de 22 de diciembre de 2006.

[82]   Artículos 11, 13 y 14 de la Ley Orgánica del Servicio Eléctrico.

Es así como se ha considerado que conforme a lo dispuesto en el artículo 142 de la Constitución, al tratarse de una autoridad administrativa creada por ley, con patrimonio propio e independiente del fisco nacional y con autonomía funcional, administrativa y financiera, la misma constituía un verdadero instituto autónomo, aunque la ley de creación no indicó que tuviese personalidad jurídica propia y distinta de la República[83].

En contra se ha sostenido que se trataba de un servicio autónomo sin personalidad jurídica[84], lo que le otorgaba la naturaleza de un órgano desconcentrado de la Administración Pública Nacional, pero que es independiente del fisco nacional, aunque con un patrimonio propio y con autonomía funcional, administrativa y financiera en el ejercicio de sus atribuciones, quedando adscrito al Ministerio de Energía y Petróleo[85].

A la Comisión Nacional de Energía Eléctrica se le podían atribuir, por delegación del Ministerio de Energía y Petróleo, –órgano que tiene la competencia originaria como se mencionó antes–, la función de regulación, supervisión, fiscalización y control de las actividades económicas que comprenden el sector eléctrico.

Se trata de una autoridad administrativa colegiada, cuyas decisiones agotan la vía administrativa y pueden ser recurridas directamente ante los órganos jurisdiccionales[86].

C. El Centro Nacional de Gestión del Sistema Eléctrico

El legislador estableció que con la finalidad de realizar la actividad de gestión del Sistema Eléctrico Nacional, el Ejecutivo Nacional debía constituir una empresa propiedad de la República, adscrita al Ministerio de Energía y Petróleo y sometida a la fiscalización de la Comisión Nacional de Energía Eléctrica[87].

Esta empresa pública merece el calificativo legal de empresa del Estado, por el sólo hecho que el Estado tiene la titularidad accionarial de más del

---

83   Garrido Rovira, Juan, *Regulación Legal del Servicio Eléctrico*, s/p.i., Caracas, 2002, pp. 52-54; El ente regulador en la reforma del sector eléctrico venezolano, *El Derecho Público a comienzos del siglo XXI, Estudios en Homenaje al Profesor Allan R. Brewer Carías*, Tomo II, Thomson-Civitas, Madrid, 2003, pp. 1994-1996.

84   Araujo Juárez, José, *Manual de Derecho de los Servicios Públicos*, Vadell Hermanos, Caracas, 2003, p. 274; Hernández-Mendible, Víctor R., "La regulación económica", *Estudios de Derecho Público. Homenaje a la Facultad de Derecho de la Universidad Católica Andrés Bello en su 50 aniversario*, Tomo II, UCAB, Caracas, 2004, pp. 725-727.

85   Hernández, José I., *Derecho Administrativo y Regulación Económica*, Editorial Jurídica Venezolana, Caracas, 2006, p. 420.

86   Artículos 19 y 21 de la Ley Orgánica del Servicio Eléctrico.

87   Artículo 33 de la Ley Orgánica del Servicio Eléctrico.

cincuenta por ciento del capital social de la misma y tenía encomendado dos objetivos: Uno, era el control, supervisión y coordinación de la generación y transmisión del Sistema Eléctrico Nacional y el otro, consistía en la administración del mercado mayorista de electricidad[88].

La centralización de la gestión del sistema eléctrico nacional en una empresa del Estado tenía su justificación en la necesidad de garantizar la óptima utilización de los recursos de energías primarias, producción y transporte de energía eléctrica, así como contribuir a la obtención de un suministro de electricidad confiable, económico, seguro y de la mejor calidad, conforme a lo dispuesto en el ordenamiento jurídico.

D. *Las empresas del Estado*

En la Ley reguladora de la Administración Pública se consideran como empresas del Estado aquellas sociedades mercantiles en las cuales el Estado tiene el cincuenta por ciento o más de las acciones que conforman el capital social de las mismas[89].

Conforme a este criterio legal, todas aquellas empresas –distintas del Centro Nacional de Gestión del Sistema Eléctrico– en las cuales el Estado posee la titularidad de más del cuarenta y nueve por ciento de su capital social deben ser consideradas empresas del Estado, que realizan actividades de prestación de los servicios eléctricos (CADAFE, EDELCA, ENELVEN, ENELCO, ENELBAR).

Si bien en otra oportunidad se ha advertido sobre los criterios cualitativos y cuantitativos para la determinación de las empresas del Estado[90], en esta ocasión lo que interesa tener presente es que estas empresas prestadoras de servicios públicos de energía eléctrica, como entes de la Administración descentralizada funcionalmente están al servicio de los ciudadanos y deben actuar con eficiencia, eficacia, honestidad, transparencia, rendición de cuentas y responsabilidad, con sometimiento pleno a la ley y al Derecho[91], lo que debe conllevar a la satisfacción universal de las necesidades colectivas mediante el uso de la energía eléctrica.

---

[88]   Artículo 33 de la Ley Orgánica del Servicio Eléctrico.

[89]   Artículo 100 de la Ley Orgánica de la Administración Pública de 2001, que actualmente se corresponde con el artículo 103 de la Ley Orgánica de la Administración Pública de 2014.

[90]   Hernández-Mendible, Víctor R., "La nacionalización de las actividades, los servicios y las empresas en Venezuela", *Nacionalización, Libertad de Empresas, Asociaciones Mixtas y Empresas del Estado*, Editorial Jurídica Venezolana, Caracas, 2008, pp. 11-66.

[91]   Artículo 141 de la Constitución.

E. *Las entidades municipales*

En lo que se refiere al marco institucional, debe mencionarse que desde la propia Constitución se atribuyen competencias a los municipios en la dotación y prestación de los servicios públicos domiciliarios como la energía eléctrica, lo que deberá llevarse a cabo conforme a lo dispuesto en la ley nacional que regula el servicio eléctrico.

No obstante, como se señaló antes, aquí debe tenerse presente que existen varias leyes que tienen incidencia en las competencias de las autoridades municipales, valga decir, la Ley Orgánica del Servicio Eléctrico[92], el Decreto-Ley N° 1507, con fuerza de Ley de armonización y coordinación de competencias de los poderes públicos nacional y municipal para la prestación de los servicios de distribución de gas con fines domésticos y de electricidad y más recientemente la Ley Orgánica del Poder Público Municipal[93].

F. *Otras autoridades administrativas*

Existen otras autoridades administrativas creadas por leyes nacionales que tienen atribuidas competencias para intervenir en las actividades eléctricas, en la generalidad de los casos para proteger el mercado eléctrico o a los usuarios de los servicios eléctricos.

En lo concerniente al primer supuesto, se establecía que la ley[94] le atribuyó competencias a la Superintendencia para la Promoción y la Protección de la Libre Competencia para intervenir en todos aquellos casos en los cuales los operadores económicos públicos o privados que realizaban actividades en el sector eléctrico pudieran afectar las reglas de la libre competencia, en contravención de lo dispuesto en la Constitución y en la misma ley[95].

En lo relacionado con la protección de los usuarios de los servicios eléctricos, debe señalarse que además de las competencias otorgadas a las autoridades propias del sector, la Ley de Protección al Consumidor y al Usuario[96] creaba una autoridad administrativa nacional que tenía legalmente atribuida la protección de los usuarios de los servicios de energía eléctrica[97].

---

[92] Artículo 42 de la Ley Orgánica del Servicio Eléctrico.

[93] Gaceta Oficial N° 6.015, de 28 de diciembre de 2010.

[94] Ley para la Promoción y Protección de la Libre Competencia, Gaceta Oficial N° 34.880, de 13 de enero de 1992.

[95] Artículo 113 y Disposición Transitoria Décima Octava de la Constitución.

[96] Gaceta Oficial N° 37.930, de 4 de mayo de 2004.

[97] El Tribunal Supremo de Justicia en Sala Constitucional, sentencia 1042, de 31 de mayo de 2004, ha sostenido que "sin perjuicio de los derechos y procedimientos reconocidos por las leyes que se citan en este fallo a favor del usuario (*v.* entre otros, artículo 6.11 de la Ley de Protección al Consumidor y al Usuario en concordancia con el artículo

También se ha establecido una autoridad administrativa nacional encargada de velar que los proveedores cumplan con el sistema legal de unidades de medida, conforme a lo dispuesto por la Organización Internacional de Metrología Legal, la Oficina Internacional de Pesas y Medidas, la Organización Internacional para la Normalización, así como de imponer las sanciones que establezca la ley, cuando las conductas realizadas por algunos operadores constituyan infracciones del ordenamiento jurídico. Esta autoridad administrativa es el Servicio Autónomo Nacional de Normalización, Calidad, Metrología y Reglamentos Técnicos (SENCAMER)[98].

Las tres autoridades administrativas mencionadas con competencias concretas y naturaleza jurídica distinta, tenían en común que se encontraban adscritas al Ministerio de Industrias Ligeras y Comercio.

Este complejo marco institucional regulatorio, prestacional y garantista convivió formalmente en el ordenamiento jurídico, aunque debe señalarse que, desde la perspectiva material, salvo la creciente y progresiva intervención del Ministerio de Energía y Petróleo, la participación de las demás administraciones públicas en el sector eléctrico se encontraba atrofiada, lo que conduce a la exposición que se realizará subsiguientemente.

V. LA NUEVA POLÍTICA PÚBLICA EN EL SECTOR ELÉCTRICO

La propuesta legislativa del sector eléctrico, teóricamente estaba dirigida a garantizar la libertad de empresa y promover un efectivo mercado eléctrico respecto de aquellas actividades en que fuese posible y pertinente la competencia, sin embargo, ésta no se aplicó. Las razones para ello son varias: Por una parte, los operadores políticos que dentro del gobierno tienen atribuidas las competencias para ejecutar la legislación, inspirados en razones meramente ideológicas se revelaron en contumacia, para no dar debido acatamiento a su deber constitucional de cumplir y hacer cumplir la ley, así como de actuar con sometimiento pleno a la ley y al Derecho, en el marco

---

80 *eiusdem*). El Instituto Autónomo para la Defensa y Educación del Consumidor y del Usuario será competente conforme a los artículos 28 y 29 de la Ley de Protección al Consumidor y al Usuario en concordancia con el artículo 110.2 *eiusdem*, para conocer las denuncias provenientes de la facturación ilegal sobre el concepto de energía eléctrica recuperada ... (*omissis*) ...; [el] suministrador de energía puede legalmente suspender el servicio por anomalías e irregularidades en la forma señalada en el Reglamento de Servicio e interpretada en este fallo, aplicando además el artículo 27 de la Ley de Protección al Consumidor y al Usuario de 1° de abril de 2004, publicada en la Gaceta Oficial N° 37.930, de 4 de mayo de 2004". Este criterio se inclina por dar prevalencia a la norma de rango legal, posterior y de orden público (Ley de Protección al Consumidor y al Usuario) en materia de protección de los derechos de los usuarios, sobre la norma reglamentaria y anterior (Reglamento de Servicio), en lo que concierne a la facturación ilegal efectuada por los operadores de la actividad de comercialización de energía eléctrica.

98   Ley de Metrología, Gaceta Oficial N° 38.371, de 2 de febrero de 2006.

del Estado social y democrático de Derecho y de la economía social de mercado; y por la otra, porque la regulación propuesta para el fomento del mercado en el sector eléctrico, no se ajusta a la realidad nacional.

Tal situación de incumplimiento de la Ley Orgánica del Servicio Eléctrico, sumada al giro de la política económica que anunció el Presidente de la República, en su mensaje de inicio del nuevo período constitucional de gobierno en enero de 2007, dirigido a estatizar entre otras, las empresas privadas que prestaban los servicios del sector eléctrico dio paso a una nueva etapa.

En este proceso de reforma económica, el Poder Legislativo le otorgó una Ley Habilitante que le confirió al Ejecutivo Nacional competencia para dictar decretos con rango, fuerza y valor de ley, en el sector energético, pudiendo en materia eléctrica: "Dictar normas que permitan al Estado asumir directamente, o mediante empresas de su exclusiva propiedad, el control de las actividades realizadas por las empresas privadas en el sector eléctrico, por razones estratégicas, de seguridad, utilidad o bienestar social. Dictar normas para reformar la Ley Orgánica del Servicio Eléctrico, en función de las medidas de reestructuración del sector que viene adoptando el Ejecutivo Nacional a los fines de lograr una mayor expansión y eficiencia del servicio en beneficio del pueblo" (artículo 1.11)[99].

Ahora bien, en ejecución de la política pública de estatización del sector eléctrico, el Ejecutivo Nacional dictó el Decreto N° 5.330, de 2 de mayo de 2007[100], que tiene como objetivo reorganizar el sector eléctrico nacional, a los fines de[101]:

1. Mejorar la calidad del servicio en todo el país;

2. Maximizar la eficiencia en el uso de las fuentes primarias de producción de energía y en la operación del sistema; y,

3. Redistribuir las cargas y funciones de las actuales operadoras del sector.

Para cumplir tanto el objeto del Decreto-Ley como con sus distintos fines, se estableció que las disposiciones de este texto prevalecerán sobre las contenidas en la Ley Orgánica del Servicio Eléctrico, Ley de Impuesto al Valor Agregado, Ley Orgánica del Poder Público Municipal y en la Ley Orgánica de Administración Pública, en cuanto las contradigan o colidan con aquél en su aplicación[102].

---

[99] Gaceta Oficial N° 38.617, de 1° de febrero de 2007.

[100] Gaceta Oficial N° 38.736, de 31 de julio de 2007.

[101] Artículo 1 del Decreto N° 5.330, con rango, valor y fuerza de Ley Orgánica de Reorganización del Sector Eléctrico.

[102] Artículo 14 del Decreto N° 5.330, con rango, valor y fuerza de Ley Orgánica de Reorganización del Sector Eléctrico.

Como consecuencia, se produjo una derogación expresa y cuando menos parcial del régimen jurídico contemplado en la Ley Orgánica del Servicio Eléctrico en materia de participación privada en la gestión, de promoción de la libre competencia y se genera un cambio en el régimen de las habilitaciones administrativas (concesiones y autorizaciones), así como en el régimen institucional del sector.

1. *La desaparición de la participación privada en la gestión del sector eléctrico*

Acorde con la nueva política pública establecida en el sector eléctrico, –aun antes de aprobarse el Decreto-Ley N° 5.330–, el Estado procedió a la adquisición del 92,98 % de las empresas privadas que conforman el grupo Electricidad de Caracas (EDC), estatizando una empresa que desde su creación y durante más de cien años fue totalmente privada y de capital nacional, dado que sus accionistas mayoritarios y directivos eran venezolanos hasta el año 2000, momento en el cual el gobierno permitió mediante una oferta pública de adquisición de acciones (OPA) que se produjese la compra del 82,14% de las acciones por el inversionista extranjero *AES Corporation*, quien luego de adquirir la mayoría accionarial se constituyó en el principal accionista y propietario del conjunto de empresas del grupo EDC, hasta que finalmente suscribió el memorando de entendimiento para la compra-venta de sus acciones por la sociedad mercantil estatal Petróleos de Venezuela, el día 8 de febrero de 2007.

Luego, el Estado también adquirió el 88% de la empresa Sistema Eléctrico de Nueva Esparta (SENECA), que, siendo originalmente estatal, por su ineficiencia económica y deficiente prestación en el servicio había sido privatizada en 1998 y en el año 2007 ha sido re-estatizada, mediante la adquisición por el Estado de la mayoría de las acciones.

Al publicarse el Decreto-Ley N° 5.330, se dispuso que "todas aquellas empresas privadas dedicadas a la generación, transmisión, distribución y comercialización de potencia y energía eléctrica, así como todas las empresas filiales o afiliadas a las mismas, que a la fecha de la entrada en vigencia de este Decreto-Ley, se encuentren en proceso de adquisición por parte del Estado venezolano, intervenidas administrativa o judicialmente o, cualesquiera que en un futuro el Estado decida adquirir, deberán igualmente cumplir con lo dispuesto en los artículos 4°, 5° y 6° de este Decreto-Ley"[103], lo que supone que deberán ser adquiridas o transferidas a la Corporación Eléctrica Nacional S.A., en condición de filiales de ésta y serán adscritas al Ministerio de Energía y Petróleo.

---

[103] Artículo 7 del Decreto N° 5.330, con rango, valor y fuerza de Ley Orgánica de Reorganización del Sector Eléctrico.

A partir del día 1 de agosto de 2007, comenzó un plazo de 3 años que inicialmente finalizaría el día 1 de agosto de 2010[104] y que fue extendido hasta el 31 de diciembre de 2011[105], –esto se materializó formalmente el 23 de enero de 2012–[106] para que todas esas empresas se fusionasen en una única persona jurídica, que sin duda conformaría una empresa del Estado, la cual se constituirá en la sucesora a título universal de los activos y pasivos de las empresas privadas que han sido estatizadas.

2. *La supresión de la diversidad de operadores y de la libre competencia*

Conforme a lo dispuesto en la Constitución[107], el Estado ha creado a través del Decreto-Ley, una sociedad anónima denominada Corporación Eléctrica Nacional S.A., adscrita al Ministerio de Energía y Petróleo, como una empresa operadora estatal encargada de la realización de las actividades de generación, transmisión, distribución y comercialización de potencia y energía eléctrica[108], lo que supone la constitución de una nueva empresa del Estado, en los términos señalados en la Ley Orgánica de la Administración Pública[109].

La composición accionarial de la sociedad anónima que constituye la empresa del Estado se distribuye de la siguiente manera: El setenta y cinco por ciento (75%) suscrito y pagado por la República de Venezuela, a través del entonces Ministerio de Energía y Petróleo –hoy Ministerio de Energía Eléctrica– y el veinticinco por ciento (25%) suscrito y pagado por la sociedad mercantil estatal Petróleos de Venezuela, S.A., (PDVSA)[110].

El régimen estatutario debía establecer la estructura y composición de los órganos de administración y gobierno de la Corporación Eléctrica Nacional, S.A., debiendo indicar su duración, domicilio y ejercicio económico, conforme a la legislación mercantil[111].

---

[104] Artículo 6 del Decreto N° 5.330, con rango, valor y fuerza de Ley Orgánica de Reorganización del Sector Eléctrico.

[105] Gaceta Oficial N° 39.493, de 23 de agosto de 2010.

[106] Gaceta Oficial N° 6.070, de 23 de enero de 2012.

[107] Artículo 300 de la Constitución.

[108] Artículo 2 del Decreto N° 5.330, con rango, valor y fuerza de Ley Orgánica de Reorganización del Sector Eléctrico.

[109] Gaceta Oficial N° 37.305, de 17 de octubre de 2001, actualmente en Gaceta Oficial N° 6.147, de 17 de noviembre de 2014.

[110] Artículo 3 del Decreto N° 5.330, con rango, valor y fuerza de Ley Orgánica de Reorganización del Sector Eléctrico.

[111] Artículo 3 del Decreto N° 5.330, con rango, valor y fuerza de Ley Orgánica de Reorganización del Sector Eléctrico.

Ello supone que el Ejecutivo Nacional había concebido que la Corporación Eléctrica Nacional S.A. se convirtiese en un holding en el sector de la energía eléctrica, dado que existe la obligación que tanto el entonces Ministerio de Energía y Petróleo en representación de la República, como la empresa pública estatal Petróleos de Venezuela y el instituto autónomo Corporación Venezolana de Guayana, deberían transferir la propiedad de las acciones que poseían en las empresas eléctricas del Estado en aquel momento existentes, a la empresa que se cree en virtud del Decreto-Ley, pasando a constituir las entonces empresas públicas eléctricas unas filiales, que continuarán adscritas al Ministerio de Energía y Petróleo[112].

No obstante, hay que tener presente que esta categorización del holding tenía carácter transitorio, pues únicamente estaba destinado a regular el paso de la pluralidad de empresas del Estado que operaban en el sector eléctrico, hacia la unificación de todas las actividades del sector en una sola empresa estatal, que sería la Corporación Eléctrica Nacional.

En este sentido en el Decreto-Ley se establecieron los siguientes postulados: Se comenzaba por disponer que las empresas Energía Eléctrica de Venezuela S.A., (ENELVEN), Empresa Nacional de Generación C.A., (ENAGEN), Compañía de Administración y Fomento Eléctrico S.A. (CADAFE), CVG Electrificación del Caroní C.A., (CVG-EDELCA), Energía Eléctrica de la Costa Oriental del Lago C.A., (ENELCO), Energía Eléctrica de Barquisimeto S.A. (ENELBAR), Sistema Eléctrico del Estado Nueva Esparta C.A. (SENECA), también se consideraban adscritas al Ministerio de Energía y Petróleo y pasaban a ser filiales de la Corporación Eléctrica Nacional, S.A.[113].

Además se ordenaba que todas las empresas filiales de la Corporación Eléctrica Nacional S.A., debían en el plazo de tres (3) años, a partir del día 1 de agosto de 2007, el cual fue prorrogado hasta el 31 de diciembre de 2011[114], proceder a fusionarse en una persona jurídica única[115].

Esta persona jurídica sería finalmente la Corporación Eléctrica Nacional S.A., que adquirirá todos los activos y pasivos que poseían las empresas públicas eléctricas que eran sus filiales, transformándose en la sucesora universal de los derechos y obligaciones de las empresas que fueron fusionadas[116].

---

[112]   Artículo 4 del Decreto N° 5.330, con rango, valor y fuerza de Ley Orgánica de Reorganización del Sector Eléctrico.

[113]   Artículo 6 del Decreto N° 5.330, con rango, valor y fuerza de Ley Orgánica de Reorganización del Sector Eléctrico.

[114]   Gaceta Oficial N° 39.493, de 23 de agosto de 2010.

[115]   Artículo 6 del Decreto N° 5.330, con rango, valor y fuerza de Ley Orgánica de Reorganización del Sector Eléctrico.

[116]   Artículo 6 del Decreto N° 5.330, con rango, valor y fuerza de Ley Orgánica de Reorganización del Sector Eléctrico.

Tal como se mencionó antes, se dispuso que las empresas privadas que pudiesen estar dedicadas a la operación de generación, transmisión, distribución y comercialización de potencia y energía eléctrica, así como sus empresas filiales, las cuales aun cuando estuviesen en proceso de adquisición por el Estado, se encontrasen intervenidas administrativa o judicialmente, deberían transferir la propiedad de las acciones a la Corporación Eléctrica Nacional S.A., así como todos los activos y pasivos, que debían quedar definitivamente fusionadas a la Corporación dentro del plazo de 3 años, a partir del día 1 de agosto de 2007[117].

Además se estableció que la participación accionarial que poseían los particulares en el capital social de las empresas fusionadas, estaría representado en el capital social de la Corporación Eléctrica Nacional S.A., en la proporción que correspondería en la totalidad del mismo[118].

No obstante el mandato de fusión de las empresas eléctricas públicas y privadas en una persona jurídica única, se admitió la posibilidad que la asamblea de accionistas de la Corporación Eléctrica Nacional S.A., pudiese crear nuevas empresas con la finalidad de transferir una o todas las actividades eléctricas, transformándose en tal caso, en una casa matriz rectora de las operadoras[119].

Correspondía a la junta directiva de la Corporación Eléctrica Nacional S.A. la coordinación de la fusión que se realizó conforme al derecho mercantil[120] y todas las modificaciones estatutarias que se requirieron en la Corporación Eléctrica Nacional S.A., antes de ser aprobadas por la asamblea de accionistas, debían ser previamente autorizadas por el Ministerio de adscripción[121].

Finalmente debe mencionarse, que al quedar fusionados todos los operadores públicos y privados en una única sociedad mercantil del Estado, se constituyó un monopolio legal, quedando extinguida la obligación de desintegración vertical y perdió cualquier utilidad para el fomento de una competencia que no se produciría, la garantía del libre acceso de los terceros a las

---

[117]   Artículo 7 del Decreto N° 5.330, con rango, valor y fuerza de Ley Orgánica de Reorganización del Sector Eléctrico.

[118]   Artículo 7 del Decreto N° 5.330, con rango, valor y fuerza de Ley Orgánica de Reorganización del Sector Eléctrico.

[119]   Artículo 7 del Decreto N° 5.330, con rango, valor y fuerza de Ley Orgánica de Reorganización del Sector Eléctrico.

[120]   Artículo 8 del Decreto N° 5.330, con rango, valor y fuerza de Ley Orgánica de Reorganización del Sector Eléctrico.

[121]   Artículo 10 del Decreto N° 5.330, con rango, valor y fuerza de Ley Orgánica de Reorganización del Sector Eléctrico.

infraestructuras y redes, pues simplemente tales terceros desaparecen, en fin, se suprime toda la libertad de empresa en este sector de la economía[122].

3.   *El cambio de régimen de las habilitaciones administrativas*

Uno de los aspectos que se derivaban de la admisión de los particulares como operadores de los servicios públicos eléctricos era el relacionado con el régimen de las habilitaciones administrativas.

El legislador pretendió fomentar la libertad de empresa y la libre competencia en el sector eléctrico, pero ello no le impidió que estableciera barreras jurídicas para ingresar a este mercado intensamente regulado.

Es así como se dispuso que los operadores que pretendiesen ingresar al mercado para realizar las actividades de generación y comercialización debían obtener previamente una habilitación administrativa de autorización, otorgada por la Comisión Nacional de Energía Eléctrica.

En tanto que los operadores que pretendiesen ingresar al mercado a realizar las actividades de transmisión y distribución debían obtener previamente una habilitación administrativa de concesión[123], otorgada por el Ministerio de Energía y Petróleo.

Además, hay que tener presente que, en virtud de la exigencia de separación jurídica para la realización de las actividades, cada empresa operadora debía tener un título habilitante propio de la actividad y distinto de las otras operadoras.

Con la nueva política pública de estatización de empresas privadas y de posterior fusión de las empresas públicas y privadas en una persona jurídica única estatal resultan innecesarios los títulos habilitantes administrativos, porque al nuevo y único operador estatal le bastará como habilitación jurídica para realizar las actividades de generación, transmisión, distribución y comercialización de energía eléctrica, la disposición legal que ordena su constitución y posterior realización de las mismas.

---

[122]   Delpiazzo, Carlos E. señala que "en este escenario es necesario enfatizar que la libertad económica sólo se predica de las personas y grupos intermedios por ellas formados, ya que los entes públicos no se mueven en el campo de la libertad, sino en la especialidad propia de su competencia". Los derechos fundamentales y la libertad económica, *El principio de legalidad y el ordenamiento jurídico-administrativo de la libertad económica*, FUNEDA, Caracas, 2004, p. 66.

[123]   Sobre el régimen de las concesiones administrativas, véase Hernández-Mendible, Víctor R., "Los contratos de obra pública, concesión de obra pública y concesión de servicio público en Venezuela", Contratos Administrativos-I, *Revista de Derecho Público*, Rubinzal-Culzoni, Buenos Aires, 2007, pp. 343-376.

Por ende, el nuevo marco jurídico hace desaparecer las habilitaciones administrativas para realizar las actividades del sector eléctrico, dado que la única habilitación necesaria que requiere el operador estatal que surja del proceso de reorganización de dicho sector será el propio Decreto-Ley.

4.   *La modificación del modelo institucional del sector eléctrico*

La transformación de las políticas públicas económicas produce en el sector eléctrico una modificación de modelo institucional precedente. Es así como al desaparecer la propuesta de un mercado eléctrico, suprimirse la pluralidad de operadores públicos y privados, y además disponer la fusión de todas las empresas prestadoras en una empresa única estatal, adscrita al Ministerio de Energía y Petróleo debe modificarse el marco institucional.

El modelo que sigue el Decreto-Ley no es otro que aquel que viene desarrollándose en el sector petrolero desde 2003, en el cual se mantiene una sociedad mercantil estatal Petróleos de Venezuela S.A., se eliminaron todas las empresas filiales, se designó al Ministro de Energía y Petróleo como presidente de la única operadora estatal y luego se han ido creando una serie de empresas mixtas[124], donde se ha admitido la participación de los capitales privados en porcentajes inferiores al cincuenta por ciento del capital social.

A la reorganización del sector eléctrico le sobra la existencia de un ente regulador técnico como la Comisión Nacional de Energía Eléctrica, porque el único operador estatal y el ministerio del ramo se bastan para establecer la regulación necesaria a los fines de la prestación del servicio público eléctrico.

Además, resultan innecesarias tanto la empresa del Estado denominada Centro Nacional de Gestión del Sistema Eléctrico como las empresas del Estado que actualmente efectúan las demás actividades del sector eléctrico, por lo que deben desaparecer jurídicamente en virtud del proceso de fusión.

No obstante, se admite la posibilidad que la asamblea de accionistas de la Corporación Eléctrica Nacional S.A., pueda crear nuevas empresas operadoras con la finalidad de transferirle una o todas las actividades eléctricas, en cuyo caso la empresa estatal se transformaría en la empresa matriz rectora de las nuevas operadoras.

Finalmente debe señalarse, que la reorganización del sector eléctrico no contempla la participación de las entidades municipales en la prestación del servicio eléctrico domiciliario lo que constituye un desconocimiento o un olvido de las competencias constitucionalmente atribuidas a los municipios.

---

[124]   Brewer-Carías, Allan R., "El régimen de la participación del capital privado en las actividades primarias de la industria petrolera: Desnacionalización, terminación anticipada de los convenios de asociación de la "apertura petrolera" y la migración a empresas mixtas", *Estudios de Derecho Administrativo 2005-2007*, Editorial Jurídica Venezolana, Caracas, 2007, pp. 465-513.

5.   *Las implicaciones tributarias de la reorganización del sector eléctrico*

El Decreto N° 5.330, con rango, valor y fuerza de Ley Orgánica de Reorganización del Sector Eléctrico además de las incidencias jurídico-administrativas antes referidas, también contiene consecuencias tributarias que se analizarán a continuación.

A.   *Las exenciones tributarias a los negocios jurídicos dirigidos a la transformación empresarial del sector eléctrico*

En atención a lo dispuesto en el artículo 317 de la Constitución y 73 del Código Orgánico Tributario, el Decreto-Ley establece las siguientes exenciones tributarias a los negocios jurídicos contemplados en él:

En primer lugar dispone que la creación, fusión, demás actos y negocios jurídicos derivados de la aplicación directa e inmediata del Decreto-Ley, que realicen las empresas a las cuales se refiere el mismo estarán exentas de todo impuesto, tasa o contribución establecida por el Poder Público Nacional, lo que deja a salvo la potestad y la competencia tributaria de los estados y los municipios[125].

En segundo lugar se establece que tanto las ventas de bienes, como las prestaciones de servicios que se realicen entre las diferentes empresas eléctricas, no estarán sujetas a gravamen según la Ley de Impuesto al Valor Agregado[126].

Ambas exenciones dispensan del pago de los tributos nacionales allí señalados, a las personas jurídicas que se encuentren en los supuestos taxativamente señalados en el Decreto-Ley.

B.   *La exención de los tributos estadales y municipales sobre las actividades eléctricas*

La entrada en vigencia del Decreto N° 5.330, con rango, valor y fuerza de Ley Orgánica de Reorganización del Sector Eléctrico, introdujo en materia tributaria, una norma que no existía en la legislación anterior.

Se trata del artículo 12 que establece:

Dada la importancia que tiene el servicio eléctrico para el desarrollo del país y el bienestar social, y visto que su regulación y prestación excede el ámbito Municipal y Estadal, siendo esta materia por su índole y naturaleza del Poder

---

125   Artículo 11 del Decreto N° 5.330, con rango, valor y fuerza de Ley Orgánica de Reorganización del Sector Eléctrico.

126   Artículo 13 del Decreto N° 5.330, con rango, valor y fuerza de Ley Orgánica de Reorganización del Sector Eléctrico.

Nacional, las actividades de generación, transmisión, distribución y comercialización de potencia y energía eléctrica no estarán sujetas al pago de tributos estatales y municipales.

Esta norma establece una reserva a favor del Poder Público Nacional, para ejercer la potestad tributaria sobre la actividad económica del sector eléctrico. Con tal finalidad, dicha disposición expresamente establece la prohibición de imposición de tributos tanto por los Estados como por los Municipios, a los operadores del sector eléctrico.

No obstante, en un sector económico distinto del eléctrico –refiriéndose de manera tangencial al artículo 155 de la Ley Orgánica de Telecomunicaciones[127]–, el Tribunal Supremo de Justicia[128], estableció lo siguiente:

La norma sobre la que versa este proceso [180 de la Constitución] constituye una de las novedades constitucionales: la expresa distinción entre potestades tributarias y potestades reguladoras. La inclusión de esta disposición obedeció, sin duda, a la necesidad de eliminar una incertidumbre que siempre existió en nuestro Derecho: el alcance del poder normativo de la República y, en menor medida, de los estados, respecto de las competencias municipales, en materia tributaria.

...los municipios cuentan en nuestro ordenamiento con un poder tributario originario, a la vez que la República goza de la exclusividad del poder normativo en un buen número de materias, enumeradas en el artículo 156 de la vigente Constitución. Al vincular ambos aspectos la situación había sido en muchos casos la siguiente: que los poderes normativos de la República han absorbido los poderes tributarios locales.

La sentencia precisa que las tres razones que habían justificado tal situación fueron: La primera, la creencia que no podían coexistir impuestos nacionales y municipales sobre una misma actividad económica; la segunda, la convicción de que resultaba imposible el establecimiento de tributos locales, en aquellas actividades que estaban atribuidas a la regulación del Poder Público Nacional, que goza en tales supuestos de una potestad tributaria implícita; y, la tercera, consistía en que los operadores de servicios públicos habilitados a través de una concesión otorgada por el Poder Público Nacional, eran inmunes a la potestad tributaria de los municipios.

El Tribunal Supremo de Justicia considera que el artículo 180 de la Constitución[129] hace inaceptables las tres premisas anteriores, siendo lo correcto

---

[127]   El artículo 155 de la Ley Orgánica de Telecomunicaciones dispone que "De conformidad con la Constitución de la República, las actividades de telecomunicaciones no estarán sujeta al pago de tributos estadales o municipales".

[128]   Tribunal Supremo de Justicia en Sala Constitucional, sentencia 285, de 4 de marzo de 2004.

[129]   El artículo 180 de la Constitución dispone que "La potestad tributaria que corresponde a los municipios es distinta y autónoma de las potestades reguladoras que

considerar que la potestad regulatoria que tienen atribuida la República y los estados es distinta de la potestad tributaria de los municipios, correspondiendo a aquéllos legislar sobre determinadas materias señaladas en la Constitución y a éstos ejercer su potestad tributaria constitucionalmente establecida, sobre las actividades económicas que realicen los operadores económicos en sus territorios. Estas consideraciones condujeron a la siguiente inferencia:

> La primera parte del artículo 180 de la Constitución fue incluido en ese Texto Fundamental para dar por terminada la discusión doctrinal y jurisprudencial entorno al problema del poder tributario implícito en los casos en que se contemple un poder regulador. Esa primera parte del artículo 180, en consecuencia, sólo ha recogido lo que constituye un principio general y debe ser interpretado como la imposibilidad de presumir que una competencia reguladora nacional implica necesariamente un poder de tributación exclusivo sobre dicha actividad o materia. Los Estados y los Municipios pueden, por tanto, dictar normas para exigir los tributos que constitucionalmente se les reconocen, aun en el caso de actividades cuya normación sustantiva corresponde al Poder Nacional.

Lo anteriormente expuesto llevaría a la inequívoca conclusión, que el artículo 12 del Decreto N° 5.330, con rango, valor y fuerza de Ley Orgánica de Reorganización del Sector Eléctrico no se encuentra ajustado a la Constitución, pues ésta, lejos de negarle potestad tributaria a los municipios o a los estados, reconoce que éstos poseen dicha potestad de forma distinta y autónoma que la potestad reguladora atribuida por la Constitución al Poder Nacional, pudiendo en consecuencia los municipios y los estados crear los impuestos sobre la actividad económica del sector eléctrico.

La anterior afirmación se vería ratificada posteriormente por el Tribunal Supremo de Justicia[130], oportunidad en la cual se reconoció que los municipios sí pueden establecer impuestos sobre la actividad económica de las telecomunicaciones, lo que resulta evidentemente válido para la actividad económica del sector eléctrico.

Esta interpretación constitucional de los principios que rigen la imposición tributaria a nivel municipal condujo a que al momento de promulgarse

---

esta Constitución o las leyes atribuyan al Poder Nacional o Estadal sobre determinadas materias o actividades.

Las inmunidades frente a la potestad impositiva de los municipios, a favor de los demás entes político-territoriales, se extiende sólo a las personas jurídicas estatales creadas por ellos, pero no a sus concesionarios ni a otros contratistas de la Administración Nacional o de los Estados".

[130] Tribunal Supremo de Justicia en Sala Constitucional, sentencia 1453, de 3 de agosto de 2004.

la Ley Orgánica del Poder Público Municipal[131], se estableciera de manera expresa la potestad de los municipios para crear el impuesto a las actividades económicas que realizan los operadores del sector eléctrico dentro de su ámbito territorial[132], señalando que el sujeto pasivo del impuesto sobre la actividad económica de suministro de electricidad lo constituye el operador prestador del servicio[133] y se estableció que la alícuota aplicable del impuesto sobre las actividades económicas de prestación del servicio eléctrico será del dos por ciento, hasta que la Ley de presupuesto establezca otra alícuota distinta[134].

Esto permite afirmar que, en principio, todos los operadores económicos que prestan el servicio de suministro de energía eléctrica son sujetos pasivos del impuesto sobre las actividades económicas.

Ahora bien, este tributo en principio se aplica a los operadores económicos privados que prestan el servicio de suministro de energía eléctrica, pero no resulta aplicable a los operadores económicos que hayan sido creados por los entes políticos-territoriales, pues en tal caso la exención del pago de tributos podría establecerse por ley, cuando se cree una persona jurídica estatal.

En conclusión, conforme al artículo 180 de la Constitución[135], los operadores privados que prestaban el servicio de suministro de energía eléctrica eran sujetos pasivos del impuesto a las actividades económicas, establecido por los municipios en su ámbito territorial, pero el operador creado por el Ministerio de Energía y Petróleo y la empresa estatal Petróleos de Venezuela S.A. pueden ser dispensados por ley del pago del mencionado impuesto municipal, en razón de lo cual, conforme a lo dispuesto en el artículo 12 del Decreto N° 5.330, con rango, valor y fuerza de Ley Orgánica de Reorganización del Sector Eléctrico, la exención de impuesto solo beneficia a la persona jurídica única, constituida por la empresa operadora estatal Corporación Eléctrica Nacional S.A., en lo que respecta a la realización de las actividades del sector eléctrico.

---

[131]   La Ley Orgánica del Poder Público Municipal fue publicada en la Gaceta Oficial N° 38.204, de 8 de junio de 2005, reformada parcialmente en varias oportunidades, siendo la última publicada en la Gaceta Oficial N° 6.015, de 28 de diciembre de 2010.

[132]   Vigilanza, Adriana, "El capítulo tributario de la Ley Orgánica del Poder Público Municipal: Fundamentos constitucionales y problemas que le dieron origen", *Ley Orgánica del Poder Público Municipal*, Editorial Jurídica Venezolana, Caracas, 2005, pp. 439-488.

[133]   Artículo 212 de la Ley Orgánica del Poder Público Municipal.

[134]   Disposición Transitoria Sexta de la Ley Orgánica del Poder Público Municipal.

[135]   El artículo 180 de la Constitución señala que "Las inmunidades frente a la potestad impositiva de los municipios, a favor de los demás entes político-territoriales, se extiende sólo a las personas jurídicas estatales creadas por ellos, pero no a sus concesionarios ni a otros contratistas de la Administración Nacional o de los Estados".

VI. CONSIDERACIONES FINALES

Toda la actuación del Estado debe realizarse en cumplimiento de la obligación de respetar y garantizar el goce y disfrute, de manera irrenunciable, indivisible, interdependiente y progresiva de los derechos y las libertades reconocidas en la Constitución[136], lo que implica que cualquier limitación o restricción debe efectuarse con sujeción a las garantías formales (reserva legal, carácter orgánico de la respectiva ley y determinación de la regulación del derecho o libertad que se afecta) y a las garantías materiales (licitud del fin perseguido, prohibición de exceso: proporcionalidad, idoneidad y necesidad, compatibilidad con el sistema democrático e intangibilidad del contenido esencial de los derechos y libertades)[137].

La Constitución es la norma suprema y el fundamento de toda la actuación de los órganos que ejercen el Poder Público y además establece que el régimen socio-económico se fundamenta en principios de justicia social, democracia, eficiencia, libre competencia y protección del ambiente con la finalidad de asegurar un desarrollo humano integral y una existencia digna y provechosa para las personas, individual y colectivamente, por lo que dispone que "*El Estado conjuntamente con la iniciativa privada promoverá el desarrollo armónico de la economía nacional*"[138], implicando ello que en el marco de una economía social de mercado, deben concurrir en la satisfacción de las necesidades colectivas tanto el propio Estado como los particulares en ejercicio de los derechos y las libertades económicas.

Lo anterior permite apreciar cómo la nueva política económica que ha asumido el gobierno en el sector eléctrico tiene un difícil anclaje constitucional, pues si bien no existe duda sobre la posibilidad que el Estado intervenga de manera directa en determinadas actividades económicas por razones de interés público, social o de carácter estratégico, ello debe hacerse teniendo presente que los órganos que ejercen el Poder Público están al servicio de los ciudadanos y que la razón de su actuación es la satisfacción del interés general, afectando para ello lo menos posible –solo lo estrictamente necesario– los derechos y las libertades públicas, que son irrenunciables, indivisibles e interdependientes y de aplicación e interpretación progresiva según lo dispone la Constitución[139], no debiendo tales limitaciones o restricciones incidir de manera tal que afecten su efectivo ejercicio, al extremo de convertirlos en inexistentes.

---

[136] Artículo 19 de la Constitución.

[137] Casal Hernández, Jesús María, "Condiciones para la limitación o restricción de derechos fundamentales", *El Derecho Público a comienzos del siglo XXI. Estudios en Homenaje al Profesor Allan R. Brewer Carías*, Tomo III, Thomson-Civitas, Madrid, 2003, pp. 2515-2535.

[138] Artículo 299 de la Constitución.

[139] Artículo 19 de la Constitución.

Por el contrario, la actual política económica del gobierno conduce a la supresión de los derechos y las libertades económicas, en contravención de lo dispuesto en la Constitución. En efecto, la política pública que se desarrolla en el sector eléctrico lleva a la supresión de la propiedad privada de los medios de producción en el sector, mediante la estatización de todas las sociedades mercantiles privadas y la consecuente adquisición por el Estado de los bienes e infraestructuras necesarios para realizar esta actividad económica.

Además se ha eliminado cualquier vestigio de ejercicio de la libertad de empresa y de iniciativa empresarial privada en el sector económico eléctrico, lo que afecta la posibilidad de ingreso de nuevos operadores privados a la prestación de los servicios eléctricos (tanto para constituir nuevas empresas como para garantizar el acceso a las instalaciones esenciales o el acceso de terceros a las redes eléctricas), lo que incide en la libertad de inversión financiera, la innovación y el desarrollo tecnológico, así como en la formación competitiva de precios en aquellas actividades del sector donde ello fuese posible.

Todo esto afecta de manera negativa la existencia de la libre competencia, pues al fusionarse todas las empresas del sector –públicas y privadas–, en una única persona jurídica estatal, inevitablemente se constituye un monopolio, situación que ha sido censurada desde su aparición por el Tribunal Supremo de Justicia[140].

En lo que respecta a los derechos de los usuarios, al desaparecer la pluralidad de operadores y la diversidad actual o potencial de ofertas de los servicios eléctricos, se produce como consecuencia que no exista la libertad de elección, la cual constituye uno de los atributos del derecho constitucional de los usuarios.

El otro aspecto vinculado con los usuarios y que es más importante aún, está relacionado con la calidad de los servicios eléctricos, pues no existía ninguna garantía que la supresión de las libertades económicas de los operadores iba a mejorar la calidad del servicio eléctrico, ni a garantizar precios más asequibles a los usuarios.

---

[140] El Tribunal Supremo de Justicia en Sala Constitucional, sentencia 1563, de 12 de diciembre de 2000, señaló lo siguiente: "La Constitución de 1999, entre los derechos económicos, ha prohibido a los particulares los monopolios y ha limitado de manera general (para el Estado y los particulares) la posición de dominio (artículo 113), por lo que mal puede entenderse que los municipios en general, y el Distrito Metropolitano en particular, tengan como meta el monopolizar la producción de agua potable, energía eléctrica o gas, o la distribución y ventas de rubros, o del transporte urbano. De allí que los Municipios pueden construir o adquirir acueductos, redes de distribución de electricidad o gas en sus territorios, establecer servicios de transporte y claro está, el Distrito Metropolitano puede hacerlo, pero permitiendo la libre competencia, principio económico contenido en los artículos 112 y 113 de la Carta Magna".

En la actualidad solo basta con recorrer el territorio nacional para tomar nota del incremento progresivo de las fallas en que incurre el operador público en la prestación del servicio eléctrico, lo que se ha traducido en suspensiones o interrupciones constantes, así como en la carencia de facturación adecuada o en la facturación irregular de los servicios realmente prestados, tal como ha dado cuenta de ello el propio Tribunal Supremo de Justicia[141], al resolver las pretensiones de condena formuladas por los usuarios del servicio eléctrico, en la región central y en la región oriental del país, que en defensa de los derechos colectivos, se querellaron contra dos empresas estatales que les prestaban un deficiente servicio.

Sin duda que debe asumirse con conciencia un gran debate nacional sobre el tema energético y en particular sobre el sector eléctrico, respecto a ¿cuáles son las inversiones que se deben efectuar?, ¿quién las debe efectuar?, ¿con qué urgencia se deben efectuar? y ¿cuánto se debe invertir?, para mejorar la capacidad instalada de las redes y la construcción de nuevas infraestructuras que permitan atender al incremento de la demanda de energía y que garanticen una prestación eficiente, regular, continua, de calidad y a precios asequibles de los servicios eléctricos en todo el territorio nacional, que satisfaga las necesidades esenciales de energía de las personas.

Será solamente después que ello se haya logrado que se podrán realizar acuerdos energéticos internacionales, para la venta o intercambio de energía con los países vecinos de América del Sur. Lo que no parece lógico, ni racional, ni coherente, es que se insista en formular una política energética faraónica hacia y con el subcontinente, cuando el país no cuenta ni con las tecnologías, ni con las infraestructuras o las redes necesarias para el autoabastecimiento de energía, pues simplemente no se puede negociar, ni se puede aportar y menos aún se puede distribuir o compartir aquello que no se tiene o produce.

Cualquier negociación que se emprenda con los vecinos continentales debe darse desde el respeto, la igualdad y la solidaridad con los países y sus habitantes y la mejor contribución que se puede hacer a los países vecinos es no efectuarles falsas promesas sobre los logros del gobierno venezolano en materia energética[142], porque con ello únicamente se corre el riesgo de des-

---

[141]   Tribunal Supremo de Justicia en Sala Constitucional, sentencia 1042, de 31 de mayo de 2004.

[142]   Garrido Rovira, Juan advertía sobre los "momentos de crisis energética, como el que viene amenazando a Venezuela por efecto de la disminución del nivel de la represa del Gurí originado en la fuerte sequía de los últimos tiempos y en la carencia de plantas de energía térmica a escala nacional que puedan suplir o compensar el déficit de generación hidroeléctrica", lo que no ha variado hasta el presente, pues no se han asumido políticas integrales, ni hecho las inversiones dirigidas a conjurar tal amenaza. El ente regulador en la reforma del sector eléctrico venezolano, *El Derecho Público a comien-*

viarse de trabajar en lo prioritario, en satisfacer las verdaderas necesidades de la población y además lleva a que se pierda tanto tiempo como dinero, en la efectiva búsqueda de soluciones a las necesidades energéticas de las distintas sociedades.

El gran aporte que debe dar Venezuela a sus vecinos continentales es fortalecer el Estado social y democrático de Derecho y la economía social de mercado, garantizando la efectiva satisfacción de las necesidades sociales en democracia, libertad, igualdad de oportunidades y pleno reconocimiento de los derechos constitucionales. Si esto se logra en paz, se habrá hecho una enorme contribución al desarrollo y progreso de la integración de la Comunidad Suramericana.

171

EL REGRESO DEL ESTADO PRESTADOR EN EL SERVICIO ELÉCTRICO

I. INTRODUCCIÓN

Es preciso comenzar recordando que la actividad de servicio eléctrico es considerada un servicio público domiciliario, que cuenta con una regulación diferente a otros países, donde ha experimentado un amplio proceso de liberalización[143], producto de la transformación del modelo de Estado social y democrático de Derecho, ajustado a los avances políticos, jurídicos, económicos, sociales, científicos, tecnológicos y ambientales de las últimas décadas.

Ello ha llevado a que el estudio de este servicio público domiciliario se aborde desde la teoría de la regulación, lo que exigiría un análisis del mismo desde una triple perspectiva: La regulación jurídica-institucional, la regulación económica-financiera y la regulación técnica, es decir, la investigación y el análisis a partir de un enfoque multidisciplinario que permita comprender cada aspecto de este sector económico de manera integral.

Como operador jurídico corresponde centrar este análisis en el primer aspecto, que por sí solo resulta bastante amplio en virtud de la cada vez mayor intervención del Estado en la producción de normas jurídicas y de su presencia institucional en la gestión de los servicios públicos, lo que además en el caso venezolano se ha hecho con la confesa intención de los operadores políticos que actualmente gobiernan el país, de demostrar que bajo su dirección, las empresas públicas sí pueden ser eficientes en la gestión de tales servicios. A lo largo de la presente exposición se verá que, a pesar de las mejores intenciones, los resultados han demostrado lo contrario.

Para una mayor claridad en la exposición de las ideas, se dividirá el presente trabajo en los siguientes aspectos a saber: El régimen de la crisis eléctrica (II); la consolidación de la vuelta al Estado prestador en el sector eléctrico (III); y las consideraciones finales (IV).

---

[143]   Moreno Castillo, Luís Ferney, *Servicios Públicos Domiciliarios*, Universidad Externado de Colombia, Bogotá, 2001.

II.   EL RÉGIMEN DE LA CRISIS ELÉCTRICA

La crisis eléctrica se ha desarrollado en dos fases fundamentales: Una, que se inicia luego de las estatizaciones de las grandes empresas eléctricas privadas[144] y que llegará hasta su reconocimiento formal por el gobierno, con la creación de un ministerio especial para atenderla; y la otra, que se inicia con el régimen de racionamiento, que de hecho se prolongará hasta el presente.

1.   *La primera fase de la crisis eléctrica*

Debe destacarse que antes de cumplirse el primer año de la estatización total del sector eléctrico, se iniciaron los grandes apagones en el país, habiéndose producido los siguientes grandes episodios.

1. El día 29 de abril de 2008, siendo informado el día 30 de abril de 2008, así: "Apagón deja sin luz a 50% del país. El servicio se reanudó en forma progresiva en distintos territorios del país"[145].

2. El día 22 de julio de 2008, que fue titulado por Últimas Noticias al siguiente día: "Nueva falla eléctrica dejó sin luz varias zonas del país"[146].

3. El apagón de 1 de septiembre de 2008, fue titulado el día 2 de septiembre de 2008, así: "Falla eléctrica provocó molestias en varios Estados. Vecinos exigen mejoras inmediatas en el sistema eléctrico nacional"[147]. Ese mismo día se informaba en El Universal que la "Construcción de Represa Tocoma reporta 17% de avance"[148], cuando este proyecto había sido programado para ser entregado en 2003 y según agrega el texto de la noticia se replanificó la entrega para 2014.

4. El apagón del día 19 de octubre de 2008, fue titulado al siguiente día: "La ciudad se congestionó por el bajón de electricidad[149]".

---

[144]   Hernández-Mendible, Víctor R., "La regulación del servicio eléctrico", *Estudios Jurídicos en Homenaje al Prof. Mariano R. Brito*, Fundación de Cultura Universitaria, Montevideo, 2008, pp. 745-783.

[145]   http://www.eluniversal.com/2008/04/30/eco_art_apagon-deja-sin-luz_841925

[146]   http://venezuelareal.zoomblog.com/archivo/2008/07/23/nueva-falla-electrica-dejo-sin -luz-var.html

[147]   http://www.eluniversal.com/2008/09/02/pol_art_falla-electrica-prov_102 6254

[148]   http://www.eluniversal.com/2008/09/02/eco_art_construccion-de-repr_ 1026149

[149]   http://www.eluniversal.com/2008/10/20/ccs_art_la-ciudad-se-congest_110 1839

5. El día 11 de diciembre de 2008, fue informado el día 12 de diciembre de 2008, titulado: "Cuarto apagón colapsó la ciudad. La línea 1 del Metro se quedó paralizada y en otras vías se vieron afectadas"[150]. El mismo día el periódico presenta dos noticias más relacionadas con el apagón y sus efectos. Son éstas: "Pérdidas en comercios y caos en vías altomirandinas por falla de luz"[151] y "Hecho fortuito en transmisión subestación Santa Teresa"[152].

6. El 3 de agosto de 2009, se produjo un apagón que se tituló al día siguiente: "Fallas en interconexión eléctrica causaron apagón en 8 entidades"[153] y además presentaron otra noticia relacionada, la cual se titulaba "Trabajadores denuncian crítica situación en Cadafe. Manifiestan que no tienen equipos de seguridad, ni vehículos"[154].

7. El día 3 de septiembre de 2009, se produjo otro apagón y fue titulado al día siguiente así: "Exigencias máximas de energía desde Gurí generaron apagón. Persiste un déficit energético de entre 2% y 3% pese a esfuerzos por elevar generación"[155].

Además de las suspensiones de servicios no programadas que se producen con frecuencia semanal y que llegan a alcanzar varios días antes de su restablecimiento, en algunas porciones del territorio nacional (estados Anzoátegui, Apure, Bolívar y Táchira), con los consecuentes daños para los usuarios (el 21 de julio de 2009, se produjo una suspensión del servicio eléctrico en los estados Aragua y Carabobo, que afectó la prestación del servicio de agua potable).

La crisis eléctrica finalmente fue reconocida y asumida por el Gobierno Nacional, que expidió el Decreto N° 6.991, de 21 de octubre de 2009[156], mediante el cual se creó el Ministerio de Energía Eléctrica, al que se atribuyeron las competencias de:

---

[150] http://www.eluniversal.com/2008/12/12/ccs_art_cuarto-apagon-colaps_ 1187883

[151] http://www.eluniversal.com/2008/12/12/grccs_art_perdidas-en-comercio_ 1181266

[152] http://www.eluniversal.com/2008/12/12/ccs_art_hecho-fortuito-en-tr_118 7930

[153] http://www.eluniversal.com/2009/08/04/eco_art_fallas-en-interconex _1504661

[154] http://www.eluniversal.com/2009/08/04/eco_art_trabajadores-denunci_ 1504658

[155] http://www.eluniversal.com/2009/09/04/eco_art_exigencias-maximas-d_ 1552681

[156] Gaceta Oficial N° 39.294, de 28 de octubre de 2009.

a) La regulación, formulación y seguimiento de políticas, la planificación y la fiscalización que tiene atribuidas el Ejecutivo Nacional, sobre las actividades en materia de energía eléctrica.

b) El desarrollo, aprovechamiento y control de los medios de generación de energía eléctrica, así como de las industrias eléctricas.

c) El estudio de mercado, el análisis y el cálculo de precios del servicio de electricidad.

d) La prevención de la contaminación del ambiente derivada de las actividades de generación y transmisión de energía eléctrica, en coordinación con el Ministerio del Ambiente.

e) Las demás que le atribuyan las leyes y otros actos normativos.

Posteriormente, el Decreto N° 7.377, de 13 de abril de 2010[157], amplió las competencias del Ministerio de Energía Eléctrica, también sobre la energía atómica y las energías renovables y luego fue modificado por el Decreto N° 8.528, de 18 de octubre de 2011[158].

Esta decisión se encuentra acompañada de un conjunto de medidas gubernamentales para enfrentar la crisis eléctrica, que pretenden el ahorro y uso eficiente de la energía eléctrica[159], lo que no ha impedido que los apagones e interrupciones o suspensiones no programadas del suministro, se hayan incrementado en todo el territorio nacional hasta el momento de escribir este trabajo.

2.   *La segunda fase de la crisis eléctrica*

Comienza la segunda fase con la imposición no planificada, de un régimen de racionamiento implementado a nivel nacional, que fue anunciado por el Ministro de Energía Eléctrica, el día 12 de enero de 2010, a través de la televisión y que finalizó menos de 24 horas después, mediante la declaración del Presidente de la República, también por televisión, ordenando su suspensión y destituyendo al ministro.

Es importante mencionar que este racionamiento fue comunicado y revocado por "bandos" y que jamás existió un acto formal que le otorgase validez jurídica alguna, durante su efímera aplicación.

---

[157]   Gaceta Oficial N° 39.414, de 30 de abril de 2010.

[158]   Gaceta Oficial N° 39.780, de 18 de octubre de 2011.

[159]   Sobre este tema debe consultarse con provecho, Ugas Martínez, Cira, "El régimen de servicio público de energía eléctrica. Aspectos de su transformación", (Dir. Hernández-Mendible, V.R.), *Los Servicios Públicos Domiciliarios*, Editorial Jurídica Venezolana, FUNEDA y Centro de Estudios de Regulación Económica de la Universidad Monteávila (CERECO-UMA), Caracas, 2012, pp. 105-108.

El Decreto N° 7175[160], contiene las medidas extraordinarias de carácter provisional sobre el horario especial de la Administración Pública, entre las 8:00 a.m. y 1 p.m., que se aplicarían inicialmente por un período de 150 días, que finalizaba el 12 de junio de 2010.

En tanto, el Ministerio de Turismo dictó la resolución de 25 de enero de 2010, mediante el cual se impone a los operadores de casinos que desarrollaban su actividad económica fuera del horario establecido, la obligación de abastecerse enteramente mediante equipos de producción autónoma de energía eléctrica, debiendo garantizar la calidad y seguridad de los servicios que prestan.

En este contexto, el Ejecutivo Nacional dictó el Decreto N° 7228, de 8 de febrero de 2010[161], mediante el cual se declara la Emergencia Eléctrica por un período de 60 días, para adoptar medidas extraordinarias con motivo de la crisis energética.

Posteriormente, el Ministerio de Energía Eléctrica mediante resolución de 9 de febrero de 2010, dispone la reducción del consumo de los altos consumidores, prohíbe del uso de energía eléctrica en vallas y avisos luminosos y luego dicta la resolución de 11 de febrero de 2010, que regula la reducción del consumo de energía eléctrica en un 20%.

Semanas después, el Decreto N° 7338[162] dispuso declarar no laborables y en consecuencia feriados en el sector público y privado, los días lunes, martes y miércoles de Semana Santa, para incrementar el ahorro de energía eléctrica.

El lapso de 60 días de estado de emergencia que se había decretado el día 8 de febrero de 2010, venció el día 9 de abril de 2010, pero asombrosamente 59 días después de la extinción de la vigencia de aquella decisión, se expidió el Decreto N° 7.462, de 7 de junio de 2010[163] que ordenaba prorrogar el estado de emergencia sobre la actividad de prestación del servicio por un lapso de 60 días más, a partir del día 8 de junio de 2010.

Estas medidas infralegales generaron una gran inseguridad jurídica y han afectado el desarrollo de la libertad de empresa de todos los operadores económicos, quienes han tenido que improvisar el desarrollo de sus actividades, interrumpiéndolas de manera abrupta para cumplir con las órdenes gubernamentales, so pena de ser sancionados, –aunque sin norma legal expresa–, en virtud de las amenazas formuladas por las autoridades públicas. Además, las personas individuales que como usuarios también han sido

---

[160]   Gaceta Oficial N° 5.955, de 13 de enero de 2010.

[161]   Gaceta Oficial N° 39.363, de 8 de febrero de 2010.

[162]   Gaceta Oficial N° 39.393, de 24 de marzo de 2010.

[163]   Gaceta Oficial N° 39.440, de 7 de junio de 2010.

afectados en la prestación del servicio, han experimentado las "sanciones" que les han impuesto a través del incremento del monto de la facturación, a pesar del deficiente servicio que reciben.

III. LA CONSOLIDACIÓN DE LA VUELTA AL ESTADO PRESTADOR EN EL SECTOR ELÉCTRICO

Durante los meses de junio y julio de 2010, el Ministerio de Energía Eléctrica sometió a la consideración del Poder Legislativo los nuevos textos de proyectos legales, dirigidos a modificar el entonces régimen jurídico del sector eléctrico.

El primero fue el proyecto de Ley Orgánica de Reorganización del Sector Eléctrico que fue expedido en agosto de 2010[164] y derogó el Decreto con rango, valor y fuerza de Ley Orgánica de Reorganización del Sector Eléctrico. Este tiene como principal objetivo prorrogar el lapso –aunque ya había finalizado– para la fusión de las empresas del sector, que debía realizarse antes del 1° de agosto de 2010.

El segundo fue el proyecto que se denomina Ley Orgánica del Sistema y Servicio Eléctrico que una vez expedido[165], entró en vigor derogando formalmente la hasta entonces vigente Ley Orgánica del Servicio Eléctrico y tenía como finalidad introducir con rango legal, todas las modificaciones que se habían experimentado en el sector a propósito de la crisis energética.

El tercero fue el proyecto de Ley de Uso Racional y Eficiente de la Energía, finalmente expedido en diciembre de 2011 y en vigor desde su publicación[166].

De este paquete legislativo se debe mencionar, que habiendo analizado la primera de las leyes en el antes referido trabajo sobre la regulación del servicio eléctrico[167] y la tercera de las mencionadas en otra ocasión y a cuyos comentarios se remite[168], interesa analizar en esta oportunidad, algunos aspectos puntuales de la Ley Orgánica del Sistema y Servicio Eléctrico, que se expondrán seguidamente.

---

[164]   Gaceta Oficial N° 39.493, de 23 de agosto de 2010.

[165]   Gaceta Oficial N° 39.537, de 14 de diciembre de 2010.

[166]   Gaceta Oficial N° 39.823, de 19 de diciembre de 2011.

[167]   Hernández-Mendible, Víctor R., *La regulación del servicio eléctrico, Estudios Jurídicos en Homenaje al Prof. Mariano R. Brito*, Fundación de Cultura Universitaria, Montevideo, 2008, pp. 745-783.

[168]   Hernández-Mendible, Víctor R., *La regulación de las actividades económicas*, OSINERGMIN, (ponencia), Lima, noviembre, 2013.

En esencia el nuevo texto legal establece que su objeto es regular el sistema eléctrico y la prestación del servicio eléctrico en el territorio nacional, pero introduce una novedad, al incluir los intercambios internacionales de energía, que quedan sujetos al sistema nacional de planeación[169].

Cabe destacar que el legislador efectúa una triple distinción terminológica, al señalar[170]:

1. El sector eléctrico lo constituyen el "conjunto de actores y agentes involucrados directa o indirectamente en la prestación del servicio eléctrico, que concurren en la conformación de acciones para satisfacer las necesidades en el suministro de electricidad".

2. El servicio eléctrico consiste en la "actividad prestacional ejercida por el Estado destinada a satisfacer la necesidad de suministro de energía eléctrica a la colectividad, para garantizar el desarrollo integral del país".

3. El sistema eléctrico se encuentra conformado por "el conjunto de actividades, procesos, instalaciones, equipos y dispositivos que se articulan e interconectan de manera sistémica y continua para prestar un servicio eléctrico de calidad, a los niveles de tensión requeridos por los usuarios".

Es a partir de estas nociones, que se deben analizar los aspectos centrales de la reforma:

1. *Nueva regulación de las actividades del sector eléctrico*

Siendo un asunto eminentemente técnico, el legislador no introduce ninguna novedad en lo que respecta a la mención de las actividades que comprenden el sector eléctrico, que han sido comentadas anteriormente.

Es así como reitera que las actividades de generación, transmisión, despacho del sistema eléctrico, distribución y comercialización se consideran servicio público[171], lo que se encuentra en armonía con el texto constitucional que además lo califica de "domiciliario"[172].

Hay que tener presente que el constituyente no se pronunció respecto a si el servicio público eléctrico debía gestionarse en régimen de competencia, como había propuesto la Ley de servicio eléctrico de 1999, reformada en 2001 o si debía gestionarse en régimen de monopolio, como lo asume la Ley de 2010, refrendando de esta manera la política de estatizaciones llevada a cabo a partir de 2007.

---

[169] Artículos 1 y 3 de la Ley Orgánica del Sistema y Servicio Eléctrico.

[170] Artículo 16 de la Ley Orgánica del Sistema y Servicio Eléctrico.

[171] Artículos 1 y 6 de la Ley Orgánica del Sistema y Servicio Eléctrico.

[172] Artículos 156.29 y 187.6 de la Constitución.

En razón de ello, hay que ir tras el espíritu, propósito y razón de la Ley para analizar su coherencia y armonía o su inconexión e incongruencia, para lo que se debe tener presente en los próximos subepígrafes, que tal como ha destacado la doctrina científica con notable agudeza, el legislador introduce la distinción entre lo que denomina premisas y lo que califica de principios[173].

2. *Las premisas que inspiran el sector eléctrico*

La Ley dispuso que la prestación del servicio eléctrico se rige bajo las siguientes premisas[174]: El acceso universal; la reserva y dominio del Estado; y el modelo de gestión socialista, siendo que cada una de estas premisas son definidas por el legislador.

A. *Acceso universal al servicio eléctrico*

La Ley se limita a señalar en relación a la premisa que reconoce el acceso universal al servicio eléctrico, que debe ser garantizado por el Estado a todas las personas, quienes tienen el deber de hacer uso racional y eficiente del mismo.

Esta escueta referencia al acceso universal casi que resulta tautológica, pues la universalidad supone que se garantice a todas las personas, de lo contrario no sería posible hablar de universalidad.

Además en el contexto jurídico que inspira la Ley, resulta poco relevante la declaratoria de acceso universal, pues en un mercado monopólico y por lo tanto cautivo como el que se ha constituido y con un único operador y prestador estatal en posición de dominio, en definitiva, en un sector que ha sido declarado un servicio público tradicional e integrado verticalmente, no tiene utilidad alguna reconocer el acceso universal, que constituye una categoría jurídica concebida para aquellos mercados disputados, donde la oferta que realizan los operadores se orienta hacia las zonas geográficas que presentan mayor demanda y en que los usuarios tienen mayor poder adquisitivo, por lo que se le ofrecen los servicios de mejor calidad; dejando sin atender zonas determinadas o con una prestación de baja calidad, cuando aquellas zonas geográficas o los usuarios resultan poco atractivos para el negocio.

---

[173] Ugas Martínez, Cira, "El régimen de servicio público de energía eléctrica. Aspectos de su transformación," (Dir. Hernández-Mendible, V.R.), *Los Servicios Públicos Domiciliarios*, Editorial Jurídica Venezolana, FUNEDA y Centro de Estudios de Regulación Económica de la Universidad Monteávila (CERECO-UMA), Caracas, 2012, pp. 94-96.

[174] Artículo 4 de la Ley Orgánica del Sistema y Servicio Eléctrico.

Justamente, la asunción del modelo de servicio público tradicional conlleva entre otras consecuencias a que tal universalización del servicio sea inherente, para cumplir con las leyes clásicas del servicio público[175]. De allí que parezca innecesario hacer referencia a esta premisa, en el mismo artículo de la Ley que expresamente señala que "*se declaran como servicio público las actividades de generación, transmisión, despacho del sistema eléctrico, distribución y comercialización*", entendida esta manifestación en la concepción de Estado prestacional[176].

B. *Reserva y dominio del Estado*

En la segunda premisa el legislador se apoya en razones de seguridad, defensa, estrategia y soberanía nacional, para establecer una reserva de las actividades de generación, transmisión, distribución y comercialización, al único "operador y prestador del servicio" que es la Corporación Eléctrica Nacional S.A., o el ente creado para tal fin, que estará adscrito al Ministerio de Energía Eléctrica, correspondiéndole realizar esas actividades en todo el territorio nacional[177].

Esta reserva constituye un monopolio legal de las actividades de generación[178], transmisión[179] y distribución[180], que el "operador y prestador" debe realizar de manera exclusiva y excluyente; mientras que en la actividad de comercialización aunque mantiene la reserva en favor del "operador y prestador", la Ley abre una puerta a que la exclusividad no impida que otros participen, pues además de no emplear ésta expresión como lo hizo con respecto a las otras actividades mencionadas anteriormente, señala que se realizará "en los términos definidos en esta Ley"[181].

En tanto la actividad de despacho del sistema eléctrico, queda reservada a la competencia del Ministerio de Energía Eléctrica[182].

---

[175]   Araujo-Juárez, José, *Derecho Administrativo General. Servicio Público*, Tomo IV, Ediciones Paredes, Caracas, 2010, pp. 123-153.

[176]   Hernández-Mendible, Víctor, "La regulación para la consecución de objetivos de interés general en el Estado de Garantía de Prestaciones", *Derecho Administrativo y Regulación Económica. Liber Amicorum Gaspar Ariño Ortíz*. (Coords. Juan Miguel de la Cuétara Martínez, José Luis Martínez López-Muñiz, Francisco J. Villar Rojas), *La Ley*, Madrid, 2011, pp. pp. 1159-1177.

[177]   Artículos 8 y 28 de la Ley Orgánica del Sistema y Servicio Eléctrico.

[178]   Artículo 43 de la Ley Orgánica del Sistema y Servicio Eléctrico.

[179]   Artículo 48 de la Ley Orgánica del Sistema y Servicio Eléctrico.

[180]   Artículo 50 de la Ley Orgánica del Sistema y Servicio Eléctrico.

[181]   Artículo 54 de la Ley Orgánica del Sistema y Servicio Eléctrico.

[182]   Artículos 8 y 49 de la Ley Orgánica del Sistema y Servicio Eléctrico.

De lo anteriormente expuesto –premisas primera y segunda– se aprecia que el legislador asume la clasificación de los servicios públicos elaborada por la doctrina científica[183] –y que había hecho suya el Tribunal Supremo de Justicia[184]–, que distingue los servicios públicos según la intensidad de la restricción de la libertad de empresa, en dos grandes categorías: La primera, son los reservados al Estado, que se subdividen en servicios públicos totalmente reservados al Estado, en forma exclusiva y excluyente, que no pueden ser desarrollados por particulares, como serían en este caso la generación, transmisión y distribución; y los servicios públicos reservados al Estado, en forma exclusiva pero no excluyente, que pueden ser concedibles u otorgables a los particulares, como podría ser en este caso la comercialización; en tanto que la segunda, comprende los servicios públicos concurrentes entre el Estado y los particulares, en cuyo caso éstos tienen la libertad de empresa para realizarlos, pero sometidos a una intensa regulación del Estado, siendo que esta segunda categoría no se encuentra prevista en la regulación actual del sector eléctrico.

De lo antes dicho se infiere que salvo en el caso de la actividad de comercialización, en el resto de las actividades del sector eléctrico el legislador no contempló previsión expresa del otorgamiento de títulos administrativos habilitantes a los particulares, para el desarrollo de las mismas con la finalidad de satisfacer las necesidades de energía de terceros[185].

No obstante, luce necesario señalar que siendo un servicio público con todas sus consecuencias y habiendo sido reservadas todas las actividades al Estado en los términos antes indicados, dado que en la práctica administrativa del derecho nacional tal reserva y declaración de servicio público no ha impedido la participación de los particulares previa obtención del respectivo título habilitante administrativo, existe la posibilidad de que éstos puedan obtener conforme al Decreto con rango y fuerza de Ley sobre promoción de la inversión privada bajo el régimen de concesiones[186], las concesiones para gestionar cada una de las actividades que integran el servicio público eléctrico.

---

[183]   Brewer-Carías, Allan R., A manera de prólogo sobre "el marco constitucional de los servicios públicos", al libro los *Servicios Públicos Domiciliarios*, (Dir. Hernández-Mendible, V.R.), *Los Servicios Públicos Domiciliarios*, Editorial Jurídica Venezolana, FUNEDA y Centro de Estudios de Regulación Económica de la Universidad Monteávila (CERECO-UMA), Caracas, 2012, pp. 22-23.

[184]   Tribunal Supremo de Justicia en Sala Constitucional, sentencia 4993, de 15 de diciembre de 2005, ratificada por la sentencia 433, de 6 de mayo de 2013.

[185]   Resulta pertinente señalar que, en Venezuela, la reserva con declaración de exclusiva no ha constituido óbice para que se hayan otorgado títulos habilitantes a operadores privados en el sector de los servicios postales. Véase Hernández-Mendible, Víctor R., "La regulación de los servicios postales en Venezuela", *Revista de Derecho Administrativo* N° 70, Abeledo-Perrot, Buenos Aires, 2009, pp. 900-945.

[186]   Gaceta Oficial N° 5.394, de 25 de octubre de 1999.

C. Modelo de gestión socialista

Cabe destacar que en virtud de la jerarquía normativa que ostenta la Constitución, como norma suprema y cimiento del resto del ordenamiento jurídico, ella establece que el régimen socio-económico se fundamenta en principios de justicia social, democracia, eficiencia, libre competencia y protección del ambiente con la finalidad de asegurar un desarrollo humano integral y una existencia digna y provechosa para las personas, individual y colectivamente[187], lo que implica que en el marco de una economía social de mercado, van a concurrir en la satisfacción de las necesidades colectivas tanto los órganos del Estado que ejercen el Poder Público, como los particulares en ejercicio irrenunciable de sus derechos y libertades.

Ello así, la última premisa constituye toda una novedad en la regulación del sector, pues pretende otorgarle contenido ideológico al señalar que las actividades del sistema eléctrico nacional para la prestación del servicio se realizarán bajo este *sui géneris* "modelo de gestión" –que enunciado así, entra en contravención con el pluralismo que propugna como valor superior la Constitución[188]– y este resulta sin duda todavía más original desde la perspectiva del marco legislativo, pues no se conoce ninguna otra ley de un país desarrollado o de las economías emergentes que promueva este "modelo de gestión" en el sector eléctrico y desde el ámbito de la gerencia, tampoco se conoce referencia de que se haya diseñado y ejecutado exitosamente este curioso "modelo de gestión", que promueve la Ley. El diseño de "modelo de gestión" se remite en su elaboración a las previsiones del Plan de Desarrollo Económico y Social de la Nación.

Además se plantea que los recursos deberán estar orientados a la satisfacción de las necesidades de suministro eléctrico para toda la población y por tanto el Estado debe procurar que la prestación del servicio eléctrico se realice bajo criterios de igualdad, continuidad, flexibilidad, integralidad, imparcialidad, transparencia, participación, confiabilidad, eficiencia, corresponsabilidad, solidaridad, equidad, sostenibilidad económica y financiera, "contribuyendo a lograr la mayor suma de felicidad posible[189]".

Es importante destacar dos aspectos: El primero, es relacionado con el hecho que la mayoría de los criterios inspiradores del original "modelo de gestión" no distan en gran medida, de aquel que debe orientar los modelos de gestión eficiente y eficaz que se utilizan en la mayoría de los países, que no tienen otro objeto que garantizar la seguridad del servicio de calidad a todos los usuarios. El segundo, se encuentra vinculado con el hecho de que no existe ninguna referencia a que dicha gestión en la prestación deba ser

---

187 Artículo 299 de la Constitución.

188 Artículo 3 de la Constitución.

189 Artículo 8 de la Ley Orgánica del Sistema y Servicio Eléctrico.

"segura" y de "calidad", cuando justamente estos constituyen uno de los derechos reconocidos en la Constitución a los usuarios, el derecho a disfrutar de bienes y servicios de calidad[190].

No obstante resulta necesario evaluar, ¿cuál ha sido el desempeño de este modelo de gestión, a partir del momento de entrada en vigencia de la Ley Orgánica del Sistema y Servicio Eléctrico, en diciembre de 2010 y de la fusión por absorción de todas las empresas eléctricas a partir del día 23 de enero de 2012, en que el operador y prestador es exclusivamente la Corporación Eléctrica Nacional S.A..?.[191]

A tales fines vamos a reseñar algunos de los incidentes que se han producido en el sector eléctrico, con mayor impacto sobre importantes sectores de la población, según lo ha reflejado la prensa nacional.

El día 7 de abril de 2011, tuvo lugar un apagón que duró varios minutos y afectó los estados Anzoátegui, Táchira, Lara, Carabobo, Yaracuy, Zulia, Falcón, Aragua y la zona metropolitana de Caracas, debido a la caída de 7.000 megavatios (MW).

Entre el viernes 10 y sábado 11 de junio de 2011, los estados Zulia, Trujillo, Mérida, Táchira y Barinas fueron afectados por apagones debido a fallas en el sistema de generación eléctrica regional.

El día 13 de febrero de 2013, una caída de tensión en la red troncal de transmisión de 765 Kilovoltios (KW) del sistema eléctrico nacional (SEN), que sale de la Central Hidroeléctrica Simón Bolívar en el Gurí, estado Bolívar, hasta Yaracuy, provocó un apagón en los estados Barinas, Apure, Lara, Zulia, Táchira, Mérida, Portuguesa y Yaracuy.

El día 27 de febrero de 2013, un incendio en una subestación del Gurí, que causó la caída de tres líneas de transmisión de 400 KW y provocó un apagón.

El día 3 de septiembre de 2013, ocurrió un apagón que afectó 18 de los 23 estados, además de buena parte de Caracas, a causa de una falla en la línea de 765 KW, debido a que una malla de protección en la torre 6 se desprendió sobre el tendido eléctrico.

---

[190]   Artículo 117 de la Constitución.

[191]   En el quinquenio de vigencia de la Ley Orgánica del Sistema y Servicio Eléctrico han sido responsables del Ministerio de Energía Eléctrica y de la Corporación Eléctrica Nacional: Alí Rodríguez Araque (2010-2012); Héctor Navarro (2012-2013), Jesse Chacón (2013-2015) y Luis Alfredo Motta Domínguez (2015-hasta este momento). El conocimiento y la experiencia de este último en el sector eléctrico se resume en la siguiente nota de prensa del periódico El Universal, de 3 de agosto de 2015: *"Trascendió que Motta Domínguez lleva varias semanas de entrenamiento sobre el Sector Eléctrico Nacional"*, que se puede leer en http://www. eluniversal.com/economia/150803/designan-a-motta-dominguez-como-presidente-de-corpoelec

El día 2 de diciembre de 2013, se produjo un desprendimiento de un conductor que afectó el suministro y generó otro apagón en varios estados.

El día 27 de junio de 2014, se reporta que la Corporación Eléctrica Nacional aplica un programa de racionamiento rotativo en los 13 municipios del estado Monagas, tras la caída de 8 torres pertenecientes a las líneas 1 y 2 de la subestación Palital– El Furrial.[192]

El día 27 de junio de 2014, se registró un apagón que afectó a 15 estados. La caída del servicio de energía se produjo luego de una falla en la línea San Gerónimo–La Arenosa[193].

El día 26 de septiembre de 2014, se produjo una falla en la línea Los Andes, que causó apagón en varias regiones, que comprenden un total de 11 estados[194].

El día 5 de noviembre de 2014, se produjo un apagón en Amuay[195].

El día 5 de diciembre de 2014, se produjo una falla eléctrica que dejó sin suministro a varias zonas de Caracas[196].

El día 29 de septiembre de 2015, se informa que "Los apagones serán más frecuentes y con mayor duración en todo el país"[197].

El día 7 de octubre de 2015, se tituló que "Explosión en subestación eléctrica de Táchira afectó ocho municipios"[198].

El día 14 de enero de 2016, se publicó que "Cuadrillas trabajan en recuperar falla eléctrica en tres estados"[199].

El día 3 de febrero de 2016, tanto la Cámara Venezolana de Centros Comerciales, Comerciantes y afines, así como algunos de sus afiliados, fueron notificados por el Ministerio de Energía Eléctrica sobre las restricciones de suministro de energía eléctrica, en el horario de 1 a 3 p.m. y de 7 a 9 p.m., lo que ocurriría a partir del 10 de febrero de 2016.

---

[192]   http://www.eluniversal.com/economia/140627/aplican-cortes-electricos-en-monagas

[193]   http://runrun.es/nacional/actualidad/134146/falla-electrica-afecto-gran-parte-del-territorio-nacional-desde-horas-de-la-manana.html

[194]   http://www.ultimasnoticias.com.ve/movil/detallenota.aspx?idNota=190294

[195]   http://www.laverdad.com/sucesos/63436-reportan-apagon-en-refineria-amuay.html

[196]   http://www.el-nacional.com/caracas/Reportan-apagon-diversos-sectores-Caracas_0_531546905.html

[197]   http://www.el-nacional.com/sociedad/apagones-frecuentes-mayor-duracion_0_710929114.html

[198]   http://www.eluniversal.com/nacional-y-politica/151007/explosion-en-subestacion-electrica-de-tachira-afecto-ocho-municipios

[199]   http://www.eluniversal.com/economia/160114/cuadrillas-trabajan-en-recuperar-falla-electrica-en-tres-estados

En función de las complicaciones que ello genera, la Cámara se reunió con el Ministerio y el día 12 de febrero de 2016, llegaron al acuerdo de que el horario de funcionamiento sea de lunes a viernes, desde las 12 del mediodía hasta las 7 de la noche, cuando se trata de centros comerciales que no poseen plantas de autogeneración. En tanto, aquellos centros comerciales que tengan plantas de autogeneración podrán operar en su horario regular de lunes a viernes, siempre que contribuyan al ahorro energético en el horario comprendido de 1 p.m. a 3 p.m. y entre 8 p.m. y 10 p.m.[200]

Posteriormente, el Ejecutivo Nacional expidió el Decreto 2.276, de 14 de marzo de 2016, mediante el cual declara días no laborables los días lunes 21, martes 22 y miércoles 23 de marzo de 2016, tanto para el sector público como privado, con la finalidad de ahorrar energía eléctrica[201].

El día 30 de marzo de 2016, se produjo una falla del suministro eléctrico que afectó a 15 estados del país[202]. El día 18 de abril de 2016, en varias zonas de Caracas se presentaron fallas del suministro eléctrico[203].

Aunque los anteriores constituyen algunos de los siniestros de mayor proporción y de las medidas adoptadas por el Ministerio de Energía Eléctrica, durante el nuevo "modelo de gestión" ejecutado bajo la vigencia de la Ley de 2010, cabe destacar que toda la información sobre la situación eléctrica del país luego de las estatizaciones, se encuentra documentada diariamente en la siguiente dirección electrónica: http://www.guia.com.ve/actualidad/electricidad

---

[200]   http://www.cavececo.org/index.php/2016/02/informacion-a-afiliados-y-opinion-publica/

[201]   Gaceta Oficial N 40.668, de 14 de marzo de 2016.

El decreto tiene tres considerando que resultan muy elocuentes: El primero dice "Que la electricidad es un servicio estratégico fundamental e indispensable para el desarrollo económico de la Nación y la calidad de vida del pueblo, constituyéndose en un bien económico indispensable para la familia venezolana y al mismo tiempo para la industria y el comercio en todo el territorio"; el segundo señala "Que en la actualidad el país esta siendo afectado por un conjunto de circunstancias de orden natural, que han incidido negativamente en los niveles de las cuencas hidrográficas, provocando la disminución del aporte de agua a los embalses destinados a la generación eléctrica, lo cual trae como consecuencia el riesgo de la disminución del aporte de electricidad al sistema eléctrico nacional"; el tercero expresa "Que es deber del Estado como de todos los ciudadanos, tomar medidas para incrementar el ahorro de electricidad con el fin de coadyuvar en la prestación continua, confiable y segura del servicio público de energía eléctrica; medidas estas extraordinarias de orden económico que el Ejecutivo Nacional está obligado a tomar, en el marco de la declaratoria de emergencia económica que se ha efectuado para proteger al pueblo venezolano".

[202]   http://www.el-nacional.com/sociales/Reportan-corte-luz-varios-pais_0_820717991. html

[203]   http://www.eluniversal.com/noticias/caracas/varias-zonas-gran-caracas-presentaron-fallas-electricidad_305490

Lo anterior lleva a concluir que en estos 5 años de vigencia de la Ley Orgánica del Sistema y Servicio Eléctrico y 3 años de contar con el único operador y prestador estatal, el modelo de gestión que propone la Ley no ha contribuido a garantizar "la mayor suma de felicidad posible[204]", no ha dado los resultados de seguridad y calidad en el servicio a que tienen derecho los usuarios y tampoco se ha orientado a alcanzar los Objetivos de la Década de la Energía Sostenible para Todos, formulados por la Organización de las Naciones Unidas.

3.   *Los principios rectores del sector eléctrico*

Quizás uno de los aspectos donde se pueden constatar mejor los cambios del modelo regulatorio es estudiando los principios rectores del sector eléctrico.

El modelo regulatorio asumido en 1999 y ratificado en 2001, estableció que las actividades que integran el servicio eléctrico a los fines de garantizar el suministro de electricidad al menor costo posible y con la calidad requerida por los usuarios, debían desarrollarse bajo los principios de equilibrio económico, confiabilidad, eficiencia, calidad, equidad, solidaridad, no discriminación y transparencia.

Esto suponía que el Estado tenía el papel de velar por el cumplimiento de dichos principios y promover la competencia en las actividades donde fuese posible, regular aquellas actividades que por sus características no garantizasen la libre competencia y fomentar la participación privada en el desarrollo del sector[205].

El modelo regulatorio de 2010, tiene como objetivo la consolidación del monopolio estatal iniciado 3 años antes y para ser coherente tenía que suprimir cualquier posibilidad de concurrencia y con ello cualquier vestigio de participación privada en la gestión del sector, lo que llevo a plantear unos nuevos principios que debería cumplir el operador y prestador estatal en el desarrollo de las actividades del servicio eléctrico.

Estos principios rectores son los siguientes[206]: soberanía tecnológica, sustentabilidad ambiental, ordenación territorial, integración geopolítica, uso racional y eficiente de los recursos, diversificación del uso de las fuentes de energías primarias, utilización de fuentes alternativas de energía y corresponsabilidad social.

La simple lectura de los principios recientemente mencionados patentiza que se trata de un modelo sustentado en una orientación distinta de su pre-

---

[204]   Artículo 8 de la Ley Orgánica del Sistema y Servicio Eléctrico.

[205]   Artículos 2 y 3 de la Ley Orgánica del Servicio Eléctrico.

[206]   Artículo 5 de la Ley Orgánica del Sistema y Servicio Eléctrico.

decesor, pero ello no impide echar en falta al menos los principios que deben estar presentes en cualquier sistema eléctrico: la confiabilidad, la seguridad y la calidad.

La ausencia de consideración de tales principios por el legislador, entre aquellos que deben orientar el sistema eléctrico ha contribuido a la obtención de los resultados del "modelo de gestión" precedentemente explicados.

4. *La institucionalidad en el sector eléctrico*

En el actual modelo de regulación del sector eléctrico fundamentalmente existen tres actores estatales: El rector y regulador del sector que es el Ministerio de Energía Eléctrica; el operador y prestador del servicio que es la empresa del Estado, Corporación Eléctrica Nacional; y los municipios, que tienen las competencias específicas que les asigna la ley.

A. *El Ministerio de Energía Eléctrica*

El Ministerio de Energía Eléctrica como órgano rector del sistema y el servicio eléctrico tiene las atribuciones de formulación, regulación y seguimiento de las políticas públicas, así como la planeación y fiscalización de las actividades en la materia, la dirección de la política general de la empresa eléctrica, garantizando la protección de los derechos e intereses de los usuarios y la satisfacción de la demanda de electricidad.

Al eliminarse el sistema económico de competencia regulada y la pluralidad de operadores públicos y privados en el sector eléctrico, la autoridad administrativa reguladora creada en la ley derogada –Comisión Nacional de Energía Eléctrica– y que nunca se puso en funcionamiento perdió su justificación de hecho y de derecho, por lo que el legislador sinceró la situación, al atribuir todas las funciones de regulación nuevamente al Ministerio de Energía Eléctrica.

Además, la actividad de despacho del sistema eléctrico se encuentra expresamente reservada al Ministerio.

B. *La Comisión Presidencial del Estado Mayor Eléctrico*

El desarrollo de la gestión empresarial estatal ha generado tal nivel de preocupación, que ha producido la intervención del Ejecutivo Nacional, mediante Decreto N° 1920[207], por el cual se ha constituido la Comisión Presidencial del Estado Mayor Eléctrico, integrada por los ministros de Energía Eléctrica; Economía y Finanzas; Defensa; Relaciones Interiores, Justicia y Paz; Petróleo y Minería e Industrias, a quienes se le suman el vicepresidente

---

[207] Gaceta Oficial N° 40.720, de 10 de agosto de 2015.

sectorial para la planificación y el conocimiento, el vicepresidente sectorial de desarrollo territorial, el comandante general de la Guardia Nacional y los presidentes de PDVSA y CORPOELEC.

Esta Comisión Presidencial tiene entre sus atribuciones:

1. Apoyar al Presidente de la República en la toma de decisiones estratégicas de energía eléctrica.

2. Conocer y supervisar el estado de la situación eléctrica nacional en tiempo de crisis o emergencia.

3. Informar al Presidente de la República en casos de crisis o emergencia sobre la situación eléctrica.

4. Evaluar y elevar al Presidente de la República, las propuestas que realice el Ministerio para la Energía Eléctrica.

Además, debe diseñar y ejecutar las medidas necesarias y urgentes para que los órganos de la Administración Pública Central y Descentralizada funcionalmente paguen las deudas que mantienen con las empresas eléctricas del Estado.

Esta Comisión Presidencial ha sido convocada por el Presidente de la República, mediante Decreto N° 2241, de 24 de febrero de 2016[208].

C. La Corporación Eléctrica Nacional

La Corporación Eléctrica Nacional es una empresa del Estado, por tanto, integrada a la Administración Pública descentralizada funcionalmente, en razón de lo que se encuentra regida por las disposiciones de la Ley Orgánica de la Administración Pública y el Código de Comercio.

Esta empresa surgió como consecuencia del proceso de estatización de las empresas privadas que participaban en el mercado eléctrico y de la fusión por absorción de éstas y de las empresas públicas que participaban en el sector, lo que se materializó a partir de enero de 2012 y se transformó en la única empresa operadora del sector eléctrico nacional.

De allí que actualmente se comporte como un agente económico en un mercado en monopolio, que constituye el único operador responsable de la realización de las actividades de generación, transmisión, distribución y comercialización, en los términos establecidos en la Ley[209].

Esta empresa del Estado además de cumplir con las disposiciones sectoriales constitucionales, legales y reglamentarias, se haya sometida como los

---

[208]   Gaceta Oficial N° 40.855, de 24 de febrero de 2016.

[209]   Artículo 28 de la Ley Orgánica del Sistema y Servicio Eléctrico.

demás órganos y entes de la Administración Pública a las disposiciones de la Ley Orgánica de la Administración Financiera del Sector Público, de la Ley Orgánica de la Contraloría General de la República y el Sistema Nacional de Control Fiscal, de la Ley Orgánica de Procedimientos Administrativos, de la Ley de Contrataciones Públicas y de la Ley contra la Corrupción, para solo mencionar aquellas que tienen una incidencia más directa.

D. *Los municipios*

Mientras a los municipios, le corresponde según lo dispone la Ley, cooperar, colaborar y coordinar sus competencias propias con el Ministerio de Energía Eléctrica, deben además expedir e implementar la normativa municipal para el uso racional y eficiente de la energía eléctrica[210].

Debe destacarse que siendo la competencia de fiscalización de la calidad del servicio una de las que correspondía a los municipios en el texto derogado, la nueva Ley se la atribuye al Ministerio de Energía Eléctrica, correspondiéndole ahora a los municipios apoyar al Ministerio en la fiscalización y en caso que esta facultad haya sido asignada por el Ministerio a la comunidad, entonces el apoyo deberá brindársele a ésta.

Un asunto que no se puede soslayar es que históricamente, desde la Constitución de 1925, ha sido una competencia municipal el alumbrado público, dentro del territorio de la entidad local.

No obstante, la Ley Orgánica del Sistema y Servicio Eléctrico señala que el alumbrado público forma parte de la actividad de distribución y ésta ha sido reservada y debe ser gestionada de manera exclusiva por el operador y prestador que es la Corporación Eléctrica Nacional, quien debe ejecutar la inversión para la construcción, adquisición de equipos, operación y mantenimiento de las instalaciones de alumbrado público incorporando tecnología eficiente, en todo el territorio nacional, con la calidad requerida[211].

Pero posteriormente, se reformó la Ley Orgánica del Poder Público Municipal, en que se otorga a los municipios la competencia de gestión del servicio de alumbrado público[212], que es de los servicios de obligatoria prestación para todos los municipios[213].

Como se puede observar existe una aparente colisión de normas jurídicas contempladas en dos textos legales, que se suceden en el tiempo y que atribuyen competencias a dos autoridades administrativas de rango y ámbito territorial distinto.

---

[210] Artículo 32 de la Ley Orgánica del Sistema y Servicio Eléctrico.

[211] Artículo 52 de la Ley Orgánica del Sistema y Servicio Eléctrico.

[212] Artículo 56.2.f) de la Ley Orgánica del Poder Público Municipal.

[213] Artículo 68 de la Ley Orgánica del Poder Público Municipal.

Una posible solución a esta aparente antinomia normativa la puede brindar el artículo 5 de la Ley Orgánica del Poder Público Municipal, que establece el régimen de fuentes que rigen en el ámbito municipal. Es así como *"Los municipios y las entidades locales se regirán por las normas constitucionales, las disposiciones de la presente Ley, la legislación aplicable, las leyes estadales y lo establecido en las ordenanzas y demás instrumentos jurídicos municipales"*, lo que lleva a señalar que siendo la Ley Orgánica del Poder Público Municipal posterior a la Ley Orgánica del Sistema y Servicio Eléctrico y la que después de la Constitución, regula de manera prevalente las competencias de las autoridades municipales, debe concluirse que los municipios legalmente conversan la competencia para la prestación del servicio de alumbrado eléctrico dentro de su ámbito territorial.

Ello no quita que, dentro del marco del principio de respeto a la lealtad institucional, deban colaborar y cooperar los municipios con el operador y prestador que debe realizar las demás actividades dentro del sector, para garantizar el efectivo suministro de energía.

IV. CONSIDERACIONES FINALES

El "modelo de gestión" previsto en la Ley y teóricamente puesto en ejecución por los diferentes ministros y la empresa estatal eléctrica no ha llenado las expectativas que se supone justificaron su instauración, ni para el sector gubernamental, ni para la totalidad de la población del país.

Por una parte, la opacidad en la gestión de la empresa estatal[214], conduce a una ausencia de información y de transparencia que impide que pueda ser auditada, –igual que sucede con la estatal petrolera– y por tanto al desconocer de dónde provienen sus ingresos y cuáles son sus egresos, los proyectos en ejecución y los planes futuros, resulta imposible determinar su viabilidad, por lo que no puede solicitar y obtener préstamos para realizar nuevas inversiones en infraestructuras, redes, equipos y tecnologías, lo que hace sumamente difícil la recuperación de la operación en sus distintas actividades y por ende el suministro seguro electricidad.

Por otro lado, gracias a la permanente improvisación, la falta de gerencia y la ineficacia en la gestión se han afectado los derechos de los usuarios en general y en concreto a disfrutar de un servicio eléctrico confiable, seguro y de calidad.

---

[214] El periódico El Nacional, titula el día 22 de marzo de 2016, que "Desde hace cinco días Corpoelec no informa el nivel del Guri", http://www.el-nacional.com/sociedad/hace-Corpoelec-informa-nivel-Guri_0_815918438.html

Todo lo expuesto lleva a sostener que en el estado actual el sector eléctrico nacional y luego de 5 años de la reforma que lo recondujo formalmente al modelo de gestión pública monopólica, éste presenta las siguientes características:

1. El modelo institucional no garantiza la gobernanza en el sector

2. El modelo empresarial de gestión no se encuentra en capacidad de atender las necesidades de demanda actual y futura.

3. El modelo económico que se está aplicando es financieramente insostenible.

4. El modelo técnico se encuentra concebido de manera aislada de las fuentes de energías renovables.

5. El modelo ambiental no ha sido ajustado al *SE4ALL* (energías sostenibles para todos).

En conclusión, en Venezuela se requiere un nuevo modelo eléctrico que sea sostenible.

LOS DESAFÍOS DEL SERVICIO DE ENERGÍA ELÉCTRICA

I. INTRODUCCIÓN

El inicio del proceso de estatizaciones llevó a pronosticar que esa errada política de concentración de la propiedad de las empresas operadoras y de las acciones de centralización empresarial en manos del Estado llevarían a la desaparición de la competencia, la politización de la gerencia, la falta de transparencia y rendición de cuentas, así como a la irresponsabilidad e improvisación en la planificación de la gestión de los sectores económicos afectados por tal política y los resultados obtenidos han confirmado el pronóstico,[215] en el caso del sector eléctrico el servicio es manifiestamente ineficiente.

Una doble muestra de la irresponsabilidad e improvisación en el sector eléctrico, lo evidencian por una parte, la declaración de la Canciller de la República, el día 4 de marzo de 2016, a las puertas de la Mezquita *Sheykh Ibrahim Bin Abdulaziz Al-Ibrahim*, donde asistió para orar con los embajadores de los países árabes de religión musulmana y pedir que lloviera para producir la generación eléctrica en la presa del Guri[216]; a lo que se sumó por otro lado, el día 4 de abril de 2016, la iniciativa del Ministro de Energía Eléctrica de dragar de manera inmediata el fondo de la presa del Guri, con la finalidad de que la escasa agua que quedaba, llegase hasta las turbinas y se pudiese generar electricidad que permitiese retrasar la suspensión del suministro eléctrico[217].

---

[215]   Hernández-Mendible, Víctor R., *Nacionalizaciones, Libertad de Empresa y Asociaciones Mixtas*, Editorial Jurídica Venezolana, Caracas, 2008, pp. 11-66

[216]   https://www.youtube.com/watch?v=YLgkvHRtiZs No se pueden dejar de mencionar dos hechos significativos: El primero, que la señora Canciller es hija de uno de los fundadores del partido Liga Socialista, que se definió como marxista-leninista-maoísta y habiendo sido ella militante de ese partido hasta 2007, cuando dicho grupo político se fusionó con el actual partido oficial, por formación ideológica difícilmente puede creer en la existencia de Dios; el segundo, que la señora Canciller -ocupándose de asuntos que escapan manifiestamente a su competencia como es el tema eléctrico, que corresponde al Ministerio de Energía Eléctrica- ha puesto de evidencia que ante la ausencia de responsabilidad del gobierno, únicamente cabe acudir al politeísmo -igual van a una Iglesia Católica, a una Mezquita o a donde haga falta- para que una fuerza sobrenatural resuelva la falta de mantenimiento y planificación, así como la improvisación que caracteriza la actual gestión gubernamental del ministerio y de CORPOELEC.

[217]   https://www.youtube.com/watch?v=ady6V7A_61U

Ante la evidente ineficacia de las anteriores acciones ejecutadas por los ministros, el Presidente de la República siguiendo el desarrollo de la política de ahorro energético que consiste en emitir órdenes de no trabajar en el sector público y privado durante toda la Semana Santa y de reducir el horario de trabajo de los empleados públicos a media jornada laboral, el día 6 de abril de 2016, anunció el decreto que contiene un plan especial en virtud del cual[218], durante los meses de abril y mayo se pretende incrementar el ahorro del consumo de energía, para lo que dispuso entre las medidas a ejecutar durante la vigencia del mismo, que los días viernes no serían laborables para la Administración Pública nacional, estadal y municipal[219]. Luego, en la tónica anterior, el día 14 de abril de 2016 dictó el decreto mediante el cual declaró no laborable el día 18 de abril de 2016, para la Administración Pública y el sector educativo público y privado[220].

En esta última fecha, se publicó el decreto[221] mediante el cual se cambia el huso horario a partir del día 1° de mayo de 2016, dejando sin efecto lo dispuesto en la Ley de Metrología[222] desde hace 9 años y se volvió a adelantar la media hora que se había retrocedido en aquel entonces[223]. Esta medida ha sido justificada en la necesidad de racionalizar el uso de la energía eléctrica, la reducción del consumo de combustible necesario para la generación de energía y también en la disminución de los gases de efecto invernadero.

Estos ejemplos sirven para entender que el servicio eléctrico ha transitado de un modelo de gestión eficiente, seguro y de calidad –que incluso fue referencia para otros países de la región– hacia un modelo de gestión de interrupciones o suspensiones no programadas –primera etapa de la crisis a partir de 2007– hasta llegar a un modelo de gestión del racionamiento permanente –segunda etapa de la crisis que se inicia en 2010– que se ha prolon-

---

[218]   Decreto N° 2.294, publicado en la Gaceta Oficial N° 40.880, de 06 de abril de 2016.

[219]   http://www.eluniversal.com/noticias/economia/decretan-dias-viernes-como-laborables-hasta-mayo-por-ahorro-energetico_248520

[220]   Decreto N° 2.300, publicado en la Gaceta Oficial N° 6.223, de 14 de abril de 2016.

[221]   Decreto N° 2.301, publicado en la Gaceta Oficial N° 6.224, de 18 de abril de 2016.

[222]   Artículo 18 de la Ley de Metrología, publicada en Gaceta Oficial N° 38.819, de 27 de noviembre de 2007.

[223]   En Venezuela, entre 1912 y 1964, se tuvo una hora que no se encontraba ajustada al sistema horario internacional, por eso el artículo 27 de la Ley de Medidas y su aplicación, de 9 de diciembre de 1964, introdujo a partir del día 1° de enero de 1965, la utilización de huso horario que estuvo vigente hasta el día 9 de diciembre de 2007, que era el meridiano Greenwich disminuido en cuatro horas. En esta última fecha se adoptó la vuelta a 1964 para no estar alineados en lo que respecta a la hora, con el resto de los países del mundo occidental y finalmente esta arbitraria decisión ha sido revertida gracias a la fuerza de la naturaleza.

gado hasta el presente[224], aunque el gobierno haya anunciado que a partir del día 1° de julio de 2016, el racionamiento quedará suspendido[225].

Por ello se ha sostenido que, en el estado actual del sector eléctrico nacional, luego de 5 años de la reforma que lo recondujo formalmente al modelo de gestión pública monopólica, este presenta las siguientes características:

1. El modelo institucional no garantiza la gobernanza en el sector.

2. El modelo empresarial de gestión no se encuentra en capacidad de atender las necesidades de demanda actual y futura.

3. El modelo económico que se está aplicando es financieramente insostenible.

4. El modelo técnico se encuentra concebido de manera aislada de las fuentes de energías renovables.

5. El modelo ambiental no ha sido ajustado al *SE4ALL* (energías sostenibles para todos).

Conduciendo todo ello a la necesidad de revisión y configuración de un nuevo modelo eléctrico que sea sostenible[226].

Son las anteriores características, que no son meramente coyunturales, sino estructurales, las que llevan a efectuar una propuesta inicial sobre algunos temas que deberían ser abordados con la mayor prontitud, para comenzar de manera inmediata a resolver la situación que plantea el sector eléctrico.

Los retos de la reforma energética se deben orientar a realizar una planificación estratégica, que convoque a todos los interesados a participar y que

---

[224] El portal Noticias al día y a la hora titula el día 20 de marzo de 2016, "Caracas necesita racionamientos de luz para enfrentar contingencias", http://www.noticias-aldiayalahora.co/caracas-necesita-racionamientos-de-luz-para-enfrentar-contingencias/ y un mes después, el periódico El Universal titula el día 21 de abril de 2016, "Gobierno anuncia racionamiento eléctrico de cuatro horas diarias", http://www.eluniversal.com/noticias/economia/gobierno-anuncia-racionamiento-electrico-cuatro-horas-diarias _305989 y el periódico El Nacional señala "Suspenderán el servicio eléctrico 4 horas diarias durante 40 días" http://www.el-nacional.com/sociedad/Suspenderan-servicio-electrico-horas-diarias _0_833916713.html y dentro de la política de improvisación, el periódico El Universal recoge el anuncio del Ministro de energía eléctrica del día 22 de abril de 2016, en que expresó "Exceptúan a la Gran Caracas, Nueva Esparta y Vargas del racionamiento" http://www.eluniversal.com/noticias/economia/exceptuan-gran-caracas -nueva-esparta-vargas-del-racionamiento_306117#

[225] El portal Globovisión, titula el día 1 de julio de 2016, "Racionamiento eléctrico quedará suspendido a partir del lunes" http://globovision.com/article/suspenden-racionamiento-electrico-desde-el-lunes

[226] Con provecho, pueden consultarse en América Latina, los modelos sostenibles de aquellos que no lo son, Moreno Castillo, Luis Ferney, *Regulación del mercado de energía eléctrica en América Latina: La convergencia entre libre competencia e intervención estatal*, Universidad Externado de Colombia, Bogotá, 2013.

se oriente a alcanzar los consensos necesarios para formular una propuesta energética que involucre la integración de las fuentes primarias de energías, sin desechar ninguna de las potencialmente utilizables y que defina a corto, mediano y largo plazo los objetivos que se proponen alcanzar.

Se trata de construir un sistema estructuralmente distinto al existente, se requiere una reforma radical del sistema, donde se replanteen los aspectos jurídicos, económicos, técnicos y ambientales que permitan la sostenibilidad económica (eficiencia, competencia y competitividad), ambiental (aprovechamiento racional), social (accesibilidad y asequibilidad a todas las personas) y tecnológica (gestión de la generación, transmisión y distribución de energía, en que convivan las fuentes de energías de origen fósil y las renovables).

Esto debería llevar a captar la atención de los inversionistas, que al observar la seriedad del diseño de la política energética en general y de promoción de la inversión, así como de estímulo a la investigación, el desarrollo y la innovación (I+D+i) se sientan motivados a asumir los potenciales riesgos, pues al realizar el balance costo-beneficios, estos últimos les resultarán atractivos.

Para una mayor claridad en la exposición de las ideas, se dividirá el presente trabajo en los siguientes aspectos a saber: Los riesgos existentes en el sector eléctrico (II); el régimen de transición en el cambio del modelo eléctrico (III); las propuestas para la reforma del mercado de las energías (IV); las fuentes de energías convencionales y las fuentes de energías renovables (V); la promoción de la eficiencia energética (VI); los usuarios del servicio eléctrico (VII); y las consideraciones finales (VIII)

II. LOS RIESGOS EXISTENTES EN EL SECTOR ELÉCTRICO

Desde una perspectiva técnica-económica, la mayor complejidad del sector eléctrico deriva fundamental aunque no exclusivamente, en el hecho que la generación y el consumo final de la electricidad deben ser coetáneos –ante las dificultades de almacenamiento–, lo que plantea un equilibrio instantáneo entre oferta de generación y demanda de consumo[227] y lleva a considerar a los interesados a participar como operadores, sobre las incertidumbres que subyacen en el mismo y que se deben tener presentes a los fines de asumir la iniciativa empresarial.

1. Los riesgos operativos de negocio. Hay que tener clara la necesidad de realizar estudios de factibilidad para prever la competitividad, la seguridad

---

227   Imaz, Luis, "Hacia una red inteligente", *Responsabilidad Social Corporativa en el ámbito de la sostenibilidad energética y ambiental*, Civitas Thomson-Reuters, Pamplona, 2013, p. 138.

de la inversión, el funcionamiento de los mecanismos de capacidad, la sostenibilidad en el tiempo y la aceptación social de la comunidad donde se establecerá, así como de los potenciales beneficiarios del establecimiento y desarrollo del negocio. Las dificultades que pueden surgir de manera sobrevenida en cualquiera de estos componentes, pueden afectar la viabilidad del negocio, con las consabidas pérdidas, dadas las importantes inversiones que se requieren para operar en el sector.

2. Los riesgos tecnológicos. No se puede desconocer que se atraviesa una grave crisis, producto de lo que se ha calificado como el modelo de gestión en la Ley del sector eléctrico, que se ha caracterizado por la falta de planificación, la ausencia de políticas públicas, el desconocimiento técnico, la desinversión prolongada, el abandono del mantenimiento y la notable improvisación, cuya manifestación más palmaria, son los constantes cambios de ministros que carecen de los conocimientos elementales de lo que están haciendo, más allá del encendido a través de un conmutador o de la conexión a un tomacorriente. Todo lo anterior genera un gran riesgo operativo desde el punto de vista técnico.

3. Los riesgos políticos. A la asunción de decisiones ajenas a la gobernanza del sector, se suma el hecho de que se caiga en la tentación de implementar una mala política –si se prefiere de una política populista–, como podría ser una técnicamente incorrecta elaboración de los pliegos para el cálculo de las tarifas o para la implementación de los ajustes de las tarifas al alza, cuando se cumplen los supuestos que deberían llevar a su aplicación, como el transcurso del tiempo, la inflación, la devaluación, etc., pues al no realizarse lo que estaba planificado y asumido como un compromiso por el Estado y una garantía de respeto a la contraprestación económica de los operadores, se rompe el equilibrio económico –inversión, prestación, ganancia razonable– que termina afectando la gestión en el segmento de mercado en el cual estos se desenvuelven y condenando a los usuarios a experimentar las consecuencias.

4. Los riesgos ambientales siempre están presentes, toda vez que las actividades eléctricas son realizables en la medida que se cuenta con los recursos naturales que permiten su generación y aprovechamiento, lo que se encuentra sujeto a las contingencias que puede experimentar el ambiente y además porque son del tipo de actividades susceptibles de generar impactos en el mismo y que son capaces de degradarlo, tanto en el espacio geográfico nacional como internacional. De allí que se deban tener claras, cuáles son las obligaciones nacionales e internacionales que limitan o condicionan la ejecución de este tipo de actividades.

Otro aspecto de este riesgo aunque también previsible y no siempre tenido en consideración por los operadores políticos, técnicos o económicos, pero que puede generar consecuencias negativas para el sector es el cambio climático[228]. Como ejemplo basta mencionar, que recurrentemente se produce el fenómeno climático de El Niño[229] y si no se toman las previsiones, se efectúa una planificación realista y se producen las inversiones necesarias por los operadores, se genera como consecuencia que se afecte la seguridad, eficiencia, regularidad o calidad del suministro y que en consecuencia los usuarios experimenten el costo de la energía más cara, que es justamente aquella que no se tiene cuando se necesita.

5. Los riesgos cambiarios. Uno de los riesgos económicos más complejos de descifrar es el cambiario, en especial, en las economías que no tienen una moneda fuerte, siempre subsiste el peligro que el gobierno en ejercicio de las políticas fiscales que considera necesarias y con la aquiescencia del Banco Central, adopte medidas que conduzcan a una devaluación y que puedan afectar el pago de las obligaciones que los operadores tengan contraídas en divisas.

Adicionalmente se debe considerar, que si se ha establecido un régimen de restricción de acceso al mercado de divisas y donde las tasas de negociación cambiaria no se calculan en función de la oferta y la demanda, sino que se fijan de manera ficticia por tecnócratas que determinan artificialmente el valor de la moneda local y su contravalor en divisas, se produce como consecuencia una distorsión del verdadero valor de los beneficios que perciben los operadores y además que se patenticen dos restricciones graves: Una, es a la libertad de acceso y circulación de las divisas para adquirir equipos, redes, infraestructuras y tecnologías, que puedan servir para mejorar las operaciones en cada segmento del mercado; y otra, al derecho de propiedad, al impedir que los beneficios obtenidos lícitamente puedan ser dispuestos libremente por sus propietarios[230].

---

[228]   Con motivo del anuncio de la inauguración de una planta termoeléctrica en el estado Mérida, el entonces Presidente de la República, declaró el día 21 de febrero de 2010, lo siguiente: "Vamos a inaugurar una nueva planta termoeléctrica porque ante las dificultades que estamos atravesando en el tema eléctrico hemos decidido blindar a Venezuela eléctricamente. *Este es un país blindado, no habrá sequía, ni inundaciones, ni cambios climáticos que afecten el nuevo sistema eléctrico que está naciendo en Venezuela*". http://www.americaeconomia.com/negocios-industrias/venezuela-inaugurara-nuevas-plantas-termo-electricas

[229]   Navarro Rodríguez, Pilar, "Voz: El Niño", *Diccionario jurídico de la energía*, Marcial Pons, Madrid, 2012, p. 101.

[230]   La incertidumbre en la política cambiaria iniciada en 2003, ha sido reflejada por los inversionistas extranjeros mediante el reconocimiento de millonarias pérdidas a sus casas matrices en los últimos años, tal como se ha reflejado en las siguientes direcciones electrónicas: http://www.elconfidencial.com/economia/2015-05-04/las-devaluaciones-de-venezuela-cuestan-ya-mas-de-10-000-millones-a-las-empresas-espanolas786916/; http://elestimulo.com/elinteres/multinacionales-sufren-perdidas-a-la-espera-de-cambios-en-venezuela/; http://economia.elpais.com/economia/2016/02/12/actualidad/1455292004_

6. Los riesgos comerciales. El Estado debe crear las mejores condiciones para que cada operador se sienta motivado a ejercer la libre iniciativa empresarial, pero no puede garantizar unos beneficios mínimos en cualquier circunstancia, al igual que sucede con cualquier otra actividad empresarial, se presenta el riesgo que existiendo un potencial número de usuarios, la demanda no se produzca como se había previsto y que el operador experimente una probable pérdida de su inversión o que consecuencia de un cálculo incorrecto, se produzca una oferta excesivamente onerosa para el poder adquisitivo de los usuarios y éstos no efectúen la demanda esperada. Si por cualquiera de las dos razones no hay suficiente demanda, se afectarán los ingresos que planificaron los operadores, lo que puede redundar negativamente en la gestión económica del negocio.

7. Los riesgos regulatorios. La regulación no es estática, se encuentra en permanente proceso de revisión y evolución, con la finalidad de adaptarse a los cambios económicos, técnicos, ambientales y sociales; pero si bien el cambio es una constante, esta debe ser predecible, las modificaciones regulatorias no deben ser sorpresivas, improvisadas, sino producto de la necesidad de brindar la mejor prestación posible que satisfaga las necesidades energéticas de la totalidad de la población.

De ello deriva que las reformas o cambios regulatorios son una permanente que deben tener presente los operadores y con la que deben aprender a convivir, sin que ello implique que deben ser sometidos a cambios extremos que deban soportar sin indemnización alguna. Incluso existe un riesgo regulatorio adicional, que es la superposición regulatoria, cuando concurren distintas autoridades competentes que pueden expedir disposiciones que produzcan colisiones normativas o que actúen generando conflictos de competencias, que lleven a que lo permitido por uno (desarrollo de la actividad en determinadas condiciones), pueda ser prohibido por otro (denegación de licencias ambientales, de uso y aprovechamiento de bienes públicos o estableciendo condiciones especiales para la prestación a usuarios determinados).

8. Los riesgos judiciales existen ante los potenciales conflictos que pueden producirse entre los operadores, entre estos y los usuarios o con las autoridades públicas, sean reguladoras del sector, las ambientales, de la libre competencia o de protección de los derechos de los usuarios. Cualquier conflicto que surja puede generar pasivos que podrían incidir en la actividad específica que realiza un operador e incluso proyectarse en el resto de las actividades, afectando a otros operadores y por supuesto a los usuarios.

660157.html; http://somosseguroslan.com/2016/02/14/bbva-y-mapfre-reportan-perdidas-por-ajuste-inflacionario-en-venezuela/

9. Los riesgos sociales. La actividad económica eléctrica requiere la construcción de infraestructuras, el establecimiento de redes y la instalación de equipos que pueden llevar a la ocupación o la utilización de bienes públicos y privados, en razón de lo cual, el ordenamiento jurídico establece los medios para lograrlo; pero esto no impide que comunidades enteras o personas que las integran se opongan a ello, ejerciendo tanto acciones legales como acciones de calle, que producen en la mejor de las circunstancias el efecto de atrasar la ejecución de las obras y el desarrollo de la actividad, mientras se logra el consenso social y se resuelve el conflicto, con los consiguientes incrementos de costos; y en el peor de los escenarios deriva en la imposibilidad de realizar la actividad económica, al no lograrse la licencia social que les permita finalmente remover los obstáculos para ejecutarla.

Todos estos riesgos deberían tratar de mitigarse previamente, estableciendo las condiciones políticas, jurídicas, económicas y sociales con la suficiente transparencia, estabilidad y previsibilidad, que sirvan para conocer los tiempos en que podrían ser modificadas y a partir de allí, permitir a los operadores planificar sus estrategias de negocios y comerciales que los lleven a realizar la actividad económica y gestionar eficientemente los riesgos que la acompañan.

Antes de formular algunas propuestas para la configuración del nuevo modelo de regulación del sector eléctrico, se debe abordar el tema de la transición antes de dicho cambio, lo que se hará seguidamente.

III. EL RÉGIMEN DE TRANSICIÓN EN EL CAMBIO DEL MODELO ELÉCTRICO

Cuando se plantea el régimen de transición en el cambio del modelo eléctrico, se deben considerar dos momentos: El primero, inmediato, de corto plazo, que no requiere otra actividad de los operadores políticos, jurídicos y económicos que el consenso para echar mano del ordenamiento jurídico vigente, proceder a aplicarlo y comenzar a avanzar en ese proceso de cambio; y el segundo, mediato, de mediano plazo, que exige un concierto de todos los actores políticos, económicos, técnicos, jurídicos, ambientales y sociales para expedir las normas que permitan la viabilidad del futuro modelo a largo plazo. Seguidamente se hará referencia a ambos momentos.

1. *La inmediata transición del modelo eléctrico*

En una sociedad democrática, los debates sobre el cambio de modelo requieren tiempo para escuchar la pluralidad de opiniones desde el punto de vista técnico, económico, jurídico y ambiental, –pues deben estar orientadas al cumplimiento de los Objetivos del Desarrollo Sostenible–, pero mientras ello ocurre las personas exigen la satisfacción de sus necesidades de energía de manera inmediata.

Ello plantea que mientras se construye la definición del nuevo modelo y se implementan los cambios es necesario ir progresando con lo que se tiene y para ello resulta de especial interés tener claro, que la Ley vigente ha calificado todas las actividades como servicio público[231] y además las ha reservado al Estado[232].

Lo anterior lleva a tener presente que en el ordenamiento jurídico venezolano, ni la declaración de servicio público, ni la reserva al Estado ha excluido de manera absoluta la participación privada, nada más baste recordar el antiguo régimen de las telecomunicaciones[233] o el vigente de los servicios postales[234].

De allí que la calificación de servicio público, sumada a la reserva, lejos de constituir un obstáculo para lograr la participación de inversionistas privados en la actividad, permite acudir a las disposiciones de la legislación vigente que regulan la prestación de los servicios públicos y admite la posibilidad de concederlos a los particulares.

En tal sentido, el Decreto con rango y fuerza de Ley sobre promoción de la inversión privada bajo el régimen de concesiones[235], tiene por objeto establecer las condiciones jurídicas adecuadas a la inversión privada en el desarrollo de los servicios públicos e infraestructuras competencia del Poder Nacional, premisas ambas que se corresponden con la regulación legal del servicio público de energía eléctrica.

En consecuencia, el otorgamiento de los contratos de concesiones[236] en el servicio público de energía eléctrica es jurídicamente factible a los fines de

---

[231]   Artículo 6 de la Ley Orgánica del Sistema y Servicio Eléctrico. Gaceta Oficial N° 39.537, de 14 de diciembre de 2010.

[232]   Artículo 8 de la Ley Orgánica del Sistema y Servicio Eléctrico.

[233]   Hernández-Mendible, Víctor R., *Telecomunicaciones. Regulación y Competencia*, Editorial Jurídica Venezolana-FUNEDA, Caracas, 2009, pp. 65-73.

[234]   Hernández-Mendible, Víctor R., "La regulación de los servicios postales en Venezuela", (Dir. Cassagne, J. C.), *Revista de Derecho Administrativo* N° 70, Abeledo-Perrot, Buenos Aires, 2009, pp. 909-945.

[235]   Gaceta Oficial N° 5.394, de 25 de octubre de 1999.

[236]   Artículo 2 del Decreto con rango y fuerza de Ley sobre promoción de la inversión privada bajo el régimen de concesiones señala que "Son contratos de concesión los celebrados por la autoridad pública competente por medio de los cuales una persona jurídica llamada concesionario asume la obligación de construir, operar y mantener una obra o bien destinados al servicio, al uso público o a la promoción del desarrollo, o la de gestionar, mejorar u organizar un servicio público, incluyendo la ejecución de las actividades necesarias para el adecuado funcionamiento o la prestación de la obra o del servicio, por su cuenta y riesgo y bajo la supervisión y el control de la autoridad concedente, a cambio del derecho a explotar la obra o al servicio y de percibir el producto de las tarifas, precios, peajes, alquileres, valorización de inmuebles, subsidios, ganancias compartidas con algún ente público u otra fórmula establecida en los contratos correspondientes,

realizar *"la construcción y la explotación de nuevas obras, sistemas o instalaciones de infraestructura, para el mantenimiento, rehabilitación, la modernización, la ampliación y la explotación de obras, sistemas o instalaciones de infraestructura ya existentes, o únicamente, o para la modernización, el mejoramiento, la ampliación o la explotación de un servicio público ya establecido"*[237].

Adicionalmente al tradicional sistema concesional de los servicios públicos, el texto jurídico que se comenta, introduce un régimen abierto de financiación de inversiones, al reconocer que se *"podrán proponer y desarrollar todos los esquemas lícitos de negocios que faciliten el financiamiento privado de inversiones de obras y servicios"* y seguidamente enumera algunos de ellos[238].

Tal como se puede observar, ante la incapacidad de obtener créditos y de lograr mayor endeudamiento del Estado y su empresa gestora en el sector eléctrico, así como del silencio de la Ley del sector vigente sobre la financiación mediante la técnica de la concesión, se puede acudir en este momento de crisis a la legislación ordinaria, con la finalidad de buscar "dinero fresco" para la inversión e innovación tecnológica, según lo dispuesto en el Decreto con rango y fuerza de Ley sobre promoción de la inversión privada bajo el régimen de concesiones[239].

Esta constituye una posibilidad que contribuye a brindar solución de uno de los problemas inmediatos, entendida que esta inmediatez puede llevar al menos un par de años para producir resultados concretos y permanentes.

No obstante, ello no solucionaría los problemas de fondo del sector eléctrico, pues siendo las actividades eléctricas un servicio público, cada una requeriría su propio título administrativo habilitante, además de las autorizaciones ambientales, en la medida que se trata de actividades susceptibles de producir impacto capaz de degradar el ambiente.

---

durante un tiempo determinado, suficiente para recuperar la inversión, los gastos de explotación incurridos y obtener una tasa de retorno razonable sobre la inversión".

[237] Artículo 1 del Decreto con rango y fuerza de Ley sobre promoción de la inversión privada bajo el régimen de concesiones.

[238] Artículo 3 del Decreto con rango y fuerza de Ley sobre promoción de la inversión privada bajo el régimen de concesiones.

[239] Artículo 4 del Decreto con rango y fuerza de Ley sobre promoción de la inversión privada bajo el régimen de concesiones, dispone que "Este Decreto-Ley rige los procedimientos mediante los cuales se otorgarán en concesión la ejecución de obras y la explotación de los servicios públicos cuya titularidad o competencia ejerce la República, a través de los órganos o entes que conforman la Administración Pública Nacional.

Los contratos de concesión cuyo otorgamiento, administración o gestión se encuentren regulados por leyes especiales, se regirán preferentemente por dichas leyes, siendo de aplicación supletoria en tales casos las disposiciones de este Decreto-Ley".

Por otra parte, desde el punto de vista económico se debe considerar que constitucionalmente están prohibidas las prácticas monopólicas[240], por lo que la concesión sería un paso en la transición hacia la separación jurídica de empresas, de actividades y contable, que impidan las prácticas anticompetitivas.

Esto tiene particular relevancia para la reforma normativa que se debe gestar en paralelo, en la cual se deberá promover la competencia en las actividades que efectivamente son susceptibles de la misma y una intensa regulación en las actividades que constituyen el denominado monopolio natural.

Lo anterior lleva a reconocer que la ley vigente del servicio público eléctrico tiene que ser reformada con la finalidad de cambiar las condiciones normativas existentes en el sector, por unas que contribuyan a una mayor participación privada que fomente la investigación, desarrollo e innovación (I+D+i), a los fines de garantizar la seguridad y eficiencia en la prestación del servicio eléctrico a todas las personas que lo demanden.

2.   *La mediata transición del modelo eléctrico*

Las bases del nuevo sector eléctrico se deben cimentar de tal manera que permitan una nueva era a dos velocidades: La primera, dirigida al rescate y restablecimiento del sistema eléctrico nacional, como logró serlo antes del inicio del proceso de estatización total, ya que una vez ejecutado este, la gestión se ha caracterizado por la falta de mantenimiento e inversiones, lo que se ha manifestado en el abandono y deterioro del parque eléctrico nacional y la notoria deficiencia en el servicio.

La otra velocidad, a la que se dedica este subepígrafe debe orientarse a establecer un sistema auténticamente sostenible, es decir, que económica, técnica, ambiental y socialmente pueda garantizar el suministro a la actual y a las futuras generaciones, es decir, que asegure el desarrollo de la actual generación con la debida calidad de vida, sin comprometer el desarrollo de las futuras generaciones, para que puedan contar con una calidad de vida acorde a lo que se planifica como el futuro que les corresponderá vivir.

Sin duda se trata de una propuesta de solidaridad intergeneracional, que lleva a pensar un proyecto energético de manera prospectiva, desde el presente para el futuro. Ello lleva a comprometerse a sustituir progresivamente las fuentes primarias de origen fósil, por fuentes primarias de origen renovables.

Se trata de apostar a la instalación de un remozado parque eléctrico, donde se reemplacen las infraestructuras y redes que hayan quedado obsoletas y sean sustituidas por nuevas, con capacidad de generación, transmisión

---

[240]   Artículo 113 de la Constitución.

y distribución que permitan aprovechar sin ninguna dificultad el *mix* de fuentes primarias, siendo que las renovables lleven el peso sobre las fósiles, lo que se debe hacer no por mera novelería, sino en el contexto de los compromisos existentes internacionalmente, orientados a contribuir a la disminución progresiva de los gases de efecto invernadero, donde como es sabido, las emisiones de monóxido de carbono han tenido una notable incidencia en el cambio climático y deben disminuirse para contribuir a atenuar la severidad con que éste ha estado castigando a los países de Suramérica.

En atención a lo anterior, se puede señalar que este modelo cuenta con cuatro estándares internacionales que sirven de orientación, a los retos que se deben asumir para la configuración del mismo. Por un lado, se trata de considerar si se acepta la energía eléctrica como un auténtico derecho humano[241], con todo lo que ello supone; por el otro, los retos formulados por la Organización de las Naciones Unidas, que ha promovido tanto la Década de la energía sostenible para todos (SE4ALL)[242] como los Objetivos del Desarrollo Sostenible (ODS)[243]; también se deben tener presentes las propuestas de compromisos adoptadas por los países signatarios, que asistieron a la Conferencia Ministerial sobre la Carta Internacional de la Energía (CEI)[244]; y finalmente, la propuesta elaborada con el apoyo técnico de la OLADE, aprobada en el pleno del Parlamento Andino, que contiene el Marco regulatorio de desarrollo energético sostenible[245], –por razones de espacio estos temas serán abordados en otros capítulos de este trabajo–, en los que las energías en general y las renovables en especial tienen un peso específico en los retos que debe afrontar cada país como integrante de la comunidad internacional, para que ningún habitante del planeta global-

---

241 Aunque existen indicios relevantes de que la energía eléctrica puede ser un derecho humano expresamente reconocido, como se observa de la redacción del artículo 25 de la Declaración Universal de Derechos Humanos; del artículo 14.2.h) de la Convención sobre la Eliminación de todas las formas de discriminación contra la mujer; del artículo 11.1 del Protocolo Adicional a la Convención Americana sobre Derechos Humanos en materia de Derechos económicos, sociales y culturales; e incluso del artículo 1.1 de la Declaración Universal de Derechos Humanos Emergentes, hay que ser muy cautelosos en el reconocimiento de nuevos derechos humanos, si no se cuentan con los medios para que efectivamente puedan ser garantizados a todas las personas, pues se corre el riesgo de efectuar declaraciones huecas, vacías de contenido material y por tanto lesivas a las aspiraciones reales de las personas a disfrutar de una vida digna.

242 http://www.iadb.org/es/temas/energia/se4allamericas/lanzamiento-de-la-decada-de-la-energia-sostenible-para-todos-americas-se4all-americas,18197.html

243 http://www.un.org/sustainabledevelopment/es/objetivos-de-desarrollo-sostenible/

244 Carta Internacional de la Energía (CEI), de 21 de mayo de 2015. http://www.energycharter.org/fileadmin/DocumentsMedia/Legal/IEC_ES.pdf

245 Gaceta Oficial del Parlamento Andino, Año 12, N° 7, agosto de 2015. Decisión N° 1347, de 21 de julio 2015, Marco regulatorio de Desarrollo Energético Sostenible http://www.parlamentoandino.org/banners/pdf/proyectoenergetico.pdf

mente considerado y de la región en el contexto local, pueda vivir sin la energía suficiente para satisfacer sus necesidades y disfrutar de una vida digna.

Este contexto sirve de referencia para enmarcar el análisis que se realizará seguidamente, sobre algunas premisas que pueden valer para establecer las bases jurídicas del nuevo sector eléctrico.

IV. LAS PROPUESTAS PARA LA REFORMA DEL MERCADO DE LAS ENERGÍAS

En paralelo a la puesta en funcionamiento de la política pública de otorgamiento de concesiones en la transición inmediata, que, al atribuir derechos a los operadores, les deberán ser respetados por la inminente modificación legislativa del sector –sin perjuicio de la *conversio tituli* y todo lo que ella conlleva–, procede analizar cuáles serían los aspectos centrales que deberían abordarse en dicha reforma.

1. *La necesidad de reconfiguración del marco regulatorio*

Uno de los aspectos que se plantea es la superación de las declaraciones de servicio público y de reserva, ambos en el sentido clásico de *publicatio* y titularidad pública[246], que conducen a la necesidad de establecer un nuevo marco regulatorio acorde con el desarrollo económico y tecnológico de estos tiempos.

A partir de esta revisión conceptual, se propone que el sector eléctrico constituya una actividad económica de interés general, en la cual se concitan en principio, la libre iniciativa empresarial privada, que puede ejercerse en régimen de libre competencia entre los diferentes operadores económicos, sin perjuicio de excepcionalmente reconocer restricciones a esta iniciativa, en aquellas actividades que por sus actuales características constituyen monopolios naturales y que en consecuencia no garantizan su desarrollo en régimen de concurrencia.

Esta transformación regulatoria del sector eléctrico implica poner fin al monopolio en todas las actividades del sector, y que en el caso nacional se soportaba en una concentración vertical de empresas. Sin duda se trata de desmontar los mercados cautivos en todos los segmentos de la actividad económica y por ende ello va a impactar en la titularidad del derecho de

---

[246]   Araujo-Juárez, José, *Derecho Administrativo General. Servicio Público*, Ediciones Paredes, Caracas, 2010; Brewer-Carías, Allan R., "A manera de prólogo sobre el marco constitucional de los servicios públicos", al libro *Los Servicios Públicos Domiciliarios*, Editorial Jurídica Venezolana, Centro de Estudios de Regulación Económica (CERECO), Funeda, Caracas, 2012, pp. 17-41.

propiedad sobre las redes y las infraestructuras[247], que al ser consideradas instalaciones o facilidades esenciales[248], tendrán un propietario que no podrá hacer uso exclusivo de ellas, sino que deberá permitir o tolerar el libre acceso y uso de terceros, a los fines de que puedan participar en el mercado e incluso hasta competir con él como operadores, buscando así evitar el abuso de posición de dominio por el titular de las mismas[249].

Cabe advertir que la propuesta es de liberalización a través de la nueva regulación, –no de desregulación–, donde se extingue la *publicatio* dando paso a la *despublicatio* y donde la privatización de la empresa estatal no es imprescindible pues se puede mantener la propiedad accionarial, aunque sometida al nuevo ordenamiento jurídico o puede evolucionar a alguna modalidad de asociación[250], participación[251] o colaboración público privada (APP, PPP o CPP).

Es en este contexto, que deben establecerse las bases precisas tanto para los intercambios e interconexiones internacionales –con fundamento en los tratados y convenios internacionales ratificados por la República– como para los intracomunitarios –al producirse el reingreso a la Comunidad Andina[252]–, para lo que deberá considerarse la necesidad de armonización de la

---

[247]   Hernández-Mendible, Víctor R., "La regulación de los bienes necesarios para la satisfacción del interés general", *Revista Brasileira de Infraestrutura (RDINF) N° 5*, (Dir. Rafael Valim), Editora Forúm, Belo Horizonte, 2014, pp. 13-40.

[248]   Villar Rojas, Francisco José, *Las instalaciones esenciales para la competencia. Un estudio de Derecho Público Económico*, Granada, Comares, 2004.

[249]   Artículo 113 de la Constitución.

[250]   La Asociación Global de Electricidad Sostenible, en el escenario del COP XIX, presentó el día 19 de noviembre de 2013, en Varsovia, su propuesta de asociaciones público-privadas, para su implementación en el marco del Programa de Desarrollo de Electricidad Sostenible a realizar dentro de los compromisos propuestos por la Organización de Naciones Unidas, en el contexto de la iniciativa de Energía Sostenible para Todos (SE4ALL). El proyecto tiene por objeto la capacitación de los líderes responsables en la toma de decisiones, para que tengan herramientas que ayuden a definir las mejores estrategias y prácticas para el desarrollo exitoso de la colaboración público-privada, orientada al establecimiento de un sector eléctrico sostenible. http://www.globalelectri-city.org/en/index.jsp?p=118&f=429

[251]   González González, Oliva, *Proyectos de participación público privada (PPP) para la gestión y financiación de infraestructuras*, Garceta Grupo Editorial, Madrid, 2016.

[252]   La regulación de la interconexión en el marco de la Comunidad Andina fue creada en la Decisión N° 536, de 29 de diciembre de 2002, que fue modificada respecto a su entrada en vigor por la Decisión N° 720, de 4 de noviembre de 2009, quedando regulada la interconexión entre Colombia y Ecuador por el anexo a dicha Decisión; que luego será modificada respecto a su entrada en vigor por la Decisión N° 757, de 22 de agosto de 2011, que contempla el régimen transitorio tanto entre Colombia y Ecuador, como entre Ecuador y Perú. Posteriormente se expidió la Decisión N° 811, de 29 de agosto de 2016, que extendió el plazo para la entrada en vigor de la Decisión N° 536; plazo que luego fue prorrogado por la Decisión N° 815, de 24 de febrero de 2017. Finalmente, mediante Decisión N° 816, de 24 de abril de 2017, se estableció el Marco regulatorio para la

nueva normativa nacional e institucional con la internacional y supranacional[253], a los fines de facilitar la negociación de esta modalidad de integración energética.

En razón de ello, es prioritario que como mínimo se indique cuál sería el régimen de tales intercambios e interconexiones, es decir, si sería una actividad abierta a todos los operadores económicos que ejercerían la libertad de empresa, con la consecuente libertad de negociación y de contratación; o una actividad cerrada a determinados operadores, quienes deberán obtener una habilitación administrativa especial de la autoridad reguladora, para participar en este mercado. En todo caso, tal libertad siempre estaría condicionada por las reglas técnicas que se establezcan para garantizar la seguridad, eficiencia, regularidad y calidad que debe orientar al sector.

Un aspecto central y coherente con todo lo antes mencionado es la determinación acerca de si todas las actividades que comprenden el sector están sujetas a controles *ex ante* para iniciar su realización o únicamente estarán sujetas a controles *ex post*[254]. Esto debe hacerse en concordancia con lo dispuesto tanto en la legislación ambiental como en aquella que contiene el régimen de los bienes públicos, cuyo uso o aprovechamiento pueda ser necesario para la realización de las actividades del sector.

2. *La revisión del modelo institucional*

Uno de los aspectos que requieren una revisión a fondo es el modelo institucional, donde además de la intervención directa del Poder Ejecutivo Nacional a través de la Comisión Presidencial denominada Estado Mayor Eléctrico[255], actualmente también se encuentra la intervención directa del Ministerio de Energía Eléctrica, que además integra la susodicha comisión, tanto en la elaboración de políticas y planes en el sector como en la actividad de

---

interconexión subregional de sistemas eléctricos e intercambio intracomunitario de electricidad, que crea el Mercado Andino Eléctrico Regional (MAER) (art. 1) y deroga las Decisiones N° 536 y 757, a partir del momento en que se expidan los reglamentos a que se refiere la Disposición Transitoria Primera.

253   Arbélaez, Luis Enrique y Prada, José Fernando, "El proceso de desarrollo de la propuesta de armonización regulatoria que derivó en la Decisión CAN-536 de 2002", *Reflexiones sobre la Integración Energética*, Universidad Externado de Colombia, Bogotá, 2006, pp. 121-131.

254   Hernández-Mendible, Víctor R., "La libertad de empresa y los títulos habilitantes en el contexto de la Alianza del Pacífico", *Derecho Administrativo: Innovación, cambio y eficacia, Libro de ponencias del Sexto Congreso Nacional del Derecho Administrativo*, (Coords. Jorge Danós Ordoñez, Ramón Huapaya Tapia, Verónica Rojas Montes, José Antonio Tirado Barrera y Orlando Vignolo Cueva), Thomson Reuters-La Ley, Lima, 2014, pp. 687-710.

255   Gaceta Oficial N° 40.720, de 10 de agosto de 2015 y Gaceta Oficial N° 40.855, de 24 de febrero de 2016.

Despacho del Sistema Eléctrico[256]; a lo que se suma que la Corporación Eléctrica Nacional –empresa monopólica estatal–, se comporta como operador de la generación, transmisión y distribución e igualmente como prestador, realizando la actividad de comercialización[257].

Para garantizar la seguridad, eficiencia y calidad, se requiere la separación de los tres grandes actores, mediante la redefinición institucional. Es así como deben diferenciarse el operador político, del técnico y del económico.

En el caso del operador político, corresponde al Ministerio de Energía Eléctrica la competencia para diseñar las políticas públicas y establecer los planes que deben orientar el desarrollo del sector, mediante el establecimiento de estímulos o incentivos que fomenten la investigación, el desarrollo y la innovación para la introducción de tecnologías limpias, verdes o si se prefiere sostenibles.

El operador técnico, supone el establecimiento de una autoridad administrativa concebida como una entidad técnicamente cualificada para ejercer las competencias de un auténtico ente regulador[258], que actúe amparada en criterios de objetividad, imparcialidad, transparencia, igualdad y no discriminación, ubicándose equidistante del operador político y de los operadores económicos, siendo indiferente que estos últimos sean empresas públicas, empresas privadas o empresas mixtas.

Los operadores económicos son la pluralidad de personas públicas, privadas o mixtas, que hayan sido invitadas a participar o hayan asumido la iniciativa de hacerlo, y cumpliendo con el ordenamiento jurídico y las normas técnicas, se encuentren incorporados al mercado realizando las actividades de generación, transmisión, distribución y comercialización, conforme a la respectiva habilitación administrativa.

Por supuesto, para que la revisión no sea aislada y no se produzcan ni colisiones normativas, ni conflictos administrativos de autoridades, luce necesario que se revise la ley que regula la libre competencia en los distintos sectores económicos y que se reconozca –como lo exige la Constitución– que cuando el Estado constituye empresas para destinarlas a participar como agentes económicos en cualquier mercado, por disposición constitucional se encuentran sujetas a la Ley y al Derecho[259], debiendo actuar como cualquier operador económico con sujeción a las normas de la libre compe-

---

256   Artículo 8 de la Ley Orgánica del Sistema y Servicio Eléctrico.

257   Artículo 8 de la Ley Orgánica del Sistema y Servicio Eléctrico.

258   Hernández-Mendible, Víctor R., "Los entes reguladores del sector energético", *El Derecho Administrativo en Iberoamérica en Homenaje al Profesor Mariano Brito*, (Coords. Jaime Rodríguez-Arana Muñoz y Luis José Béjar Rivera), Tomo II, Universidad Panamericana, México, 2015, pp. 377-408.

259   Artículos 137 y 141 de la Constitución.

tencia, resultando cualquier pretendida exclusión de cumplimiento de las mismas, contrarias a la Constitución[260].

3. La garantía de estabilidad y seguridad para las inversiones

Un aspecto crucial en el nuevo régimen jurídico es establecer las condiciones claras, objetivas, transparentes y no discriminatorias que sean atractivas para que los operadores económicos se sientan motivados a ejercer la iniciativa empresarial privada y, en consecuencia, ingresar, competir y salir del mercado eléctrico con sujeción al ordenamiento jurídico.

Es importante recordar que por disposición constitucional los inversionistas extranjeros están sujetos a las mismas condiciones que los inversionistas nacionales y que no se les podrá otorgar a aquellos regímenes más beneficiosos que los establecidos para los nacionales[261].

De aquí la obligación de considerar varias reglas de origen internacional en materia de inversiones, como lo constituyen el principio de trato justo y equitativo; el principio de trato nacional; el principio de trato de la nación más favorecida y el principio de trato no arbitrario o discriminatorio.

Lo mencionado resulta de especial trascendencia pues los agentes económicos nacionales o extranjeros que aspiren a invertir en el sector eléctrico nacional, necesitan conocer que las reglas establecidas se respetan, que la legislación sea relativamente estable y que los cambios se rijan por el principio de retroactividad auténtica o irretroactividad, siendo que de producirse excepcionalmente algún tipo de retroactividad impropia, se reconozcan y respeten los derechos legítimamente adquiridos, mediante el establecimiento de medidas transitorias, compensatorias o de atenuación a la afectación que produce a las inversiones el cambio normativo.

Por tanto, resulta fundamental conocer las condiciones en que se pueden efectuar y recibir las inversiones, los medios de protección de las mismas y en caso de producirse ganancia –que sería lo natural de planificarse y realizarse adecuadamente la actividad, pero que en todo caso el Estado no lo puede, ni debe garantizar–, la posibilidad de contar y disponer libremente de ella.

Un tema clave es el relacionado con que se establezcan previamente las modalidades de medios alternos de resolución de conflictos, entre los inversionistas y el Estado. Este asunto resulta de especial interés por las grandes inversiones que se requieren en las infraestructuras y redes eléctricas para su establecimiento y mantenimiento, lo que lleva a efectuar unos costos hundidos, pero necesarios para realizar una actividad eléctrica en concreto, que será la que efectivamente permita al inversionista la obtención de la ganancia razonable que es retribuida dentro de la cadena del negocio.

---

[260] Artículos 112 y 113 de la Constitución.

[261] Artículo 301 de la Constitución.

En razón de todo lo anterior, conviene establecer de manera diáfana a qué se someterán los inversionistas cuando ejerzan la libre iniciativa empresarial privada, para que al momento de incursionar en el sector eléctrico puedan conocer predeciblemente o al menos con cierto grado de certeza las reglas, condiciones, riesgos y factibilidad que permita obtener un beneficio económico razonable.

V. LAS FUENTES DE ENERGÍAS CONVENCIONALES Y LAS FUENTES DE ENERGÍAS RENOVABLES

Las fuentes primarias de energías que son útiles para el sector eléctrico pueden clasificarse en dos grandes categorías: Las denominadas convencionales, que comprenden las de origen fósil, como el petróleo, el gas y el carbón; y las denominadas no fósiles, que comprenden las de origen verde o limpias, como la radiación solar, el aire en movimiento (viento), la hidráulica, la geotérmica o la mareomotriz. Aquí se excluye la mención a las otras fuentes de energías renovables, por no ser tan útiles para la generación de electricidad. Son los aspectos relacionados con el aprovechamiento de estas fuentes, lo que ocuparán las reflexiones de este epígrafe.

1. *La conformación del negocio*

Las actividades del sector eléctrico constituyen un auténtico negocio, desde el punto de vista jurídico, empresarial, comercial e impositivo y como tal requieren de conocimientos técnicos y económicos especializados, de recursos para la inversión y operación del mismo y por supuesto, de capacidad gerencial y experiencia para afrontar y salir adelante frente a los retos que plantea el mercado.

La anterior afirmación podría parecer una obviedad, por lo que resultaría innecesario realizarla en contextos distintos del nacional, pero pensando en un nuevo modelo de sector eléctrico, hay que poner las cosas en su lugar.

El caso es que el actual modelo de gestión establecido en la Ley vigente, luego de monopolizar todo el mercado en manos estatales, bajo la sofisticada propuesta de la participación ciudadana o social, ha pretendido vender la idea sin éxito, que una cuadrilla de vecinos, una comunidad en un barrio o un grupo de personas bien intencionadas en colaborar en la solución de los problemas de suministro de energía de la calle, la manzana, el barrio o la comunidad, aunque sin ningún conocimiento técnico, ni económico, ni ambiental, se pueden reunir a elaborar el proyecto y resolver tal asunto, como si se tratase de hacer una colecta, llegar a un hipermercado y comprar una torre, tres postes de energía eléctrica, unos metros para las líneas de transmisión y distribución, cuatro docenas de tomacorrientes, conectarse a la red más cercana y a partir de allí, energía para todos.

Esta peregrina propuesta únicamente ha pretendido encubrir la falta de planificación, la improvisación, la inviabilidad del modelo de gestión, la incapacidad para gerenciar, la ausencia de profesionalización técnica, la carencia de conocimientos y la falta de experiencia, el escaso mantenimiento y la opacidad en el manejo de los recursos y siendo esto un hecho empíricamente demostrable, únicamente hay que leer las declaraciones del ministro de turno para evidenciar los resultados.

De allí que un aspecto que debe ser abordado de manera resuelta es que la actividad eléctrica es una actividad empresarial de eminente naturaleza comercial, por lo que quienes se involucran en ella, lo hacen con un manifiesto fin de lucro lícito, –no lo hacen por generosidad, por altruismo o por caridad–, lo que no quita que actuando conforme a las mejores prácticas empresariales, se comporten imbuidos de un compromiso de responsabilidad social empresarial[262], con los distintos grupos de interés con quienes están llamados a interactuar.

Dicho esto, en lo referente a la generación o producción de energía eléctrica, ésta constituye uno de los segmentos del mercado que admiten el ejercicio de la libre iniciativa empresarial privada y la libre competencia, siendo una actividad eminentemente empresarial y comercial, que como tal persigue una clara finalidad de beneficio económico por quien la realiza.

La actividad de generación eléctrica puede realizarse a partir de fuentes primarias de energías de origen fósil o limpias. Mención especial, merecen las actividades de autogeneración y de cogeneración, que después de la experiencia que se ha tenido de déficit en la generación, no pueden quedar relegadas a una mera mención en un artículo de la Ley.

---

[262] Sobre este tema existe abundante bibliografía, a título enunciativo se menciona la siguiente: Gómez, Emeterio, *La Responsabilidad Moral de la Empresa Capitalista*, CEDICE, Caracas, 2005; y del mismo autor, *Capitalismo Solidario versus Socialismo del Siglo XXI*, Los Libros de El Nacional, Caracas, 2007; Guédez, Víctor, *Ética y Práctica de la Responsabilidad Social Empresarial*, Planeta, Caracas, 2006; y también, *Ser confiable. Responsabilidad Social y Reputación Empresarial*, Planeta, Caracas, 2008; Pizzolante Negrón, Italo, *El Poder de la Comunicación Estratégica*, Los libros de El Nacional, Caracas, 2006, pp. 241-298; Yepes, Gustavo A. et al., *Responsabilidad social empresarial. Fundamentos y aplicación en las organizaciones de hoy*, Universidad Externado de Colombia, Bogotá, 2007; Orjuela Córdoba, Sandra, Responsabilidad Social Empresarial, Gobernanza y Gobierno Corporativo, *Revista DIRCOM* N° 72, Buenos Aires, 2007, pp. 59-61; y luego, "Responsabilidad Social tendencias en las empresas latinoamericanas", *Apuntes del DIRCOM*, Ed. DIRCOM, Buenos Aires, 2008, pp. 143-154; Grupo Editorial Producto, *Libro Blanco RSE en Venezuela. Directorio de Empresas y Expertos*, Caracas, 2008; Grupo Editorial Producto, *El rol social de la empresa*, Año 21, N° 249, Caracas, 2004; Edición Aniversario, *Con contenido social*. Tomo I, Año 24, N° 296, Caracas, 2008; *Lucha social empresarial*, Tomo II, Año 24, N° 296, Caracas, 2008; y, *Empresas que ven lejos*. Tomo III, Año 24, N° 296, Caracas, 2008; Méndez Rivas, Charo, *Responsabilidad Social de Empresarios y Empresas en Venezuela durante el siglo XX*, Strategos Consultores, Caracas, 2008, Almagro, Juan José et al., *Responsabilidad Social. Una reflexión global sobre la RSE*, Prentice Hall, Madrid, 2010.

Las actividades de transmisión y distribución constituyen actividades empresariales, que por sus características requieren de infraestructuras y redes que en la actualidad no son fácilmente duplicables y en caso de producirse resultan muy costosas y económicamente ineficientes, por lo que en estos segmentos del mercado se impone el establecimiento de economías de escala y en consecuencia los operadores disminuyen antes las barreras de entrada que existen en el desarrollo de la competencia.

La gestión del sistema eléctrico consiste en la actividad empresarial que tiene por objeto garantizar la optimización de las fuentes primarias de energías para la generación y transmisión, así como contribuir al suministro continuo, confiable, seguro, económico y de calidad de electricidad, sirviendo de coordinadora entre los operadores que participan en los distintos segmentos del mercado.

La actividad de comercialización constituye una actividad empresarial y comercial en toda regla, por tanto, la configuración de la misma se hace a los fines de transar la compra venta de energía.

Esto hace que las actividades de los distintos operadores se separen y que cada uno de ellos en el respectivo segmento de mercado donde participa, pretenda obtener la mayor rentabilidad económica posible.

Dadas las características que presenta el mercado en el sector eléctrico, las empresas operadoras que participan en él se encuentran sujetas a una intensa regulación de las autoridades públicas competentes, por lo que el ejercicio de las libertades económicas que ejercerán oscilará entre la libertad regulada y la libertad vigilada.

2. *El mercado de las energías*

Constitucionalmente el Estado es propietario de algunos recursos naturales como las aguas, mares, playas o de la corteza terrestre y es el administrador de los bienes comunes a la humanidad, como la radiación solar o el aire. Esto tiene especial interés para entender que incluso en los mercados sujetos a la libre competencia, no hay libre entrada a los mismos, en especial, si se requiere el uso y aprovechamiento de bienes y recursos que por sus características están sustraídos del tráfico jurídico comercial y son objeto de un tráfico jurídico especial.

El mercado energético hay que reconfigurarlo para permitir el tránsito del sistema existente hacia uno que incorpore la utilización de las fuentes de energías renovables a un mínimo costo. Este mercado debe estructurarse sobre tres premisas: La seguridad de suministro, la asequibilidad de la energía y la sostenibilidad integralmente considerada.

Siendo la generación de energía eléctrica, una actividad que se nutre de las fuentes de energías primarias de naturaleza fósil o de energías primarias equivalentes de naturaleza renovables, el marco jurídico que la regule debe establecer todos los criterios para su producción, fomentando específicamente la investigación, el desarrollo y la innovación (I+D+i), que estimulan la competencia entre los distintos operadores, –establecidos y entrantes–, en la medida que el negocio resulte realmente sostenible.

Las actividades de transmisión y distribución se encuentran organizadas con criterios de economías de escala, pues resulta más racional que uno o pocos operadores realicen estás actividades de forma económicamente eficiente y rentable. Ello impone establecer las condiciones objetivas y transparentes para el acceso de los distintos operadores, así como los criterios para el cálculo de las tarifas y los estándares de calidad de suministro.

Además, debe tenerse presente, que la exigencia de aprovechamiento eficiente de las fuentes renovables, técnicamente complica la seguridad de suministro mediante el funcionamiento de las redes tradicionales, dada la diversidad de fuentes renovables para la generación, por lo que se impone el establecimiento de las redes inteligentes y la revisión de la lógica secuencial como se encuentran estructuradas estas actividades del sector eléctrico.

La actividad de comercialización en principio es una actividad que se rige por la libre competencia, entre los agentes económicos que participan en el mercado.

No obstante, resulta primordial definir el régimen del mercado mayorista y minorista de electricidad, así como un tema que debe ser definido de la manera absolutamente diáfana, es la política de subsidios o ayudas, teniendo en consideración que las mismas pueden falsear las reglas de la libre competencia.

Es aquí donde cobra particular relevancia, la determinación de configurar o no un fondo del servicio universal en el sector eléctrico, o la posibilidad de que se otorguen otro tipo de ayudas a la oferta o subsidios a la demanda, debiendo en todo caso establecerse conforme a principios objetivos, transparentes e imparciales, cuáles serán los criterios de asignación de las ayudas públicas o los subsidios.

El otro tema que no se puede soslayar serán los criterios de referencia que tendrá en consideración el respectivo ente regulador, para hacer el cálculo de la tarifa que deben cobrar los operadores en aquellos segmentos del mercado en los cuales la oferta y la demanda, no constituyan el medio efectivo para la asignación de los precios.

También es importante establecer las reglas que condicionarán el desarrollo de los mercados no organizados y los organizados en sus variantes de corto o de largo plazo, pues todo ello ayuda a mitigar los riesgos a los que se hizo alusión precedentemente.

3. *La necesidad de integración de las distintas fuentes que abastecen los mercados*

Es necesario establecer políticas públicas que fomenten el aprovechamiento del potencial que brindan las energías renovables para solventar eficientemente el reto energético del desarrollo y la sostenibilidad en todas sus dimensiones.

Las razones que han hecho poco atractivo para el gobierno el fomento de las energías renovables son varias: El país tiene un petro-estado que ha concentrado todos los esfuerzos en la explotación de las energías de origen fósil y han dedicado el mínimo interés al desarrollo de las fuentes de energías alternas a las fósiles, constituyendo una excepción las hidroeléctricas, siendo que respecto al resto de las renovables únicamente se han hecho algunas referencias normativas aisladas –así como el frustrado intento de establecer de manera aislada, sin sincronización con el sistema eléctrico, algunos paneles solares o turbinas de generación eólica[263]–, que lucían adecuadas por ser políticamente correctas, pero que carecen de la mínima visión estratégica que permita la integración de las fuentes de energías renovables para generar la energía eléctrica.

Por otra parte, el monopolio estatal de todo el sector energético ha llevado a que no exista iniciativa empresarial privada, orientada a incursionar en el aprovechamiento de las fuentes de energías renovables. A ello se suma, que los únicos proyectos que se han iniciado han estado sujetos al pleno control y gestión pública, sin que hayan progresado razonablemente en su instalación y operación, además de los elevados costos que han supuesto.

Pero lo más importante, es que no habiendo sido concebidos tales proyectos a partir de una planificación integral de los recursos energéticos y su aprovechamiento eficiente, no están técnicamente acondicionados para complementar y respaldar las otras fuentes que contribuyen al abastecimiento de los mercados, dando como consecuencia que no se pueda lograr un auténtico y efectivo aprovechamiento que garantice la seguridad de un suministro eléctrico de calidad.

En este sentido, un aspecto primordial será establecer las reglas que fomentan la iniciativa privada de las empresas con experiencia en el desarrollo de tecnologías y economías de escala, que al hacer más competitivas las fuentes de energías renovables conduzcan al incremento de su aprovechamiento, de manera económica, segura, confiable y de calidad, para garantizar el suministro de energía eléctrica a todos los usuarios cuando lo demanden.

---

[263] Palmieri Di Iuro, Alexandra, *Propuesta de regulación para el fomento de la producción de energía eólica en Venezuela, a partir de la experiencia española*, Tesina final del Máster en Derecho Público de la Universidad Carlos III, Madrid, 2013, p. 91.

Esto plantea la necesidad de un cambio en el sistema eléctrico nacional, que establezca las condiciones adecuadas para que los mercados sean lo suficientemente flexibles desde la oferta o de la demanda, para dar la bienvenida a la mayor cantidad de energía que se introducirá con el aprovechamiento de las fuentes primarias de energías renovables, así como al mejoramiento de las interconexiones que permitan la recepción de energía procedente de distintas fuentes.

A los fines de garantizar que el operador tenga como estímulo una retribución significativa, cónsona con la inversión realizada y la gestión empresarial que ejecuta, se deben elaborar las políticas públicas para promover el desarrollo y explotación de las fuentes primarias de energías renovables. De ello ya existen ejemplos, entre los cuales a título meramente enunciativo se pueden mencionar los incentivos fiscales, el balance neto (*net metering*), las tarifas especiales de transmisión y distribución, el sistema de subasta de energía, el establecimiento de metas de cumplimiento obligatorio, los certificados verdes o las tarifas fijas por producción (*feed-in tariff*). Luce necesario señalar que todos presentan ventajas y oportunidades, pero también desventajas y amenazas.

Estos son algunos aspectos esenciales, mas no exclusivos, que se deben tener presentes para lograr la efectiva y progresiva integración de las fuentes que abastecerán los mercados.

VI. LA PROMOCIÓN DE LA EFICIENCIA ENERGÉTICA

La regulación en la Ley de Uso Racional y Eficiente de la Energía[264], ha puesto de manifiesto que es un texto jurídico que adolece de una notable pobreza conceptual, es un excelente ejemplo de mala técnica legislativa y lo más importante, a lo largo del tiempo que lleva su expedición no ha servido para cumplir el fin que justifica su existencia.

No cabe ninguna duda que, en los tiempos actuales, donde la energía es imprescindible para el desarrollo, la competitividad y la calidad de vida de las personas es necesario asegurar la cantidad de energía requerida para satisfacer la demanda, lo que va a depender de la eficiencia con que la energía sea generada, suministrada y utilizada.

Esto lleva a plantear la necesidad de establecer una planificación orientada en la dirección correcta y una regulación que realmente sirva para incentivar la toma de decisiones y la realización de las acciones de inversión en nuevas tecnologías, así como de gastos para mejorar las operaciones en marcha, que permitan alcanzar la eficiencia energética.

---

[264]   Gaceta Oficial N° 39.823, de 19 de diciembre de 2011.

Pero, antes se debe comprender ¿qué se entiende por eficiencia energética? Se considera como tal, a la capacidad de "uso, equipo, instalación o proceso para realizar su función con el menor consumo energético posible"[265]. Es el cociente entre la energía consumida efectivamente y la que ha sido necesaria aportar al equipo, instalación o proceso, permitiendo medir el grado de aprovechamiento de la energía para la consecución de unos fines, que pueden ser la disminución del consumo de recursos, la reducción de la dependencia energética, la mejora de la seguridad de suministro, la rebaja de las emisiones de gases que producen el efecto invernadero[266].

Entendida la eficiencia energética en el sentido de la reducción en el consumo de energía y la disminución del despilfarro, ello conlleva a apostar por la consiguiente rebaja en la emisión de los gases de efecto invernadero y la mitigación del cambio climático[267].

Para lograr tal eficiencia energética debe establecerse una política pública que promueva los cambios estructurales en la economía y la sociedad, que redefinan los estándares en la producción y el máximo aprovechamiento de la energía en la actividad industrial y comercial (grandes usuarios), que conduzca a los reguladores a precisar los criterios técnicos y económicos de operación y explotación de las energías, así como que incentiven el uso racional y eficiente de la energía por los usuarios residenciales y comerciantes al detal (pequeños usuarios).

Ahora bien, la regulación de la eficiencia energética no se puede hacer teniendo únicamente en consideración los aspectos jurídicos o las implicaciones económicas, sino que también se deben tener presente los aspectos técnicos.

Es por ello que se debe partir de la idea de que la energía no se crea, ni se destruye, pues el primer principio de la termodinámica, lleva a sostener que toda transformación energética no conlleva un aumento o disminución, sino a que la cantidad total de energía se mantenga constante.

No obstante, cuando se produce la transformación de una forma de energía en otra distinta, aquella energía que resulta de utilidad luego de dicha transformación, siempre es menor de la que se ha utilizado.

Esto que podría parecer una inconsistencia no es tal, porque conforme al primer principio de la termodinámica, la cantidad de energía inicial se

---

[265]   Navarro Rodríguez, Pilar, "Voz: Eficiencia energética", *Diccionario jurídico de la energía*, Marcial Pons, Madrid, 2012, p. 99.

[266]   Santos Moro, Luis Manuel, *La innovación al servicio de la eficiencia energética, Responsabilidad Social Corporativa en el ámbito de la sostenibilidad energética y ambiental*, Civitas Thomson-Reuters, Pamplona, 2013, p. 113.

[267]   González Ríos, Isabel, *Régimen Jurídico-Administrativo de las Energías Renovables y de la Eficiencia Energética*, Aranzadi-Thomson Reuters, Pamplona, 2011, p. 92.

ha mantenido durante la transformación, lo que ha sucedido es que consecuencia de dicha transformación, una porción de ella se ha degradado, tornándose menos productiva, lo que lleva a formular uno de los postulados del segundo principio de la termodinámica[268].

Ahora bien, la política de eficiencia energética debe considerar los mencionados principios físicos, para que se pueda realizar un uso racional de la energía que permita un aprovechamiento más adecuado, a aquellos fines para los cuales se requiere y, por ende, garantice consumo energético realmente eficiente.

Es así que corresponde saber para qué actividad se requiere el uso de la energía, a los fines de llevar a cabo el mismo conforme con las necesidades que se pretenden satisfacer. En este orden de ideas, cabe destacar que las energías pueden ser utilizadas para las actividades de transporte en sus distintas modalidades; para las actividades residenciales o domiciliarias; para las actividades comerciales o de uso industrial; y para las actividades institucionales.

Por tanto, mejorar la eficiencia y el uso racional energético, conlleva a un cambio social y cultural del modo de vida de la sociedad actual, que no puede implicar renuncia a la calidad y menos aún afectar la dignidad de la persona.

Es por ello que la política de eficiencia energética por una parte exige replantear el modelo de desarrollo económico y social actual, que no resulta sostenible; y por la otra, lleva a estimular la investigación, el desarrollo y la innovación (I+D+i), orientada a contribuir a una efectiva gobernanza económica, con sus respectivas repercusiones energéticas y ambientales. De allí que se haya planteado que: "*Si se pretende que las energías renovables hagan una aportación apreciable a la solución de los problemas de los usos energéticos, serán precisas inversiones cuantiosas en investigación y desarrollo, además de legislaciones que eliminen obstáculos a los proyectos en marcha*"[269].

Las fuentes primarias de energías renovables plantean un desafío para el Derecho, la economía y la tecnología ante el estado de desarrollo que tienen en el mundo actual, pues deben contribuir al suministro energético, a la sostenibilidad y garantizar la calidad de vida de las personas.

En razón de todo ello se deben hacer algunas reflexiones, que se deberán considerar en el futuro texto legal.

Un asunto que debe ocupar especial atención del legislador y los reguladores es el concepto de *smart grids* (redes inteligentes), que constituyen el

---

[268]   González Velasco, Jaime, *Energías Renovables*, Ed. Reverté, Madrid, 2009, pp. 13-14.

[269]   González Velasco, Jaime, *Energías Renovables*, Ed. Reverté, Madrid, 2009, p. 56.

grado más novedoso de interoperatividad de la tecnología desarrollada por la ingeniería eléctrica y la tecnología de la información y comunicaciones (TICs) desarrollada por la ingeniería de las telecomunicaciones y la ingeniería de sistemas[270], que se puede utilizar en las industrias del sector eléctrico, tanto cuando se abastecen de fuentes primarias de origen fósil como las de origen renovables, garantizando la gestión de manera eficiente, racional, económica, segura y sostenible.

Estas redes inteligentes o eficaces –que no son exclusivas del sector eléctrico– tienen particular relevancia en este sector para contribuir a la eficiencia energética, pues conducen a una forma de gestión que permite optimizar la generación –combinando las fuentes convencionales y renovables– y la distribución, así como el almacenamiento de energía cuando existen excedentes de generación, mejorando la oferta y la demanda entre operadores y usuarios[271].

Sin duda que las fuentes primarias de energías renovables introducen relevantes cambios en la lógica de funcionamiento de un sector eléctrico centralizado, en el que eclosiona un nuevo paradigma, evolucionando a un sector eléctrico descentralizado donde estarán presentes la demanda de generación distribuida (local a pequeña escala) y el almacenamiento, llegando al punto que los tradicionales usuarios que eran los destinatarios finales de la energía, ahora participan en un rol más activo, racional y que garantiza la eficiencia, pues además de demandar energía, también ofertan a través de la misma red[272].

En efecto, el rol del usuario se transforma porque no solo recibe el suministro, es capaz de reducir el consumo, descontar un gasto y obtener un ahorro en dinero (posición pasiva), sino que además se convierte en oferente que cuenta con un estímulo que incluso podría generarle ingresos propios, gracias a la innovación tecnológica a la que puede sacar provecho (posición activa), en los nuevos mercados energéticos.

---

[270] Hace algunos años, se abordó el tema del aprovechamiento de la capacidad excedentaria de las redes de telecomunicaciones de los operadores del sector eléctrico, para prestar servicios de telecomunicaciones a terceros, Hernández-Mendible, Víctor R., "La convergencia entre los sectores eléctricos y de telecomunicaciones", *Revista de Direito de Informática e Telecomunicações (RDIT)*, N° 5, Editora Forúm, Jul/dez, Belo Horizonte, 2008, pp. 197-222.

[271] Entre los elementos que integran y por ende se consideran claves en las redes eléctricas inteligentes se mencionan: las nuevas tecnologías y los nuevos dispositivos, el almacenamiento, las comunicaciones, los contadores inteligentes, los equipos inteligentes, los nuevos modelos de gestión de los sistemas eléctricos, el marco regulatorio, la concientización y difusión de información. Imaz, Luis, *Hacia una red inteligente, Responsabilidad Social Corporativa en el ámbito de la sostenibilidad energética y ambiental*, Civitas Thomson-Reuters, Pamplona, 2013, pp. 138-140.

[272] Carrillo Aparicio, Susana, Smart Cities ENDESA: *Hacia el sistema eléctrico del futuro, Responsabilidad Social Corporativa en el ámbito de la sostenibilidad energética y ambiental*, Civitas Thomson-Reuters, Pamplona, 2013, pp. 151-152.

Ello introduce un nuevo proceso en las relaciones comerciales, pues el tradicional usuario es demandante y oferente, con lo cual puede recibir y aportar energía a la red, es decir, que actúa de manera bidireccional, lo que conlleva una nueva manera de organizar el funcionamiento de las redes, el ahorro de electricidad, la reducción de costos, la gestión más eficiente y contribuye a la reducción de las emisiones de monóxido de carbono.

La implantación de los contadores inteligentes va a contribuir al desarrollo de la telegestión, facilitar el monitoreo y control a distancia, brindar información sobre los hábitos de consumo, maximizar el ahorro de energía y en definitiva incidir en un aprovechamiento eficiente de la energía.

Entre los aspectos que se deberían considerar en la búsqueda de la eficiencia energética, se encuentra la autogeneración por los usuarios, que redunda en la disminución del uso de las redes y su subsecuente descongestión, lo que se proyecta en una facturación más económica; el estímulo del ahorro de energías mediante el establecimiento de incentivos; el fomento de las condiciones para el desarrollo de la arquitectura bioclimática[273]; la reutilización de los desechos; y por último pero no por ello menos importante, el aprovechamiento del desarrollo de la permacultura.

VII. LOS USUARIOS DEL SERVICIO ELÉCTRICO

Hay que tener presente que la Constitución no señala qué se entiende por usuario y consumidor, pero sí reconoce que "todas las personas tendrán derecho a disponer de bienes y servicios de calidad, así como a una información adecuada y no engañosa sobre el contenido y características de los productos y servicios que consumen, a la libertad de elección y a un trato equitativo y digno"[274].

Esta norma compleja en su regulación reconoce varios derechos de las personas que requieren la adquisición de bienes o el uso de servicios. Así se aprecian los siguientes derechos:

El primero, es el reconocimiento del derecho de las personas naturales o jurídicas a demandar la producción de bienes y exigir la prestación de servicios de calidad, pero no se trata de cualquier calidad, sino conforme a los estándares técnicos mínimos establecidos, los que se van elevando en la medida que el desarrollo tecnológico y el avance de la Sociedad del Conocimiento, la Información y la Innovación lo requieren.

---

[273]   Martín Mateo, Ramón, "La vivienda bioclimática", *Derecho Administrativo Iberoamericano. 100 autores en Homenaje al posgrado de Derecho Administrativo en la Universidad Católica Andrés Bello,* Tomo III, (Cood. Víctor R. Hernández-Mendible), Ediciones Paredes, Caracas, 2007, pp. 2547-2561.

[274]   Artículo 117 de la Constitución.

El segundo, que se encuentra interrelacionado con el anterior, es el derecho de las personas a que se les brinde información adecuada y no engañosa sobre el bien o servicio que demandan, debiendo esta información señalar el contenido y características de los productos y servicios, para que el interesado pueda saber si se ajusta a sus necesidades y, en consecuencia, proceder a adquirirlos o contratarlos.

El tercero, es el derecho a la libertad de elección, lo que implica la existencia de pluralidad de ofertas, valga decir, la producción de bienes y prestación de servicios de distinta calidad –que nunca pueden ser inferiores a los mínimos técnicamente establecidos–, modalidades y precios, que permitan la existencia de una oferta variada y que como consecuencia las personas tengan la posibilidad de elegir libremente los bienes o servicios que desean utilizar o consumir para satisfacer sus necesidades básicas, teniendo en cuenta su poder adquisitivo y sus auténticas necesidades.

El cuarto, es el derecho de los consumidores y usuarios a exigirle a los productores de bienes y prestadores de servicios, que le dispensen un trato equitativo y digno.

Además, agrega la mencionada norma, que corresponde al Poder Legislativo, establecer en la ley, lo siguiente:

a) Los mecanismos necesarios para garantizar tales derechos;

b) Las normas de control de calidad y cantidad de bienes y servicios;

c) Los procedimientos de defensa del público consumidor;

d) El resarcimiento de los daños ocasionados;

e) Las sanciones correspondientes por la violación de los derechos.

Tal como se puede observar, la regulación constitucional resolvió no establecer quiénes son considerados usuarios o quiénes pueden ser considerados como tales, o como consumidores.

Esta redacción es consecuencia de una adecuada técnica constitucional que, al no entrar en definiciones, les permite a éstas evolucionar, sin fosilizarse en la norma suprema, dejando que sean los operadores jurídicos que deben aplicar la Constitución, las leyes y las disposiciones infralegales, quienes establezcan las definiciones en cada época, atendiendo al progreso tecnológico y la búsqueda de la mejora en la calidad de vida.

Es justamente ese progreso tecnológico el que permitirá que la nueva regulación del sector eléctrico disponga cómo se establecerán las relaciones comerciales entre los operadores y los usuarios, siendo que ya no existe una relación lineal, organizada en un solo sentido del generador, al transmisor, al gestor del sistema, al distribuidor hasta llegar al usuario; sino que ahora existe una relación bidireccional, en que el usuario se incorpora al sistema y efectúa su propia oferta de energía, lo que conlleva a nuevos panoramas de relaciones jurídicas no solo con los operadores, sino incluso con los reguladores.

Este asunto será fundamental abordarlo en la nueva regulación de los mercados de energía eléctrica, que se deben desarrollar en el futuro inminente.

VIII. EL PAGO DEL COSTO DEL SERVICIO ELÉCTRICO

Un punto que no se puede soslayar en lo concerniente a los usuarios y la obligación de retribución por el suministro de la energía. Es necesario manifestar claramente que no hay energía gratis, toda energía tiene un costo, que se puede pagar de manera directa o indirecta, en su totalidad por el usuario o con ayudas, subvenciones o subsidios estatales, pero siempre hay que pagarla.

De allí, que la energía eléctrica sea reconocida o no como derecho humano–al igual como lo resolvió expresamente la Organización de las Naciones Unidas al reconocer como un derecho humano, el agua potable y el saneamiento[275]–, ésta tiene un costo que se debe pagar y que el Estado debe velar porque sea asequible a todas las personas –con independencia de sus ingresos y su capacidad de consumo–, pero en ningún caso puede utilizarse dicha eventual declaración, como excusa para pretender recibir energía gratis.

En razón de ello, las personas que, teniendo una conexión lícitamente establecida, pero inspiradas en la idea de la gratuidad utilizan la energía sin pagarla, cometen un delito que no solo afecta al operador en particular, sino a toda la colectividad, en la medida que ponen en peligro la seguridad de suministro, la sostenibilidad del sistema y la calidad del servicio de quienes si cumplen con sus obligaciones y pagan por el servicio que demandan.

Igualmente cometen delitos, aquellas personas que mediante conexiones no autorizadas sustraen energía del sistema eléctrico nacional[276], pues no solo generan pérdidas no técnicas al sistema, comprometen la seguridad de suministro y la sostenibilidad del mismo, sino que incluso ponen en peligro sus propias vidas al efectuar las conexiones sin ninguna garantía de seguridad técnica.

Resulta importante señalar que lo antes dicho se aplica a los grandes y pequeños usuarios privados, pero otro tanto hay que decir de los usuarios estatales que teniendo la conexión lícitamente establecida, no solo hacen derroche de energía en las entidades públicas, sino que además no cumplen con el pago de las facturas por el consumo efectuado, produciendo grandes pasivos en el operador, que al ver disminuidos los ingresos, se ve impedido de efectuar las inversiones y el consiguiente mantenimiento que garantice el suministro en los estándares técnicos normativamente establecidos.

---

[275]   Organización de las Naciones Unidas, Resolución A/RES/64/292, de 28 de julio de 2010, en la siguiente dirección: http://www.un.org/spanish/waterforlifedecade/human_right_to_water.shtml

[276]   http://www.el-nacional.com/economia/Corpoelec-personal-carros-evitar-energia_0_821918078.html

IX. CONSIDERACIONES FINALES

Se impone un gran debate nacional para la elaboración de un proyecto de país a mediano y largo plazo, donde se establezca una planificación prospectiva e indicativa, que involucre la participación de los sectores públicos y privados en el sector energético, pues sin energía no hay desarrollo posible.

La transformación del actual sector energético nacional requiere en un primer momento, un proceso de transición orientado a brindar confianza y seguridad jurídica en los inversionistas nacionales y extranjeros, con la finalidad de que estos al advertir la existencia de condiciones idóneas para ello, se comprometan a contribuir al Desarrollo Sostenible del país.

En el segundo momento, se requiere establecer las reglas jurídicas, económicas y técnicas que permitan aprovechar todas las fuentes de energías primarias, para garantizar la seguridad de suministro, la asequibilidad energética y la sostenibilidad.

En el nuevo modelo eléctrico se deberá contar con la intervención de las autoridades municipales, garantes de la planeación y suministro del alumbrado público en las ciudades; con las autoridades administrativas en materia de libre competencia; y con las autoridades administrativas para la protección de los derechos de los usuarios, correspondiendo a cada una el ejercicio de las competencias que le otorgan las leyes y el respeto al principio de lealtad institucional.

Como se puede apreciar, la transformación del modelo de economía marrón, con su indeleble huella de carbono, por una economía verde, hipocarbónica resulta ser un asunto sumamente complejo, por lo que requiere enfrentarlo de manera interdisciplinaria, involucrando a los equipos profesionales con conocimiento y experiencia; e integral, comprendiendo todas las fuentes de energías fósiles y renovables que puedan contribuir a garantizar la seguridad energética de la población.

En razón de esto es posible señalar que la presente propuesta se orienta a avanzar en la configuración del modelo de *regulación para la consecución de los objetivos de interés general*,[277] que persigue la consolidación del sector eléctrico estable, eficiente y sostenible que garantice que los usuarios disfruten realmente de servicios de calidad, de manera segura, regular y a buenos precios; que los operadores ejerzan la libertad y los derechos económicos, obte-

---

[277] Hernández-Mendible, Víctor R., La regulación para la consecución de objetivos de interés general en el Estado de Garantía de Prestaciones, *Derecho Administrativo y Regulación Económica. Liber Amicorum Gaspar Ariño Ortíz.* (Coords. Juan Miguel de la Cuétara Martínez, José Luis Martínez López-Muñiz, Francisco J. Villar Rojas), La Ley, Madrid, 2011, pp. 1159-1177.

niendo una ganancia razonable, sin dejar de contribuir a la satisfacción de las necesidades de acceso a la energía de los usuarios; y que el Estado a través de la autoridad administrativa competente ejerza su potestad de regulación de manera adecuada, proporcional y racional, en aquellos casos que sea realmente necesaria.

Es justamente este escenario el que puede contribuir a reconducir al país a la senda del Desarrollo Humano, apoyado en el crecimiento económico racional, la cohesión social, el equilibrio ecológico y en el acceso a las tecnologías, que contribuyen a enmarcar el Desarrollo Sostenible integralmente comprendido.

LA REGULACIÓN DE LAS ENERGÍAS EN LA PERSPECTIVA INTERNACIONAL

LA ENERGÍA COMO DERECHO HUMANO Y SU EJERCICIO ANTE EL CAMBIO CLIMÁTICO

I. INTRODUCCIÓN

La palabra energía tiene un empleo polisémico, puede comportar una noción hasta cierto punto abstracta[1], pero entendida de manera simplificada consiste en "la capacidad de un sistema para influir en un entorno"[2], es decir, produciendo un trabajo, realizando una fuerza o poniendo una masa en movimiento y ha sido considerada como recurso natural[3], como bien económico –objeto de oferta y demanda–, como servicio público[4] y más recientemente se ha gestado la propuesta de considerarla como un derecho humano[5].

---

[1]   Smil, Vaclav, *Energy Beginners Guides*, Oneworld, Oxford, 2006, p. 8.

[2]   Ventosa Rodríguez, Mariano y Prada y Nogueira, Isaac, *Energía Eléctrica. Manual Básico para juristas*, (Dirs. Agúndez, Miguel Ángel y Martínez-Simancas, Julián), Wolters Kluwer-La Ley, Madrid, 2014, p. 26.

[3]   Vega de Kuyper, Juan Carlos y Ramírez Morales, Santiago, *Fuentes de Energía, Renovables y no Renovables. Aplicaciones*, Marcombo, México, 2014, pp. 21-22.

[4]   Jiménez-Guanipa, Henry, *El derecho a la energía en Venezuela (Petróleo, Gas y Electricidad)*, Editorial Jurídica Venezolana, Caracas, 2006, pp. 129-136; Araujo-Juárez, José, *Derecho Administrativo General. Servicio Público*, Tomo IV, Ediciones Paredes, Caracas, 2010, pp. 123-153; Brewer-Carías, Allan R., A manera de prólogo sobre "el marco constitucional de los servicios públicos", al libro los *Servicios Públicos Domiciliarios*, (Dir. Hernández-Mendible, V.R.), *Los Servicios Públicos Domiciliarios*, Editorial Jurídica Venezolana, FUNEDA y Centro de Estudios de Regulación Económica de la Universidad Monteávila (CERECO-UMA), Caracas, 2012, pp. 22-23; Ugas Martínez, Cira, "El régimen de servicio público de energía eléctrica. Aspectos de su transformación", (Dir. Hernández-Mendible, V.R.), *Los Servicios Públicos Domiciliarios*, Editorial Jurídica Venezolana, FUNEDA y Centro de Estudios de Regulación Económica de la Universidad Monteávila (CERECO-UMA), Caracas, 2012, pp. 105-108.

[5]   Tully, Stephen, *The Human Right to Access Electricity*, *The Electricity Journal*, Vol. 19, N° 3, 2006, pp. 30-39, http://EconPapers.repec.org/RePEc:eee:jelect:v:19: y: 2006:i:3: p:30-39.

Todo ello pone de manifiesto un hecho revelador, la importancia que ha tenido, tiene y tendrá la energía para la pervivencia de los seres vivos y muy particularmente para el hombre en lo que atiende a la calidad de vida, la alimentación, la salud, el desarrollo humano y el bienestar social[6].

Esto plantea el reto de enfrentar el análisis del tema de manera interdisciplinaria, en el cual están llamados a participar físicos, ingenieros, geólogos, geógrafos, biólogos, ambientalistas, economistas, sociólogos, antropólogos y sin duda los juristas, debiendo estos últimos efectuar el aporte desde la particular área de las ciencias jurídicas en la que se sitúa el Derecho.

Si el tema de la energía se enfoca desde la perspectiva de los derechos humanos, suscita un especial interés, dado que si a finales de la primera mitad en el siglo XX vieron la luz los derechos humanos como hoy se entienden, el siglo XXI está llamado a ser el tiempo de la consolidación de los existentes y del reconocimiento de los emergentes.

Pero hay que señalar desde ya, que esta nueva hoja de ruta en materia de derechos humanos no estará exenta de tropiezos y dificultades, en unas ocasiones por actuaciones y omisiones de las propias personas, lo que supone que los derechos humanos nunca se encuentran plenamente garantizados, sino que su reconocimiento y ejercicio pleno constituyen un desafío permanente, un trabajo de estar atentos, vigilantes, exigentes en la conformación y conquista de nuevas y mejores garantías de tal ejercicio.

También en ocasiones, las dificultades del ejercicio de los derechos humanos pueden venir dadas por hechos no imputables directamente a las personas, sino por circunstancias imprevisibles de la naturaleza (un terremoto que afecta las viviendas o que fractura una presa que embalsa el agua, que funciona como generadora de energía) o moderadamente previsibles, más irracionalmente inesperadas (período de sequía o de lluvias que se prolonga más allá de la temporada) frente a situaciones similares ocurridas en el pasado.

Son algunos de estos casos los que se han observado en tiempos recientes con el cambio climático, que siendo un fenómeno que ha experimentado el planeta permanentemente, se ha acelerado producto de no haberse cambiado el patrón de desarrollo insostenible que se ha tenido en el último siglo y que ha generado como consecuencia en los países que se encuentran en la línea ecuatorial, especialmente en Latinoamérica, los efectos del fenómeno denominado "El Niño"[7].

---

[6]   González Velasco, Jaime, *Energías Renovables*, Ed. Reverté, Madrid, 2009, p. 2.

[7]   Navarro Rodríguez, Pilar, "Voz: El Niño", *Diccionario jurídico de la energía*, Marcial Pons, Madrid, 2012, p. 101.

Dada la amplitud y complejidad del tema, abordarlo a plenitud excedería los límites de este trabajo, razón por la cual, en esta ocasión el desarrollo del mismo se centrará en dos aspectos que se consideran de transcendental importancia para las personas: La energía como derecho humano y el cambio climático como condicionante para su ejercicio.

Se trata de un abordaje de la cuestión desde una perspectiva jurídica-ambiental, pero al recaer el análisis sobre el tema energético y el climático respecto a su incidencia en los derechos humanos y en concreto en uno en particular, conduce a formular las reflexiones sobre los aspectos filosóficos que involucran a estos últimos.

En tal virtud, en aras de una mayor claridad en la exposición de las ideas, el presente trabajo se dividirá de la siguiente manera: El desarrollo del marco internacional del Derecho Humano a la energía (II); el posible contenido del Derecho Humano a la energía (III); el cambio climático y su incidencia en el Derecho Humano a la energía (IV); y, las consideraciones finales (V).

II. EL DESARROLLO DEL MARCO INTERNACIONAL DEL DERECHO HUMANO A LA ENERGÍA

La teoría de los derechos humanos parte de la premisa de la existencia de la persona humana y de la consideración de ésta como sujeto titular de un catálogo de derechos que le son inherentes como integrante de la especie humana, con independencia que sean reconocidos o no por el derecho positivo[8], en declaraciones internacionales o en textos jurídicos nacionales.

De allí que se parte de la idea que los derechos humanos reconocidos por la comunidad internacional en los tratados, pactos, convenciones o protocolos sobre la materia, así como en los textos jurídicos constitucionales o legales conforme al ordenamiento jurídico de cada país, no crean o establecen tales derechos, sino que se limitan a reconocerlos, partiendo de la hipótesis que ellos existen con independencia de su proclamación expresa en algún texto jurídico.

Ahora bien, ello no impide que los Estados cumplan con la formalidad de reconocer expresamente los susodichos derechos inherentes a la persona humana, a los fines de brindar auténtica certeza jurídica a su preexistencia y establecer a través de las leyes la configuración y los límites que garantizan el ejercicio por los titulares, así como los medios idóneos y necesarios para garantizar su protección por todos los órganos que ejercen el Poder Público, en el marco de una sociedad democrática.

---

8   Artículo 29.c) y 29.d) de la Convención Americana sobre Derechos Humanos.

Conforme a esto, uno de los asuntos que genera mayor preocupación a los operadores jurídicos consiste en reconocer la preexistencia de los derechos humanos, en el entendido que estos se caracterizan por ser irrenunciables, indivisibles, interdependientes, universales e inspirados en el principio de progresividad[9].

Todo lo anterior lleva a preguntarse, ¿si es posible considerar a la energía como un derecho humano? Sin duda, la respuesta puede derivar distintas consecuencias tanto para los potenciales titulares como para las autoridades públicas, en el contexto del modelo de Estado de garantía de prestaciones.

Para tratar de brindar una respuesta a esta pregunta, se seguirán las pistas existentes en los instrumentos internacionales, que tienen relevancia a los efectos de determinar si la energía puede considerarse un derecho humano expresamente reconocido o un derecho *in fieri*, es decir, en desarrollo para su reconocimiento.

En tal sentido, ateniendo a la evolución de los tratados, pactos, protocolos y convenciones sobre derechos humanos, se debe comenzar analizando lo establecido en el artículo 25.1 de la Declaración Universal de Derechos Humanos, de 10 de diciembre de 1948, que expresa lo siguiente:

Toda persona tiene derecho a un nivel de vida adecuado que le asegure, así como a su familia, la salud y el bienestar, y en especial la alimentación, el vestido, la vivienda, la asistencia médica y los servicios sociales necesarios; tiene asimismo derecho a los seguros en caso de desempleo, enfermedad, invalidez, viudez, vejez u otros casos de pérdida de sus medios de subsistencia por circunstancias independientes de su voluntad.

En 1948, a escasos 3 años de finalizada la última Gran Guerra Mundial, el derecho al nivel de vida adecuado que asegurase contar con una vivienda, resultaba evidentemente distinto al concepto que se puede tener en la segunda década del siglo XXI, donde resulta inconcebible la calidad de vida adecuada, sin una vivienda que cuente con las prestaciones básicas de agua potable y saneamiento, telefonía básica, gas doméstico y electricidad.

Es por ello, que quienes interpretan actualmente que la energía constituye un derecho humano reconocido implícitamente en esta declaración hacen una inferencia que luce racional y lógica[10], pero que no se puede negar que se presta a especulaciones respecto a su efectiva existencia, al no estar mencionada directamente en la formulación de este artículo.

---

9   Artículo 26 de la Convención Americana sobre Derechos Humanos.

10   Tully, Stephen, *The Human Right to Access Electricity*, *The Electricity Journal*, Vol. 19, N° 3, 2006, pp. 30-39, http://EconPapers.repec.org/RePEc:eee:jelect:v:19:y:2006:i:3:p:30-39.

Esto no constituye óbice para que, a partir de esta primera pista, se pueda seguir la pesquisa y es así como se encuentra el artículo 11.1 del Pacto Internacional de Derechos Económicos, Sociales y Culturales, de 19 de diciembre de 1966, en el cual se señala:

> Los Estados Partes en el presente Pacto reconocen el derecho de toda persona a un nivel de vida adecuado para sí y su familia, incluso alimentación, vestido y vivienda adecuados, y a una mejora continua de las condiciones de existencia[11]. Los Estados Partes tomarán medidas apropiadas para asegurar la efectividad de este derecho, reconociendo a este efecto la importancia esencial de la cooperación internacional fundada en el libre consentimiento.

Con 18 años de diferencia, se puede apreciar que la redacción de este instrumento internacional guarda cierta identidad con su antecesor, por lo que cabe formularle similares consideraciones a la redacción de este texto, a pesar del tiempo transcurrido.

No obstante, se aprecia una mayor precisión en la redacción del artículo 14.2.h) de la Convención sobre la Eliminación de todas las formas de discriminación contra la mujer, de 18 de diciembre de 1979, en el cual se expresa:

> 2. Los Estados Partes adoptarán todas las medidas apropiadas para eliminar la discriminación contra la mujer en las zonas rurales a fin de asegurar, en condiciones de igualdad entre hombres y mujeres, su participación en el desarrollo rural y en sus beneficios, y en particular le asegurarán el derecho a:
>
> h) Gozar de condiciones de vida adecuadas, particularmente en las esferas de la vivienda, los servicios sanitarios, la electricidad y el abastecimiento de agua, el transporte y las comunicaciones.

Luego de 13 años, se ratifica el derecho de la mujer que habita en zonas rurales, –lo que parece dar por sentado que este derecho ya lo disfrutaba la mujer en zonas urbanas y también el hombre que vive en la zonas rurales y urbanas–, a disfrutar de condiciones de vida adecuadas, que concretamente le garanticen tanto una vivienda como el acceso a la electricidad.

---

[11] Considera Krolik que "El acceso universal a los servicios energéticos antes de 2030 constituye desde ahora una preocupación de los Estados y se inscribe en un contexto jurídico y social comparable a aquellos que han dado origen a las observaciones generales a favor del derecho a una vivienda digna y al derecho al agua. El momento sería propicio para que el Comité [de Derechos Económicos, Sociales y Culturales] reconozca un derecho a los servicios energéticos modernos, que podría estar fundado sobre el artículo 11, relacionado al derecho de toda persona a un nivel de vida digna, y sobre el artículo 12, que reconoce el derecho de toda persona a gozar del mejor estado de salud física y mental que ella sea capaz de alcanzar. Esta contribuiría a unir y universalizar el derecho a los servicios energéticos modernos". Krolik, Christophe, "Por un Derecho universal a los servicios energéticos modernos", *Revista Argentina de Derecho de la Energía, Hidrocarburos y Minería* N° 9, Mayo-Julio, Ábaco, Buenos Aires, 2016, p. 202.

Esta declaración contiene un avance importante, pues si bien no se refiere al derecho a disfrutar de todas las energías, al menos circunscribe el reconocimiento –más allá de lo que se había dicho hasta ese momento– al derecho a la electricidad en la zona rural donde habita la mujer.

Posteriormente, en el ámbito del Sistema Interamericano de Derechos Humanos, el artículo 11.1 del Protocolo Adicional a la Convención Americana sobre Derechos Humanos en materia de Derechos económicos, sociales y culturales, de 17 de noviembre de 1988, expresa:

> Toda persona tiene derecho a vivir en un medio ambiente sano y a contar con servicios públicos básicos.

Luego de 9 años se produce esta declaración que tiene una relevancia escasamente analizada, pero se debe mencionar que es la primera oportunidad en que un texto jurídico internacional sobre derechos humanos, reconoce que los "servicios públicos básicos" tienen la naturaleza de un derecho humano.

No deja de ser significativa la declaración, pues los servicios públicos ya habían sido mencionados 40 años antes en el artículo XXXVI de la Declaración Americana de los Derechos y Deberes del Hombre, de 30 de abril de 1948, en los siguientes términos:

> Toda persona tiene el deber de pagar los impuestos establecidos por la Ley, para el sostenimiento de los servicios públicos.

Es así que dos instrumentos internacionales americanos con cuatro décadas de diferencia, señalan que las personas tienen el deber de pagar impuestos –ello basado en el principio de igualdad ante las cargas públicas– y contribuir así a sostener la prestación de los servicios públicos, –que en la concepción de la época, constituían una actividad de prestación del Estado ordinariamente en régimen de monopolio– y además se reconoce que al menos los servicios públicos que se califican de "básicos" constituyen un derecho humano.

Esto evidentemente plantea la necesidad de determinar dos temas adicionales: El primero, ¿Cuáles son los servicios públicos que merecen el calificativo de "básicos"? La respuesta es mutable en cada época, pues depende de lo que constituyan las necesidades esenciales de las personas para llevar una vida digna en el momento que les toca vivir. Es así como las necesidades esenciales de comienzos del siglo XX no comprendían la telefonía que hoy se considera básica o la energía; en tanto cien años después nadie concibe una vida digna si no satisface las necesidades surgidas del desarrollo científico y tecnológico. Es así como se podrían valorar como servicios públicos básicos aquellos que son adecuados para garantizar las condiciones de vida digna de las personas, como el agua potable, el saneamiento, la telefonía básica, el gas doméstico y la electricidad. Si esa fuese la respuesta, entonces habría que señalar que serían estos los que deben ser considerados como derechos humanos, quedando excluidos otros servicios públicos.

De ser esto correcto, entonces se tendría que la energía –provenga esta del gas doméstico o de la electricidad–, implícitamente constituye un derecho humano reconocido al menos dentro del Sistema Interamericano de Derechos Humanos.

El segundo, ¿Constituyendo un derecho humano la energía, su disfrute debería ser gratuito u oneroso? Este asunto ha sido objeto de intensa polémica con respecto a otros derechos humanos, que también involucran la prestación de servicios públicos directamente por el Estado o por los particulares, conforme al respectivo ordenamiento jurídico.

La respuesta dada por la propia comunidad internacional, reconoce que el disfrute de los derechos humanos que requieren una actuación de prestación pública o privada, no son gratuitos, sino que tienen un costo y por tanto siendo oneroso su disfrute, alguien deberá pagar por ellos, sean los propios titulares del derecho cuando lo ejercitan mediante el pago directo de una contraprestación (tasa o precio, según el caso), sean todas las personas que en función de la solidaridad y la corresponsabilidad en la satisfacción de las necesidades colectivas, contribuyen al sostenimiento de los gastos públicos o sean terceros que en función de subsidios, ayudas o aportes asumen la financiación de quienes ejercen determinados derechos humanos.

Como ejemplo de lo dicho se pueden mencionar a título enunciativo los derechos humanos a la educación, la salud, el agua potable o el saneamiento, en los cuales el Estado tiene el deber de garantizar las condiciones y remover los obstáculos materiales para su ejercicio, así como el establecimiento de los mecanismos de financiamiento que permitan disponer de los medios de accesibilidad física y asequibilidad económica para que todas las personas puedan satisfacer sus necesidades básicas.

Luego de 19 años de aquella declaración sobre los "servicios públicos básicos" como derechos humanos, en el marco de Foro Mundial de las Culturas, realizado en Monterrey, México, los asistentes proclamaron la Carta de la Declaración Universal de los Derechos Humanos Emergentes, el 4 de noviembre de 2007, en cuyo artículo 1.1 se propone lo siguiente:

Derecho a la existencia en condiciones de dignidad. Todos los seres humanos y las comunidades tienen derecho a vivir en condiciones de dignidad.

Este derecho humano fundamental comprende los siguientes derechos:

1.- El derecho a la seguridad vital, que supone el derecho de todo ser humano y toda comunidad, para su supervivencia, al agua potable y al saneamiento, *a disponer de energía* y de una alimentación básica adecuada, y a no sufrir situaciones de hambre. Toda persona tiene *derecho a un suministro eléctrico continuo y suficiente*, y al acceso gratuito a agua potable para satisfacer sus necesidades vitales básicas.

Se debe señalar que esta constituye una proclamación que no tiene origen en una organización internacional de naturaleza gubernamental, por lo que se trata de una propuesta de la denominada sociedad civil internacional o global[12].

Es interesante mencionar que la propuesta expresamente pretende el reconocimiento del derecho humano a disponer de energía –en general–, así como el derecho al suministro eléctrico continuo y suficiente –en concreto–. En caso de asumirse esta declaración por algunas de las instituciones internacionales que tienen competencia en materia de Derechos Humanos, se acabaría la duda –más allá del expreso reconocimiento en el caso de la mujer que habita en zona rural e implícito reconocimiento para la mujer que habita en zona urbana y los hombres que habitan en zonas rurales y urbanas– sobre si la energía constituye un derecho humano y la electricidad en concreto puede ser considerada como tal.

No obstante que esta propuesta no ha sido asumida formal y expresamente por alguna organización internacional competente en materia de derechos humanos[13], no puede soslayarse que la Organización de las Naciones Unidas recientemente ha efectuado importantes declaraciones que brindan nuevas pistas en la investigación que se está realizando.

Una, se produjo en el primer Foro anual de la Energía Sostenible para Todos, que sirvió de escenario para el lanzamiento de la *Década de la Energía Sostenible para todos 2014-2024*, según lo declarado por la Asamblea General de la Organización de las Naciones Unidas. Este evento tuvo lugar, entre los días 4 al 6 de junio de 2014 y a él asistieron alrededor de 1.000 participantes

---

[12] http://www.iei.uchile.cl/investigacion/lineas-de-investigacion/58619/sociedad-civil-internacional

[13] En un espacio geográfico distinto del americano, el Comité Económico y Social Europeo, en el Dictamen sobre el tema «Por una acción europea coordinada para prevenir y combatir la pobreza energética» (Dictamen de iniciativa), presentado en Bruselas el 18 de septiembre de 2013 y publicado en la D.O.U.E., C 341/21, de 21 de noviembre de 2013, señaló en las conclusiones y recomendaciones que:

"1.3. Este Compromiso Europeo de Seguridad y Solidaridad Energéticas impulsará una auténtica política europea de lucha contra la pobreza energética y de solidaridad que se basará en *el reconocimiento de un derecho de acceso universal a la energía* –que el CESE considera un bien común esencial– para que cada persona pueda vivir dignamente. El Compromiso tendrá como objetivo, tanto a corto como a largo plazo:

Proteger a los ciudadanos frente a la pobreza energética e impedir su exclusión social;

Tomar medidas para reducir los factores de vulnerabilidad estructurales (garantizando un acceso básico a la energía a precios razonables y estables)

Incitar a todos los ciudadanos a asumir sus responsabilidades en cuanto a la utilización de recursos energéticos sostenibles y renovables (garantizando así la transición hacia una sociedad hipocarbónica)".

http://eur-lex.europa.eu/legal-content/ES/TXT/?uri=CELEX%3A52013IE2517

en representación de gobiernos, organizaciones internacionales, empresas y sociedad civil. Los tres objetivos que se establecieron en este decenio son los siguientes[14]:

1. Asegurar el acceso universal a las modernas fuentes de energía;

2. Duplicar el porcentaje global de la mejora de la eficiencia energética;

3. Aumentar la cuota de energías renovables en la matriz energética mundial.

De estos objetivos interesa destacar el primero, pues si los Estados tienen la obligación de procurar todas las condiciones para asegurar el acceso universal a las modernas fuentes de energía; entonces las personas como titulares de ese derecho de acceso pueden exigirlo a los prestadores, conforme al desarrollo que se tenga en cada país.

La importancia que tiene esta inferencia consiste en reconocer que la Organización de las Naciones Unidas apunta hacia el reconocimiento del derecho de acceso universal a las fuentes de energía, no obstante, lo hace con la suficiente prudencia para no reconocer expresamente que se trata de un derecho humano, aunque como es relativamente fácil advertir, –en virtud de la interdependencia de los derechos humanos en el mundo actual–, sin acceso a la energía se pueden ver afectados el ejercicio de algunos de los otros derechos humanos.

La otra, es la declaración efectuada por la Organización de las Naciones Unidas el día 25 de septiembre de 2015, que contiene los Objetivos del Desarrollo Sostenible (ODS)[15] y dentro de los 17 objetivos establecidos, se debe destacar en esta ocasión el que señala:

Objetivo 7: Garantizar el acceso a una energía asequible, segura, sostenible y moderna para todos.

Esta declaración comprende una parte de la Agenda 2030 para el Desarrollo Sostenible, en la que se ratifican los objetivos de la Década de la Energía Sostenible para Todos, al indicar las siguientes metas[16]:

7.1 De aquí a 2030, garantizar el acceso universal a servicios energéticos asequibles, fiables y modernos.

7.2 De aquí a 2030, aumentar considerablemente la proporción de energía renovable en el conjunto de fuentes energéticas.

---

[14] http://www.se4all.org/sites/default/files/l/2014/09/SE4ALL_forum_report_final.pdf

[15] http://www.un.org/sustainabledevelopment/es/objetivos-de-desarrollo-sostenible/

[16] http://www.un.org/es/comun/docs/?symbol=A/RES/70/1

7.3 De aquí a 2030, duplicar la tasa mundial de mejora de la eficiencia energética.

7.a. De aquí a 2030, aumentar la cooperación internacional para facilitar el acceso a la investigación y la tecnología relativa a la energía limpia, incluidas las fuentes renovables, la eficiencia energética y las tecnologías avanzadas y menos contaminantes de combustibles fósiles, y promover la inversión en infraestructura energética y tecnologías limpias.

7.b. De aquí a 2030, ampliar la infraestructura y mejorar la tecnología para prestar servicios energéticos modernos y sostenibles para todos en los países en desarrollo, en particular los países menos adelantados, los pequeños Estados insulares en desarrollo y los países en desarrollo sin litoral, en consonancia con sus respectivos programas de apoyo.

Como no podía ser de otra manera, dada la corta distancia de tiempo entre la declaración de 2014 y ésta, lo que hace la Organización de las Naciones Unidas es recoger los objetivos iniciales presentados para una década e incorporarlos como metas a cumplir durante tres lustros.

En consecuencia, el Objetivo del Desarrollo Sostenible expresamente relacionado con la energía, se orienta a garantizar el acceso a la energía para todos, a cuyos fines deben trabajar los Estados, pero no termina de pronunciarse expresamente sobre su naturaleza como derecho humano.

Se debe mencionar, que, respecto a los Objetivos de Desarrollo del Milenio establecidos en el año 2000, se hacía una referencia específica en el objetivo 7, relacionado con la sostenibilidad del ambiente, a la necesidad de proporcionar el acceso a las fuentes de agua potable y los servicios de saneamiento, pero estos no fueron reconocidos formalmente como un derecho humano, hasta la declaración efectuada el día 28 de julio de 2010, por la Organización de las Naciones Unidas.

Estos antecedentes y la inclusión de la garantía de acceso a la energía, en el Objetivo del Desarrollo Sostenible 7, pueden llevar a pensar que la Organización de las Naciones Unidas se encuentra transitando lentamente el camino del reconocimiento de la energía como un derecho humano, lo que probablemente se produzca antes de 2030.

No se puede dejar de mencionar la propuesta elaborada con el apoyo técnico de la OLADE y aprobada en el pleno del Parlamento Andino, que contiene el Marco regulatorio de Desarrollo Energético Sostenible, de 21 de julio de 2015[17], en la que se establece entre otros elementos que integran el objetivo general, el compromiso de garantizar "que todos los ciudadanos andinos tengan acceso a un suministro energético moderno, limpio, seguro y estable que les permitan facilitar su desarrollo humano" (artículo 3).

---

[17] Gaceta Oficial del Parlamento Andino, Año 12, N° 7, agosto de 2015. Decisión N° 1347, de 21 de julio de 2015, Marco regulatorio de Desarrollo Energético Sostenible http://www.parlamentoandino.org/banners/pdf/proyectoenergetico.pdf

Entre los principios rectores del Desarrollo Energético Sostenible se postula el derecho de la población a que el Estado le asegure y garantice de manera general y asequible, el acceso universal y equitativo a la energía, reconociendo el acceso a servicios energéticos básicos (electricidad y gas domiciliario) y productos energéticos básicos, bajo los principios de calidad y continuidad, en atención a su impacto positivo en el índice de desarrollo humano (artículos 6.d, 8.a y 8.b).

Como complemento a lo anterior, se plantea que los Estados miembros del Parlamento Andino, con sujeción al ordenamiento jurídico puedan implementar las acciones –políticas, planes, estrategias– destinadas a la eliminación gradual de la pobreza energética y que permitan garantizar el acceso universal y equitativo al suministro energético a tarifas asequibles y servicios confiables para toda la población; así como el perfeccionamiento y ampliación de programas de acceso energético con carácter preferencial a sectores vulnerables de la población, de ser necesario, mediante sistemas de subsidios focalizados (artículo 11.c).

Este texto propuesto como modelo para los Países Andinos, –que también podría serlo con modificaciones, para todos los países del continente–, comienza reconociendo el derecho de los ciudadanos andinos al acceso a un suministro energético moderno, limpio, seguro y estable (reconocimiento a un derecho individual), pero además reconoce el derecho de la población –entiéndase conjunto de personas que ocupan un espacio físico determinado–, (reconocimiento a un derecho colectivo) a disfrutar de acceso a servicios energéticos básicos –electricidad y gas domiciliario– según los criterios de universalidad, asequibilidad, calidad y continuidad.

No obstante, cabe señalar que en esta propuesta formulada por uno de los órganos de la Comunidad Andina, éste no se pronuncia sobre el reconocimiento del derecho a la energía como de derecho humano, lo que evidencia una notable prudencia del Parlamento Andino, evitando incurrir en un exceso al sugerir a través de una mera pauta comunitaria[18], un reconocimiento que iría más allá de su ámbito de competencia.

Esta primera aproximación al tema de la energía como derecho humano permite advertir, que no se encuentra definida la posición de la comunidad internacional, de efectuar tal reconocimiento expreso de este nuevo derecho humano, pues aunque se han hecho acercamientos para su inclusión como tal, se ha impuesto la cautela, quizás por el hecho que no todos los países

---

[18]   Se señala que se trata de una pauta, pues la decisión del Parlamento Andino, no integra el ordenamiento jurídico de la Comunidad Andina (artículo 1), así como tampoco es obligatoria (artículo 2), no es de aplicación directa (artículo 3), ni está amparada por la obligación de los países miembros de adoptar las medidas para asegurar su cumplimiento (artículo 4), conforme a todas las disposiciones contempladas en el Protocolo Modificatorio del Tratado de Creación del Tribunal de Justicia, de 28 de mayo de 1996.

integrantes de la comunidad internacional cuentan con los medios idóneos y eficaces para garantizar su ejercicio a todas las personas y efectuar un reconocimiento de tal naturaleza en las actuales circunstancias, en que no se ha desterrado la pobreza energética, supone el riesgo de efectuar una declaración hueca, vacía de contenido material, hasta cierto punto discriminatoria, contraria al espíritu de universalidad que nutre a los derechos humanos y por tanto lesiva de las aspiraciones reales de muchas personas, a disfrutar de un derecho que contribuya a garantizarles una vida digna.

III. EL POSIBLE CONTENIDO DEL DERECHO HUMANO A LA ENERGÍA

El estudio de los derechos humanos a partir de 1948, tiene particular relevancia en los países del mundo occidental e inspirado en los principios de progresividad, irrenunciabilidad e interdependencia, se ha ido construyendo un catálogo cada vez más amplio de tales derechos.

Es el caso que durante la última década del siglo XX y la primera década del siglo XXI, se había estado discutiendo sobre el reconocimiento internacional de la energía como derecho humano y aunque existían instrumentos que insinuaban o anunciaban este posible reconocimiento[19], no se ha producido tal declaración expresa de una entidad gubernamental internacional.

Asumiendo una interpretación *pro homine*, en el sentido que de los derechos humanos no requieren para su existencia el reconocimiento expreso y formal de la comunidad internacional, como lo admiten los tratados, pactos, protocolos y convenciones en la materia, al expresar que los derechos enunciados en sus propios textos o en cualquier instrumento sobre derechos humanos no debe entenderse, interpretarse o aplicarse en negación o desconocimiento de otros, que siendo igualmente inherentes a la persona humana y a su dignidad, deben ser reconocidos, respetados, protegidos y garantizados por todos los órganos que ejercen el Poder Público, se procederá a realizar el ejercicio de asumir que el derecho a la energía actualmente constituye un auténtico Derecho Humano[20], que resulta esencial para el disfrute del derecho a la vida y de los demás derechos humanos y que garantizan el desarrollo humano individual de las personas que integran las generaciones presentes, así como aseguran el potencial desarrollo humano de las generaciones futuras.

---

[19] Artículo 12.1 de la Carta Mundial del Derecho a la Ciudad. Al respecto, véase Hernández-Mendible, Víctor R., "El derecho a la ciudad sostenible", *Revista Tachirense de Derecho* Nº 19, Universidad Católica del Táchira, San Cristóbal, 2008, pp. 123-142.

[20] Señala Parente, que "si se quiere introducir una nueva clase de derecho humano, ésta no puede relacionarse sólo con la energía eléctrica, sino que tiene que afectar a la energía en su sentido más amplio". Parente, Alessio, *Principios de Derecho Europeo de la Energía*, Aranzadi-Thomson Reuters, Pamplona, 2010, p. 256.

Se debe dejar sentando desde ahora que se trata de un derecho humano que no es gratuito, tiene un costo, pues el efectivo disfrute del Derecho Humano a la energía pasa porque las personas realicen una erogación económica, que implica un pago razonable, que sea asequible, pero necesario para sufragar el costo de suministro para el prestador y de garantía de acceso a la energía para las personas.

Otro punto que vale la pena resaltar, –aunque parezca obvio–, está relacionado con ¿qué tipo de energía se debe considerar como derecho humano? Como tal se debe entender aquella energía que va a ser utilizada por las personas para la satisfacción de sus necesidades básicas, como la vivienda digna, la conservación refrigerada de medicamentos o alimentos y la cocción de estos últimos, la realización del aprendizaje y los estudios en la casa o en las instituciones educativas, atención a la salud, así como para las comunicaciones personales, entre otros; pero no debe considerarse como derecho humano, la energía para otros usos como la producción industrial, la actividad comercial, el funcionamiento de fábricas, la ornamentación de los edificios o ciudades, etc.

En consideración a las anteriores premisas, corresponde tratar de descubrir, cuáles son los componentes que pueden identificarse en ese derecho humano a la energía y tal análisis lleva a observar como elementos esenciales configuradores de este derecho humano, los siguientes:

1. La obligatoriedad: El Estado tiene el deber de garantizar que todas las personas tengan la posibilidad de disfrutar de la energía que garantice su calidad de vida y les permita satisfacer sus necesidades energéticas esenciales, lo que implica la existencia de la energía, –que exige una serie de presupuestos físico-técnicos para su generación, transmisión, distribución– y el potencial acceso a las infraestructuras, redes y tomas que sean necesarias para el suministro final.

2. La igualdad: Como sucede con todos los derechos humanos, el derecho a la energía debe garantizarse a todas las personas en igualdad de oportunidades y condiciones, sin ninguna clase de discriminación, para lo cual se requiere el desarrollo de una política que garantice un acceso equitativo, que permita la superación de la pobreza energética y que garantice la inclusión de las personas que se encuentran en lugares aislados o zonas socialmente deprimidas, de las mujeres, los niños, los pueblos indígenas, los refugiados, los desplazados, los inmigrantes, las personas con necesidades especiales (discapacitados, personas mayores y enfermos).

3. La cantidad: La garantía de disfrute del derecho debe contemplar el suministro suficiente para satisfacer las necesidades humanas diariamente. Ello no impide la existencia de personas o grupos de ella que requieran cantidades adicionales de energía, en virtud de circunstancias especiales, como la salud, educación u otras.

4. La confiabilidad: El suministro debe garantizarse de manera ininterrumpida o continua, regular, seguro, que permita a las personas tener la confianza y más todavía, la certeza de que van a tener acceso a la energía, en el momento que lo requieran para satisfacer alguna de sus necesidades energéticas.

5. La calidad: El derecho humano no solo consiste en tener acceso a una determinada cantidad de energía, sino que ésta sea adecuada, técnicamente idónea, de calidad y para uso domiciliario. De allí la importancia que tiene que no se trate simplemente de tener virtualmente energía, incluso en cantidades excedentarias, sino que se tenga acceso a la energía necesaria y con la calidad técnica adecuada, para satisfacer las necesidades básicas de las personas.

6. La onerosidad: Aunque existen algunos que guardan la falsa creencia que el disfrute de los derechos humanos no supone ningún costo para las personas, que deben ser gratuitos, no existe nada más ajeno a la realidad. El ejercicio de la mayoría de los derechos humanos supone una inversión de recursos económicos para su disfrute, lo que se plantea es el deber del Estado de realizar las gestiones necesarias para que las personas puedan disfrutar del derecho a un precio económicamente asequible.

7. La generalidad: El derecho a la energía debe garantizarse de manera universal, por lo tanto el Estado debe planificar políticas dirigidas a promover la investigación, el desarrollo y la innovación (I+D+i) que permitan el establecimiento de las infraestructuras y las redes, para realizar la generación, la transmisión, la distribución y el suministro, que les dé acceso en cualquier lugar donde se encuentren las personas (áreas geográficas urbanas, no planificadas, rurales, insulares, zonas desérticas o áridas) y que contemplen la ejecución de una política tarifaria justa y equitativa, que garantice tanto la asequibilidad de los usuarios, como la cobertura de los costos de prestación en que deben incurrir los operadores y el respectivo beneficio razonable.

8. La selección: El titular del derecho debe tener la libertad de elección de la fuente de energía que quiere le sirva para satisfacer sus necesidades básicas, pudiendo ser ésta de origen fósil –aunque en vías de sustitución– o renovable e incluso un *mix*, dentro de la matriz energética que existe en cada Estado, pues éste no puede garantizar el acceso a una fuente inexistente en una determinada realidad. Esta libertad también se extiende a la posibilidad de cambiar la opción de la fuente inicialmente seleccionada por otra e incluso a desistir de ejercer el derecho de acceso, a cualquiera de las fuentes existentes.

El reconocimiento de tales elementos del derecho humano a la energía, le impone al Estado el cumplimiento de todas las obligaciones inherentes a la garantía de goce y disfrute de los derechos humanos por las personas, con sujeción a la Constitución[21], mediante el desarrollo normativo, la ejecución de las actividades administrativas correspondientes y el establecimiento de los mecanismos jurisdiccionales de protección que sean necesarios[22].

Si todo lo expuesto se encuentra debidamente desarrollado y funciona sin complicaciones en el ámbito nacional, no habrá mayores inconvenientes en garantizar el Derecho Humano a la energía por los órganos que ejercen el Poder Público en el territorio de cada Estado[23], pues con independencia de quienes sean los suministradores de energía, el responsable de que se respeten los derechos humanos es el Estado; pero si los órganos que ejercen el Poder Público no han cumplido las obligaciones adquiridas internacionalmente a los fines de garantizar el ejercicio del derecho humano que se analiza, entonces las personas afectadas deben acudir a las instancias jurisdiccionales nacionales competentes y estas estarán obligadas a aplicar el *corpus iuris* de la convencionalidad[24] y otorgar la protección efectiva al Derecho

---

[21] Corte Interamericana de Derechos Humanos, caso *Genie Lacayo vs. Nicaragua, Fondo, Reparaciones y Costas*, sentencia de 29 de enero de 1997, Serie C N° 30, párr. 51; caso *Chocrón Chocrón vs. Venezuela*, Excepción Preliminar, Fondo, Reparaciones y Costas, sentencia de 1 de julio de 2011, Serie C N° 227, párr. 140.

[22] Parente, Alessio, *Principios de Derecho Europeo de la Energía*, Aranzadi-Thomson Reuters, Pamplona, 2010, pp. 273-274.

[23] Corte Interamericana de Derechos Humanos, caso *Velásquez Rodríguez vs. Honduras*, Fondo, sentencia de 29 de julio de 1988, párr. 61; caso *Godínez Cruz vs. Honduras*, Fondo, sentencia de 20 de enero de 1989, párr. 64; caso *Fairén Garbi y Solís Corrales vs. Honduras*, Fondo, sentencia de 15 de marzo de 1989, párr. 85.

[24] Corte Interamericana de Derechos Humanos, caso *Almonacid Arellano y otros vs. Chile*, Excepciones Preliminares, Fondo, Reparaciones y Costas, sentencia de 26 de septiembre de 2006, serie C N° 154, párr. 123; caso *"Trabajadores Cesados del Congreso" (Aguado Alfaro y otros) vs. Perú*, Excepciones Preliminares, Fondo, Reparaciones y Costas, sentencia de 24 de noviembre de 2006, serie C N° 158, párrs. 128 y 129; caso *La Cantuta vs. Perú*. Fondo, reparaciones y costas, sentencia de 29 de noviembre de 2006, serie C N° 162, párr. 173; caso *Boyce y otros vs. Barbados*, Excepciones preliminares, fondo, reparaciones y costas, sentencia de 20 de noviembre de 2007, serie C N° 169, párr. 79. 32; caso *Heliodoro Portugal vs. Panamá*. Excepciones preliminares, fondo, reparaciones y costas, sentencia de 12 de agosto de 2008, serie C N° 186, párr. 180; caso *Rosendo Radilla Pacheco vs. México*. Excepciones preliminares, fondo, reparaciones y costas, sentencia de 23 de noviembre de 2009, serie C N° 209, párr. 339; caso *Manuel Cepeda Vargas vs. Colombia*, Excepciones preliminares, fondo y reparaciones, sentencia de 26 de mayo de 2010, serie C N° 213, párr. 208, nota 307; caso *Comunidad Indígena Xákmok Kásek vs. Paraguay*. Fondo, reparaciones y costas, sentencia de 24 de agosto de 2010, serie C N° 214, párr. 311; caso *Fernández Ortega y otros vs. México*, Excepciones preliminares, fondo, reparaciones y costas, sentencia de 30 de agosto de 2010, serie C N° 215, párr. 234; caso *Rosendo Cantú y otra vs. México*. Excepciones preliminares, fondo, reparaciones y costas, sentencia de 31 de agosto de 2010, serie C N° 216, párr. 219; caso *Ibsen Cárdenas e Ibsen Peña vs. Bolivia*. Fondo, reparaciones y costas, sentencia de 1 de septiembre de 2010, serie C N° 217, párr. 202; caso *Vélez Loor vs. Panamá*, Excepciones preliminares, fondo, reparaciones y costas, sentencia de 23 de noviembre de 2010, serie C N° 218: caso *Gomes Lund y otros (Guerrilha do Araguaia) vs. Brasil*. Excepciones preliminares, fondo, reparaciones y costas, sentencia de 24 de noviembre de 2010, serie C N° 219, párr. 106; caso *Cabrera García y Montiel Flores vs.*

Humano a la energía. Una vez determinada la afectación del titular por la actividad o inactividad imputable directamente a los prestadores e indirecta del Estado como garante –cuando éste no es quien suministra la energía–, se deberá ordenar la reparación por el daño que la persona haya experimentado e igualmente deberán determinarse las responsabilidades personales que procedan[25].

En el supuesto que esto no se logre en las instancias jurisdiccionales nacionales, entonces el titular del Derecho Humano a la Energía como cualquier víctima tendría expedita las instancias de protección internacionales, en las que son denunciables esta violación y de los demás derechos humanos que hayan podido verse afectados por la actividad e inactividad de los prestadores y de los órganos que ejercen el Poder Público en el Estado respectivo, para que sea reconocida tal violación y reparado el derecho[26].

Ahora bien, habiendo enunciado los anteriores elementos que deben ser considerados por el legislador en la configuración y limitación del ejercicio de este derecho humano, corresponde analizar en el próximo subepígrafe, lo relacionado con el cambio climático y su incidencia en el ejercicio del referido derecho humano.

IV. EL CAMBIO CLIMÁTICO Y SU INCIDENCIA EN EL DERECHO HUMANO A LA ENERGÍA

Corresponde iniciar mencionando a qué se hace referencia cuando se habla del cambio climático y en tal sentido cabe señalar, que la modificación o variabilidad del clima ha ocurrido a lo largo de la existencia del planeta, como un fenómeno generado por causas naturales (variabilidad de origen natural), aunque ello no ha excluido que se produzca por causas antropogénicas o antrópicas (variabilidad de origen humano).

México. Excepción Preliminar, Fondo, Reparaciones y Costas, sentencia de 26 de noviembre de 2010, serie C N° 220; caso *Gelman vs. Uruguay*, Fondo y Reparaciones, sentencia de 24 de febrero de 2011, serie C N° 221, párr. 239.

[25]   Dell´Agli, Laura, "L´accesso all´ energia elettrica come diritto umano fondamentale per la dignitá della persona umana", *Rivista Giuridica dell´ambiente*, N° 5, Giuffré, Milano, 2007, p. 720.

[26]   Parente, Alessio, *Principios de Derecho Europeo de la Energía*, Aranzadi-Thomson Reuters, Pamplona, 2010, p. 260. Es pertinente señalar que compartiendo la solución planteada respecto a la posibilidad de reparación en la instancia jurisdiccional internacional, no se comparte la premisa de la necesidad de reconocimiento expreso y formal en un instrumento internacional de Derechos Humanos, pues como se mencionó al comienzo de este epígrafe, los propios tratados, pactos, protocolos y convenciones reconocen que la enumeración en ellos contenida, no niega la existencia de otros derechos que siendo inherentes a la persona humana, no estén formal y expresamente reconocidos, pero que exigen iguales garantías de protección.

Sin embargo, ha sido recientemente que la preocupación por el cambio climático ha movido a la comunidad internacional a pronunciarse a través de varios instrumentos, en los cuales se ha fijado posición sobre las actuaciones que se deben desarrollar para enfrentar esta situación, que amenaza a las generaciones presentes y a las futuras generaciones.

El primer instrumento jurídico adoptado para orientar las actuaciones a seguir ante el aceleramiento de este fenómeno, fue la Convención Marco de las Naciones Unidas sobre el Cambio Climático, en el contexto de la Cumbre de La Tierra, en Río, el 19 de mayo de 1992, en cuyo artículo 1.2 se señala que:

> Por "cambio climático" se entiende un cambio de clima atribuido directa o indirectamente a la actividad humana que altera la composición de la atmósfera mundial y que se suma a la variabilidad natural del clima observada durante períodos de tiempo comparables.

Esta definición comprende el cambio climático en sus dos vertientes causales: la natural y la antropogénica.

Siendo este el primer instrumento sobre el tema en el que se formulan tanto medidas de mitigación como medidas de adaptación al cambio climático, fue sometido a evaluación en cuanto a su cumplimiento y luego de cinco años fue objeto de un anexo, denominado el Protocolo de Kioto sobre Cambio Climático de 11 de diciembre de 1997, que estableció como objetivo jurídicamente vinculante, reducir la emisión de seis tipos de gases que producen el efecto invernadero para los países desarrollados y se promueve el fomento de los mecanismos de flexibilidad, que esencialmente son aquellos de aplicación conjunta, los de desarrollo limpio y el sistema internacional del comercio de emisiones.

Este anexo sería enmendado con motivo de la Conferencia sobre Cambio Climático de Nairobi, realizada entre el 6 de noviembre y el 17 de noviembre de 2006, conocida como COP XII, en la que se estableció un programa de trabajo.

Posteriormente se enmendó durante la Conferencia sobre Cambio Climático de Doha, realizada entre el 26 de noviembre y el 7 de diciembre de 2012, conocida como COP XVIII, que lleva a reducir las emisiones en un 18% como mínimo, con respecto a los niveles de 1990.

No obstante, el encendido de las alarmas sobre el cambio climático arrojará en 2015, tres documentos de proyección internacional que no pueden ser soslayados al estudiar el tema:

El primero, fue el redactado por el Jefe de Estado Vaticano, el Papa Francisco, a través de la Encíclica *"Laudato si´:* Sobre el cuidado de la casa común", de 24 de mayo de 2015[27].

La Encíclica *"Alabado Seas"*, es un documento ecuménico, –aunque sin duda de gran importancia para los católicos–, que plantea de manera directa reflexiones éticas, filosóficas, económicas, ambientales y sociales que interesan a toda la humanidad, formulando la tesis de la "transición energética" del actual estado de insostenibilidad energética hacia un estado energético sostenible, todo ello con miras a la Conferencia sobre Cambio Climático de París que tendría lugar en diciembre de ese mismo año y a las decisiones que se adoptarían y las acciones posteriores, orientadas a no seguir afectando la vida en el planeta.

Cabe destacar que aunque distintos líderes mundiales se hicieron eco de las reflexiones de la Encíclica y efectuaron una valoración positiva, –al igual que sucedió con la mayoría de los medios de comunicación–, resulta muy significativo lo expresado por el Secretario General de la Organización de las Naciones Unidas sobre el documento, quien señaló al respecto[28]:

> Su primera Encíclica enfatiza que el cambio climático es uno de los mayores retos que afronta la humanidad y que es un asunto moral que requiere de un diálogo respetuoso con todas las partes de la sociedad.

Por su parte, el director ejecutivo del Programa de Naciones Unidas para el Medio Ambiente (PNUMA), expresó[29]:

> Esta Encíclica es una llamada que resuena no solo en los católicos, sino en todos los pueblos de la Tierra. La ciencia y la religión están alineadas en esta materia: Ahora es el momento de actuar.

Se trata de un mensaje cuyo contenido es sencillo, claro, muy concreto, de alguna manera angustioso, llamando a sumar voluntades a todos los habitantes del planeta, para desarrollar estrategias urgentes que contribuyan a mitigar el cambio climático, siendo sus destinatarios más cualificados, los responsables de tomar decisiones con incidencia global, quienes participarían en la conferencia mundial de París, a finales de 2015.

El segundo, fue la formulación de los Objetivos del Desarrollo Sostenible (ODS), por la Organización de las Naciones Unidas[30], el 25 septiembre de 2015, entre los que se incluyó el siguiente:

---

[27]   http://w2.vatican.va/content/francesco/es/encyclicals/documents/papa-francesco_20150524_enciclica-laudato-si.html

[28]   http://www.lanacion.com.ar/1802893-elogios-mundiales-por-la-enciclica-del-papa-francisco-sobre-medio-ambiente

[29]   http://www.rtve.es/noticias/20150618/papa-critica-su-enciclica-grandes-empresas-gobernantes-del-deterioro-medioambiental/1163883.shtml

Objetivo 13: Adoptar medidas urgentes para combatir el cambio climático y sus efectos.

Hay que señalar que este objetivo tiene una notable interdependencia con el Objetivo 7, antes analizado, que se orienta a "Garantizar el acceso a una energía asequible, segura, sostenible y moderna para todos", teniendo presente el siguiente diagnóstico[31]:

1. Una de cada cinco personas todavía no tiene acceso a la electricidad moderna.

2. Tres mil millones de personas dependen de la biomasa tradicional, como la madera y los residuos de plantas animales, para cocinar y para la calefacción.

3. La energía es el principal contribuyente al cambio climático, y representa alrededor del 60% del total de emisiones de gases de efecto invernadero a nivel mundial.

4. Reducir las emisiones de carbono de la energía es un objetivo a largo plazo relacionado con el clima.

Siendo el consumo convencional de energía –primordialmente de fuentes fósiles–, uno de los principales causantes de las emisiones que producen los gases de efecto invernadero, la interrelación entre el objetivo de garantizar la energía sostenible para todos y el objetivo de la necesidad de adopción de medidas urgentes para reducir las emisiones de carbono que inciden en el cambio climático, hace impretermitible su abordaje conjunto, a los fines de garantizar el Desarrollo Sostenible para las futuras generaciones.

Por ello, la Organización de las Naciones Unidas se ha apoyado en la importante información científica que ha recopilado el Grupo interguber-namental de expertos sobre el cambio climático, que se resume en los siguientes datos y cifras[32]:

1. Entre los años 1880 y 2012, la temperatura media en el mundo aumentó 0,85 grados Celsius, lo que se traduce en que cada grado de aumento de la temperatura implica la reducción del 5% de la producción de cereales. Esto ha supuesto una reducción significativa en la producción de maíz, trigo y otros cultivos importantes, en un período de 21 años, entre 1981 y 2002, se redujeron en 40 megatones anuales en el mundo, producto del aumento de la temperatura.

2. Entre los años 1901 y 2010, el nivel medio del mar en el mundo aumentó 19 centímetros, pues los océanos se expandieron debido al calentamiento y al deshielo. La extensión del hielo marino del Ártico se ha reducido en los últimos seis lustros a partir del año 1979, con una pérdida de hielo de 1,07 millones de kilómetros cuadrados en cada decenio.

---

30   http://www.un.org/sustainabledevelopment/es/objetivos-de-desarrollo-sostenible/

31   http://www.un.org/sustainabledevelopment/es/energy/

32   http://www.un.org/sustainabledevelopment/es/climate-change-2/

3. En virtud de la concentración e ininterrumpida emisión de gases de efecto invernadero, han aumentado las probabilidades de que, a finales del siglo XXI, el incremento de la temperatura en el mundo supere 1,5 grados Celsius en comparación con el período transcurrido entre los años 1850 y 1990, según la casi totalidad de los escenarios analizados.

Por tanto, el calentamiento de los océanos seguirá y el deshielo continuará, con el considerable aumento de la media del nivel del mar entre 24 y 30 centímetros para el año 2065, que se podría elevar entre 40 y 63 centímetros para el año 2100.

Lo anterior se traduce en que, aun deteniéndose las emisiones de gases de efectos invernadero, las consecuencias sobre el cambio climático persistirán durante varios siglos.

Por ello se plantea que en caso de adoptarse una extensa e intensa medida en el plano tecnológico y de cambios en el comportamiento humano, todavía resultaría posible detener el aumento de la temperatura media en el mundo, en 2 grados Celsius por encima de los niveles preindustriales.

Al asumir las grandes reformas institucionales y las tecnológicas, se dispondrá de una mayor oportunidad, para que el calentamiento del planeta no supere este umbral.

La necesidad de reformas urgentes impone la asunción de una gestión integral del cambio climático, en la que todos están llamados a participar y nadie puede ser indiferente, pues se trata de una responsabilidad de los Estados en sus distintos niveles de organización, pero también de cada una de las personas como habitantes del planeta y afectados directos del fenómeno climático, es decir, es intergubernamental e intersectorial y supone una gestión que no es de medios, sino de resultados, pues de lo contrario no se logrará reducir la emisión de los gases de efecto invernadero, ni la adaptación a las consecuencias negativas del cambio climático, lo que se podría traducir en la imposibilidad de alcanzar este Objetivo del Desarrollo Sostenible.

Toda esta información sirve de insumo, para el tercero de los documentos, adoptado con motivo de la Conferencia sobre Cambio Climático de París, realizada entre el 30 de noviembre y el 11 de diciembre de 2015[33], conocida como COP XXI y que fue firmado en la ciudad de Nueva York el día 22 de abril de 2016, que llevó a que las partes conviniesen un acuerdo mundial en materia de cambio climático –denominado Acuerdo de París–, que contiene un plan de actuación para limitar el calentamiento global por debajo de 2° Celsius.

Este Acuerdo se orienta a la aplicación de la Convención y tiene por objeto reforzar la respuesta mundial a la amenaza del cambio climático, en el

---

[33]   http://unfccc.int/resource/docs/2015/cop21/spa/l09s.pdf

contexto del desarrollo sostenible y de los esfuerzos por erradicar la pobreza, lo que lleva a formular en su artículo 2.1, los siguientes objetivos:

a) Mantener el aumento de la temperatura media mundial muy por debajo de 2° C con respecto a los niveles preindustriales, y proseguir los esfuerzos para limitar ese aumento de la temperatura a 1,5° C con respecto a los niveles preindustriales, reconociendo que ello reduciría considerablemente los riesgos y los efectos del cambio climático;

b) Aumentar la capacidad de adaptación a los efectos adversos del cambio climático y promover la resiliencia al clima y un desarrollo con bajas emisiones de gases de efecto invernadero, de un modo que no comprometa la producción de alimentos; y

c) Situar los flujos financieros en un nivel compatible con una trayectoria que conduzca a un desarrollo resiliente al clima y con bajas emisiones de gases de efecto invernadero.

Sin dedicarse a teorizar sobre las implicaciones del cambio climático o de la aplicación de la Convención y del plan de acciones establecido en el Acuerdo de París, pues esto ha sido hecho con total propiedad por auténticos científicos y expertos en el tema –y no por simples militantes en grupos antisistema–, lo que interesa analizar es la incidencia que la mencionada variación climática tiene en el disfrute efectivo de los derechos humanos en general y del Derecho Humano a la energía en concreto, que será a lo que se dedicarán las líneas subsiguientes.

Actualmente el cambio climático constituye uno de los problemas y desafíos más importantes a los que se enfrenta actualmente la humanidad. Las consecuencias son negativas para la salud, la biota, la agricultura, la ganadería, la pesca, la economía, el agua, la energía, el ambiente, los niveles de los mares y océanos, así como los derechos humanos.

Las personas experimentan directamente estás consecuencias, en la medida que el cambio climático al incidir en las condiciones de vida digna, afecta el ejercicio de los derechos humanos a la alimentación, a la salud, a una vivienda adecuada, a servicios públicos básicos, al agua potable, el saneamiento y a la energía, entre otros.

En concreto, respecto al disfrute del Derecho Humano a la energía, la variabilidad o modificación del clima, puede incidir en su ejercicio de varias formas.

En primer lugar, porque la energía asequible, segura, sostenible y moderna para todos no es posible de generarse y garantizarse, cuando la producción se realiza a través de una fuente hidroeléctrica y consecuencia del cambio climático se ven afectados los niveles de los embalses, por una alteración prolongada del ciclo hidrológico del agua; si la producción se da a partir de una fuente solar fotovoltaica, se puede ver disminuida o tornarse no segura, por extensos períodos de nubosidad y lluvias; en el caso de la producción que se realiza a partir de una fuente eólica, esta puede verse impactada por la alteración de la presión atmosférica o una alteración de las estaciones climáticas, lo que puede incidir en las masas de aire que producen los vientos; de tratarse de una generación proveniente de una fuente mareomotriz o de las olas (undimotriz), esta podría verse afectada al producirse una alteración de la temperatura entre la superficie y las aguas profundas del mar o de las corrientes marinas; si se genera la energía teniendo como fuente la biomasa, esta podría ser afectada en su producción como consecuencia de la disminución o desaparición de los cultivos energéticos, así como de la escasez de agua producto de las sequías, en períodos que deberían ser de lluvias[34].

En segundo lugar, la situación descrita hace más vulnerables a aquellas personas que se encuentran en condición de pobreza energética, pues al producirse una afectación del Derecho Humano a la energía, quienes se encuentran en mejores condiciones de ingresos económicos, pueden buscar soluciones no tradicionales, aunque incluso les pueden resultar más onerosas, como la adquisición o instalación de plantas y equipos de autogeneración; pero quienes dependen del sistema energético instalado en el espacio en que habitan, si incluso reciben algún tipo de ayuda para disfrutar del derecho a la energía y no cuentan con ingresos adicionales, al producirse las consecuencias negativas del cambio climático antes enunciadas, experimentarán la imposibilidad de ejercicio del Derecho Humano a una energía asequible, segura, sostenible y moderna para todos, quedando excluidos energética y en consecuencia socialmente.

Estos constituyen algunos ejemplos de situaciones que pueden producirse como consecuencias negativas del cambio climático y que puede tener incidencia directa en el ejercicio del Derecho Humano a la energía, ya que al no poder producirse ésta y en consecuencia garantizarse la disponibilidad a todas las personas, en los términos idóneos para el ejercicio y disfrute de dicho derecho, ello redundará en la calidad de vida y el logro efectivo del desarrollo humano que corresponde a este tiempo.

Lo hasta aquí analizado lleva a considerar que quizás lo único positivo del cambio climático es que se haya constituido en el acicate para acelerar la investigación, el desarrollo y la innovación (I+D+i) en el aprovechamiento de las fuentes de energías renovables, cuya expansión es condicionada por el fenómeno atmosférico y éste también es la razón para progresar en la implementación de dichas fuentes de energías a la mayor brevedad posible, en la medida que ello contribuirá a mitigar la variabilidad climática.

---

[34] Hernández-Mendible, Víctor R., "Hacia una regulación de las energías renovables y la eficiencia energética", *Regulación Internacional de las Energías Renovables y de la Eficiencia Energética,* (Cop. Luis Ferney Moreno), 5 Colección de Regulación Minera y Energética, Universidad Externado de Colombia, Bogotá, 2011, pp. 261-286.

En conclusión, actualmente el ejercicio del Derecho Humano a la energía, en particular de aquellas energías que utilizan fuentes de origen fósil constituyen la causa de la producción de los gases de efecto invernadero, principal generador del cambio climático; a su vez éste puede lesionar o condicionar el ejercicio del derecho la energía asequible, segura, sostenible y moderna, pues genera efectos negativos que alteran o afectan las fuentes de energías renovables, comprometiendo la posibilidad de producción y por ende del suministro y consiguiente disfrute efectivo del Derecho Humano a la energía.

V.   CONSIDERACIONES FINALES

El estudio sobre el Derecho Humano a la energía no puede circunscribirse a un tema teórico, de mera especulación intelectual, sino que, poniendo en el centro del mismo a la persona humana, debe servir para garantizarle a esta una mejor calidad de vida y su pleno desarrollo como persona.

De allí que el reconocimiento del Derecho Humano a la energía tendrá relevancia en la medida que se establezcan los instrumentos legales, se ejecuten las actividades administrativas y se implementen los mecanismos jurisdiccionales para garantizar su efectivo ejercicio; pues de lo contrario, se trata de una construcción intelectual huera, al reconocer un derecho que no puede ser garantizado y protegido de manera integral.

En teoría, el Derecho Humano a la energía podría inferirse de los instrumentos internacionales de derechos humanos existentes actualmente y si se quiere ser más convincente y salvar cualquier duda, se debería producir el reconocimiento expreso por la comunidad internacional, lo que además obligaría directamente a los Estados a expedir las leyes que desarrollen la posibilidad de su ejercicio[35], que en un modelo de Estado garante de prestaciones, debe configurarse normativamente orientado a la consecución de objetivos de interés general[36], que no son otros que el acceso a la energía asequible, segura, sostenible y moderna para todos.

Una vez establecido el marco normativo de rango legal que brinde el soporte al ejercicio del Derecho Humano a la energía, correspondería a los Estados proceder a su ejecución y a través de los entes reguladores creados

---

[35]   Corte Interamericana de Derechos Humanos, La expresión "Leyes" en el artículo 30 de la Convención Americana sobre Derechos Humanos, Opinión Consultiva OC-6/86, de 9 de mayo de 1986, Serie A N° 6, párr. 21.

[36]   Hernández-Mendible, Víctor R., "La regulación para la consecución de objetivos de interés general en el Estado de Garantía de Prestaciones", *Derecho Administrativo y Regulación Económica. Liber* Amicorum *Gaspar Ariño Ortíz.* (Coords. Juan Miguel de la Cuétara Martínez, José Luis Martínez López-Muñiz, Francisco J. Villar Rojas), *La Ley*, Madrid, 2011, pp. 1159-1177.

para aplicar la ley, asegurar sus objetivos y principios, hacer cumplir las obligaciones y el respeto a los derechos de las personas que interactúan como operadores y usuarios en las relaciones jurídicas que nacen del ejercicio de este derecho humano.

Adicionalmente se deben instrumentar los mecanismos jurisdiccionales, entiéndanse, los órganos jurisdiccionales competentes y los procesos idóneos para tramitar los recursos de manera expedita que garanticen el ejercicio efectivo del Derecho Humano a la energía y que en aquellos casos en que se constate la afectación del mismo, que dispongan de los poderes necesarios para ordenar las modalidades de restablecimiento y reparación efectiva del derecho.

Vista la formulación teórica anterior, cabe analizar ¿cómo puede aplicarse esta ante el fenómeno del cambio climático y si la misma podría servir para garantizar el Derecho Humano a la energía?

En lo que concierne al régimen normativo, tanto la comunidad internacional a través de las convenciones y los protocolos como los Estados nacionales a través de las respectivas leyes han ido expidiendo normas orientadas a mitigar el cambio climático e incluso le han atribuido a las autoridades administrativas nacionales, las competencias pertinentes para velar porque la variabilidad del clima produzca la menor cantidad de efectos negativos, que puedan repercutir en la calidad de vida de las personas.

Más complicado es el asunto cuando se trata de la protección jurisdiccional del Derecho Humano a la energía frente al cambio climático, pues la alteración prolongada del ciclo hidrológico del agua; la extensión de los períodos de lluvias; la alteración de la presión atmosférica o de las estaciones climáticas; la modificación de la temperatura entre la superficie y las aguas profundas del mar o de las corrientes marinas; la disminución o desaparición de los cultivos energéticos, así como de la escasez de agua producto de las sequías, en períodos que deberían ser de lluvias son situaciones que afectan el Derecho Humano a la energía y que pudiendo ser judicializadas, el proceso y los recursos que existen o se establezcan no serían medios idóneos para garantizar el restablecimiento del derecho, pues ninguna orden judicial es realmente efectiva para modificar el ciclo hidrológico del agua, ordenar que llueva, que cese la sequía, que se nivele la presión atmosférica o cualquier otra medida similar que contrarreste el cambio climático y de esa manera asegurar que se realice la inmediata producción de energía, que permita el ejercicio del derecho humano. A lo sumo, el mandamiento judicial podría ordenar a las autoridades públicas competentes que diseñen y adopten las políticas, medidas o actuaciones adecuadas y eficaces para mitigar las consecuencias negativas de la variabilidad del clima y de no haber actuado diligentemente, ordenar la reparación a las víctimas de la lesión del derecho humano.

En razón de lo anterior es posible advertir que el mayor reto que se tiene por delante, no consiste en reconocer el Derecho Humano a la energía, sino que se pueda garantizar su efectivo ejercicio, en especial para las personas más vulnerables a la incidencia del cambio climático, que al no contar con la posibilidad real de disfrutar del derecho por encima del umbral de pobreza energética, se verán afectados igualmente en el ejercicio de otros derechos humanos y de lograr las condiciones idóneas y necesarias para tener una vida con calidad y alcanzar el desarrollo humano correspondiente a la época en que viven.

LA TRIADA: ENERGÍAS RENOVABLES, ENERGÍA SOSTENIBLE PARA TODOS Y OBJETIVOS DEL DESARROLLO SOSTENIBLE

I. INTRODUCCIÓN

En la actualidad el mundo se encuentra atravesando un complejo proceso de transición que involucra distintos asuntos, siendo uno de ellos de naturaleza energética, producto de la gran demanda generada entre otros factores, por la mejora de la calidad de vida de las personas, el aumento de la población mundial y el modelo de crecimiento económico no sostenible que se ha ejecutado en las últimas décadas.

A ello se han sumado factores de política y economía internacional, que han contribuido al incremento de la demanda energética, consecuencia de una potencial inseguridad en el suministro y además se ha producido el descubrimiento de nuevos yacimientos de hidrocarburos, así como el aprovechamiento de los existentes que no resultaban rentables a precios bajos.

También el desarrollo tecnológico condujo a que se planteara la exploración, desarrollo y explotación de las fuentes de energías de origen fósil no convencionales[37], que también resultaban económicamente competitivas ante los elevados precios de las fuentes convencionales.

Todo esto contribuyó a un incremento de la demanda de las energías de origen fósil, en medio de una década de especulación en los mercados internacionales, que recién han experimentado un retroceso vertiginoso de los precios a partir de septiembre de 2014, lo que llevó a plantear la necesidad de buscar alternativas, que permitiesen eliminar o al menos disminuir la dependencia de aquellas fuentes de energías.

En este contexto se tornó más acuciante la necesidad de transformación del modelo de desarrollo que ha terminado siendo insostenible, por un modelo que sea amigable con los seres humanos y el ambiente.

Es así como ante la necesidad de consolidación de un modelo de Desarrollo Sostenible, uno de los aspectos que se impone es la acelerada realiza-

---

[37] Álvarez Pelegry, E., y Suárez Diez, C., *Gas no convencional: shale gas. Aspectos estratégicos, técnicos, medioambientales y regulatorios*, Orkestra-Marcial Pons, Madrid, 2016.

ción de cambios en el modelo energético, pues si bien todas las fuentes de energías son fundamentales para lograr un desarrollo constante y sostenido, en la medida que contribuyen a garantizar la producción de los bienes y la prestación de los servicios que satisfacen las necesidades básicas de las personas, lo que se plantea actualmente y con perspectivas de futuro es el tránsito del tradicional modelo de economía marrón, sustentada primordialmente en las fuentes de energía de origen fósil; al modelo de economía verde, que tiene como fundamento las fuentes de energías renovables[38].

Lo anterior plantea la necesidad del surgimiento de nuevas tecnologías que contribuyan tanto al uso eficiente de las fuentes de energías convencionales, como a la implementación y el uso cada vez mayor de las fuentes de energías renovables, ambos orientados a la disminución progresiva de los gases de efecto invernadero y por ende de la mitigación del cambio climático.

Lo dicho pone de relieve que la investigación, el desarrollo y la innovación (I+D+i) se orienten a la transformación de la matriz energética, lo que se debe traducir en la utilización de tecnologías limpias, que permitan proporcionar acceso a la energía a los más de 7.000 millones de personas que constituyen la población mundial y que requieren contar con acceso universal a energías sostenibles, debiendo ser éstas económicamente asequibles, estar disponibles en condiciones de calidad, regularidad, seguridad y eficiencia suficiente, para la satisfacción de sus necesidades y que se encuentren en armonía con el ambiente.

Sin duda que ello tiene una incidencia social, en cuanto la transformación del modelo económico y de la matriz energética no pueden implicar un aumento de la exclusión social o de la pobreza energética, sino que debe servir para mejorar el acceso efectivo a la energía con la consiguiente satisfacción de las necesidades básicas de las personas, en el lugar que habitan y que esta sea asequible para todos.

Lo antes mencionado ha cobrado especial interés a partir de 2014 en la comunidad internacional, que ha efectuado una doble apuesta: La primera por las fuentes de energías renovables y por el compromiso de que todas las personas cuenten con energías sostenibles; y la otra apuesta, consiste en alcanzar el reto de los Objetivos del Desarrollo Sostenible en 2030.

Según lo anterior, la implementación de estas iniciativas desde las perspectivas nacionales exige que los compromisos sean abordados desde una visión multidisciplinar, pues se requiere que las distintas ramas de las ciencias concurran y se complementen para aportar estrategias, así como la formulación de las tácticas y las posibles acciones orientadas a cumplir tales metas, que permitan alcanzar de manera efectiva los susodichos Objetivos.

---

[38] Sistema Económico Latinoamericano y del Caribe (SELA), *La visión de la economía verde en América Latina y el Caribe*, Caracas, 2012, p. 10.

Son estos aspectos, sobre los cuales se pretende desarrollar la presente exposición. Es así como para una mayor claridad en la exposición de las ideas, el presente trabajo se dividirá en los siguientes aspectos a saber: Se comienza por realizar la precisión sobre cuáles son las fuentes renovables de energía (II); seguidamente se analizará la propuesta de energía sostenible para todos (III); posteriormente se comentarán los Objetivos del Desarrollo Sostenible (IV); y, por último, se realizarán unas consideraciones finales (V).

II.   LA PRECISIÓN SOBRE LAS FUENTES RENOVABLES DE ENERGÍAS

Hay que comenzar mencionando que a diferencia de algunos otros países del entorno geográfico que han ido avanzando lenta, pero progresivamente en las políticas públicas y la regulación de las fuentes de energías renovables, entre aquellas que cuentan con mayor ventaja para su potencial desarrollo[39], Venezuela marcha muy lentamente y se ha quedado en la retaguardia del continente, al no contar con una regulación jurídica, técnica y económica que de manera armónica promueva o fomente el desarrollo de la producción o generación, utilización y consumo racional de las fuentes de energías renovables.

Es importante destacar que no existe una regulación sectorial que favorezca la investigación, el desarrollo y la innovación (I+D+i), que se pretendiese efectuar a nivel gubernamental o promover en el ámbito de la iniciativa privada. En efecto, ni la Resolución del Ministerio de Energía y Petróleo, que crea el Registro Nacional de Energías Renovables[40], ni las disposiciones de la Ley Orgánica del Sistema y Servicio Eléctrico[41], ni la Ley de Uso Racional y Eficiente de la Energía[42] contienen un marco jurídico que se pueda considerar incipiente, para configurar una pretendida regulación que tenga por objeto el fomento de las fuentes de energías renovables.

La desarticulación de estos textos jurídicos atiende fundamentalmente a la carencia de una auténtica política estatal en el sector, aunado a la ausencia

---

[39]   Mientras Brasil y México lideran la región en términos del desarrollo de políticas para el fomento del uso de las fuentes de energías renovables, existen otros países que no han avanzado en la materia. Sistema Económico Latinoamericano y del Caribe (SELA), *Ob. cit.*, p. 42.

[40]   Artículo 1 de la Resolución N° 77, del Ministerio de Energía y Petróleo, Gaceta Oficial N° 38.683, de 15 de mayo de 2007. El texto íntegro de esta Resolución se encuentra publicado como anexo del trabajo Hernández-Mendible, Víctor R., "La regulación de las energías de origen fósil y los biocombustibles", *Regulación de los biocombustibles: análisis de caso colombiano y comparado* (Comp. Luis Ferney Moreno), 4 Colección de Regulación Minera y Energética, Universidad Externado de Colombia, Bogotá, 2011, pp. 75-77.

[41]   Gaceta Oficial N° 39.573, de 14 de diciembre de 2010.

[42]   Gaceta Oficial N° 39.823 de 19 de diciembre de 2011.

de una real planificación estratégica que permita brindar certeza respecto a los aspectos esenciales en lo que se pueden desenvolver los operadores que aspiren a invertir, competir y obtener un razonable y legítimo beneficio por su participación en este sector de la actividad económica.

Esto lleva a preguntarse ¿cuáles pueden ser las razones para ello, cuando la tendencia internacional, –al menos en los países más desarrollados– es cambiar el insostenible modelo de desarrollo que se apoya en las fuentes de energía de origen fósil, para proceder al establecimiento de un modelo de desarrollo sostenible, que sustituya aquellas por las fuentes de energías renovables, que disminuyen la emisión de gases que producen el efecto invernado y que contribuyen al cambio climático?

La respuesta puede considerarse relativamente simple. Venezuela se ha constituido en un petro-estado y en lo que va del siglo XXI, su gobierno ha asumido la política de supresión de toda iniciativa privada y de eliminación de la libertad de empresa, mediante la ejecución de estatizaciones de las actividades económicas privadas, bienes y empresas que han sido revestidas de las formas jurídicas de nacionalizaciones o confiscaciones, según se produzcan las respectivas indemnizaciones o no[43], a lo que cabe agregar la denuncia del tratado del CIADI y de la consecuente eliminación del arbitraje internacional ante ese organismo, desapareciendo la posibilidad que los inversionistas internacionales que actual o potencialmente se viesen involucrados en algún conflicto con respecto a sus inversiones, puedan plantearse acudir a él[44].

Este particular escenario lejos de constituir un motivo de estímulo y fomento a la inversión y ejecución de actividades privadas dirigidas a promover la producción y utilización de las fuentes de energías renovables las disipa, a lo que se suma, que, hasta el estallido de la profetizada crisis energética en 2009, el propio gobierno tampoco se había ocupado de realizar nuevas inversiones de ampliación y mantenimiento de la capacidad instalada en el sector eléctrico en concreto.

Tuvo que producirse la crisis del sector eléctrico en las actividades de generación, transmisión, transporte y distribución, para que se haya descubierto

---

[43]   Hernández-Mendible, Víctor R., *La nacionalización de las actividades, los servicios y las empresas en Venezuela, Nacionalizaciones, Libertad de Empresa y Asociaciones Mixtas,* (Coord. Víctor R. Hernández-Mendible), Editorial Jurídica Venezolana, Caracas, 2008, pp. 6-64.

[44]   Hernández-Mendible, Víctor R., "La reserva del Estado de las actividades de exploración y explotación del oro, así como las conexas y auxiliares", *Memorias: VII Congreso Iberoamericano de Regulación: Energía, Minería, Petróleo, Gas y otros sectores regulados,* Universidad Externado de Colombia y ASIER, Bogotá, 2012, pp. 404-410.

la necesidad de declarar la emergencia del sector[45] y de realizar el mantenimiento a las hidroeléctricas existentes, de darle reparación a las infraestructuras, los equipos y las redes averiadas, así como de efectuar las inversiones para la construcción de nuevas termoeléctricas, con el objeto de ampliar la capacidad instalada de generación.

De allí que el gobierno más allá de alguna promesa en tiempos electorales, donde siempre se invierte algún dinero del presupuesto en colocar alguna primera piedra y una valla alusiva al proyecto que se pretende ejecutar, no se ha ocupado de promover y fomentar las inversiones necesarias destinadas a la implementación de este tipo de fuentes energéticas renovables.

Pero ¿qué son las fuentes de energías renovables? y ¿cuáles son las potencialmente aprovechables en el ámbito nacional? A dar respuestas a estas preguntas se dedicará el presente subepígrafe.

En una primera aproximación la respuesta podría parecer sencilla, pero como se aprecia de la lectura tanto de las publicaciones técnicas como de las jurídicas, no es infrecuente que se haga referencia a las energías renovables como sinónimo de energías alternativas y aunque se puede producir tal concurrencia, lo cierto es que no siempre coinciden y constituyen ambos diferentes conceptos.

En anterior oportunidad se han diferenciado las energías de origen fósil de las energías renovables, que además son alternativas en el contexto nacional, como lo son los biocombustibles[46].

Pero ello no lleva a concluir que todas las energías de fuentes renovables *per se* deban ser consideradas como alternativas, pues ello va a depender de cuáles han sido las fuentes de energías convencionales en una sociedad determinada.

Ello así, cabe señalar que en el contexto nacional las energías convencionales han sido de origen fósil (hidrocarburos líquidos y gaseosos), que se han empleado para la locomoción de vehículos terrestres, aeronaves, embarcaciones marítimas, la industria, el uso doméstico o incluso para la generación de energía eléctrica, en este último caso, concurrentemente con las fuentes renovables hidráulicas[47]. En tales términos, cualquier otra fuente de ener-

---

[45]   Canónico Sarabia, Alejandro, "La regulación del sistema eléctrico en Venezuela, con especial referencia a la emergencia eléctrica", *Revista de Derecho Público N° 128*, Editorial Jurídica Venezolana, Caracas, 2011, pp. 57-70.

[46]   Hernández-Mendible, Víctor R., *La regulación de las energías de origen fósil y de los biocombustibles. Regulación de los biocombustibles. Análisis del caso colombiano y comparado*, (Cop. Luis Ferney Moreno), 4 Colección de Regulación Minera y Energética, Universidad Externado de Colombia, Bogotá, 2011.

[47]   Artículo 16.11 de la Ley Orgánica del Sistema y Servicio Eléctrico, Gaceta Oficial N° 39.573, de 14 de diciembre de 2010.

gía apta para el desarrollo de la sociedad y la satisfacción de las necesidades de las personas, de manera individual o colectiva, puede ser considerada como alternativa a las que tradicionalmente se han tenido como convencionales (*v.gr.* la energía nuclear).

En tanto, las consideradas energías renovables comprenden todas aquellas que se extraen de fuentes que se regeneran de manera natural, lo que garantiza que no se agoten, –sin que por ello dejen de ser inestables al estar sujetas a los ciclos biológicos y climáticos– y que se consideren en principio limpias o verdes, porque contaminan muy poco y contribuyen a mitigar la emisión de los gases que producen el efecto invernadero.

Al respecto, jurídicamente se ha mencionado a los fines del Registro Nacional de Energías Renovables, que los tipos de fuentes renovables de energías comprenden las siguientes: solar, eólica, hidráulica, biomasa, geotérmica, mareomotriz e hidrógeno[48].

Dicho esto cabe señalar que en el contexto nacional, teóricamente la energía nuclear que se produce a partir de fusión o fisión podría ser alternativa a las convencionales, pero únicamente renovable en el primer supuesto[49]; en tanto las renovables anteriormente mencionadas –con excepción de la hidráulica–, también pueden ser consideradas alternativas.

El principal beneficio que producen las fuentes de energías renovables frente a las tradicionales, es que disminuyen la dependencia de éstas, las van sustituyendo de forma progresiva y contribuyen a mantener la calidad de vida de las personas en este momento, garantizando un ambiente ecológicamente más equilibrado, lo que permite preservarlo sano para las generaciones presentes y futuras, así como contribuir a la disminución del calentamiento global.

Es importante destacar que todas las fuentes de energías renovables con excepción de la geotérmica tienen su fuente directa o indirecta en la radiación solar[50].

Seguidamente se hará una sucinta referencia a cada una de las fuentes de energías renovables, cuyo aprovechamiento ha sido reconocido por el ordenamiento jurídico nacional.

---

[48]   Artículo 3 de la Resolución Nº 77, del Ministerio de Energía y Petróleo, Gaceta Oficial Nº 38.683, de 15 de mayo de 2007.

[49]   Creus Solé, Antonio, *Energías Renovables*, 2ª ed., Ceysa, Madrid, 2009, p. 14.

[50]   Boyle, Godfrey, *Tecnologías de energía renovable para la generación de electricidad, Electricidad Verde: Energías Renovables y Sistema Eléctrico* (Ed. B. Moselle, J. Padilla y R. Schmalensee), Marcial Pons, Madrid, 2010, pp. 31-32.

1. La energía solar

La energía solar tiene como fuente al astro Sol, que como consecuencia de un complejo proceso libera gran cantidad de energía, de la cual una pequeña parte llega a la superficie de la Tierra, puesto que la mayor cantidad al entrar en contacto con la atmósfera terrestre, se refleja hacia el espacio exterior[51].

La energía solar tiene como característica, además de ser renovable, segura y limpia, no se encuentra concentrada, requiere grandes superficies para su captación y muchas horas de exposición[52]. Es importante destacar que esta energía puede ser indirecta (se encuentra en el carbón, el petróleo, el gas natural, se obtiene de la fotosíntesis, de la madera o en el viento) o directa, también denominada activa[53], pero no es útil por sí misma, sino que su aprovechamiento requiere que se transforme en energía eléctrica.

La energía solar puede ser aprovechada para producir electricidad, gracias a dos tecnologías: la termoeléctrica y la fotovoltaica.

La primera, la tecnología solar termoeléctrica es aquella que capta el calor irradiado por el Sol, para generar energía calorífica. Ello se realiza mediante la concentración de los rayos solares a través de espejos, con el objeto de calentar un fluido que se convierte en vapor que hace funcionar una turbina, que genera la electricidad[54].

El sistema de energía solar térmica transforma la radiación solar a diversas temperaturas. El sistema de baja temperatura se aplica en las edificaciones y los sistemas de media y alta temperatura se emplean en la generación de vapor y electricidad.

La segunda, la tecnología fotovoltaica es aquella que a través de células fotovoltaicas es capaz de absorber la radiación solar y con la utilización de algunos minerales, convierte directamente la radiación en electricidad de corriente continua.

Esta energía es empleada en viviendas ubicadas en zonas aisladas que no cuentan con red de distribución, en electrificación rural y actividades del campo, en la iluminación en carreteras y autopistas, en el suministro a los teléfonos de emergencia y centros de asistencia sanitaria que no tienen conexión a la red de energía eléctrica, así como en la industria espacial[55].

---

[51] Creus Solé, Antonio, *Energías Renovables*, 2ª ed., Ceysa, Madrid, 2009, p. 329.

[52] *Ob. cit.*, p. 329.

[53] *Ob. cit.*, p. 330.

[54] Nebreda Pérez, J. M., *Aspectos jurídicos de la producción eléctrica en régimen especial*, Thomson-Civitas, Madrid, 2009. p. 49.

[55] Creus Solé, Antonio, *Energías Renovables*, 2ª ed., Ceysa, Madrid, 2009, pp. 375-377.

La energía solar brinda como ventajas, las siguientes[56]:

a) Es renovable, lo que contribuye a reducir el consumo de las fuentes de energía fósiles.

b) No genera ruidos, humos, ni residuos difíciles de tratar o de eliminar.

c) No requiere de medidas de seguridad sofisticadas, ni genera emisiones de gases generadores del efecto invernadero.

d) Permite que los centros de generación de energía se encuentren próximos a los lugares de consumo, lo que permite eliminar o minimizar las infraestructuras y las redes de transmisión y distribución.

Pero, igualmente se debe reconocer que esta energía presenta algunas desventajas:

a) En la actualidad, las instalaciones ubicadas en las edificaciones producen un notable impacto visual, que debe reducirse y si es posible eliminarse, mediante la incorporación de los componentes solares a las estructuras de las edificaciones.

b) Las instalaciones solares fotovoltaicas autónomas que cuentan con baterías de acumuladores, requieren de mantenimiento para gestionarlas, recogerlas y tratarlas al final de su vida útil, en virtud de que tienen componentes altamente contaminantes del ambiente.

2.   *La energía eólica*

La energía eólica es aquella que tiene su fuente en el viento, que no es otra cosa que el aire en movimiento, producto del desigual calentamiento del planeta, lo que origina las distintas presiones que causan los desplazamientos del aire[57]. Aunque la utilización del viento como fuente de energía es muy antigua, el desarrollo tecnológico condujo a la evolución de los antiguos molinos de vientos, al diseño de turbinas para el funcionamiento de los aerogeneradores, que van a establecerse en los parques eólicos, para aprovechar el potencial que arrojan los mapas.

Actualmente el aprovechamiento de la fuente eólica para la generación de electricidad ha ido adquiriendo cada vez mayor importancia, aunque todavía no se han solventado todos los inconvenientes que genera en la red eléctrica de transporte o distribución.

Resulta pertinente señalar que la energía eólica, conlleva las siguientes ventajas[58]:

---

[56]   *Ob. cit.*, p. 331.

[57]   Nebreda Pérez, Joaquín María, *Aspectos jurídicos de la producción eléctrica en régimen especial*, Thomson-Civitas, Madrid, 2009. p. 60.

[58]   Creus Solé, Antonio, *Energías Renovables*, 2ª ed., Ceysa, Madrid, 2009, p. 90.

a) Constituye una fuente de energía renovable, natural e inagotable.

b) Disminuye sensiblemente la emisión de gases de efecto invernadero y los residuos que generan son mínimos.

c) La construcción de la infraestructura se puede realizar en corto tiempo y se puede establecer y retirar de la misma manera.

d) Las instalaciones se pueden realizar en tierra (*onshore*) o en el mar (*offshore*).

e) Se pueden compatibilizar las instalaciones, con los otros usos del suelo o marinos.

Por otra parte, la energía eólica presenta las siguientes desventajas:

a) Por el momento no existe capacidad para asegurar el suministro de manera continua o regular.

b) Produce una notable contaminación visual, en función de los lugares donde se instalan los parques eólicos.

c) Afecta el ecosistema, pues generan migración de las especies animales, cambio de nidos de las aves y ello se proyecta sobre la flora del lugar.

d) Genera un aumento de contaminación acústica, en virtud de la emisión de los decibeles que, aunque de baja frecuencia, tienen una duración prolongada.

e) Causa destellos por la reflexión de la luz del Sol, sobre las palas de las turbinas.

f) Aunque con una probabilidad mínima, se encuentran sujetas al riesgo de averías (rupturas).

g) En aquellos lugares donde se encuentran cerca de aeropuertos o aeródromos podrían interferir con los radares y afectar las operaciones aeronáuticas.

Se debe tener presente que estas ventajas y desventajas, expuestas de manera genérica, pueden presentar matices, según se trate de una fuente de energía eólica terrestre o de energía eólica marina.

Un más avanzado aprovechamiento del viento, se ha logrado con la creación de un aeronavegador de eje vertical, suficientemente robusto para resistir los fuertes y veloces vientos que se producen por el paso de un tifón, mediante los cuales se transforma esa energía para generar electricidad limpia[59].

---

[59] El portal Energía 16, publicó el 4 de julio de 2017, que "Japón tiene el primer aerogenerador en el mundo resistente a los tifones", http://www.energia16.com/japon-tiene-el-primer-aerogenerador-resistente-a-los-tifones-del-mundo/

3. *La energía hidráulica*

El ciclo hidrológico del agua que comprende la evaporación, la condensación, la precipitación, la retención, la escorrentía superficial, la infiltración, la evapotranspiración y la escorrentía subterránea, impone realizar una gestión integral del agua, para que, mediante un aprovechamiento eficiente, racional, óptimo, se logren tanto la satisfacción de las necesidades humanas, como los objetivos de interés general que conlleva tal aprovechamiento integral.

En este contexto, al agua se le pueden otorgar distintos usos, como el destinado al consumo humano y saneamiento[60], la producción de alimentos, la salud, el ambiente, el transporte, la industria y la generación de energía.

El paso del agua de un estado a otro durante el ciclo hidrológico, permite que ésta pueda ser retenida o almacenada en embalses, lo que se realiza a través de una presa de contención, constituyéndose así en una fuente de energía potencial que puede transformarse en cinética, al producirse la caída del agua desde cierta altura a un nivel inferior y que permite producir energía eléctrica a través de turbinas o generadores. Este proceso de generación de electricidad teniendo como fuente de energía el agua, es lo que se conoce como energía hidráulica, que se genera en las centrales hidroeléctricas[61].

La generación de energía hidráulica se puede realizar en varias escalas: Las grandes hidráulicas, que superan la producción de 50 megavatios; las pequeñas hidráulicas, que producen entre 10 megavatios y 50 megavatios; las mini-hidráulicas, que producen entre 100 kilovatios y 10 megavatios; y las micro-hidráulicas, que producen entre 1,5 kilovatios y 100 kilovatios.

La electricidad que produce la energía hidráulica tiene como ventaja que puede acoplarse a las variaciones de carga, incluso durante el momento de la máxima demanda de electricidad. Su explotación implica la construcción de infraestructuras que exigen una inversión de grandes sumas de dinero y un tiempo prolongado para su ejecución.

La energía hidráulica es renovable y tiene un potencial inagotable, sin embargo, no se puede negar que las grandes hidráulicas tienen un alto impacto sobre el ambiente, lo que se reduce sensiblemente con las mini-hidráulicas.

---

[60]   Hernández-Mendible, Víctor R., "El agua como derecho humano y como servicio público, Regulación Económica de los Servicios Públicos. Dos décadas de Regulación de los servicios públicos en Iberoamérica. Balance y Perspectivas", Asociación Iberoamericana de Estudios de Regulación (ASIER), Instituto de Regulación & Finanzas, Universidad ESAN, ARA Editores, Lima, 2010, pp. 892-896.

[61]   Creus Solé, Antonio, *Energías Renovables*, 2ª ed., Ceysa, Madrid, 2009, p. 233.

4. La energía de la biomasa

La energía de la biomasa consiste en materia orgánica, formada por hidratos de carbono y compuestos de carbono, hidrógeno y oxígeno producida en áreas de la superficie terrestre por organismos específicos. Esta se extrae de las plantas terrestres o acuáticas, así como de residuos de materias o animales, que almacenan energía solar[62].

La biomasa constituye una fuente de energía que puede ser aplicada en la producción de energía térmica, la generación de energía eléctrica y la producción de biocombustibles, para los medios de transporte[63]. Como fuente de energía alternativa, la biomasa ofrece las siguientes ventajas[64]:

a) Es renovable, siendo una fuente inagotable y natural.

b) Permite una reducción de los volúmenes de desperdicios destinados a la producción de gases de vertedero.

c) No genera emisiones de gases de efecto invernadero.

d) Se pueden utilizar para el suministro de electricidad, calefacción y transporte de combustibles, las mismas redes que se emplean para los combustibles de origen fósil, pudiendo almacenarse y tenerse disponible cuando se les requiera.

La biomasa presenta como principal inconveniente, que se requiere una gran cantidad para lograr el mismo provecho que con otras fuentes.

5. La energía geotérmica

La energía geotérmica tiene su fuente en el calor generado por la corteza interna de La Tierra, que se origina por la descomposición de elementos radioactivos a grandes profundidades de la superficie[65] y que se manifiesta externamente como el vapor de geiser, el agua caliente de las fuentes termales naturales y la lava emanada de las erupciones volcánicas. Esta energía se encuentra presente en todo el planeta, pero el potencial de utilización no es similar en todas partes y en la actualidad su utilización se realiza hasta una profundidad máxima de 5 kilómetros, por razones técnicas y económicas[66].

La energía geotérmica es aquella "procedente del calor producido entre la corteza terrestre y el manto superior de la Tierra, fundamentalmente por

---

[62]   *Ob. cit.*, p. 31.

[63]   *Ob. cit.*, p. 31.

[64]   *Ob. cit.*, p. 32.

[65]   Boyle, Godfrey, *Tecnologías de energía renovable para la generación de electricidad, Electricidad Verde: Energías Renovables y Sistema Eléctrico* (Ed. B. Moselle, J. Padilla y R. Schmalensee), Marcial Pons, Madrid, 2010, p. 56.

[66]   Creus Solé, Antonio, *Energías Renovables*, 2ª ed., Ceysa, Madrid, 2009, p. 197.

desintegración de elementos radioactivos, que se transfiere a la superficie por difusión, por movimientos de convención en el magma –roca fundida– y por circulación de agua en las profundidades"[67]. Para aprovechar este calor se utilizan las bombas de calor geotérmicas, la simple circulación de agua caliente para calefacción y la producción de energía eléctrica, usando ciclos Ranking, convencionales y orgánicos.

Esta energía se utiliza en piscinas, balnearios, calefacción residencial, agricultura y acuacultura, procesos industriales y bombas de calor.

Su explotación requiere de altas inversiones en relación a otras energías renovables, pero presenta la ventaja de reducir los gases generadores del efecto invernadero. No obstante, existen acuíferos que pueden producir cantidades relevantes de fluidos de alta salinidad que son corrosivos y potencialmente contaminantes, lo que afecta los sistemas de drenaje de agua dulce y de escorrentía. Ello conduce a establecer sistemas de reinyección de agua y de medios de prevención de la corrosión[68].

La utilización de esta energía en una vivienda unifamiliar, presenta tanto ventajas como inconvenientes[69]. Entre las ventajas se pueden mencionar:

a) Es una fuente de energía renovable.

b) El costo global oscila entre un 30% o 40% menos que la misma energía proporcionada por el gas natural, el gasóleo o la electricidad.

c) Suministra calor, agua caliente y aire acondicionado en una sola unidad.

Entre los inconvenientes, se destacan:

a) La bomba de calor no funciona sin electricidad, por lo que se precisa de un generador auxiliar.

b) En caso que la bomba de calor no funcione por razones climáticas, será necesario disponer de una fuente de calor alterna.

c) El suministro de electricidad a la bomba de calor mediante energía eólica o fotovoltaica es excesivamente costosa.

6.   *La energía marina*

En este subepígrafe se comprenden diversas fuentes marinas u oceánicas de energía, como las mareas (mareomotriz), las olas (olamotriz o undimotriz), la térmica oceánica (termomotriz, maremotérmica o termomarina), el

---

[67]   Martín Municio, Á., y Colino Martínez, A., citados por Nebreda Pérez, Joaquín María, *Aspectos jurídicos de la producción eléctrica en régimen especial*, Thomson-Civitas, Madrid, 2009. p. 69.

[68]   Creus Solé, Antonio, *Energías Renovables*, 2ª ed., Ceysa, Madrid, 2009, p. 209.

[69]   *Ob. cit.*, p. 229.

gradiente salino (osmótica o azul) y las corrientes marinas[70]. Seguidamente se hará una sucinta referencia a cada una de ellas:

1. La fuente mareomotriz, es producto del fenómeno natural de elevación y descenso del nivel de las aguas del mar, originado por la atracción gravitatoria de la Luna, en menor grado del Sol y del movimiento rotatorio de la Tierra[71].

Cuando el desnivel creado por las mareas oscila entre los cinco y los diez metros, el potencial de la masa de agua desplazada es suficiente para mover una turbina y generar energía eléctrica[72].

Se debe destacar que los principios físicos que se utilizan para la generación de la energía mareomotriz son distintos a los empleados en la producción de energía hidráulica, pero las tecnologías desarrolladas guardan notable similitud[73].

Los costos de producción de energía a partir de las fuentes marinas son relativamente bajos, en lo que respecta a la obtención de la materia prima, en virtud que el agua del mar es gratis, lo que si resulta más oneroso es el costo de construcción de la central mareomotriz[74].

Estas centrales presentan las mismas ventajas de las hidroeléctricas convencionales, lo que permite atender de manera rápida y eficiente las fluctuaciones de carga del sistema interconectado.

Además, tienen las ventajas de generar energía no contaminante ni del aire, ni sonora; su suministro es seguro durante todo el año; resulta muy económica, por cuanto la materia prima es abundante y su disponibilidad es de bajo costo; la infraestructura de la central tiene una vida útil muy larga y el costo de mantenimiento es pequeño.

No obstante, hay que señalar que el establecimiento de la infraestructura constituye un proyecto que requiere de una gran inversión de tiempo y dinero. Además, las centrales pueden producir cambios hidrodinámicos que pueden afectar el ecosistema y también pueden producir un impacto en el paisaje costero[75].

---

[70]   *Ob. cit.*, pp. 249-328.

[71]   *Ob. cit.*, p. 250.

[72]   Nebreda Pérez, Joaquín María, *Aspectos jurídicos de la producción eléctrica en régimen especial*, Thomson-Civitas, Madrid, 2009. p. 70; Creus Solé, Antonio, *Energías Renovables*, 2ª ed., Ceysa, Madrid, 2009, p. 249.

[73]   Boyle, Godfrey, *Tecnologías de energía renovable para la generación de electricidad*, *Electricidad Verde: Energías Renovables y Sistema Eléctrico* (Ed. B. Moselle, J. Padilla y R. Schmalensee), Marcial Pons, Madrid, 2010, p. 55.

[74]   Creus Solé, Antonio, *Energías Renovables*, 2ª ed., Ceysa, Madrid, 2009, p. 264.

[75]   *Ob. cit.*, pp. 264-265.

2. La fuente olamotriz o undimotriz se genera a partir del calentamiento que produce la radiación solar sobre la superficie terrestre, que al calentarla genera zonas de diferente presión que producen los vientos, los cuales generan las olas que a su vez recogen y almacenan energía cinética, que puede ser transformada en electricidad.

La extracción de energía de las olas presenta como principales ventajas que no genera la emisión de gases que producen el efecto invernadero; la energía que se obtiene de las olas es mayor que la que se obtiene del viento; además que resulta más constante durante las 24 horas, mientras el viento disminuye en la mañana y la noche, así como la radiación solar desaparece durante la noche y desciende en los días nubosos; supone una inversión menor en costos de infraestructuras; los equipos de extracción de energía no producen contaminación sónica, ni visual; además contribuye a la producción de hidrógeno y a la extracción de agua potable del mar[76].

Tiene como inconvenientes que la variación de las estaciones incide en la producción de energía, siendo mayor en invierno y menor en el verano; el impacto ambiental que puede producir la construcción de las infraestructuras de generación; y el deterioro al que se encuentran sometidos los materiales y equipos que se utilizan para la obtención de la energía[77].

3. La fuente termomotriz, maremotérmica o termomarina. En la medida en que se desciende a las profundidades de las aguas marinas también disminuye la temperatura. En la zona intertropical, se distinguen tres niveles: El superficial entre los 100 a los 200 metros, que constituye un recipiendario de radiación solar, donde se conversa una temperatura que oscila entre 25° y 30° C; el intermedio entre los 200 y los 400 metros, donde se da una variación de temperatura, que actúa como barrera térmica entre el nivel superficial y el profundo; y éste, por debajo de los 400 metros, en que la temperatura disminuye ligeramente hasta alcanzar 4 °C, a los 1000 metros y 2 °C a los 5000 metros.

En el nivel más profundo, aproximadamente a los 1000 metros, si la diferencia de temperatura es de al menos 20 °C entre el nivel superficial y el profundo, se puede realizar el proceso de evaporación y condensación en forma alterna y el vapor producido mueve una turbina que se encuentra acoplada a un generador de electricidad[78].

---

76 *Ob. cit.*, pp. 299-300.
77 *Ob. cit.*, p. 300.
78 *Ob. cit.*, p. 306.

Tiene la desventaja que la energía es de baja calidad y realmente la útil es muy poca y siendo escasamente competitiva, pues los costos de construcción y mantenimiento son muy elevados[79].

4. La fuente de corrientes marinas que llegan a alcanzar de 9 a 14 kilómetros por hora en canales entre pequeñas islas o en estrechos entre tierra firme y una isla, permiten que a través de turbinas instaladas a un kilómetro de la costa y sumergidas a una profundidad de 20 a 30 metros, se genere la energía, debido a la mayor densidad del agua en relación con el aire[80].

Las corrientes marinas son más predecibles y fiables que las fuentes eólica y solar, por lo que resultan más eficientes para la producción de energía.

Tienen la ventaja que desde el punto de vista ambiental no producen afectación en los ecosistemas marinos, ni afectan el tránsito por la superficie de embarcaciones de pequeño calado y además se requieren menos recursos para la obtención de energía, que respecto a las turbinas eólicas[81].

5. La fuente osmótica o azul es aquella que se obtiene por la diferencia de concentración de sal entre el agua de mar y el agua dulce de los ríos mediante el proceso osmótico. Para ello actualmente se cuentan con dos tecnologías para aprovechar el gradiente salino: El retardo de presión osmótica (PRO) y la electrodiálisis inversa (RED)[82].

La producción de energía mediante la fuente osmótica o azul no presenta mayores intermitencias, siendo predecible y por tanto estable, y aunque teóricamente se encuentra en armonía con el ambiente, pues no produce gases generadores del efecto invernadero, tiene la desventaja que puede producir impacto ambiental en la desembocadura de los ríos.

7.   *La energía del hidrógeno*

Se considera que el hidrógeno es uno de los gases más abundantes en la naturaleza, aunque pocas veces se encuentra en estado libre y tiene como características ser incoloro, inodoro, insípido y altamente inflamable, aunque no tóxico[83].

El hidrógeno es el más ligero de los gases conocidos, debido a su baja viscosidad y a su escaso peso molecular puede fugarse con relativa facilidad.

[79]   Vega de Kuyper, Juan Carlos, y Ramírez Morales, Santiago, *Fuentes de energías. Renovable y no Renovables. Aplicaciones*, Marcombo, México, 2014, p. 527.

[80]   Creus Solé, Antonio, *Energías Renovables*, 2ª ed., Ceysa, Madrid, 2009, p. 249.

[81]   *Ob. cit.*, p. 317.

[82]   Delgado Martín, Agustín, *La energía marina, Energía Eléctrica. Manual básico para juristas*, (Dir. Agúndez, M. A. y Martínez-Simancas, J.), Wolters Kluwer, Madrid, 2014, p. 215.

[83]   Creus Solé, Antonio, *Energías Renovables*, 2ª ed., Ceysa, Madrid, 2009, p. 385.

No obstante, constituye una fuente energética alternativa, pero su manejo requiere de cuidados especiales para evitar accidentes.

Aunque la mayoría de los procesos de producción de hidrógeno utilizan las fuentes de origen fósil (proceso reformador del gas natural con vapor, oxidación parcial de hidrocarburos, oxidación parcial del carbón, separación de carbón e hidrógeno de hidrocarburos, proceso reformador de pequeño tamaño y de oxidación parcial), siendo procesos ecológicamente contaminantes, lo que se pretende es producir hidrógeno a partir de las fuentes de energías renovables, sin embargo ello solo espera lograrse a mediano plazo.

Es así como la investigación científica, se encuentra enfocada en el desarrollo de tecnologías para producir hidrógeno a partir de la energía eólica, solar fotovoltaica, geotérmica y oceánica mediante la electrólisis, así como para extraerlo de la fisión nuclear[84].

8.   *El estado del desarrollo y explotación de las energías renovables*

El enunciado técnico de las diferentes fuentes de energías renovables en la realidad nacional se ha efectuado teniendo presente, que es sumamente complejo en su explicación y que ha sido expuesto con simplicidad, para situar el tema objeto de estudio en este breve espacio y con la consciencia de que, al comprender ámbitos de las ciencias físicas, químicas y de la tierra, pero ajenas a la ciencia jurídica, no correspondía efectuar detalladas exposiciones extrañas a ésta.

También cabe realizar algunas reflexiones desde la perspectiva económica, ciencia que también se encuentra presente en el desarrollo y la explotación de las energías renovables.

Se considera que el costo total de una energía se puede determinar en consideración a tres aspectos: Los costos de capital, los costos de operación y mantenimiento y finalmente, los costos de combustible[85].

Es así como uno de las principales ventajas de la mayoría de las energías renovables es que las fuentes de combustibles para su generación son gratuitos o tienen un costo mínimo –este no es el caso de los biocombustibles–, lo que reduce los costos, a la inversión y financiación del capital para el establecimiento de la central de energía, que debe ser repuesto al inver-

84   Nebreda Pérez, Joaquín María, *Aspectos jurídicos de la producción eléctrica en régimen especial,* Thomson-Civitas, Madrid, 2009, p. 80.

85   Boyle, Godfrey, *Tecnologías de energía renovable para la generación de electricidad, Electricidad Verde: Energías Renovables y Sistema Eléctrico* (Ed. B. Moselle, J. Padilla y R. Schmalensee), Marcial Pons, Madrid, 2010, p. 57.

sionista con un porcentaje de beneficio razonable; y a los costos de operación y mantenimiento[86].

No obstante, es pertinente mencionar que existen un conjunto de factores que pueden influir en la fluctuación de los precios que se cobran a los usuarios, bien sea bajo la modalidad de precios o tarifas y que escapan al presente análisis.

Sin embargo, a pesar de esta notable ventaja, las energías renovables en la actualidad presentan algunos inconvenientes que obstruyen su utilización:

En primer lugar, debe mencionarse que siendo inagotables las fuentes, en el presente no existe un mecanismo idóneo para estimular de manera diferenciada o conjunta, la explotación del total de fuentes de energías renovables existentes o potencialmente aprovechables, en especial, si se tiene en consideración que el avance tecnológico y la innovación, pueden contribuir a elevar la producción de las mismas de manera más eficiente.

No obstante, hay que advertir que, en el estado actual del desarrollo científico y tecnológico, buena parte del potencial existente se desperdicia, pues no se dispone de los medios más adecuados para sacarle el máximo provecho a las fuentes renovables.

En segundo lugar, algunas de estas energías renovables por tener sus fuentes en elementos de la naturaleza, pueden experimentar modificados por razones de carácter estacional o se pueden ver afectados por el cambio climático.

Es así como en algunos casos resulta realmente impredecible, en función de las referidas externalidades, la seguridad y continuidad de producción y suministro para responder satisfactoriamente a las fluctuaciones de la demanda, pues entre el momento de la generación o producción de la energía y el momento de su efectivo uso, puede transcurrir un tiempo, que impone almacenar o guardar la energía no utilizada, para el momento en que se produzca la demanda real.

Más complejo puede resultar el asunto cuando se combinan energías provenientes de diferentes fuentes, porque ello puede requerir la necesidad de efectuar una especie de acoplamiento, mediante la introducción de mecanismos o dispositivos que garanticen tanto la seguridad como la calidad de suministro de energía.

Para finalizar es necesario tener en cuenta, que en el presente, los costos de las energías renovables son más onerosos que aquellos en que se debe incurrir con las energías de origen fósil, lo que constituye un aparente deses-

---

[86]   *Ibídem.*, p. 57.

timulo para invertir y producir las primeras, frente a los menores costos de las segundas; pero si se incluyen los costos externos, como las consecuencias derivadas de la expedición de los gases de efecto invernadero y se toman en consideración los beneficios que una vez instaladas las centrales de energías renovables pueden generarse por las economías de escala en la producción y por la innovación tecnológica, la apuesta por las fuentes de energías renovables resulta realmente competitiva a mediano y largo plazo[87].

9. *La naturaleza jurídica de los bienes o recursos para utilizar las fuentes de energías renovables*

Sin lugar a dudas un aspecto que se debe analizar conforme al ordenamiento vigente, consiste en determinar la naturaleza jurídica de los bienes que se van a utilizar como materia prima, a los fines de la producción de las energías a partir de fuentes renovables.

En este orden de ideas se puede mencionar que tales bienes pueden ser clasificados en alguna de las siguientes categorías: Aquellos que pueden ser considerados *res communis omnium*, los que son calificados como integrantes del dominio público y los que son considerados como del dominio privado[88].

Entre los primeros, se pueden clasificar aquellos intangibles, inmateriales, que son comunes a todos los hombres y por su propia naturaleza no pueden ser apropiados por nadie, constituyendo una *res communis omnium*[89], como deben ser considerados los rayos provenientes del astro Sol. La radiación solar que se recibe en el planeta transporta la energía solar, que a través de distintas tecnologías puede ser transformada en energía eléctrica.

En esta misma categoría de *res communis omnium*, también se puede ubicar el viento que producto del calentamiento y las distintas presiones, se coloca en movimiento a una velocidad suficiente para que sea técnicamente idóneo, a los fines de que los aeronavegadores y parques eólicos, lo transformen finalmente en energía eléctrica.

La segunda categoría es aquella que, por disposición jurídica, clasifica a determinados bienes como del dominio público. Aquí cabe ubicar en primer lugar al agua, recurso fundamental para la generación de energía hidráulica. Es el caso que por disposición constitucional todas las aguas

---

[87] Boyle, Godfrey, *Tecnologías de energía renovable para la generación de electricidad, Electricidad Verde: Energías Renovables y Sistema Eléctrico* (Ed. B. Moselle, J. Padilla y R. Schmalensee), Marcial Pons, Madrid, 2010, p. 66.

[88] Hernández-Mendible, Víctor R., "La formación, trayectoria, significado actual, estado de la doctrina y enseñanza del dominio público en Venezuela", *El dominio público en Europa y América Latina*, (Coords. F. López Ramón y O. Vignolo), Circulo de Derecho Administrativo-Red Internacional de Bienes Públicos, Lima, 2015, pp. 465-478.

[89] Lares Martínez, Eloy, *Manual de Derecho Administrativo*, 10ª ed., Universidad Central de Venezuela, Caracas, 2001, p. 577.

son dominio público[90] y por ende su utilización para la producción de energía, requerirá la obtención previa del respectivo título habilitante.

Otro tanto cabe mencionar de los recursos como el mar utilizados para la producción de energía que tiene como fuentes las mareas (mareomotriz), las olas (olamotriz o undimotriz), la térmica oceánica (termomotriz, maremotérmica o termomarina), el gradiente salino (osmótica o azul) y las corrientes marinas, que tienen el reconocimiento jurídico de conformar el dominio público[91]-[92], por lo menos hasta donde alcanza la jurisdicción de soberanía del país.

Por su parte, los recursos que se encuentran o provienen de la corteza de la tierra, como el vapor de los geiseres, aguas termales o lava de erupciones volcánicas integran el dominio público[93].

La tercera categoría está conformada por los bienes considerados del dominio privado, que son aquellos susceptibles de apropiación y de tráfico jurídico comercial. Aquí cabe distinguir que si la materia prima para producir bioenergía es la derivada de materia orgánica o los residuos de plantas y animales que se encuentran dentro del tráfico jurídico comercial, en cuyo caso serán bienes del dominio privado con todas las consecuencias que se derivan de ellos y de no ser así, entonces deberían calificarse en la segunda categoría anteriormente expuesta.

Lo anterior resulta de notable transcendencia, en virtud de la concurrencia de disposiciones jurídicas que deben ser armonizadas, para lograr una regulación exitosa de las fuentes energías renovables.

No obstante, éste no es el único aspecto que se debe tener presente, pues según la fuente de energía renovable que se vaya a utilizar y la tecnología que sea idónea para su aprovechamiento, igualmente resultará necesaria la consideración de otros aspectos que estarán relacionados con las tecnologías termoeléctricas o fotovoltaicas que permitirían el aprovechamiento directo de la radiación solar que llega al planeta.

Lo anterior es fundamental conocerlo y tenerlo claro, para definir si se requerirán habilitaciones administrativas específicas para el establecimiento en el territorio o en las edificaciones, de las infraestructuras y equipos necesarios a los fines del aprovechamiento eficiente de la radiación solar.

---

[90]   Artículo 304 de la Constitución.

[91]   En tal sentido, la Corte Suprema de Justicia en Sala Político Administrativa, en sentencia de 13 de agosto de 1964, ratificada por la misma Sala en sentencia de 19 de octubre de 1964. Este criterio fue asumido como doctrina de la Procuraduría General de la República, en dictamen de 6 de marzo de 1968.

[92]   Artículos 12 de la Constitución y 9 de la Ley de Zonas Costeras, Gaceta Oficial N° 37.349, de 19 de diciembre de 2001.

[93]   Artículo 11 de la Constitución.

En el caso de la energía eólica sucede otro tanto, pues la captación del viento para transformarlo en energía, supone la construcción y establecimiento de infraestructuras y equipos, como son los aeronavegadores que pueden ubicarse sobre la superficie de la tierra (*onshore*) o sobre el mar (*offshore*), debiendo considerar en cada caso tales circunstancias a los fines de aprobar su instalación y uso, en la medida que el impacto ambiental se pueda mitigar razonablemente.

De igual manera sucede con el establecimiento de los parques eólicos que producen un notable impacto ambiental, que deberá ser estudiado y evaluado desde el prisma de la Ley orgánica del Ambiente[94] y la Ley penal del Ambiente[95].

Respecto a la generación de energía hidráulica, cabe mencionar que el uso lícito de las aguas se encuentra permitido, siempre que se respeten las fases del ciclo hidrológico y que la gestión se realice dentro del principio de integralidad, que garantice un aprovechamiento eficiente, racional, óptimo. Conforme a la Ley de Aguas se requiere la obtención de las respectivas habilitaciones administrativas para realizar tal uso del agua[96], así como su calidad[97] y dado que se requieren efectuar importantes inversiones para la construcción de infraestructuras que las retengan o almacenen, ello supondrá que previamente se efectúen los estudios de impacto ambiental, antes de solicitar y obtener las correspondientes habilitaciones administrativas, tanto para la construcción de aquellas presas o embalses, como para el establecimiento de las turbinas o generadores que producirán la energía eléctrica.

La consecuencia de reconocer que el mar, las olas o las corrientes oceánicas que se encuentran ubicados dentro del espacio geográfico nacional son del dominio público, se proyecta en la necesidad de precisar en la futura normativa que regule el fomento y aprovechamiento de las fuentes de energías renovables, cómo se podrán utilizar tales recursos para la producción de energía y cuáles son las limitaciones de uso, fundamentalmente ambientales y de equilibrio ecológico, así como de cualquier otra naturaleza, que estando previstas en normas internacionales y nacionales le resultan aplicables desde la perspectiva de la sostenibilidad.

En el caso de la producción de energía geotérmica, también se debe considerar que su aprovechamiento impone la constatación de la factibilidad de producción permanente –o al menos con cierta regularidad– y eficiente, así como la sostenibilidad económica, social, ambiental, que garantice suminis-

---

[94]   Gaceta Oficial N° 5.833, de 22 de diciembre de 2006.

[95]   Gaceta Oficial N° 39.913, de 2 de mayo de 2012.

[96]   Artículo 75 de la Ley de Aguas, Gaceta Oficial N° 38.595, de 2 de enero de 2007.

[97]   Ley de Calidad de las Aguas y del Aire, Gaceta Oficial N° 6.207, de 28 de diciembre de 2015.

tro seguro a las personas, lo que lleva al cumplimiento de las distintas disposiciones y a la tramitación de diferentes habilitaciones administrativas que deberán ser otorgadas por las autoridades competentes, a los fines de desarrollar la actividad de generación con esta fuente de energía.

Finalmente se debe tener presente, que el aprovechamiento de la materia orgánica que se extrae de las plantas terrestres o acuáticas, así como de residuos de materias o animales, se podrá utilizar y transformar en energía, sin otros límites que aquellos impuestos de manera general para el tratamiento de los residuos sólidos y la materia orgánica, así como por las disposiciones ambientales de naturaleza administrativa y penal.

Precisados sucintamente, algunos aspectos jurídicos, técnicos y económicos relevantes que se deberán considerar en una futura regulación general y armónica de las fuentes de energías renovables, se debe considerar cómo lograr que todos tengan acceso a estas fuentes de energías.

III.   LA ENERGÍA SOSTENIBLE PARA TODOS (SE4ALL)

La población mundial supera los 7.000 millones de personas y de ellos aproximadamente la mitad, que se ubican en los países en desarrollo tienen como principal fuente de energía para cocinar y para calefacción la biomasa tradicional[98]. En tanto, un cuarto de la población mundial carece de acceso a la energía eléctrica, pues aun existiendo el suministro, existen millones de personas que viven en pobreza energética[99].

Ahora bien, siendo que sin energía no hay desarrollo de ninguna clase, en el mundo actual donde únicamente cabe el Desarrollo Sostenible la energía resulta imprescindible, pero no se trata de cualquier tipo energía, sino de aquella que sea moderna, asequible, segura, sostenible y universal, pues solo a través de ella se puede lograr el crecimiento económico, se contribuye a la mitigación del cambio climático y se puede lograr la erradicación de la pobreza en todas sus formas y la inclusión social, es decir, que el acceso a la energía en los términos mencionados, por las personas que habitan en los países en vías de desarrollo sería esencial para lograr inicialmente los Objetivos de Desarrollo del Milenio, los establecidos en las cumbres y declaraciones internacionales, así como para alcanzar los posteriormente establecidos Objetivos del Desarrollo Sostenible, que únicamente son metas para lograr una mayor calidad de vida y la dignidad de las personas, que integran la generación presente, sin comprometer a las generaciones futuras.

---

[98]   http://www.un.org/es/events/sustainableenergyforall/background.shtml

[99]   Dictamen del Comité Económico y Social Europeo, La pobreza energética en el contexto de la liberalización y de la crisis económica, (Dictamen exploratorio), D.O.U.E., de 11 de febrero de 2011, pp. 53-56, http://eur-lex.europa.eu/LexUriServ/LexUriServ.do? uri=OJ:C:2011:044: 0053:0056:ES:PDF

Lo anterior lleva a preguntarse, ¿a qué se hace referencia cuando se alude a la energía sostenible? Se entiende por energía sostenible aquella que se produce y se usa de forma que contribuya a largo plazo, al desarrollo humano en el ámbito social, económico y ecológico[100].

1.   *La evolución hacia la Década de la Energía Sostenible para Todos*

La declaración del decenio de la energía sostenible tiene su origen en el hecho de que la Asamblea General de las Naciones Unidas, aprobó el día 20 de diciembre de 2010, la resolución N° 65/151, –que fue distribuida el día 16 de febrero de 2011–, en la que se proclamó el año 2012 como "*Año Internacional de la Energía Sostenible para todos*"[101]. A esta declaración le seguirán las siguientes:

Se propone el documento sobre "El Desarrollo sostenible: promoción de las fuentes de energías nuevas y renovables", distribuido el día 6 de diciembre de 2011[102].

El Secretario General de las Naciones Unidas, elaboró para la presentación a la Asamblea General, el informe respecto al Grupo de Alto Nivel sobre la Energía Sostenible para Todos, en el que se expone el Programa mundial de acción, de abril de 2012[103].

En la reunión de Río+20, Conferencia de las Naciones Unidades sobre el Desarrollo Sostenible, realizada en Río de Janeiro, del 20 al 22 de junio de 2012, se concluyó con la Declaración del "Futuro que Queremos", en la que se reconoce "el papel fundamental de la energía en el proceso de desarrollo, dado que el acceso a servicios energéticos modernos y sostenibles contribuye a erradicar la pobreza, salva vidas, mejora la salud y ayuda a satisfacer las necesidades humanas básicas" (125), y se afirma que "todos estamos resueltos a trabajar con el fin de que la energía sostenible para todos se convierta en realidad, y ayudar así a erradicar la pobreza y avanzar hacia el desarrollo sostenible y la prosperidad mundial" (129)[104].

---

[100]   ONU., http://www.un.org/es/events/sustainableenergyforall/help.shtml

[101]   ONU., Resolución 65/151, http://www.un.org/es/comun/docs/?symbol=A / RES/65/151

[102]   ONU., El Desarrollo sostenible: promoción de las fuentes de energías nuevas y renovables, https://documents-dds-ny.un.org/doc/UNDOC/GEN/N11/624/19/PDF/ N1162419.pdf?OpenElement

[103]   ONU, Energía Sostenible para Todos: un Programa Mundial de Acción, https:// documents-dds-ny.un.org/doc/UNDOC/GEN/N12/437/20/PDF/N1243720.pdf?Open Element

[104]   ONU., El futuro que queremos, https://rio20.un.org/sites/rio20.un.org/files /a-conf.216-l-1_spanish.pdf.pdf

El Secretario General de las Naciones Unidas, presentó a la Asamblea General el informe sobre el Año Internacional de la Energía Sostenible para Todos, en agosto de 2012[105].

Fue así que posteriormente se ratifica el documento "El Desarrollo sostenible: promoción de las fuentes de energías nuevas y renovables", en el cual se propone declarar el 2014-2024, Decenio de las Naciones Unidas de la Energía Sostenible para Todos, en que se promoverán todas las fuentes de energías, siendo distribuido el 13 de diciembre de 2012[106].

Luego se aprobó la resolución N° 67/263, el 17 de mayo de 2013, de tránsito fiable y estable de productos energéticos y su contribución al Desarrollo Sostenible y la cooperación internacional, distribuida el 20 de junio de 2013[107].

El Secretario General de las Naciones Unidas, presentó a la Asamblea General el informe sobre del Decenio de las Naciones Unidas de la Energía Sostenible para Todos, distribuido el 6 de agosto de 2013[108].

Con motivo del segundo aniversario de la Conferencia de las Naciones Unidades sobre el Desarrollo Sostenible (Río+20), la Organización de las Naciones Unidas presentó oficialmente, el día 5 de junio de 2014, la Década o Decenio de la Energía Sostenible para Todos 2014-2024[109].

El Secretario General de las Naciones Unidas, presentó a la Asamblea General el informe del Decenio de las Naciones Unidas de la Energía Sostenible para Todos, distribuido el 22 de septiembre de 2014[110].

Finalmente, el Secretario General de las Naciones Unidas, presentó a la Asamblea General el informe del Decenio de las Naciones Unidas de la

---

105   ONU., Informe del Secretario General, Año Internacional de la Energía Sostenible para Todos (2012), https://documents-dds-ny.un.org/doc/UNDOC/GEN/N12/465/42/PDF/N1246542.pdf?OpenElement

106   ONU., El Desarrollo sostenible: promoción de las fuentes de energías nuevas y renovables, https://documents-dds-ny.un.org/doc/UNDOC/GEN/N12/648/06/PDF/N1264 806.pdf?OpenElement

107   ONU., Tránsito fiable y estable de productos energéticos y su contribución al Desarrollo Sostenible y la cooperación internacional, https://documents-dds-ny.un.org/doc/UN DOC/GEN/N12/494/41/PDF/N1249441.pdf?OpenElement

108   ONU., Informe del Secretario General, Decenio de las Naciones Unidas de la Energía Sostenible para Todos, https://documents-dds-ny.un.org/doc/UNDOC/GEN/N13/425/42/PDF/N1342542.pdf?OpenElement

109   ONU., *Reporte del Foro Energía Sostenible para todos*, 4-6 de junio de 2014, Nueva York, 2014, http://www.se4all.org/sites/default/files/l/2014/09/SE4ALL_forum_report _final.pdf

110   ONU., Informe del Secretario General, Decenio de las Naciones Unidas de la Energía Sostenible para Todos, https://documents-dds-ny.un.org/doc/UNDOC/GEN/N14/544/33/PDF/N1454433.pdf?OpenElement

Energía Sostenible para Todos, distribuido el 14 de octubre de 2015[111]. En este último se establece la vinculación entre la referida Década y los recientemente aprobados Objetivos del Desarrollo Sostenible, que se analizarán más adelante.

2. *Los objetivos de la Década de la Energía Sostenible para Todos*

La década de la Energía Sostenible para Todos fue anunciada por el Secretario General de la Organización de las Naciones Unidas, durante el primer foro anual de Energía Sostenible para Todos, que tuvo lugar los días 4 al 6 junio de 2014, en la sede de las Naciones Unidas en Nueva York, a la que concurrieron más de 1.000 líderes del mundo entre gobiernos, el sector privado, la sociedad civil y las organizaciones internacionales.

Los objetivos principales de este primer foro anual de la Energía Sostenible para Todos eran los siguientes[112]:

1. Impulsar el lanzamiento del Decenio de la Energía Sostenible para Todos;

2. Nutrir el movimiento más amplio de organizaciones de la sociedad civil y las partes interesadas en el marco del Decenio;

3. Evaluar los progresos realizados en la cuestión de la Energía Sostenible para Todos, luego de dos años de la Conferencia de las Naciones Unidas sobre el Desarrollo Sostenible;

4. Inspirar y movilizar la acción, las alianzas y los compromisos, que constituyan casos de éxito, innovación y mejores prácticas; y

5. Dar forma y definir la dirección para el discurso de política global de energía, para las próximas décadas que serán cruciales para el porvenir.

Al proclamarse la Década de la Energía Sostenible para Todos, los gobiernos, el sector privado y la sociedad civil mundial se propusieron tres objetivos importantes para 2030[113]:

1) Garantizar el acceso universal a servicios energéticos modernos.

La definición más simple del «acceso a la energía» es la disponibilidad física de servicios modernos de energía para satisfacer las necesidades humanas básicas, a costos asequibles y que incluyen la electricidad y artefactos mejorados como las estufas para cocinar.

---

[111]   ONU., Informe del Secretario General, Decenio de las Naciones Unidas de la Energía Sostenible para Todos, https://documents-dds-ny.un.org/doc/UNDOC/GEN/N15/314/06/PDF/N1531406.pdf?OpenElement

[112]   http://www.se4all.org/decade_global-launch-se4all-forum

[113]   http://www.un.org/es/events/sustainableenergyforall/background.shtml

Estos servicios energéticos deben ser fiables, sostenibles y de ser posible, producto de la energía renovable u otras fuentes energéticas, con bajo nivel de emisiones de carbono[114].

2) Reducir la intensidad energética mundial en un 40%[115].

La eficiencia energética es considerada la capacidad de uso, equipo, instalación o proceso para realizar su función con el menor consumo energético posible[116].

3) Incrementar el uso de la energía renovable a nivel mundial al 30%.

El incremento de aprovechamiento de las fuentes de energías renovables tiene como principal consecuencia, la disminución de la dependencia exclusiva de las fuentes de origen fósil, la reducción de las emisiones de gases de efecto invernadero y la mitigación del cambio climático.

Todo ello lleva a considerar la necesidad de invertir en tecnologías energéticas menos contaminantes para el aprovechamiento de las fuentes de origen fósil, nuevas fuentes de energías renovables, que sean adaptables al cambio climático y que sean de acceso para todos, a los fines de garantizar el Desarrollo Sostenible.

Ello hace imprescindible la adopción de medidas para estimular la aportación de recursos financieros suficientes y oportunos, de buena calidad, así como la transferencia de tecnología energética adecuada, asequible, sostenible y en las condiciones convenidas entre los países desarrollados y los países en desarrollo o con economías emergentes, que permitan un uso más amplio y eficiente de las fuentes de energías renovables.

3.   *Hacia la Energía Sostenible para Todos post-2015*

El último día del primer Foro sobre Energía Sostenible para Todos, los asistentes al diálogo de alto nivel sobre la energía en la agenda de desarrollo post-2015, dejaron sentado la necesidad de la inclusión de la energía como integrante del nuevo marco de desarrollo y en concreto de los Objetivos de Desarrollo Sostenible.

---

[114]   http://www.un.org/es/events/sustainableenergyforall/help.shtml

[115]   Energy Efficiency Committee, *Report to the Advisory Board*, 1 de junio de 2014, http://www.se4all.org/sites/default/files/l/2014/08/SE4ALL-Energy_Efficiency_Committee_Report.pdf

[116]   Navarro Rodríguez, Pilar, "Voz: Eficiencia Energética", *Diccionario jurídico de la energía*, Marcial Pons, Madrid, 2012, p. 99.

De allí que la bienvenida al Decenio de la Energía Sostenible sea un espacio de encuentro y construcción, que contribuya a la erradicación de la pobreza en todas sus formas, la mitigación del cambio climático y en definitiva al Desarrollo Sostenible.

El Grupo de alto nivel sobre la Agenda de Desarrollo post-2015 convocado por el Secretario General recomendó firmemente la integración de la energía en la agenda de desarrollo post-2015.

El informe final del Grupo Especial propuso dedicar un objetivo al Desarrollo Sostenible en relación con la energía.

En tanto el Grupo de trabajo abierto sobre Objetivos de Desarrollo Sostenible de la Asamblea General, en su informe proponen el objetivo de asegurar el acceso a una energía asequible, fiable, sostenible y moderna para todos, acompañado de objetivos sobre acceso a la energía, la energía renovable y la eficiencia energética, así como dos objetivos en los medios relacionados con su aplicación. Las metas propuestas se someterían a la consideración de la Asamblea General, como parte de la deliberación en la agenda de desarrollo post-2015 en general[117].

Es así como el segundo informe del Secretario General sobre el Decenio de la Energía Sostenible para Todos, recomienda que la iniciativa sirva para seguir y supervisar si se cumplen los compromisos dentro de la agenda de desarrollo post-2015 y para determinar cuáles son las mejores prácticas aprendidas en el proceso, qué otras asociaciones se pueden establecer para acelerar el ritmo y asegurar que el Objetivo de Desarrollo Sostenible propuesto respecto a la energía, se alcance plenamente dentro de las próximas dos décadas.

Finalmente, tuvo lugar el Foro de Energía de Viena 2015 (VEF 2015), que se realizó entre el 18 al 20 de junio de 2015, dedicado a la Energía Sostenible para el desarrollo inclusivo, sirviendo de espacio de diálogo de alto nivel entre los políticos, los líderes de opinión, los profesionales del sector energético para intercambiar perspectivas sobre el aprovechamiento de las fuentes de energías sostenibles como instrumentos para el desarrollo inclusivo[118]. Este encuentro tuvo lugar a escasos tres meses antes de la Declaración sobre los Objetivos del Desarrollo Sostenible, a lo que se dedicará la parte final de este trabajo.

---

[117]   http://www.se4all.org/decade_achieving-sustainable-energy

[118]   http://www.viennaenergyforum.org/sites/default/files/Vienna_Energy_Forum_2015_Outcome_Report.pdf

IV.   LOS OBJETIVOS DEL DESARROLLO SOSTENIBLE

En el estado actual de la civilización, los países deben encausar su marcha hacia el Desarrollo Sostenible en su triple dimensión: económica, social y ambiental, en el entendido que dichas dimensiones se encuentran interrelacionadas y se complementan[119]. En este orden de ideas, la Organización para la Cooperación y el Desarrollo Económico (OCDE) al formular la denominada *"estrategia de crecimiento verde"* abreva de este enfoque tridimensional e incorpora dos aspectos adicionales: el tecnológico y de desarrollo en un contexto integral[120].

Debe mencionarse que ambas definiciones no son antagónicas, sino complementarias, pues parten de un mismo contexto, aquel según el cual el modelo de desarrollo tradicional no puede mantenerse por más tiempo, pues se ha tornado insostenible; por lo que se impone diseñar un nuevo modelo de desarrollo, que debe ser idóneo para garantizar la satisfacción de las necesidades de la generación presente, sin desconocer el compromiso de éstas de realizar un aprovechamiento racional de los recursos naturales y lograr un crecimiento armónico, pero constante, que permita mantener el desarrollo y la satisfacción de las necesidades de las generaciones futuras.

Para lograrlo, uno de los puntos que debe servir de apalancamiento es la *economía verde*, que se proyecta como la dimensión o componente económico del desarrollo sostenible.

Es por ello que tanto el Programa de Naciones Unidas para el Medio Ambiente (PNUMA), como el Sistema Económico Latinoamericano y del Caribe (SELA), al analizar el camino que se debe transitar hacia la economía verde, advierten que ésta demanda la concreción de un conjunto de aspectos interrelacionados, que deben servir de cimientos para la consolidación del nuevo modelo económico. Entre ellos enunciativamente destacan los siguientes: 1. los aspectos normativos que regulan la producción; 2. las políticas energéticas; 3. los apoyos, subsidios e incentivos nacionales para transitar hacia una economía verde; 4. el marco jurídico e institucional que promueva la adopción de una economía verde; y 5. la adopción de

---

[119]   Tejeiro Gutiérrez, Guillermo, *Cuestiones jurídicas sobre las energías renovables en Colombia: Un análisis crítico*, (Cop. Luis Ferney Moreno), *Regulación Internacional de las Energías Renovables y de la Eficiencia Energética*, 5 Colección de Regulación Minera y Energética, Universidad Externado de Colombia, Bogotá, 2011, pp. 233-234.

[120]   Organización para la Cooperación y el Desarrollo Económico (OCDE), *Hacia el Crecimiento Verde: Un Resumen para los diseñadores de Políticas*, mayo 2011. http://www.oecd.org/dataoecd/58/34/44077822.pdf

protocolos comerciales y de ayuda que efectivamente sustenten la transición hacia una economía verde[121].

La *economía verde* se encuentra destinada a contribuir a un crecimiento sostenido e inclusivo, que garantice que todas las personas puedan contar con igualdad de oportunidades y condiciones para lograr un desarrollo humano integral y que garantice la protección de un ambiente sano, seguro y ecológicamente equilibrado, teniendo en consideración que el progreso y el desarrollo tienen como centro a la persona humana y el respeto a su dignidad.

Ello exige la creación e implementación de nuevas formas de producción y consumo de bienes, así como de prestación y uso de servicios, más amables con el ambiente, que permitan realizar un aprovechamiento racional y eficiente de los recursos naturales que garanticen contar con fuentes energéticas renovables.

Al respecto se ha considerado que una "de las condiciones necesarias para poder transitar hacia una economía verde está en el origen de las fuentes de energía, recurso básico, fundamental e indispensable en cualquier función de producción y que debe ser considerado en la instrumentación de cualquier política que busca enverdecer una economía marrón"[122].

En este contexto procede analizar sucintamente el objetivo energético dentro de los Objetivos del Desarrollo Sostenible, que ha sido considerado para integrar la triada que ocupa el presente análisis.

1. *El largo camino hacia los Objetivos del Desarrollo Sostenible*

El antecedente remoto más relevante a nivel internacional lo constituye la Declaración de Estocolmo, surgida en el marco de la Conferencia de las Naciones Unidas sobre el Medio Humano en 1972, que contiene 26 principios y un Plan de acción para el futuro.

Allí, quedó sembrada la semilla de la noción desarrollo sostenible, que aparecería por primera vez en la Carta Mundial de la Naturaleza, adoptada por la Asamblea General de las Naciones Unidas en 1982[123] y alcanzaría su

---

[121]   Programa de Naciones Unidas para el Medio Ambiente (PNUMA), *Hacia una economía verde: Guía para el desarrollo sostenible y la erradicación de la Pobreza*, PNUMA, 2011; Sistema Económico Latinoamericano y del Caribe (SELA), *La visión de la economía verde en América Latina y el Caribe*, Caracas, 2012, p. 10.

[122]   Sistema Económico Latinoamericano y del Caribe (SELA), *Ob. cit.*, p. 21.

[123]   Blanco-Uribe Quintero, Alberto, La idea democrática de participación para la protección del ambiente. Corresponsabilidad en la protección ambiental, una forma de participar, *Desafíos del Derecho Administrativo Contemporáneo. Conmemoración Internacional del Centenario de la Cátedra de Derecho Administrativo en Venezuela*, (Coord. V. R. Hernández-Mendible), Tomo I, Ediciones Paredes, Caracas, 2009, pp. 802-803.

plenitud cinco años después, en 1987, cuando a requerimiento de la Organización de las Naciones Unidades, se presentó el Informe titulado "Nuestro Futuro Común", también conocido como Informe de la Comisión Brundtland[124], que lo elaboró. En dicho texto se define el desarrollo sostenible en los siguientes términos:

> aquél que responde a las necesidades del presente de forma igualitaria, pero sin comprometer las posibilidades de sobrevivencia y prosperidad de las generaciones futuras.

A la Declaración de Estocolmo[125], la sucedió 20 años después la Cumbre de la Tierra, promovida por la Organización de las Naciones Unidas, de donde surgió la "Declaración de Río de Janeiro sobre Medio Ambiente y Desarrollo", en 1992, que contiene 27 principios y se complementa con la Declaración sobre Desarrollo Sostenible de los Bosques y el Programa XXI.

Posteriormente se produjo la Declaración del Mileno por la Organización de las Naciones Unidas, en Nueva York, en el año 2000, que constituyó el marco de preparación de la Cumbre Mundial sobre el Desarrollo Sostenible, Río+10 de Johannesburgo, que dio origen a la Declaración sobre Desarrollo Sostenible en 2002 y al plan de acción respecto a la declaración adoptada, en el que se pone de relieve la concepción del desarrollo sostenible en su triple dimensión o en su dimensión global, tal como se venía gestando desde la anterior reunión.

En ese mismo año, la Asamblea General de las Naciones Unidas, aprobó el día 20 de diciembre de 2002, la resolución N° 57/254, –que fue distribuida el día 21 de febrero de 2003–, en la que se proclamó el período que comenzaría el 1° de enero de 2005, como el *Decenio de las Naciones Unidas de la Educación para el Desarrollo Sostenible*[126].

La Asamblea General de las Naciones Unidas, aprobó el día 20 de diciembre de 2010, la resolución que se proclamó el año 2012 como *Año Internacional de la Energía Sostenible para todos*[127].

---

[124]   Fue la Señora Gro Harlem Brundtland, ex-primer Ministro de Noruega, quien presidió la Comisión que lleva su nombre.

[125]   Se debe reconocer que, aunque con menor proyección, se produjeron varias importantes declaraciones, entre las que destacan: La Declaración de La Haya sobre el Medio Ambiente de 1989 y la Declaración de Ámsterdam de 1992.

[126]   ONU., Resolución 57/254, *Decenio de las Naciones Unidas de la Educación para el Desarrollo Sostenible*, https://documents-dds-ny.un.org/doc/UNDOC/GEN/N02/556/15/PDF/N0255615.pdf?OpenElement

[127]   ONU., Resolución 65/151, http://www.un.org/es/comun/docs/?symbol=A/RES/65/151

La mayoría de estas declaraciones serán reconocidas y ratificadas en Río+20, Conferencia de las Naciones Unidades sobre el Desarrollo Sostenible, realizada en Río de Janeiro, en 2012 y que concluyó con la Declaración del "Futuro que Queremos".

Fue a propósito de la revisión de lo ocurrido luego de la Conferencia de las Naciones Unidas sobre el Desarrollo Sostenible (Río+20), que la Organización de las Naciones Unidas presentó oficialmente, el día 5 de junio de 2014, la Década o Decenio de la Energía Sostenible para Todos 2014-2024[128].

Tal como se puede apreciar, la trajinada noción de Desarrollo Sostenible entendida en su dimensión integral ha experimentado una evolución lenta y continua de cuatro décadas hasta llegar a la actualidad y es a lo que se dedicará el siguiente subepígrafe.

2. *El establecimiento del objetivo energético dentro de los Objetivos del Desarrollo Sostenible*

Lo anterior constituye el preámbulo para que la Organización de las Naciones Unidas el día 25 de septiembre de 2015, realizase la aprobación de los Objetivos del Desarrollo Sostenible (ODS)[129] y dentro de los 17 objetivos interdependientes, cabe destacar el energético, que fue redactado en los siguientes términos:

Objetivo 7: Garantizar el acceso a una energía asequible, segura, sostenible y moderna para todos.

Esta declaración comprende una parte de la Agenda 2030 para el Desarrollo Sostenible, en la que se ratifican los objetivos de la Década de la Energía Sostenible para Todos, al indicar las siguientes metas[130]:

7.1 De aquí a 2030, garantizar el acceso universal a servicios energéticos asequibles, fiables y modernos.

7.2 De aquí a 2030, aumentar considerablemente la proporción de energía renovable en el conjunto de fuentes energéticas.

7.3 De aquí a 2030, duplicar la tasa mundial de mejora de la eficiencia energética.

---

[128] ONU., *Reporte del Foro Energía Sostenible para todos*, 4-6 de junio de 2014, Nueva York, 2014, http://www.se4all.org/sites/default/files/l/2014/09/SE4ALL_forum_report _final. pdf

[129] ONU., Objetivos del Desarrollo Sostenible, http://www.un.org/sustainable development/es/objetivos-de-desarrollo-sostenible/

[130] http://www.un.org/es/comun/docs/?symbol=A/RES/70/1

7.a. De aquí a 2030, aumentar la cooperación internacional para facilitar el acceso a la investigación y la tecnología relativa a la energía limpia, incluidas las fuentes renovables, la eficiencia energética y las tecnologías avanzadas y menos contaminantes de combustibles fósiles, y promover la inversión en infraestructura energética y tecnologías limpias.

7.b. De aquí a 2030, ampliar la infraestructura y mejorar la tecnología para prestar servicios energéticos modernos y sostenibles para todos en los países en desarrollo, en particular los países menos adelantados, los pequeños Estados insulares en desarrollo y los países en desarrollo sin litoral, en consonancia con sus respectivos programas de apoyo.

La cercanía temporal entre el establecimiento de la Década de la Energía Sostenible para Todos y la formulación de los Objetivos del Desarrollo Sostenible, conduce a que se asuman y complementen los objetivos iniciales y que se proyectan hasta 2030.

3.   *Las implicaciones que supone el cumplimiento del objetivo energético dentro de los Objetivos del Desarrollo Sostenible*

Los compromisos que asumen todos los públicos de interés (*stakeholders*) involucrados en el cumplimiento del objetivo energético del Desarrollo Sostenible, supone que las personas logren tener acceso a una energía que cumpla con las siguientes características:

1. Asequible, es decir, dado que la generación de energía tiene un costo –por lo tanto, no es gratuita–, todas las personas deberán pagar por ella. De allí que sea necesario trabajar en que el precio sea razonable, económicamente viable, para lo que se requiere el diseño y la ejecución de una política de precios justa y equitativa, que garantice tanto la asequibilidad a las personas con ingresos económicos suficientes, que están en capacidad de pagar para tener efectivo acceso a la energía, como de aquellas que puedan encontrarse en situación de pobreza energética y por tanto pudieran verse privados de dicho acceso.

2. Segura, lo que implica que el acceso a la energía sea regular, continua, sin interrupciones o fallas, siendo muy importante, que sea suficiente en cantidad, es decir, un acceso a la energía necesaria, en el momento que se requiera y con la calidad técnica adecuada, para satisfacer las necesidades básicas de las personas.

3. Sostenible, para que se aprovechen las fuentes convencionales mediante el uso de las tecnologías energéticas adecuadas y amigables con el ambiente, que además sean eficientes para no agotarlas para las futuras generaciones y que contribuyan a eliminar la pobreza energética y a alcanzar el fomento de la inclusión, así como ambientalmente comprometidas con la eliminación de la emisión de los gases de efecto invernado, mitigando así el cambio climático.

4. Moderna, considerando que dentro de la matriz o *mix* energético una constante debe ser la migración progresiva de las fuentes de energía de origen fósil hacia las fuentes de energía de origen renovables, para lo que se requiere más investigación, desarrollo e innovación (I+D+i), que permita que todos puedan disfrutar de energías económicamente eficientes y realmente modernas.

5. Universal, el acceso debe ser para todos, sin discriminación o desigualdades, equitativo, teniendo en consideración las necesidades territoriales (que les dé acceso en cualquier lugar donde se encuentren las personas) y personales (teniendo especial consideración con los grupos sociales vulnerables o con necesidades especiales) y en particular, a las personas que puedan estar experimentando pobreza energética.

Las anteriores características que se enuncian en el séptimo Objetivo del Desarrollo Sostenible, debe ser consideradas de manera interdependiente con los demás Objetivos, a los fines de lograr cumplirlos todos para 2030.

V. CONSIDERACIONES FINALES

Las fuentes de energías renovables plantean un gran desafío para el Derecho, la economía y la tecnología ante el estado de desarrollo que tienen en el mundo actual, pues deben contribuir a asegurar el acceso universal a las modernas fuentes de energías, que deben ser asequibles, seguras, sostenibles y deben garantizar la calidad de vida de las personas que integran la generación actual, sin mermar las fuentes para las generaciones futuras. Para lograrlo se requiere establecer varias metas a ejecutar:

1. La gobernanza regulatoria impone la potenciación del diálogo, que implica una comunicación permanente, fluida, transparente y sincera entre los operadores, los usuarios y el ente regulador, quienes deben establecer relaciones de naturaleza colaborativa, cooperativa y consensual, teniendo claro que los operadores tienen la expectativa de ejercer la iniciativa privada, participar en el mercado, invertir y obtener una rentabilidad razonable; los usuarios quieren garantías de accesibilidad, asequibilidad, seguridad, calidad y sostenibilidad en la energía que utilizan; mientras el ente regulador como autoridad técnica debe actuar como una caja de resonancia cristalina del sector, en el sentido que debe supervisar, inspeccionar, fiscalizar y conocer la realidad a cada instante de la actividad económica, debiendo su desempeño brindar confianza, estabilidad, transparencia y acceso a la información a quienes participan en él, además debe ser previsible en la toma de decisiones, más en aquellos casos que ello pueda tener alguna incidencia en los derechos e intereses de distintos involucrados en el sector.

2. La garantía de seguridad jurídica, por supuesto no implica inamovilidad o estabilidad absoluta de la regulación, dado que siendo esta evolutiva ante los cambios permanentes de los mercados, debe ser adaptada al

progreso científico y tecnológico para no volverse obsoleta. Además, los operadores son conscientes que la evolución comporta un riesgo en la regulación, de la cual ellos están en conocimiento y deben asumir cuando ingresan al mercado, en el entendido que puede ser modificada siempre que se haga dentro de los límites jurídicos, respetando la retroactividad propia; que no se haga de manera radical, caprichosa y arbitraria; no resulte desproporcionada e irracional; en fin, no desconozca la confianza legítima y la seguridad jurídica.

De allí que cuando sea necesario introducir modificaciones regulatorias, resulta –más que recomendable– un imperativo, establecer períodos de transición o acoplamiento que permitan a los destinatarios de la modificación y afectados por la misma, adoptar las medidas necesarias para darle cumplimiento a la nueva regulación y más cuando el cambio introduce un desequilibrio entre las inversiones y las expectativas de ganancias, pues aunque no es posible que la autoridad reguladora garantice plenamente la obtención de beneficios, si su gestión durante un tiempo ha llevado a que los operadores se comporten de una determinada manera y obtengan unos resultados previsibles, al introducir una modificación racionalmente no esperada en la regulación, se deben otorgar medidas compensatorias o de atenuación, para transmitir tranquilidad y garantizar la continuidad operativa dentro de las nuevas circunstancias sobrevenidas que pasan a regir la actividad económica.

3. La atracción y la captación de inversiones resulta fundamental para ejecutar las infraestructuras y tecnologías modernas, bien sea mediante gestión exclusivamente privada o de las modalidades de asociación, participación o colaboración público-privada (APP, PPP o CPP)[131]. Es necesaria, la ejecución de nuevas y modernas infraestructuras de última generación, que permitan la instalación de equipos eficientes y redes inteligentes de transmisión, distribución y comercialización, que permitan el ingreso a estos nuevos mercados de múltiples operadores que jurídica, económica y técnicamente se encuentren calificados para satisfacer las necesidades energéticas de las personas, de manera sostenible.

4. La política de incentivos. En el contexto de una economía social de mercado, en principio no corresponde al Estado el desarrollo de políticas de

---

[131] La Asociación Global de Electricidad Sostenible, en el escenario del COP XIX, presentó el día 19 de noviembre de 2013, en Varsovia, su propuesta de asociaciones público-privadas, para su implementación en el marco del Programa de Desarrollo de Electricidad Sostenible a realizar dentro de los compromisos propuestos por la Organización de Naciones Unidas, en el contexto de la iniciativa de Energía Sostenible para Todos (SE4ALL). El proyecto tiene por objeto la capacitación de los líderes responsables en la toma de decisiones, para que tengan herramientas que ayuden a definir las mejores estrategias y prácticas para el desarrollo exitoso de la colaboración público-privada, orientada al establecimiento de un sector eléctrico sostenible. http://www.globalelectricity.org/en/index.jsp?p=118&f=429

incentivos para el otorgamiento de créditos o ayudas a los fines de la realización de actividades económicas por los particulares; dado que el mayor aliciente para participar en tales actividades es el beneficio económico que se obtiene en el ejercicio de la iniciativa empresarial privada, la libertad de empresa y la libre competencia, lo que únicamente debería conducir a que el Estado deba remover todos los obstáculos que se oponen a su ejercicio, mediante la creación de las condiciones políticas, jurídicas, económicas y sociales para que el intercambio de bienes y servicios se produzca de manera natural, sin sobresaltos, en un escenario de estabilidad jurídica, confianza económica y paz social.

5. El fomento de la investigación, el desarrollo y la innovación (I+D+i). Esta es una típica decisión de política pública, que se orienta a la intervención administrativa del Estado respecto a aquellos ámbitos de iniciativa que realizan los particulares y que aquel le interesa fomentar, a través de una actuación de carácter positiva destinada a promover determinadas y concretas actividades de éstos, para que contribuyan a la realización de los fines de interés general. En el caso del establecimiento de los incentivos para realizar investigación, desarrollo e innovación (I+D+i) en el sector energético, se pretende promover el descubrimiento, la mejora, la instalación y la utilización de las fuentes de energías renovables que se aprovechan actualmente o que potencialmente podrían utilizarse para satisfacer las necesidades de las personas, por lo que se requiere una adecuada planificación estratégica y el empleo de mecanismos que sean públicos, transparentes, objetivos, no discriminatorios, competitivos, para la asignación temporal de ayudas, beneficios o subvenciones que estimulen la realización de la actividad orientada al aprovechamiento eficiente de la energía.

6. La eficiencia energética[132]. Íntimamente vinculado a la planificación estratégica del sector, se debe implementar la política pública orientada al diseño, desarrollo y establecimiento de infraestructuras, instalaciones y equipos que cumplan sus funciones demandando un menor consumo de energía, es decir, obteniendo el mayor rendimiento de tales instalaciones y equipos, así como realizando el máximo aprovechamiento con el uso de la mínima cantidad de energía. La implementación de las adecuadas políticas de eficiencia energética al establecer como meta un uso racional de la energía, que no altere la garantía de suministro seguro, ni afecte la producción, ni el desarrollo económico, así como tampoco la satisfacción de las necesidades o el nivel de vida de las personas; debe dirigirse a la promoción de la participación público-privada orientada a la inversión, investigación, desarrollo e innovación que disminuya el consumo de energía; el fomento del

---

[132]　VII Seminario Latinoamericano y del Caribe de Eficiencia Energética 2016 (EE 2016), 27 y 28 de abril, Montevideo, http://www.olade.org/vii-seminario-de-eficiencia-energetica-2016/; *Energy Efficiency Global Forum* 2016, 11-12 de mayo, Washington, D. C., http://eeglobalforum.org/

financiamiento local, internacional o multilateral, para la fabricación de equipos y construcción de instalaciones energéticamente eficientes; así como que contribuya a disminuir el impacto ambiental y al cumplimiento de los objetivos del COP XXI[133].

7. La apuesta por la arquitectura amigable con el ambiente. Una de las principales metas a mediano y largo plazo, para lograr que el progreso sea permanente y sostenible, así como contribuir a la eficiencia energética, consiste en sustituir el uso de las tradicionales fuentes de origen fósil, por las nuevas fuentes renovables, lo que se puede realizar de manera concreta e inmediata, con la ejecución de las construcciones de edificación de viviendas, oficinas, edificios públicos e instalaciones deportivas.

Ello puede lograrse gracias a la arquitectura bioclimática[134], que plantea inicialmente la necesidad de modificar o expedir normas de urbanismo, que permitan combinar en una primera etapa las energías –que tienen origen en fuentes no renovables y renovables–, para finalmente realizar la sustitución de las fuentes de energías convencionales, por las fuentes de energías renovables, contribuyendo sin duda alguna a la economía verde[135] y consecuentemente al Desarrollo Sostenible.

8. La optimización del *mix* energético. La matriz energética para garantizar el suministro eléctrico debe ser revisada a los fines de hacer más eficiente la utilización tanto de las fuentes de energías de origen fósil como las fuentes de energías de renovables, avanzando en la potenciación y progresiva sustitución de aquellas por estas. Esto constituye un gran reto, pues el aprovechamiento de las energías renovables sigue siendo incipiente y por tanto se requiere un mayor compromiso de todos los actores, el Estado, los operadores económicos y los usuarios en la búsqueda por lograr efectivamente la seguridad energética[136] (aspecto técnico), la erradicación de la pobreza en todas sus formas (equidad social) y la mitigación del im-

---

[133]   http://unfccc.int/resource/docs/2015/cop21/spa/l09s.pdf

[134]   Martín Mateo, Ramón, "La vivienda bioclimática", *Derecho Administrativo Iberoamericano. 100 autores en Homenaje al posgrado de Derecho Administrativo en la Universidad Católica Andrés Bello,* Tomo III, (Cood. V. R. Hernández-Mendible), Ediciones Paredes, Caracas, 2007, pp. 2547-2561.

[135]   A principios de la segunda década del siglo XX, según el reporte *Renewable 2011* publicado por REN21, 17 países de América Latina y el Caribe utilizaban algún tipo de política para apoyar la generación de energías renovables, para lo cual habían implementado en total 61 medidas de fomento para ese fin. Las políticas más utilizadas han sido: incentivos fiscales (30 medidas), seguidos por política regulatoria (17 medidas) y finalmente el financiamiento público (14 medidas). Por su parte, los países como Barbados, Cuba, Grenada, Guyana, Haití, Jamaica, Paraguay, Surinam y Venezuela no registraban la aplicación de ese tipo de políticas. Sistema Económico Latinoamericano y del Caribe (SELA), *Ob. cit.,* p. 45.

[136]   Hildyard, N., Lohmann, L., y Sexton S., *Seguridad Energética ¿para qué? ¿para quién?,* Libros en Acción, Madrid, 2014, pp. 121-154.

pacto ambiental (sostenibilidad ambiental), lo que ha sido considerado como un auténtico trilema de naturaleza energética[137].

9. No obstante esta formulación antitética lleva a la propuesta de la tríada: energías renovables, energía sostenible para todos y Objetivos del Desarrollo Sostenible, cuyos retos se concretan a transformar la matriz energética tradicional al menor costo (elemento económico), asegurar el acceso y suministro universal de energía en 2030 (elemento social) y reducir a la mitad, las emisiones de gases que generan el efecto invernadero (elemento ambiental).

10. En atención a todo lo anterior, se pretende garantizar el acceso a una energía asequible, segura, sostenible y moderna para todos, previo el establecimiento de las condiciones que brinden seguridad jurídica y promuevan la participación e inversión privada, que contribuya al Desarrollo Sostenible, que resulta ser el único posible para superar los desafíos del presente, garantizar la calidad de vida y la dignidad de las personas; sin afectar o comprometer los derechos de las generaciones futuras.

---

[137]   Consejo Mundial de la Energía y Oliver Wyman Consultores, *Informe Trilema Mundial de la Energía: Acciones prioritarias sobre el cambio climático y de cómo equilibrar el trilema,* 2015 https://www.worldenergy.org/publications/2015/world-energy-trilemma-2015-priority-actions-on-climate-change-and-how-to-balance-the-trilemma/

LA EFICIENCIA ENERGÉTICA Y EL AHORRO DE ENERGÍA

I. INTRODUCCIÓN

Los conceptos de eficiencia energética y ahorro energético tienen elementos convergentes, pero no deben ser confundidos, pues no son sinónimos[138].

Cabe destacar que ambos tienen en común que persiguen el máximo aprovechamiento, de la menor cantidad de energía que deba utilizarse para satisfacer las necesidades de los usuarios, al tiempo que se reduce el consumo ordinario.

Ahora bien, la eficiencia energética consiste en una ecuación entre la producción de un rendimiento, servicio, bien o energía y el consumo de la misma que se requiere para lograrlo. Es por ello que tal noción plantea la necesidad de reducción de la cantidad de energía que se demanda para satisfacer las necesidades de los usuarios, sin afectar la calidad de los servicios energéticos.

De allí que se plantee la necesidad de sustituir unos equipos por otros más sofisticados, capaces de cumplir las mismas funciones y por tanto mantener la calidad de las prestaciones, pero utilizando un menor consumo de energía. En este caso el comportamiento de los usuarios no experimenta ningún cambio, pero se aprovecha mejor la energía.

En tanto, el ahorro energético expuesto de la manera más llana, consiste en la disminución de la cantidad de energía demandada para satisfacer una necesidad, lo que supone que se produzca una reeducación de los usuarios para cambiar los hábitos de consumo, de unos ordinariamente descuidados que pueden llegar al derroche, a otros más diligentes y responsables.

Este ahorro de energía se traduce en una reducción de la inversión de los recursos económicos siempre limitados, disminuye el consumo de los recursos naturales no renovables y difiere el agotamiento de las fuentes de energía de origen fósil, lo que coadyuva al incremento del aprovechamiento

---

[138] González Ríos, Isabel, *Régimen jurídico-administrativo de las energías renovables y de la eficiencia energética*, Aranzadi-Thomson Reuters, 2011, p. 273.

de los recursos naturales de fuentes de energías renovables y además contribuye decididamente a la disminución de las emisiones de gases de efecto invernadero[139].

Dicho esto, la manera más idónea de reducir en la mayor medida el consumo de energía es mediante la implementación concurrente de dos clases de acciones, tanto de eficiencia energética como de ahorro energético. A manera de ejemplo se puede mencionar, el encendido de un equipo eléctrico más eficiente –dando aplicación a la medida de la eficiencia– y la demanda durante el tiempo estrictamente necesario –aplicando la medida del ahorro–, garantizando así la disminución efectiva del uso de la energía.

Según lo anterior, el empleo de procesos racionales para la generación, transporte y distribución que mejoren el aprovechamiento de las energías, la utilización de tecnologías y equipos modernos y limpios, así como el desempeño responsable y comprometido con el ambiente de parte de los usuarios, constituye la combinación adecuada para mejorar el aprovechamiento de la energía, reducir el consumo innecesario y garantizar la calidad de vida.

Esta reducción del consumo de energía contribuye a disminuir las emisiones de los gases de efecto invernadero y por vía de consecuencia a mitigar el cambio climático.

Es así como la eficiencia energética y el ahorro energético se inserta perfectamente dentro de los Objetivos del Desarrollo Sostenible[140], es decir, en lograr el óptimo aprovechamiento de las energías, al menor costo, disminuyendo el consumo y reduciendo al mínimo el impacto en el ambiente.

Al considerar las medidas de eficiencia energética y ahorro energético se pueden distinguir en primer lugar las de carácter institucional, como lo constituyen las regulatorias, tributarias, económicas y ambientales[141]; seguidas de las de gestión activa de la demanda, que llevan a cambiar las pautas tradicionales sobre el consumo y aprovechamiento de los servicios y bienes energéticos[142]; y además, las de carácter técnico, lo que implica la sustitución

---

[139]   Linares Llamas, Pedro, "Demanda de Electricidad y Eficiencia, (Dir. Miguel Ángel Agúndez y Julián Martínez-Simancas), *Energía Eléctrica. Manual Básico para Juristas,* Wolters Kluwer-La Ley, Madrid, 2014, p. 277; Vega de Kuyper, Juan Carlos, y Ramírez Morales, Santiago, *Fuentes de Energía, Renovables y no Renovables. Aplicaciones*, Marcombo, Madrid, 2014, p. 620.

[140]   http://www.un.org/sustainabledevelopment/es/objetivos-de-desarrollo-sostenible/

[141]   B.I.D., *Arreglos institucionales para programas de Eficiencia Energética*, I.D.B, Washington, 2016.

[142]   California ISO, *Demand Response and energy efficiency roadmap. Maximizing preferred resources*, Folsom, CA, 2013, pp. 1-27.

de las fuentes de energías de origen fósil por fuentes de energías renovables, así como la sustitución por tecnologías y equipos modernos[143].

Ello así, estando determinadas someramente desde la perspectiva conceptual, las similitudes y las diferencias entre la eficiencia energética y el ahorro energético, así como su conexión, se procederá a analizar el régimen normativo que ha servido para configurar la regulación de la eficiencia energética.

En aras de una mayor claridad en la exposición de las ideas, el presente trabajo se dividirá en los siguientes aspectos a saber: La aproximación a la eficiencia energética (II); los instrumentos internacionales que han configurado la regulación de la eficiencia energética (III); y las consideraciones finales (IV).

II. UNA APROXIMACIÓN INICIAL A LA EFICIENCIA ENERGÉTICA

Antes de abordar la regulación de la eficiencia energética, cabe efectuar una precisión lexicológica. En algunos de los instrumentos internacionales de finales del siglo XX, se hace referencia a la "eficacia energética", mientras que en aquellos producidos en el siglo XXI se menciona la "eficiencia energética", lo que podría llegar a confundir e incluso a considerar que se ha incurrido en un error de transcripción.

La eficacia consiste en el nivel de consecución de las metas y los objetivos, con independencia del buen o mejor uso de los recursos –prevalencia de los resultados– y ello justamente lo diferencia de la eficiencia, que se produce cuando se utilizan menos recursos para lograr una meta u objetivo o también cuando se alcanzan mayores metas u objetivos, empleando similares o menos recursos –preeminencia de los medios–.

Como se puede apreciar, siendo semánticamente dos palabras con significados distintos eficacia[144] y eficiencia[145], se puede inferir de la evolución de los textos internacionales que dichos vocablos han sido empleados como sinónimos y por ello, cuando instrumentos como la Carta Europea de la Energía o el Protocolo del Tratado sobre la Carta de la Energía, aluden a la expresión "eficacia energética", se debe entender y leer como "eficiencia energética".

---

143   ONU., *Reporte del Foro Energía Sostenible Para Todos*, 4-6 de junio de 2014, Nueva York, 2014, http://www.se4all.org/sites/default/files/1/2014/09/SE4ALL_forum_report_final.pdf

144   La voz "eficacia" viene del latín *efficere* y quiere decir "capacidad de lograr el efecto que se desea o se espera", *Diccionario de la Lengua Española*. Edición Tricentenario, http://dle.rae.es/?id=EPQzi07

145   El vocablo "eficiencia" viene del latín *efficientia* y significa la "capacidad de disponer de alguien o de algo para conseguir un efecto determinado", *Diccionario de la Lengua Española*, Edición Tricentenario, http://dle.rae.es/?id=EPVwpUD

Señalado lo anterior, se entiende que la eficiencia energética consiste en la capacidad de generar, transportar, distribuir y consumir menos cantidad de energía para lograr la satisfacción de las necesidades, mediante el uso de bienes y servicios energéticos, que brindan la misma cantidad y calidad de iluminación, calefacción, refrigeración, climatización o rendimiento en la realización de determinadas actividades.

Es por ello que se considera que la búsqueda de la eficiencia energética conlleva a una diversa modalidad de acciones, que conducen al aprovechamiento de la energía de la manera más óptima, lo que permite sacarle el mayor provecho a la menor cantidad de energía y ello redunda en un ahorro al reducir los costos, una mejora de la calidad de vida de los usuarios, una disminución de las emisiones de los gases que producen el efecto invernadero y una mitigación del cambio climático.

Ahora bien, se ha advertido que entre los riesgos subyacentes en la adopción de medidas de eficiencia energética se encuentran, por una parte, el denominado efecto rebote; y por la otra, el efecto polizón.

El efecto rebote se puede concretar cuando se adoptan medidas que, orientadas a promover la eficiencia energética, generan un precio más económico de la energía, que estimula un incremento de la demanda. Ello genera que el progreso en la eficiencia energética, no se transforme en un ahorro energético[146].

El efecto polizón se da cuando las ayudas económicas que se establecieron con la finalidad de fomentar una mayor eficiencia energética son aprovechadas por quienes igualmente hubieran realizado dicha inversión, en cuyo caso se produce que el costo de la ayuda resulta superior al que debería[147].

Estos riesgos deben ser mitigados para evitar las distorsiones en la implementación de la eficiencia energética, no obstante, seguidamente se hará referencia a algunas medidas que pueden ser útiles para lograr la anhelada eficiencia energética.

Según lo anterior, la eficiencia energética se relaciona con la cantidad de energía que se requiere para proporcionar los servicios energéticos necesarios en cantidad y calidad, para satisfacer las necesidades de los usuarios y conlleva como consecuencia a maximizar el aprovechamiento de la energía producida, suministrada y utilizada, en tanto se minimizan los costos.

Ello no implica renunciar a la calidad de vida, sino la obtención de los mismos bienes y servicios energéticos empleando para ello menos recursos.

---

[146]   Smil, Vaclav, *Energy: A Beginner´s Guide*, Oneworld, Oxford, 2006, p. 161.

[147]   Linares Llamas, Pedro, "Demanda de Electricidad y Eficiencia", (Dir. Miguel Ángel Agúndez y Julián Martínez-Simancas), *Energía Eléctrica. Manual Básico para Juristas*, Wolters Kluwer-La Ley, Madrid, 2014, p. 279.

Esto se consigue con la mejora de los procesos, la cogeneración, el reciclaje, el uso de bienes generadores de menos impacto en el ambiente y de un consumo racional e inteligente, es decir, que se utilice solo aquella energía que realmente es necesaria. A tales fines se deben considerar entre otras, las siguientes acciones:

a) Brindar información transparente sobre los mecanismos para lograr el uso eficiente de la energía. Esto conlleva a que sea clara, completa y comprensible respecto al consumo de energía y el impacto ambiental de los equipos que utilizan.

b) Suministrar información que sirva para fomentar la adquisición de equipos que demandan menos consumo de energía.

c) Modernizar las redes de distribución, a través del establecimiento de redes inteligentes, que deberán ser seguras, fiables y eficaces para incorporar el suministro de energías, provenientes de las fuentes de energías renovables.

d) Planificar las redes de la manera técnica adecuada, para evitar pérdidas entre las instalaciones de generación y el transporte, hasta el sitio de aprovechamiento final.

e) Optimizar las infraestructuras para el aprovechamiento energético eficiente, poniendo fin al desperdicio de energía.

f) Elaborar una planificación urbanística que contribuya a determinar los lugares de establecimiento de instalaciones y equipos eficientes de suministro de energía y de alumbrado público que permitan disminuir el derroche energético, en especial, aquel que se produce de noche y que genera contaminación lumínica.

g) Adoptar las medidas para la reducción de la demanda, como la concientización de la sociedad.

h) Sustituir los equipos e instalaciones antiguas, mejorar el mantenimiento de los existentes y el equipamiento de sistemas de alta eficiencia energética a través de la cogeneración, con la finalidad de aumentar el rendimiento energético.

En estos términos la política de eficiencia energética quedaría alineada con los Objetivos del Desarrollo Sostenible y brindaría una importante contribución a mitigar el cambio climático.

Ahora bien, dada la cantidad de Estados y la pluralidad de medidas que pueden adoptarse para lograr la eficiencia energética, seguidamente se hará referencia a las más relevantes manifestaciones de preocupación de los integrantes de la Comunidad Internacional, por establecer unos mínimos comunes regionales o mundiales.

III. LOS INSTRUMENTOS INTERNACIONALES QUE HAN CONFIGURADO LA REGULACIÓN DE LA EFICIENCIA ENERGÉTICA

La preocupación por la mejora en la eficiencia energética es un tema que viene ocupando cada vez con mayor interés de la Comunidad Internacional, como lo evidencia el creciente número de declaraciones y actos jurídicos, que paulatinamente se han ido produciendo al respecto. A ello se hará referencia en este subepígrafe.

1.   *La Carta Europea de la Energía*

La Carta Europea de la Energía[148] –auténtica declaración política– estableció entre sus objetivos la "Eficacia energética y protección del medio ambiente", señalando que esto conduce a:

1. La creación de mecanismos y condiciones que permitan la utilización de la energía del modo más económico y eficaz, incluyendo, cuando proceda, instrumentos normativos y basados en la economía de mercado;

2. El fomento de una combinación de distintas energías, es decir, de un auténtico *mix* energético para minimizar los efectos negativos sobre el ambiente, de forma rentable, en virtud de lo que se plantea:

a) El establecimiento de los precios de la energía en función del mercado, que reflejen de forma más completa los costos y los beneficios para el ambiente;

b) La implementación de políticas eficaces y coordinadas en relación con la energía;

c) El uso de energías nuevas y renovables, así como de tecnologías limpias.

3. La consecución y el mantenimiento de un nivel elevado de seguridad nuclear y la garantía de una cooperación eficaz en este campo.

Con la finalidad de poner en práctica tales objetivos, las partes signatarias de la Carta convienen en la necesaria cooperación en la utilización de la energía y la protección del ambiente, para lo que se propusieron:

1. Asegurar, de forma rentable, la coherencia entre las políticas energéticas pertinentes con los acuerdos y convenios relativos al medio;

2. Asegurar la determinación de los precios en función del mercado y una referencia más completa de los costos y beneficios para el ambiente;

3. Emplear instrumentos transparentes y equitativos, fundamentados en la economía de mercado, para alcanzar los objetivos en materia de energía y reducir los problemas ambientales;

4. Crear las condiciones generales para el intercambio de conocimiento técnico, relativo a las tecnologías energéticas inocuas para el ambiente y el uso eficaz de la energía;

---

[148]   Carta de la Energía, de 17 de diciembre de 1991.

5. Crear las condiciones generales que garanticen unas inversiones rentables, en proyectos de eficacia energética.

2. *El Protocolo del Tratado sobre la Carta de la Energía*

Tres años después, con la aprobación del Tratado sobre la Carta de la Energía, se producirá el Protocolo de la Carta de la Energía sobre la eficacia energética y los aspectos medioambientales relacionados[149], cuyo título es de por sí expresivo de su objeto.

El Protocolo comienza por reconocer la importancia de la Carta Europea de la Energía, que apuesta a la cooperación en el ámbito de la eficacia energética y los aspectos ambientales relacionados y además tiene como referencia el Tratado sobre la Carta de la Energía que le sirve de fundamento.

Igualmente tienen como antecedentes los trabajos realizados por organismos y los foros internacionales sobre la eficacia energética y los aspectos ambientales del ciclo energético.

Se tiene en consideración la necesidad de aplicación de medidas rentables de eficacia energética, para mejorar la seguridad de abastecimiento y la importancia para reestructurar las economías, con la finalidad de lograr ventajas económicas y mejorar la calidad de vida.

El reconocimiento de que las mejoras de la eficacia energética reducen las consecuencias ambientales negativas del ciclo energético, incluido el calentamiento global y la acidificación.

Existe la convicción que los precios de la energía deben ser el reflejo de un mercado en competencia, que incluya los costos y beneficios ambientales, pues ello resulta fundamental para el progreso de la eficacia energética y la protección del ambiente.

Es preciso tener presente la importancia de la participación privada para fomentar y aplicar las medidas de eficacia energética, dentro de un marco institucional que favorezca las inversiones económicamente viables en eficacia energética.

Potencialmente se valora como necesario complementar las formas comerciales de cooperación con la intergubernamental, en particular, en la formulación y análisis de la política energética, así como en aquellos aspectos que sean fundamentales para el fomento de la eficacia energética, pero que no resultan atractivos o adecuados para la financiación privada.

---

[149]   Protocolo de la Carta de la Energía sobre eficacia energética y Aspectos Medioambientales relacionados, de 17 de diciembre de 1994, http://www.energycharter.org/fileadmin/Documents Media/Legal/ECT-es.pdf

A lo anterior, se suma el interés de emprender las actividades coordinadas y de cooperación en el ámbito de la eficacia energética y la protección ambiental relacionada, con la finalidad de adoptar un protocolo que se constituya en el marco de uso de la energía, lo más económico y eficaz posible.

El Protocolo se ha suscrito con la finalidad de definir los principios generales idóneos para el fomento de la eficacia energética, como fuente considerable de energía y reducir las repercusiones ambientales negativas de los sistemas energéticos.

Además, proporciona orientación sobre la elaboración de programas de eficacia energética, indicando áreas de cooperación y proporcionando un marco para el desarrollo de actividades coordinadas y de cooperación, que debe incluir las actividades de prospección, exploración, producción, transformación, almacenamiento, transporte, distribución y consumo de energía, en relación con cualquier sector económico[150].

El Protocolo establece tres grandes objetivos que son los siguientes[151]:

a) El fomento de principios de eficacia energética, compatibles con el desarrollo sostenible;

b) La creación de las condiciones marco que induzcan a los generadores y consumidores a utilizar la energía de la forma más económica, eficaz y ecológica posible, especialmente mediante la organización de mercados eficaces de energía y un reflejo más completo de los costos y beneficios ambientales; y

c) El estímulo de la cooperación en el campo de la eficacia energética.

A los fines de determinar los conceptos empleados en el Protocolo, se precisa lo siguiente:

Se entiende por ciclo energético[152], la totalidad de la cadena de la energía, con inclusión de las actividades relativas a la prospección, exploración, producción, transformación, almacenamiento, transporte, distribución y consumo de las distintas formas de energías, así como el tratamiento y eliminación de los residuos, la clausura, interrupción o finalización de dichas actividades, reduciendo al mínimo las repercusiones ambientales adversas.

---

[150] Artículo 1.1 del Protocolo de la Carta de la Energía sobre eficacia energética y Aspectos Medioambientales relacionados.

[151] Artículo 1.2 del Protocolo de la Carta de la Energía sobre eficacia energética y Aspectos Medioambientales relacionados.

[152] Artículo 2.4 del Protocolo de la Carta de la Energía sobre eficacia energética y Aspectos Medioambientales relacionados.

Se considera que la rentabilidad consiste en lograr un objetivo definido con el mínimo costo o en lograr el máximo beneficio con un costo dado[153].

En tanto que, mejorar la eficacia energética[154] implica actuar para mantener la misma unidad de producción de un bien o servicio, sin reducir la calidad ni las prestaciones del producto, únicamente reduciendo la cantidad de energía necesaria para realizar dicho producto.

Además se hace referencia a la repercusión ambiental[155], que consiste en cualquier efecto causado por una actividad determinada sobre el ambiente, con inclusión de la salud y la seguridad de los seres humanos, la flora, la fauna, el suelo, el aire, el agua, el clima, el paisaje y los monumentos históricos o cualquier otra estructura física o las interacciones entre estos factores, que también incluye los efectos sobre el patrimonio cultural o las condiciones socioeconómicas que se deban a alteraciones de dichos factores.

Las partes signatarias del Protocolo se rigen por los siguientes principios[156]:

1. Cooperarán y según convenga, se ayudarán mutuamente para elaborar y ejecutar sus políticas, disposiciones legales y reglamentarias en relación con la eficacia energética[157].

2. Establecerán políticas de eficacia energética, los marcos legales y reglamentarios adecuados para fomentar aspectos como los siguientes[158]:

a) El funcionamiento eficaz de los mecanismos de mercado, con inclusión de la determinación de precios basados en dicho mercado y una incidencia más completa de los costos y beneficios ambientales;

b) La reducción de los obstáculos que se oponen a la eficacia energética, fomentando además las inversiones;

c) Los mecanismos para financiar iniciativas de eficacia energética;

d) La educación y concienciación;

---

153   Artículo 2.5 del Protocolo de la Carta de la Energía sobre eficacia energética y Aspectos Medioambientales relacionados.

154   Artículo 2.6 del Protocolo de la Carta de la Energía sobre eficacia energética y Aspectos Medioambientales relacionados.

155   Artículo 2.7 del Protocolo de la Carta de la Energía sobre eficacia energética y Aspectos Medioambientales relacionados.

156   Artículo 3 del Protocolo de la Carta de la Energía sobre eficacia energética y Aspectos Medioambientales relacionados.

157   Artículo 3.1 del Protocolo de la Carta de la Energía sobre eficacia energética y Aspectos Medioambientales relacionados.

158   Artículo 3.2 del Protocolo de la Carta de la Energía sobre eficacia energética y Aspectos Medioambientales relacionados.

e) La difusión y transferencia de tecnologías;

f) La transparencia de los marcos legales y reglamentarios.

3. Perseguirán el beneficio pleno de la eficacia energética a lo largo de todo el ciclo energético, para lo que formularán y ejecutarán en la medida de sus competencias, políticas de eficacia energética y actividades coordinadas o de cooperación basadas en la rentabilidad y eficacia económica, teniendo en cuenta debidamente los aspectos ambientales[159].

4. Incluirán en las políticas de eficacia energética, tanto medidas a corto plazo para ajustar la situación anterior, como medidas a largo plazo para mejorar la eficacia energética, a lo largo de todo el ciclo energético[160].

5. Cooperarán para lograr los objetivos del Protocolo y tendrán en cuenta las diferencias existentes entre las distintas partes, en cuanto a los efectos negativos y los costos de su supresión[161].

6. Reconocerán la importancia del sector privado y fomentarán las actividades mediante empresas de servicio público de energía, autoridades responsables y organismos especializados, así como la estrecha cooperación entre la industria y las Administraciones Públicas[162].

7. Llevarán a cabo actividades coordinadas o de cooperación teniendo en cuenta los principios adoptados en acuerdos internacionales en los que sean partes, dirigidos a proteger y mejorar el ambiente[163].

8. Utilizarán al máximo los trabajos y la experiencia de los organismos internacionales competentes y procurarán evitar las duplicaciones[164].

Las partes signatarias deben garantizar que las políticas de eficacia energética, se coordinen entre la totalidad de sus autoridades competentes[165].

---

[159]   Artículo 3.3 del Protocolo de la Carta de la Energía sobre eficacia energética y Aspectos Medioambientales relacionados.

[160]   Artículo 3.4 del Protocolo de la Carta de la Energía sobre eficacia energética y Aspectos Medioambientales relacionados.

[161]   Artículo 3.5 del Protocolo de la Carta de la Energía sobre eficacia energética y Aspectos Medioambientales relacionados.

[162]   Artículo 3.6 del Protocolo de la Carta de la Energía sobre eficacia energética y Aspectos Medioambientales relacionados.

[163]   Artículo 3.7 del Protocolo de la Carta de la Energía sobre eficacia energética y Aspectos Medioambientales relacionados.

[164]   Artículo 3.8 del Protocolo de la Carta de la Energía sobre eficacia energética y Aspectos Medioambientales relacionados.

[165]   Artículo 4 del Protocolo de la Carta de la Energía sobre eficacia energética y Aspectos Medioambientales relacionados.

Igualmente, las partes signatarias formularán sus estrategias y objetivos para mejorar la eficacia energética y, en consecuencia, reducir las repercusiones ambientales del ciclo energético, según convenga a las condiciones específicas de su propia situación energética. Estas estrategias y objetivos serán dados a conocer a todos los interesados[166].

En lo concerniente a la financiación e incentivos económicos, en materia de eficacia energética, se convino:

Las partes fomentarán la aplicación de nuevas formas y métodos para financiar las inversiones en eficacia energética y de protección ambiental en relación con la energía, tales como acuerdos de empresas conjuntas entre usuarios de energía e inversores externos, que será considerada financiación por terceros[167].

Las partes procurarán utilizar y fomentar el acceso a los mercados de capitales privados y a las instituciones financieras internacionales existentes, a fin de facilitar las inversiones en mejora de la eficacia energética y en protección del ambiente en relación con la eficacia energética[168].

Las partes teniendo en consideración las disposiciones del Tratado sobre la Carta de la Energía y sus demás obligaciones jurídicas internacionales, podrán otorgar incentivos fiscales o económicos a los usuarios de la energía, a fin de facilitar la penetración en el mercado de las tecnologías, productos y servicios de eficacia energética y procurarán hacerlo de forma que se garantice la transparencia, a la vez que se reduzca al mínimo la distorsión de los mercados internacionales[169].

Con la finalidad de fomentar las tecnologías energéticas eficaces se señala que:

1. Las partes signatarias del Tratado sobre la Carta de la Energía fomentarán los intercambios comerciales y la cooperación en el ámbito de las tecnologías eficaces, desde el punto de vista energético y seguro para el ambiente, de los servicios relacionados con la energía y de las prácticas de gestión[170].

---

[166] Artículo 5 del Protocolo de la Carta de la Energía sobre eficacia energética y Aspectos Medioambientales relacionados.

[167] Artículo 6.1 del Protocolo de la Carta de la Energía sobre eficacia energética y Aspectos Medioambientales relacionados.

[168] Artículo 6.2 del Protocolo de la Carta de la Energía sobre eficacia energética y Aspectos Medioambientales relacionados.

[169] Artículo 6.3 del Protocolo de la Carta de la Energía sobre eficacia energética y Aspectos Medioambientales relacionados.

[170] Artículo 7.1 del Protocolo de la Carta de la Energía sobre eficacia energética y Aspectos Medioambientales relacionados.

2. Las partes fomentarán el uso de estas tecnologías, servicios y prácticas de gestión, a lo largo de todo el ciclo energético[171].

Con la finalidad de lograr los objetivos formulados por el Protocolo, cada parte elaborará, aplicará y actualizará periódicamente los programas de eficacia energética que mejor se adapten a sus circunstancias[172].

Estos programas podrán incluir actividades como las que se especifican a continuación[173]:

a) Elaboración de modelos de demanda y aprovisionamiento de energía a largo plazo, para orientar las medidas futuras;

b) Evaluación de las repercusiones de las medidas tomadas sobre la energía, el ambiente y la economía;

c) Definición de normas destinadas a mejorar la eficacia de los equipos que usan energía y las medidas para armonizar estas normas internacionalmente, a fin de evitar la distorsión del comercio;

d) Desarrollo y fomento de la iniciativa privada y de la cooperación industrial, con inclusión de empresas conjuntas;

e) Fomento del uso de las tecnologías más eficaces energéticamente, que sean viables desde el punto de vista económico y segura para el ambiente;

f) Promoción de enfoques innovadores de las inversiones en mejora de la eficacia energética, como financiación por terceros y cofinanciación;

g) Elaboración de balances energéticos y de bases de datos adecuados, por ejemplo, con datos sobre demanda energética suficientemente detallados y sobre tecnologías para mejorar la eficacia energética;

h) Promoción de la creación de servicios asesores y consultivos dependientes de industrias o empresas distribuidoras, públicas o privadas, que proporcionen información sobre programas y tecnologías de eficacia energética, así como que presten ayuda a los consumidores y a las compañías;

i) Apoyo y fomento de la cogeneración y de medidas para mejorar la eficacia de la calefacción de barrio y de sistemas de distribución a edificios y a la industria;

---

[171]   Artículo 7.2 del Protocolo de la Carta de la Energía sobre eficacia energética y Aspectos Medioambientales relacionados.

[172]   Artículo 8.1 del Protocolo de la Carta de la Energía sobre eficacia energética y Aspectos Medioambientales relacionados.

[173]   Artículo 8.2 del Protocolo de la Carta de la Energía sobre eficacia energética y Aspectos Medioambientales relacionados.

j) Creación de organismos especializados en eficacia energética a los niveles adecuados, que cuenten con fondos y personal suficientes, para elaborar y aplicar sus líneas de actuación.

Las partes garantizarán la existencia de las adecuadas estructuras institucionales y jurídicas, al ejecutar sus programas de eficacia energética[174].

Las partes cooperarán conforme a la forma más adecuada, en las posibles áreas que enunciativamente se mencionan seguidamente:

a) La elaboración de programas de eficacia energética, con inclusión de la detección de obstáculos y potenciales relativos a la eficacia energética y elaboración de normas de eficacia y etiquetado energéticos[175];

b) La evaluación de las repercusiones ambientales del ciclo energético[176];

c) La elaboración de medidas económicas, legislativas y reglamentarias[177];

d) La transferencia de tecnología, asistencia técnica y empresas conjuntas industriales, sometidas a regímenes internacionales de derechos de propiedad y otros acuerdos internacionales aplicables[178];

e) La investigación y el desarrollo[179];

f) La educación, formación, información y estadísticas[180];

g) La selección y evaluación de medidas, tales como instrumentos fiscales o de otro tipo basados en el mercado, con inclusión de permisos negociables para tener en cuenta los costos y beneficios externos, particularmente de tipo ambiental[181].

---

[174] Artículo 8.3 del Protocolo de la Carta de la Energía sobre eficacia energética y Aspectos Medioambientales relacionados.

[175] Artículo 9.1 del Protocolo de la Carta de la Energía sobre eficacia energética y Aspectos Medioambientales relacionados.

[176] Artículo 9.2 del Protocolo de la Carta de la Energía sobre eficacia energética y Aspectos Medioambientales relacionados.

[177] Artículo 9.3 del Protocolo de la Carta de la Energía sobre eficacia energética y Aspectos Medioambientales relacionados.

[178] Artículo 9.4 del Protocolo de la Carta de la Energía sobre eficacia energética y Aspectos Medioambientales relacionados.

[179] Artículo 9.5 del Protocolo de la Carta de la Energía sobre eficacia energética y Aspectos Medioambientales relacionados.

[180] Artículo 9.6 del Protocolo de la Carta de la Energía sobre eficacia energética y Aspectos Medioambientales relacionados.

[181] Artículo 9.7 del Protocolo de la Carta de la Energía sobre eficacia energética y Aspectos Medioambientales relacionados.

1) Formulación de políticas y análisis de la energía:

a) Evaluación de las capacidades de eficacia energética;

b) Análisis y estadísticas de la demanda de energía;

c) Elaboración de medidas legislativas y reglamentarias;

d) Planificación integrada de recursos y gestión por parte de la demanda;

e) Evaluación de las repercusiones ambientales, con inclusión de los grandes proyectos de energía.

f) Evaluación de instrumentos económicos para mejorar la eficacia energética y para objetivos ambientales.

g) Análisis de la eficacia energética en el refinado, transformación, transporte y distribución de hidrocarburos.

2) Mejora de la eficacia energética en la producción y transmisión de electricidad:

a) Cogeneración;

b) Componentes de las instalaciones (calderas, turbinas, generadores, etc.).

c) Integración de las redes.

3) Mejora de la eficacia energética en el sector de la construcción:

a) Normas de aislamiento térmico, sistemas solares pasivos y ventilación;

b) Calefacción de espacios y sistemas de aire acondicionado;

c) Quemadores de alta eficacia y baja producción de NOx;

d) Tecnologías de medición y mediciones concretas;

e) Aparatos domésticos e iluminación.

4) Servicios municipales y de comunidades locales:

a) Sistemas de calefacción de barrios;

b) Sistemas eficaces de distribución de gas;

c) Tecnologías de planificación de la energía;

d) Asociación de ciudades o de otras entidades territoriales correspondientes;

e) Gestión de la energía en ciudades y en edificios públicos;

f) Gestión de los residuos y recuperación energética de éstos.

5. Mejora de la eficacia energética en el sector industrial:

a) Empresas conjuntas;

b) Uso escalonado de la energía, cogeneración y recuperación de calor residual;

c) Auditorías energéticas.

6. Mejora de la eficacia energética en el sector de los transportes:

a) Normas de prestaciones de los vehículos de motor;

b) Creación de infraestructuras de transporte eficaz;

c) Información;

d) Concienciación;

7. Bases de datos:

a) Acceso, especificaciones técnicas, sistemas de información;

b) Difusión, recogida y verificación de información técnica;

c) Estudios de comportamiento.

8. Formación y educación:

a) Intercambios de gestores, funcionarios, ingenieros y estudiantes relacionados con la energía;

b) Organización de cursos internacionales de formación.

9. Financiación:

a) Creación del marco legal;

b) Financiación por terceros;

c) Empresas conjuntas;

d) Cofinanciación.

3.   *La normativa de la Unión Europea*

En el ámbito de la Unión Europea, luce insoslayable mencionar que aunque existen referencias en las normas europeas desde comienzos del presente siglo, los textos jurídicos vigentes que se refieren a la eficiencia energética son los siguientes:

1. Directiva 2009/28/CE del Parlamento Europeo y del Consejo, de 23 de abril de 2009[182], relativa al fomento del uso de energía procedente de fuentes renovables y por la que se modifican y se derogan las Directivas 2001/77/CE y 2003/30/CE.

2. Directiva 2009/125/CE del Parlamento Europeo y del Consejo, de 21 de octubre de 2009[183], por la que se instaura un marco para el establecimiento de requisitos de diseño ecológico aplicables a los productos relacionados con la energía.

3. Directiva 2010/30/UE del Parlamento Europeo y del Consejo, de 19 de mayo de 2010[184], relativa a la indicación del consumo de energía y otros recursos por parte de los productos relacionados con la energía, mediante el etiquetado y una información normalizada.

4. Directiva 2010/31/UE del Parlamento Europeo y del Consejo, de 19 de mayo de 2010[185], relativa a la eficiencia energética de los edificios, que deroga y sustituye la Directiva 2002/91/CE.

5. Reglamento Delegado (UE) N° 244/2012 de la Comisión de 16 de enero de 2012[186], que complementa la Directiva 2010/31/UE del Parlamento Europeo y del Consejo, relativa a la eficiencia energética de los edificios, estableciendo un marco metodológico comparativo para calcular los niveles óptimos de rentabilidad de los requisitos mínimos de eficiencia energética de los edificios y de sus elementos.

6. Directiva 2012/27/UE del Parlamento Europeo y del Consejo, de 25 de octubre de 2012[187], relativa a la eficiencia energética, por la que se modifican las Directivas 2009/125/CE y 2010/30/UE, y por la que se derogan las Directivas 2004/8/CE y 2006/32/CE.

---

[182]   DOUE L 140/16, de 5 de junio de 2009, http://www.f2e.es/uploads/doc/20130806094434.directiva_2009_28_ue.pdf

[183]   DOUE L 285/10, de 31 de octubre de 2009, http://www.f2e.es/uploads/doc/20130806094420.directiva_2009_125_ue.pdf

[184]   DOUE L 153/1, de 18 de junio de 2010, http://www.f2e.es/uploads/doc/20130806094406.directiva_2010_30_ue.pdf

[185]   DOUE L 153/13, de 18 de junio de 2010, http://www.f2e.es/uploads/doc/20130806094354.directiva_2010_31_ue.pdf

[186]   DOUE L 81/18, de 21 de marzo de 2012, http://www.f2e.es/uploads/doc/20140429093646.reglamento_directiva_2010_31_ue.pdf

[187]   DOUE L 315/1, de 14 de noviembre de 2012, http://www.f2e.es/uploads/doc/20130806094341.directiva_2012_27_eu.pdf

7. Resolución legislativa del Parlamento Europeo, de 11 de septiembre de 2012[188], sobre la propuesta de Directiva del Parlamento Europeo y del Consejo relativa a la eficiencia energética y por la que se derogan las Directivas 2004/8/CE y 2006/32/CE (COM (2011)0370 – C7-0168/2011 – 2011/0172(COD)).

8. Reglamento Delegado (UE) 2015/1186 de la Comisión, de 24 de abril de 2015[189], por el que se complementa la Directiva 2010/30/UE del Parlamento Europeo y del Consejo en lo relativo al etiquetado energético de los aparatos de calefacción local.

9. Reglamento Delegado (UE) 2015/2402 de la Comisión, de 12 de octubre de 2015[190], por el que se revisan los valores de referencia de la eficiencia armonizados para la producción por separado de calor y electricidad, de conformidad con lo dispuesto en la Directiva 2012/27/UE del Parlamento Europeo y el Consejo, y por el que se deroga la Decisión de Ejecución 2011/877/UE de la Comisión.

10. Corrección de errores del Reglamento Delegado (UE) 2015/1187 de la Comisión, de 27 de abril de 2015[191], por el que se complementa la Directiva 2010/30/UE del Parlamento Europeo y del Consejo en lo relativo al etiquetado energético de calderas de combustible sólido y equipos combinados compuestos por una caldera de combustible sólido, calefactores complementarios, controles de temperatura y dispositivos solares.

Todas estas normas integran el derecho de la eficiencia energética a nivel de autoridades comunitarias, que por su carácter vinculante deben implementarlas en los respectivos ordenamientos jurídicos nacionales.

4.   *Las declaraciones de la Organización de las Naciones Unidas*

La Organización de las Naciones Unidas ha efectuado dos declaraciones fundamentales con respecto al tema que se analiza.

La primera es conocida como la Década de la Energía Sostenible para Todos (2014-2024)[192] –S4ALL–, en la que se estableció como uno de sus obje-

---

[188]   DOUE C 353 E/176, de 3 de diciembre de 2013, http://www.f2e.es/uploads/doc/   20131203151737.anexo_a_la_resolucion_legislativa_directiva_2012_91.pdf

[189]   DOUE L 193/20, de 21 de julio de 2015, http://www.f2e.es/uploads/doc/20150727094332.l00020_00042.pdf

[190]   DOUE L 334/54, de 19 de diciembre de 2015, http://www.f2e.es/uploads/doc/ 20151221114702.l00054_00061.pdf

[191]   DOUE L 130/50, de 19 de abril de 2016, http://www.f2e.es/uploads/doc/20160428101912.l00050_00054.pdf

[192]   http://www.se4all.org/sites/default/files/1/2014/09/SE4ALL_forum_re-port_final.pdf

tivos, la reducción de la intensidad energética mundial en un 40%[193], para lo que se requiere en consecuencia la mejora de la eficiencia energética.

La segunda es la declaración que contiene los Objetivos del Desarrollo Sostenible (ODS)[194] y dentro de los 17 objetivos establecidos, reporta especial interés, el siguiente:

Objetivo 7: Garantizar el acceso a una energía asequible, segura, sostenible y moderna para todos.

De esta declaración surge la propuesta de la Agenda 2030 para el Desarrollo Sostenible, en la que se ratifican los objetivos de la Década de la Energía Sostenible para Todos, en razón de la cual se trazaron las siguientes metas[195]:

7.1 De aquí a 2030, garantizar el acceso universal a servicios energéticos asequibles, fiables y modernos.

7.2 De aquí a 2030, aumentar considerablemente la proporción de energía renovable en el conjunto de fuentes energéticas.

7.3 De aquí a 2030, duplicar la tasa mundial de mejora de la eficiencia energética.

7.a. De aquí a 2030, aumentar la cooperación internacional para facilitar el acceso a la investigación y la tecnología relativa a la energía limpia, incluidas las fuentes renovables, la eficiencia energética y las tecnologías avanzadas y menos contaminantes de combustibles fósiles, y promover la inversión en infraestructura energética y tecnologías limpias.

7.b. De aquí a 2030, ampliar la infraestructura y mejorar la tecnología para prestar servicios energéticos modernos y sostenibles para todos en los países en desarrollo, en particular los países menos adelantados, los pequeños Estados insulares en desarrollo y los países en desarrollo sin litoral, en consonancia con sus respectivos programas de apoyo.

Esta última declaración de la Organización de las Naciones Unidas vino a reforzar el compromiso internacional de los Estados de trabajar en mejorar la eficiencia energética, para lo que se fijan unas metas temporales (año 2030), cuantitativas (duplicar la tasa mundial existente en la mejora de la eficiencia energética) y de solidaridad (cooperación internacional, en particular, de aquellos países que tienen mayor nivel de desarrollo científico tecnológico, con respecto a los menos adelantados).

---

[193]   Energy Efficiency Committee, *Report to the Advisory Board*, 1 de junio de 2014, http://www.se4all.org/sites/default/files/l/2014/08/SE4ALL-Energy_Efficiency_Com mittee_Report.pdf

[194]   http://www.un.org/sustainabledevelopment/es/objetivos-de-desarrollo-sostenible/

[195]   http://www.un.org/es/comun/docs/?symbol=A/RES/70/1

5. La Carta Internacional de la Energía

Por su parte, la Carta Internacional de la Energía[196] –CIE–, la más reciente declaración política, señala como un objetivo la eficiencia energética y la protección del ambiente, lo que debe llevar a:

1. La creación de los mecanismos y las condiciones que permitan la utilización de la energía del modo más económico y eficaz, incluyendo, cuando proceda, la expedición de instrumentos normativos y basados en la economía de mercado;

2. El fomento de la utilización limpia y eficiente de combustibles fósiles;

3. El fomento de una combinación energética sostenible, para minimizar los efectos negativos sobre el ambiente, de forma rentable, mediante:

a) Unos precios de energía establecidos en función del mercado, que reflejen de la forma más completa los costos y beneficios para el ambiente;

b) Las medidas políticas eficaces y coordinadas en relación con la energía;

c) El empleo de fuentes de energías renovables y de tecnologías limpias, incluidas las tecnologías limpias de combustibles fósiles;

4. La consecución y el mantenimiento de un nivel elevado de seguridad nuclear y la garantía de una cooperación eficaz en este campo;

5. La promoción de la cooperación para reducir, dentro de lo posible, la quema y la emisión de gases;

6. La compartición de las mejores prácticas sobre desarrollo e inversión en energía limpia;

7. La promoción y utilización de tecnologías de baja emisión.

Lo anterior lleva a reconocer la necesidad de la cooperación en el ámbito de la utilización eficiente de la energía, del desarrollo de fuentes de energías renovables y de la protección del ambiente en el ámbito energético, lo que debe incluir:

1. El aseguramiento de forma rentable, de la coherencia entre las políticas energéticas pertinentes, los acuerdos y los convenios relativos al ambiente;

2. El aseguramiento de la determinación de los precios en función del mercado, incluyendo una reflexión más completa de los costos y beneficios para el ambiente;

---

[196] Carta Internacional de la Energía, de 21 de mayo de 2015, http://www.energy charter.org/fileadmin/DocumentsMedia/Legal/IEC_ES.pdf

3. El uso de instrumentos transparentes y equitativos, basados en los principios de la economía de mercado, para alcanzar los objetivos en materia de energía y reducir los problemas ambientales;

4. La creación de condiciones generales para el intercambio de conocimientos, relativos a las tecnologías energéticas respetuosas con el ambiente, las fuentes de energías renovables y el uso eficiente de la energía;

5. La creación de las condiciones generales que garanticen inversiones rentables en eficiencia energética y en proyectos de energía respetuosos con el ambiente.

6.   *El Marco Regulatorio del Desarrollo Energético Sostenible*

Más reciente, el Marco Regulatorio del Desarrollo Energético Sostenible[197], adoptado por el Parlamento Andino, contiene una propuesta para la implementación de la eficiencia energética en un espacio geográfico más reducido, pero no por ello menos importante, pues en la Comunidad Andina habitan más de 107 millones de personas[198].

El planteamiento formulado es que el aprovechamiento de la energía debe realizarse con criterio de eficiencia energética, lo que impone la realización de acciones y prácticas desde la oferta y la demanda de energía, orientadas a optimizar la cantidad de energía útil que se obtiene de un sistema o tecnología, procurando que con la menor cantidad de energía, se pueda realizar la misma acción sin disminuir calidad, productividad y confort[199].

Es así como se plantea como objetivo el establecimiento de un marco regulatorio que además de fortalecer la integración andina, entre otros aspectos garantice el desarrollo equilibrado, la seguridad y sostenibilidad del suministro de energía, en medio de los riesgos que conlleva el cambio climático, la incorporación y aprovechamiento de fuentes de energías renovables, potenciando la eficiencia energética y el uso racional de los recursos; minimizando el despilfarro de energía en todos los ámbitos, garantizando el acceso a un suministro energético moderno, limpio, seguro y estable, que permitan a las personas alcanzar el desarrollo humano y además fortaleciendo el posicionamiento económico del bloque andino, mediante la competitividad industrial enfocada hacia el crecimiento sostenible de la región[200].

---

[197]   Gaceta Oficial del Parlamento Andino, Año 12, N° 7, agosto de 2015. Decisión N° 1347, de 21 de julio de 2015, Marco regulatorio de Desarrollo Energético Sostenible http://www.parlamentoandino.org/banners/pdf/proyectoenergetico.pdf

[198]   Proyección al 1° de julio de 2016, https://es.wikipedia.org/wiki/Anexo: Pa%C3%ADses_de_la_Comunidad_Andina_por_poblaci%C3%B3n

[199]   Artículo 5.d) del Marco Regulatorio de Desarrollo Energético Sostenible.

[200]   Artículo 3 del Marco Regulatorio de Desarrollo Energético Sostenible.

De allí la importancia de la aplicación de criterios de eficiencia energética en la oferta y demanda, que sin duda constituye una práctica idónea para impulsar el ahorro y uso racional de recursos, sin afectar la calidad de vida y productividad que aportan las modernas tecnologías de desarrollo, garantizando la seguridad de suministro de productos y servicios energéticos, con responsabilidad económica y ambiental[201].

Justamente esa necesidad de eficiencia energética, ahorro y el uso racional de los recursos[202], impone la adopción de un conjunto de acciones entre las que se pueden mencionar:

1. La promoción y el incentivo de hábitos de consumo eficiente y sustentable mediante la educación y la cultura, poniendo énfasis en lograr el cambio de estilo de vida, para racionalizar el consumo energético y fomentar activamente el uso de electrodomésticos y aparatos de iluminación de consumo eficiente.

2. La consolidación de la estabilidad del suministro energético a nivel regional, mediante el establecimiento y la implementación de etiquetado de eficiencia energética y de parámetros de medición de intensidad energética, así como de las directrices y las normas de supervisión de estándares para todos los equipos consumidores de energía y de normas para desincentivar la importación de aparatos electrónicos y vehículos ineficientes, en cuanto al consumo energético.

3. El fortalecimiento de las capacidades de formación profesional en auditorías de eficiencia energética, uso racional y ahorro de energía, en el personal competente de las instituciones que rigen la eficiencia energética a nivel nacional, subregional y regional.

4. El perfeccionamiento en el diseño y la implementación de programas y planes nacionales y regionales de eficiencia, ahorro y uso racional de energía que contemplen: introducción de incentivos fiscales y de otra índole; realización periódica de auditorías energéticas en el sector público, comercial y residencial.

5. La propuesta y el apoyo a programas de eficiencia energética a nivel regional, mediante la coordinación y la ejecución conjunta de estrategias sustentadas en buenas prácticas, el intercambio de información, la transferencia de tecnología y el establecimiento de mecanismos de colaboración regional y redes institucionales, con miras al desarrollo y la aprobación de una Política Regional de Eficiencia Energética.

---

[201]   Artículo 6.l) del Marco Regulatorio de Desarrollo Energético Sostenible.

[202]   Artículo 11.a) del Marco Regulatorio de Desarrollo Energético Sostenible.

6. La introducción de criterios de eficiencia energética en el diseño, construcción, reforma y modernización de los edificios públicos, comerciales y residenciales.

7. La promulgación de legislación sobre eficiencia energética que contenga regulaciones e incentivos fiscales, para el cumplimiento de parámetros mínimos de eficiencia, incluyendo planes para la descontinuación del uso de equipos de consumo ineficiente.

8. El desarrollo y el perfeccionamiento de procesos tecnológicos que permitan un óptimo aprovechamiento de las reservas de hidrocarburos, mediante la preservación de las condiciones de los yacimientos, evitando siniestros, derrames y demás elementos estimulantes del despilfarro de recursos y afectación ambiental.

7. *Las normas internacionales ISO relacionadas con la Eficiencia Energética*

Para finalizar el presente subepígrafe, se debe hacer una breve referencia a las normas internacionales expedidas por la Organización Internacional de Normalización (ISO).

La iniciativa para desarrollar una norma internacional de gestión de las energías, la efectúo la oficina de la Organización de las Naciones Unidades para el Desarrollo Industrial, ante la advertencia de la necesidad del sector industrial de contar con una efectiva respuesta ante el cambio climático y la proliferación de normas nacionales de gestión de la energía.

Es así como ISO fue invitado a trabajar en ello y para hacerlo ha consultado y tenido en cuenta las regulaciones nacionales y regionales de gestión de las energías, de distintos países desarrollados, como China, Dinamarca, Irlanda, Japón, República de Corea, Países Bajos, Suecia, Tailandia, EE.UU. y la Unión Europea, para formular las normas internacionales.

En ese contexto se produjeron las normas ISO 50001:2011[203], de Sistema de Gestión de la Energía, que señala los requisitos que orientan su uso; que son complementados con las normas ISO 50002:2014, de Auditorías Energéticas, que igual indican los requisitos de orientación para su uso; y las normas ISO 50003:2014, de Sistema de Gestión Energética, en el que se mencionan los requisitos para los organismos que realizan la auditoría y certificación de sistemas de gestión energética.

Se trata de normas internacionales de aplicación voluntaria por las organizaciones, por lo que constituyen una suerte de *soft law*, que, aunque no gozan de fuerza coercitiva, ofrecen la ventaja de brindar estándares únicos y

---

[203] Las normas ISO que se mencionan pueden encontrarse en la siguiente dirección: http://www.iso.org/iso/home/standards/management-standards/iso50001.htm

armónicos a sus potenciales destinatarios. Tales normas tienen como finalidad aumentar y mejorar la eficiencia energética, así como el ahorro mediante la reducción de costos; pero no fijan metas temporales, cuantitativas o cualitativas concretas que se deben cumplir.

En esencia, la ISO 50001:2011[204] contiene los requisitos para establecer, implementar, mantener y mejorar los sistemas de gestión de la energía y su objeto es lograr que las organizaciones puedan realizar acciones sistemáticas, para lograr de manera continua la mejora en la eficiencia energética, el uso y el consumo de energía. Estos requisitos mencionados de manera enunciativa son:

1. Desarrollar una política para el uso más eficiente de la energía;

2. Fijar metas y objetivos para cumplir con la política de arreglo;

3. Utilizar la información para entender mejor y tomar decisiones sobre el uso de energía;

4. Medir los resultados;

5. Revisar el buen funcionamiento de la política; y

6. Mejorar continuamente la gestión de la energía.

La implementación de estas normas internacionales se basa en la mejora continúa siguiendo el método de planificar, hacer, verificar y actuar, en el contexto de la gestión de las energías dentro de las organizaciones.

IV.   CONSIDERACIONES FINALES

La implementación de la eficiencia energética conlleva costos, cuyo financiamiento constituye uno de los mayores retos para desarrollar las políticas orientadas a lograr las metas de eficiencia y de allí que a nivel mundial exista un relevante interés en encontrar recursos económicos y articular las mejores prácticas para lograr el financiamiento de estas políticas.

El otro gran reto en la implementación del ahorro energético, para lo que se cuenta con la *demand response*, también conocida como respuesta de la demanda o gestión activa de la demanda, que tiene como finalidad enviar información a los usuarios, de precios o cantidad en determinados períodos, para que estos respondan modificando su demanda, lo que se debe traducir en una alteración a la baja de la misma en las horas pico o punta y un aumento en las horas valle y ello se refleja gráficamente en un aplanamiento de

---

[204]   ISO anunció el 14 de junio de 2016, en su portal web, que "*ISO 50001 en gestión de la energía se encuentra en revisión*" http://www.iso.org/iso/home/news_index/news _archive/news.htm?refid=Ref2091

la curva de demanda, que conlleva un aumento de la eficiencia en el sistema de generación, transporte y distribución[205].

La implementación de las políticas de eficiencia energética tienen un potencial múltiple, pues además de contribuir al óptimo aprovechamiento de la energía; también son garantes de primer orden en la seguridad del abastecimiento energético; deben coadyuvar a la erradicación de la eficiencia energética; y son el motor de impulso de un nuevo mercado, que como tal genera sus proveedores, las empresas de bienes y servicios energéticos eficientes; y sus consumidores, los usuarios que demandan nuevos bienes, equipos y prestaciones energéticamente eficientes[206].

Siendo una de las metas de los Objetivos del Desarrollo Sostenible la eficiencia energética, resulta necesario implementar las políticas y acciones idóneas, así como generar los recursos económicos que permitan alcanzarla, lo que articulado con el incremento del aprovechamiento de las fuentes de energías renovables, contribuirá a reducir la emisión de los gases que producen el efecto invernadero y en consecuencia a mitigar el cambio climático[207].

---

[205] Linares Llamas, Pedro, *Demanda de Electricidad y Eficiencia*, (Dir. Miguel Ángel Agúndez y Julián Martínez-Simancas), *Energía Eléctrica. Manual Básico para Juristas*, Wolters Kluwer-La Ley, Madrid, 2014, p. 280.

[206] En América Latina, los países que han ido desarrollando este océano azul, en los mercados energéticos son Brasil, Chile, Colombia, México y Uruguay.

[207] Vega de Kuyper, Juan Carlos, y Ramírez Morales, Santiago, *Fuentes de Energía, Renovables y no Renovables. Aplicaciones*, Marcombo, Madrid, 2014, p. 619.

LA REGULACIÓN DE LAS ENERGÍAS EN LA PERSPECTIVA COMUNITARIA

EL MARCO REGULATORIO DEL DESARROLLO ENERGÉTICO SOSTENIBLE

I.   INTRODUCCIÓN

La apuesta efectuada por la Organización de las Naciones Unidas respecto a un modelo de Desarrollo Sostenible, lleva varias décadas de construcción y ha alcanzado sus iniciativas más relevantes, mediante dos recientes propuestas: La primera, es la Década de la Energía Sostenible para Todos (2014-2024)[1]; y la segunda, es el establecimiento de los Objetivos del Desarrollo Sostenible[2], que se ha trazado alcanzar entre 2016 y 2030.

Estas iniciativas tienen en común que ponen de relieve la especial atención que le merece el tema energético a la Organización de las Naciones Unidades, pues por un lado, la energía es vida[3] tanto para la biota como para los seres humanos y en lo que respecta a estos últimos, sin energía no hay posibilidad de erradicar la pobreza en todas sus formas y mejorar la calidad de vida, ni de garantizar la dignidad de las personas; y por el otro, la garantía de acceso a una energía asequible, segura, sostenible y moderna para todos, contribuye a alcanzar la eficiencia energética y a disminuir la producción de gases que generan el efecto invernadero, contribuyendo así a mitigar el cambio climático, es decir, a cumplir varios de los Objetivos del Desarrollo Sostenible.

Es por tal razón que estas propuestas no han dejado indiferente a nadie en la comunidad internacional y de allí que los líderes mundiales a nivel gubernamental, los líderes de opinión, los empresariales, el mundo de las

---

[1]   ONU., *Reporte del Foro Energía Sostenible para todos*, 4-6 de junio de 2014, Nueva York, 2014, http://www.se4all.org/sites/default/files/l/2014/09/SE4ALL_forum_report_final.pdf

[2]   ONU., Objetivos del Desarrollo Sostenible, http://www.un.org/sustainablede velopment/es/objetivos-de-desarrollo-sostenible/

[3]   Ventosa Rodríguez, Mariano y Prada y Nogueira, Isaac, "Introducción". *La energía: el origen de la fuerza, Energía Eléctrica. Manual básico para juristas*, (Dir. Agúndez, M. Á. y Martínez-Simancas, J.), Wolters Kluwer, Madrid, 2014, p. 23.

ciencias y las academias, así como la sociedad civil global, en la medida que están vinculados con el sector energético, se han visto motivados a convocar foros, cumbres o asambleas para formular propuestas de actuación e intercambiar experiencias de las mejores prácticas sobre la gestión, la garantía de suministro y acceso a una energía asequible, segura, sostenible y moderna para todos.

En este contexto de construcción de un mundo de garantice a todas las personas seguridad energética sostenible para satisfacer sus necesidades, se han producido dos importantes declaraciones que van en la misma línea de las iniciativas formuladas por las Organización de las Naciones Unidas.

Se trata por una parte, de la Carta Internacional de la Energía[4], de 20 de mayo de 2015, adoptada en La Haya, –que no será objeto de estudio en esta ocasión–; y por otra parte, se produjo el Marco Regulatorio del Desarrollo Energético Sostenible[5], de 21 de julio de 2015, adoptado por el Parlamento Andino, a cuyo análisis se dedicará la esencia del presente trabajo.

Cabe destacar que para la elaboración de esta propuesta se ha contado con el apoyo de la OLADE[6], organización de carácter público intergubernamental, de cooperación técnica sobre políticas de desarrollo sostenible integral, coordinación y asesoría, que tiene como propósito fundamental la integración, protección, conservación, racional aprovechamiento, comercialización y defensa de los recursos energéticos dentro del ámbito de Latinoamérica.

La propuesta formulada por el Parlamento Andino ocurre después de la iniciativa de la Década de la Energía Sostenible para Todos y antes de que se produzcan la formal declaración de los Objetivos del Desarrollo Sostenible, lo que lleva a inferir que se realiza en plena sintonía con ambas declaraciones.

En razón de lo anterior y en aras de una mayor claridad en la exposición de las ideas, el presente trabajo se dividirá en los siguientes aspectos a saber: El contexto institucional y jurídico de la comunidad andina (II); las razones que motivaron la iniciativa del marco regulatorio del desarrollo energético sostenible (III); los conceptos comunes propuestos en el marco regulatorio andino (IV); los fundamentos, objetivos y principios que fundamentan la iniciativa del desarrollo energético sostenible (V); el estatuto de los involucrados en el desarrollo energético sostenible (VI); las acciones, tácticas y es-

---

[4]   Carta Internacional de la Energía, La Haya, de 20 de mayo de 2015 http://www.energycharter.org/fileadmin/DocumentsMedia/Legal/IEC_ES.pdf

[5]   Gaceta Oficial del Parlamento Andino, Año 12, N° 7, agosto de 2015. Decisión N° 1347, de 21 de julio de 2015, Marco regulatorio de Desarrollo Energético Sostenible http://www.parlamentoandino.org/banners/pdf/proyectoenergetico.pdf

[6]   http://www.olade.org/quienes-somos/

trategias para la implementación del marco regulatorio del desarrollo energético sostenible (VII); las propuestas de mejores prácticas en los subsectores energéticos (VIII); el potencial del desarrollo energético sostenible en otros modelos de integración (IX); y las consideraciones finales (X).

II. EL CONTEXTO INSTITUCIONAL Y JURÍDICO DE LA COMUNIDAD ANDINA

La formulación de la iniciativa del marco regulatorio del desarrollo energético sostenible conduce a precisar el contexto en el cuál se produce y de quién lo hace, pues las otras iniciativas que se han aludido anteriormente fueron formuladas a nivel global por la Organización de las Naciones Unidas.

En primer lugar cabe mencionar, que la Comunidad Andina se encuentra constituida por cuatro países de Suramérica: Bolivia, Colombia, Ecuador y Perú, quienes a través del tratado de creación conocido como Acuerdo Integración Subregional Andino, Pacto Andino o Acuerdo de Cartagena –que inicialmente fue suscrito por Chile y posteriormente se adhirió Venezuela, aunque actualmente ambos están fuera de la Comunidad– y los posteriores protocolos fueron definiendo los órganos e instituciones con sus respectivas competencias.

Es así como en el Sistema Andino de Integración que tiene por finalidad la efectiva coordinación entre los órganos e instituciones andinas, se han delimitado las competencias y funciones de naturaleza normativa, política, ejecutiva, deliberantes, jurisdiccionales, educativas, sociales y financieras.

Esta coordinación se establece entre los órganos intergubernamentales que en esencia son: El Consejo Presidencial, el Consejo Andino de Ministros de Relaciones Exteriores y la Comisión Andina; y las instancias orgánicas comunitarias que la integran, la Secretaría General, el Tribunal de Justicia y el Parlamento Andino.

Otros órganos de la Comunidad Andina son el Banco de Desarrollo de América Latina (CAF), el Fondo Latinoamericano de Reservas, el Organismo Andino de Salud, la Universidad Andina Simón Bolívar y el Convenio Socio-laboral Simón Rodríguez.

Es propicio advertir que aun cuando no interesa a los efectos de este trabajo analizar integralmente la organización institucional andina, pues ello ha sido hecho apropiadamente con anterioridad por otro autor[7], si resulta de especial relevancia, determinar las fuentes del ordenamiento jurídico de la Comunidad Andina, para lo que se debe acudir al Protocolo

---

[7]   Suárez Mejías, Jorge Luis, *El Derecho Administrativo en los Procesos de Integración: la Comunidad Andina*, FUNEDA, Caracas, 2005.

modificatorio del Tratado de creación del Tribunal de Justicia de la Comunidad Andina[8], en el cual se dispone, que este comprende[9]:

1. El Acuerdo de Cartagena, sus protocolos e instrumentos adicionales.

2. El Tratado de creación del Tribunal de Justicia de la Comunidad Andina y sus protocolos modificatorios.

3. Las decisiones del Consejo Andino de Ministros de Relaciones Exteriores y de la Comisión Andina.

4. Las resoluciones de la Secretaría General de la Comunidad Andina.

5. Los convenios de complementación industrial y los otros que adopten los países miembros entre sí, en el marco del proceso de integración andina.

Es así como las decisiones son obligatorias desde su aprobación[10], siendo que éstas y las resoluciones son directamente aplicables a partir de la fecha de su publicación en la Gaceta Oficial de la Comunidad Andina, salvo que tales decisiones difieran su entrada en vigencia o cuando en ellas se disponga la necesidad de su posterior incorporación al derecho nacional mediante acto expreso[11]. Corresponde a los países miembros la obligación de adoptar las medidas que sean necesarias para asegurar el cumplimiento de las normas que conforman el ordenamiento jurídico de la Comunidad Andina[12].

Ahora bien, de lo expuesto se evidencia que entre los órganos comunitarios que emiten actos jurídicos con transcendencia en el ordenamiento jurídico de la Comunidad, no se encuentra el Parlamento Andino.

De aquí surge la necesidad de precisar ¿cuáles son las funciones del Parlamento Andino?, y la transcendencia de un acto como la decisión aprobatoria del marco regulatorio del desarrollo energético sostenible.

El Parlamento Andino es el órgano deliberante del Sistema Andino de Integración, que representa a los pueblos de la Comunidad Andina y lo componen cinco representantes electos a nivel nacional en cada país, mediante el sufragio universal, libre, directo y secreto.

---

8   Protocolo modificatorio del Tratado de creación del Tribunal de Justicia de la Comunidad Andina, http://www.comunidadandina.org/Seccion.aspx?id=29&tipo=SA&title=tribunal-de-justicia-de-la-comunidad-andina.

9   Artículo 1 del Protocolo modificatorio del Tratado de creación del Tribunal de Justicia de la Comunidad Andina.

10   Artículo 2 del Protocolo modificatorio del Tratado de creación del Tribunal de Justicia de la Comunidad Andina.

11   Artículo 3 del Protocolo modificatorio del Tratado de creación del Tribunal de Justicia de la Comunidad Andina.

12   Artículo 4 del Protocolo modificatorio del Tratado de creación del Tribunal de Justicia de la Comunidad Andina.

El funcionamiento se realiza a través de la mesa directiva, de las comisiones y de la Plenaria que es el órgano supremo de conducción y toma de decisiones del Parlamento Andino, quien se expresa a través de recomendaciones, decisiones, declaraciones, actos de coordinación y control.

Finalmente se debe destacar que las funciones del Parlamento Andino comprenden las siguientes:

1. La promoción y la orientación del proceso de integración.

2. El control político del desarrollo del proceso de integración y el cumplimiento de sus objetivos.

3. El estímulo a la armonización de las legislaciones entre los países miembros.

4. La participación en la generación normativa del proceso de integración, mediante la formulación de iniciativas normativas que guarden relación con los objetivos programáticos y la estructura del Sistema Andino de Integración, cuya actividad deberá orientarse a su incorporación en el ordenamiento jurídico de la Comunidad Andina.

5. La promoción de las relaciones de cooperación y coordinación con los Parlamentos de los países miembros, los órganos y las instituciones del Sistema Andino de Integración y con los órganos parlamentarios de integración o cooperación de terceros países.

Dicho lo anterior se observa, que el marco regulatorio del desarrollo energético sostenible, constituye una iniciativa adoptada mediante la decisión N° 1347, de 21 de julio de 2015, por la Plenaria del Parlamento Andino y que fue publicada en la Gaceta Oficial del Parlamento Andino, en agosto de ese mismo año.

Por tanto, dicho lo anterior se advierte, que orgánicamente se trata de un acto jurídico expedido por un órgano (Parlamento Andino) que no tiene competencia para emitir decisiones que integren el ordenamiento jurídico de la Comunidad Andina; materialmente, la decisión no crea normas, no supone actos de ejecución de disposiciones contenidas en tratados, protocolos o decisiones legítimamente adoptadas por los órganos competentes de la Comunidad Andina, así como tampoco supone el ejercicio de competencias jurisdiccionales; y formalmente se trata de una decisión de la Plenaria, publicada en la Gaceta Oficial del Parlamento Andino, no en la Gaceta Oficial de la Comunidad Andina, que es el único instrumento oficial de publicación de los actos jurídicos de los órganos de la Comunidad Andina, por lo que carece de fuerza obligatoria y no es de aplicación directa, ni obliga a los países miembros a cumplirla, al no formar parte del ordenamiento jurídico andino.

Entonces, ¿cuál es la naturaleza de la decisión de la Plenaria del Parlamento Andino, publicada en la Gaceta Oficial del Parlamento Andino en agosto de 2015, en la cual se establece el marco regulatorio del desarrollo energético sostenible?

En realidad, lo aprobado tan sacramentalmente por el Parlamento Andino, jurídicamente no es más que una recomendación, una propuesta, una sugerencia o una directriz, que persigue la armonización del marco regulatorio para que los países de la Comunidad Andina, tengan un modelo de referencia normativo similar, que contribuya a la integración en general y a la energética en particular.

Este instrumento que se inspira en los principios, las normas y las prácticas comunes de los países de la Comunidad Andina, es un texto que como ha quedado establecido carece de rango normativo y no integra el ordenamiento jurídico andino, al no haber sido expedido por ninguno de los órganos competentes para producir actos jurídicos con fuerza normativa dentro de la Comunidad Andina, por lo que actualmente constituye una suerte de *soft law*[13] pues al no ser de cumplimiento obligatorio, no poseer eficacia vinculante, no producir consecuencias jurídicas su incumplimiento, queda a la discrecionalidad de los países miembros asumirlas en sus relaciones jurídicas energéticas, con la finalidad de facilitarlas y avanzar en la integración o esperar a que se produzca una aprobación formal por las autoridades comunitarias andinas competentes, para que pueda considerarse de aplicación directa, inmediata, obligatoria y vinculante.

Por tanto, no siendo jurídicamente vinculante, ello no le resta importancia para que pueda considerarse como una especie de pauta comunitaria, cuya relevancia viene otorgada por la *auctoritas* que puedan proyectar en sus destinatarios, quienes las elaboraron y aprobaron, valga decir, el Parlamento Andino con el apoyo técnico de un órgano de carácter público intergubernamental cualificado en materia energética, como la Organización Latinoamericana de Energía (OLADE).

Es conforme a tales términos, en que seguidamente se procederá al análisis del denominado Marco Regulatorio del Desarrollo Energético Sostenible.

III. LAS RAZONES QUE MOTIVARON LA INICIATIVA DEL MARCO REGULATORIO DEL DESARROLLO ENERGÉTICO SOSTENIBLE

El Parlamento Andino expide su propuesta normativa, luego de efectuar diversas consideraciones dentro de la técnica que se utiliza en la redacción de los instrumentos internacionales. Es así como expresa lo siguiente:

---

[13] Sarmiento Ramírez-Escudero, Daniel, *El Soft Law Administrativo*, Civitas, Madrid, 2008.

Inicia por reconocer el carácter estratégico que de manera general envuelve al sector energético y en concreto en lo que concierne a la administración, regulación, control y gestión de acceso a la energía.

Se reconoce el papel principal que ostenta la energía para el desarrollo económico y social, su importancia en el proceso industrial y la transcendencia que tiene que se logre el acceso a los productos y los servicios energéticos, en el índice de desarrollo humano.

Se realiza una valoración positiva respecto a que la adecuada gestión de las actividades que integran la cadena energética dentro del principio del desarrollo sostenible, fomenta el acceso universal tanto a los productos y los servicios energéticos, como a la conservación del ambiente.

También se destaca la importancia e influencia que tiene la energía en el proceso de integración andina.

Todo ello lleva a rememorar y ratificar que desde el Tratado fundacional del Acuerdo de Cartagena se contempla entre sus objetivos, la progresiva armonización de las políticas económicas y sociales, al igual que las aproximaciones entre las legislaciones nacionales, como instrumentos idóneos para la promoción del desarrollo equilibrado y armónico, mediante la integración y la cooperación económica y social de los países de la Comunidad Andina, en condiciones de equidad, propendiendo a la disminución de la vulnerabilidad externa y el mejoramiento de la posición de los países miembros en el contexto económico internacional.

Sumando al apoyo de implementación de la Agenda Estratégica Andina (AEA) en lo referente a la integración energética, que es considerada una de las doce áreas estratégicas relevantes de dicha Agenda, así como al fortalecimiento institucional en beneficio de la integración energética; se promueve el fomento del incremento de la seguridad energética regional, el abastecimiento y el intercambio energético regional protegiendo el ambiente; la promoción del desarrollo y uso de energías renovables, así como el fomento y apoyo a procesos de integración energética en la región, tales como las interconexiones eléctricas y de los sistemas de gasíferos.

Invoca como justificación de esta actuación, el ejercicio de las atribuciones conferidas por el Acuerdo de Cartagena al Parlamento Andino, en lo que concierne a su participación en el proceso de generación normativa, mediante sugerencias a los órganos del Sistema Andino de Integración y la formulación de proyectos de normas sobre temas de interés común, para su incorporación en el ordenamiento jurídico de la Comunidad Andina, así como la promoción de la armonización de las legislaciones de los países miembros.

Expresa estar guiado por los propósitos establecidos en el Tratado Constitutivo del Parlamento Andino, en lo atinente a promover en los pueblos de la región andina la toma de conciencia y la más amplia difusión de los principios y normas que orientan el establecimiento de un nuevo orden internacional, así como a fomentar el desarrollo e integración de la comunidad latinoamericana, a lo que se suma que el ejercicio de las atribuciones del Parlamento Andino, le permite promover medidas coadyuvantes en la búsqueda de la armonización legislativa entre los países miembros.

Finalmente considera el Parlamento Andino, que todo lo antes expuesto le habilita para ejercer las atribuciones y funciones "supranacionales y reglamentarias", que le conducen a aprobar el Marco Regulatorio del Desarrollo Energético Sostenible, el cual se encuentra dividido en 5 capítulos y 12 artículos.

IV. LOS CONCEPTOS COMUNES PROPUESTOS EN EL MARCO REGULATORIO ANDINO

Cabe destacar como un hecho curioso en la redacción del instrumento que propone el marco regulatorio del desarrollo energético sostenible, que ni en los consideraciones que se emplean para exponer los motivos de su formulación, ni en el objeto general o los objetivos especiales se le atribuye la condición de "Ley Marco" al texto que se analiza, pero sorpresivamente en la disposición que establece las definiciones, se comienza señalando que a "los efectos de la presente Ley Marco"[14], se efectúan las definiciones.

Ello hace pensar que el empleo de esa expresión constituye una inadvertencia de los parlamentarios andinos al momento de aprobar el texto final, que incluso posiblemente estuvo presente en otros párrafos de los redactados originalmente, pues pudo ser esa la intención inicial de los redactores o del organismo técnico asesor, pero ello fue cambiado durante las deliberaciones, suprimiéndose esa intención de los motivos y en el resto de la redacción del instrumento, salvo que al definir los subsectores se vuelve a realizar la referencia al vocablo "Ley"[15].

Hecha esta precisión, cabe destacar que se proponen los conceptos que constituyen la propuesta de mínimo común denominador que se debería observar en el ámbito andino, al regular, definir, negociar, aplicar o interpretar el desarrollo energético sostenible.

1. La energía y sus manifestaciones

Por energía se entiende la capacidad inherente a un elemento natural o artificial, para generar alteraciones en su entorno[16].

---

14   Artículo 5 del Marco Regulatorio de Desarrollo Energético Sostenible.

15   Artículo 5.p) del Marco Regulatorio de Desarrollo Energético Sostenible.

16   Artículo 5.e) del Marco Regulatorio de Desarrollo Energético Sostenible.

Ella integra el sector al que le da nombre[17] y éste se divide en los subsectores, que son la desagregación del sector energético en los siguientes: Hidrocarburos, electricidad, renovables, carbón mineral y nuclear[18].

La cadena energética consiste en la serie de etapas, procesos y actividades, por los que transcurre una fuente energética desde su origen hasta su aprovechamiento, tales como: exploración, explotación, transformación, transporte, almacenamiento, comercialización y consumo[19].

2.   Las fuentes de energía y su clasificación

Se reconoce que las fuentes de energía están constituidas por los elementos y recursos naturales o artificiales, aptos para la obtención de energía en cualquiera de sus formas o manifestaciones, pudiendo ser estas renovables y no renovables[20].

Las primeras estarían constituidas por los recursos no fósiles, caracterizados por contar con períodos de formación relativamente cortos o continuos lo que garantiza que bajo un régimen de explotación racional, su disponibilidad no se agote con el tiempo[21]; y las segundas por recursos fósiles agotables en el tiempo al no existir un balance positivo entre su explotación y la regeneración de sus ciclos, caracterizados por largos períodos de formación[22].

También se distingue entre fuentes de energías convencionales, que se caracterizan por contar con recursos, cuyos procesos de extracción y transformación están completamente desarrollados, debido a su uso tradicional[23]; y fuentes de energías no convencionales, que son aquellas con recursos, cuyos procesos y tratamiento aún se encuentran en fase de desarrollo, debido a su carácter innovador y alternativo, completamente diferenciado de los recursos tradicionales[24].

3.   Las ideas que complementan el Desarrollo Energético Sostenible

Se entiende que el patrimonio energético nacional lo componen, el conjunto de bienes bajo dominio de la nación, integrado por fuentes de energía,

---

[17]   Artículo 5.o) del Marco Regulatorio de Desarrollo Energético Sostenible.
[18]   Artículo 5.p) del Marco Regulatorio de Desarrollo Energético Sostenible.
[19]   Artículo 5.a) del Marco Regulatorio de Desarrollo Energético Sostenible.
[20]   Artículo 5.f) del Marco Regulatorio de Desarrollo Energético Sostenible.
[21]   Artículo 5.g) del Marco Regulatorio de Desarrollo Energético Sostenible.
[22]   Artículo 5.h) del Marco Regulatorio de Desarrollo Energético Sostenible.
[23]   Artículo 5.i) del Marco Regulatorio de Desarrollo Energético Sostenible.
[24]   Artículo 5.j) del Marco Regulatorio de Desarrollo Energético Sostenible.

infraestructura, acervo técnico-jurídico y demás elementos inherentes a la cadena energética[25].

La matriz energética consiste en la esquematización dimensional de las fuentes energéticas empleadas a nivel nacional, subregional, regional o internacional para la obtención de energía[26].

El aprovechamiento de la energía debe realizarse con criterio de eficiencia energética, que supone la ejecución de acciones y prácticas desde los ejes de la oferta y la demanda de energía, dirigidas a optimizar la cantidad de energía útil que se obtiene de un sistema o tecnología, procurando que con menos cantidad de energía, se pueda realizar la misma acción sin disminuir calidad, productividad y confort[27].

Además, se considera que la pobreza energética constituye una consecuencia de la pobreza general o pobreza extrema, que implica la carencia de servicios energéticos para satisfacer necesidades domésticas básicas como la electricidad, la cocción de alimentos y la calefacción en los países de extremas condiciones invernales. Esta situación se da por la incapacidad económica y financiera de destinar los recursos necesarios, para cubrir el pago de las facturas energéticas[28].

4.   *La visión antropocéntrica y biocéntrica del desarrollo sostenible*

El Desarrollo Sostenible constituye un criterio enfocado a lograr el progreso socioeconómico y calidad de vida de los ciudadanos, mediante la cobertura de las necesidades presentes, evitando el agotamiento irracional de los recursos y procurando no mermar de manera inconsciente las oportunidades de las generaciones futuras, lo que implica la sostenibilidad de las actividades extractivas e industriales, en armonía con el entorno natural y sus componentes[29].

El desarrollo sustentable consiste en el enfoque que implica administrar con racionalidad y eficiencia las actividades extractivas, industriales y de consumo energético, manteniendo la armonía con el entorno natural y sus componentes, con permanencia en el tiempo[30].

Se debe hacer la distinción entre la visión antropocéntrica, fundamentada en la doctrina que valora al ser humano como centro de la naturaleza[31];

---

25   Artículo 5.m) del Marco Regulatorio de Desarrollo Energético Sostenible.

26   Artículo 5.l) del Marco Regulatorio de Desarrollo Energético Sostenible.

27   Artículo 5.d) del Marco Regulatorio de Desarrollo Energético Sostenible.

28   Artículo 5.n) del Marco Regulatorio de Desarrollo Energético Sostenible.

29   Artículo 5.b) del Marco Regulatorio de Desarrollo Energético Sostenible.

30   Artículo 5.c) del Marco Regulatorio de Desarrollo Energético Sostenible.

31   Artículo 5.q) del Marco Regulatorio de Desarrollo Energético Sostenible.

de la visión ecosistémica, que se fundamenta en la teoría que promueve una perspectiva integral de la naturaleza y sus ciclos vitales e interacciones entre todos sus componentes incluyendo al ser humano, fomentando la conservación y uso sostenible de los recursos[32].

5. *El enfoque de la integración en el contexto desarrollo energético*

Se considera que la integración consiste en un proceso que permite reducir asimetrías y cohesionar voluntades estatales mediante el establecimiento de políticas y marcos regulatorios comunes o armonizados, para la realización de acciones coordinadas, que mediante un aprovechamiento eficaz de los recursos, potencian la inserción internacional a nivel de bloque[33].

V. LOS FUNDAMENTOS QUE INSPIRAN LA INICIATIVA DEL DESARROLLO ENERGÉTICO SOSTENIBLE

El régimen normativo que se propone, formula un marco conceptual donde se modelan los fundamentos, objetivos y principios que deben orientar la regulación del Desarrollo Energético Sostenible en los países de la Comunidad Andina.

1. *El objeto general del marco regulatorio*

Se señala que el instrumento se fundamenta en los principios comunes de la legislación nacional de los países que participan en el Parlamento Andino y tiene por objeto establecer el marco general de carácter declarativo y de preferente aplicación, en el cual se señalan los objetivos y los preceptos fundamentales del desarrollo energético sostenible, que sirve de dinamizador del sector energético nacional, con proyección hacia el proceso de integración en la región andina[34].

2. *La naturaleza del marco regulatorio*

Se reconoce la naturaleza de instrumento de aplicación preferente de carácter consultivo y de buenas prácticas, que debe servir para orientar el diseño e implementación del ordenamiento jurídico nacional de los países que participan en el Parlamento Andino, siempre que no colida con la legislación interna y prácticas derivadas de la aplicación de tratados y acuerdos internacionales, pudiendo considerarse en tales casos su aplica-

---

32   Artículo 5.r) del Marco Regulatorio de Desarrollo Energético Sostenible.
33   Artículo 5.k) del Marco Regulatorio de Desarrollo Energético Sostenible.
34   Artículo 1 del Marco Regulatorio de Desarrollo Energético Sostenible.

ción parcial, conforme a las posibilidades, los intereses, las necesidades y las prioridades estatales[35].

3. *El objetivo integral que contempla el marco regulatorio*

El objetivo general que persigue el marco regulatorio es promover el constante perfeccionamiento para fortalecer el proceso de integración andina, con la finalidad de lograr el desarrollo equilibrado y armónico de los países miembros de la Comunidad Andina, en condiciones de equidad, garantizando la seguridad y sostenibilidad del suministro de energía, en el actual escenario de cambio climático, mediante la promoción de la diversificación de la matriz energética regional, con la incorporación de fuentes de energías renovables, potenciando la eficiencia energética y el uso racional de los recursos; minimizando el despilfarro de energía en todos los ámbitos, garantizando así que todos los ciudadanos andinos tengan acceso a un suministro energético moderno, limpio, seguro y estable, que les permitan alcanzar el desarrollo humano y además fortaleciendo el posicionamiento económico del bloque andino, mediante la competitividad industrial enfocada hacia el crecimiento sostenible de la región[36].

4. *Los objetivos especiales que contempla el marco regulatorio*

De este objetivo general se derivan los siguientes objetivos especiales[37]:

1. Establecer los lineamientos y principios rectores del desarrollo energético sostenible, en los países que integran la región andina.

2. Coadyuvar al logro de los objetivos del desarrollo energético sostenible, como elemento fundamental en el proceso de la integración andina, en especial, a los países con menor desarrollo relativo.

3. Constituir un eje básico de orientación para la definición y perfeccionamiento de los marcos legislativos en materia energética, enfocados a la reducción de asimetrías regulatorias en la región andina.

4. Fomentar la aprobación e implementación de políticas y estrategias energéticas comunes, en aras de promover la integración energética regional, para lograr un desarrollo equilibrado y armónico de los países miembros.

5. Promover la determinación de planes, programas y proyectos que estén alineados dentro de la región, con base en los elementos comunes de política energética.

---

[35] Artículo 2 del Marco Regulatorio de Desarrollo Energético Sostenible.
[36] Artículo 3 del Marco Regulatorio de Desarrollo Energético Sostenible.
[37] Artículo 4 del Marco Regulatorio de Desarrollo Energético Sostenible.

6. Inducir al establecimiento de marcos institucionales nacionales y regionales que permitan impulsar el desarrollo energético sostenible, con responsabilidad social, en armonía con el ambiente y en correspondencia con la adaptación y mitigación al cambio climático.

5.   *Los principios rectores del marco regulatorio*

La construcción de la propuesta regulatoria para los países andinos que integran la Comunidad Andina, abreva de un conjunto de principios comunes que se sintetizan en los siguientes[38]:

1. La orientación hacia el uso de energías renovables y al equilibrio de la matriz energética, potenciando el uso de las fuentes de energías renovables en la generación de electricidad y de los hidrocarburos, en especial en el transporte y la petroquímica, bajo criterios de responsabilidad socio-ambiental y viabilidad técnico-económica[39].

2. La promoción del desarrollo energético sostenible para garantizar la cobertura de las necesidades de forma continua, mediante el uso racional de los recursos energéticos en armonía con su capacidad natural de regeneración, con conciencia intergeneracional y responsabilidad socio-ambiental, para lo que se debe propiciar la formulación de políticas energéticas que contribuyan a la mitigación del cambio climático, mediante la progresiva descarbonización de la matriz energética de los países de la región andina[40].

3. La potenciación del rol estatal en la administración y explotación estratégica de los recursos naturales, para garantizar la soberanía, la seguridad energética y la cobertura de la demanda de energía, con fuentes propias, evitando la inseguridad que produce la fuerte dependencia de la importación de productos e insumos para la generación de energía y de la influencia negativa que puedan ejercer agentes externos, en las actividades de la cadena energética[41].

4. El aseguramiento de la universalización de la energía, mediante el reconocimiento del acceso a servicios y productos energéticos básicos, como un derecho de la población que el Estado debe garantizar de manera general y asequible, debido a su impacto positivo en el índice de desarrollo humano[42].

5. El fomento de la mitigación de la pobreza energética, a través de la implementación de políticas, estrategias y planes estatales enfocados a revertir la situación que impide a la población vulnerable, destinar parte de sus

---

38   Artículo 6 del Marco Regulatorio de Desarrollo Energético Sostenible.

39   Artículo 6.a) del Marco Regulatorio de Desarrollo Energético Sostenible.

40   Artículo 6.b) del Marco Regulatorio de Desarrollo Energético Sostenible.

41   Artículo 6.c) del Marco Regulatorio de Desarrollo Energético Sostenible.

42   Artículo 6.d) del Marco Regulatorio de Desarrollo Energético Sostenible.

exiguos ingresos a la satisfacción de las necesidades básicas que dependen directamente del acceso a productos o servicios energéticos, tales como la cocción de alimentos, la electricidad, la calefacción y el transporte[43].

6. La potenciación de una justa distribución de beneficios generados por el sector energético, mediante la implementación de mecanismos que permitan que un porcentaje de las rentas de la industria energética, fundamentalmente de la extractiva, se destinen al desarrollo local de las regiones o comunidades donde se encuentran ubicados los recursos[44].

7. El fortalecimiento de la responsabilidad social energética, realizando una valoración ética de los impactos que el desarrollo del sector genera o pueda generar en la sociedad y su entorno[45].

8. La promoción de la participación social consciente, informada y ordenada[46], como factor fundamental del proceso de transición energética, considerando la diversidad cultural de los países andinos[47].

9. El apoyo de la equidad de género en la energía, mediante la reducción de desigualdades entre hombres y mujeres en lo que respecta al acceso a los servicios y los recursos energéticos; así como el fortalecimiento del empoderamiento de las mujeres en la toma de decisiones vinculadas a proyectos, programas y políticas energéticas[48].

10. La consolidación de la transparencia en la gestión de las actividades energéticas, mediante el cumplimiento del deber estatal de garantizar el acceso general a las fuentes de información de interés público, con carácter oficial, oportuno y confiable, relacionada con la gestión del sector de la energía a fines de facilitar la rendición de cuentas, la participación social y las veedurías ciudadanas como mecanismos de ejercicio democrático, quedando exceptuada únicamente la información que por fundamentadas razones de seguridad nacional, no deba ser difundida[49].

11. La incentivación de la educación y cultura del uso racional de la energía, induciendo a la población a un cambio de paradigma en lo que respecta al consumo energético, insertando en la conciencia de cada individuo la necesidad de revertir los actuales hábitos de utilización de servicios y

---

43   Artículo 6.e) del Marco Regulatorio de Desarrollo Energético Sostenible.

44   Artículo 6.f) del Marco Regulatorio de Desarrollo Energético Sostenible.

45   Artículo 6.g) del Marco Regulatorio de Desarrollo Energético Sostenible.

46   Artículo 23.1 de la Convención Americana sobre Derechos Humanos.

47   Artículo 6.h) del Marco Regulatorio de Desarrollo Energético Sostenible.

48   Artículo 6.i) del Marco Regulatorio de Desarrollo Energético Sostenible.

49   Artículo 6.j) del Marco Regulatorio de Desarrollo Energético Sostenible.

productos energéticos, hacia modelos conscientes del agotamiento de los recursos y su insuficiencia para cubrir los actuales patrones de consumo[50].

12. La aplicación de criterios de eficiencia energética en los ejes de oferta y demanda, como práctica idónea para impulsar el ahorro y uso racional de recursos, sin menoscabo del confort y productividad que aportan las actuales tecnologías de desarrollo, garantizando la seguridad de suministro de productos y servicios energéticos, con responsabilidad económica y ambiental[51].

13. La implementación de medidas de protección ambiental, mitigación y reducción de impactos inherentes a las actividades de la cadena energética[52].

14. El impulso a la integración energética solidaria y cooperativa con estricto apego a la soberanía y autodeterminación de los pueblos, a partir de la identificación de las complementariedades y el adecuado tratamiento de asimetrías nacionales, potenciando el uso equilibrado de los recursos de la región en la erradicación de la pobreza y el correspondiente desarrollo socioeconómico de la población andina[53].

15. El fortalecimiento institucional del sector energético tanto a nivel nacional como regional, potenciando las sinergias para el emprendimiento de actividades conjuntas, evitando la duplicidad y contraposición de competencias, a los fines de aunar esfuerzos en la concreción de resultados viables, en el desarrollo energético andino con proyección regional[54].

16. La potenciación del rol de la energía en la industrialización, mediante la adecuada utilización de la capacidad energética regional en el perfeccionamiento de la infraestructura de conectividad, para el desarrollo de procesos productivos industriales que reviertan la tendencia a la exportación de *commodities* e importación de productos transformados[55].

17. El tratamiento preferencial de los Estados con menor desarrollo económico relativo y en especial con Bolivia, considerando su enclaustramiento geográfico para impulsar una integración regional equitativa[56].

---

[50] Artículo 6.k) del Marco Regulatorio de Desarrollo Energético Sostenible.

[51] Artículo 6.l) del Marco Regulatorio de Desarrollo Energético Sostenible.

[52] Artículo 6.m) del Marco Regulatorio de Desarrollo Energético Sostenible.

[53] Artículo 6.n) del Marco Regulatorio de Desarrollo Energético Sostenible.

[54] Artículo 6.o) del Marco Regulatorio de Desarrollo Energético Sostenible.

[55] Artículo 6.p) del Marco Regulatorio de Desarrollo Energético Sostenible.

[56] Artículo 6.q) del Marco Regulatorio de Desarrollo Energético Sostenible.

VI. EL ESTATUTO DE LOS INVOLUCRADOS EN EL DESARROLLO ENERGÉTICO SOSTENIBLE

Al igual que sucede en todas las relaciones jurídicas que se establecen entre el Estado y las personas, se reconocen un conjunto de derechos y se establecen una serie de obligaciones entre los involucrados en el Desarrollo Energético Sostenible, a los que se hará sucinta referencia a continuación.

1. *Las atribuciones y los deberes de los Estados ante la población*

En lo que concierne a las atribuciones de los Estados, aquellos miembros de la Comunidad Andina que tienen representación en el Parlamento Andino, conforme a sus respectivas Constituciones Políticas y legislaciones internas, así como con sujeción a los compromisos internacionalmente adquiridos por la suscripción y ratificación de tratados pueden reservarse[57]:

1. En representación del pueblo y en correspondencia con el interés colectivo, el ejercicio del derecho de propiedad, administración, regulación, control y dominio sobre los recursos naturales no renovables y en general sobre los productos del subsuelo, yacimientos minerales y de hidrocarburos, incluso los que se encuentren en áreas cubiertas por las aguas del mar territorial y las zonas marítimas, considerados, por su carácter estratégico, patrimonio estatal inalienable, imprescriptible e indivisible, estando facultados para fijar las condiciones para su aprovechamiento y la aprobación del otorgamiento de las concesiones o las autorizaciones de contratos que al efecto se requieran[58].

2. La búsqueda de que la gestión de entidades públicas, privadas, mixtas, cooperativas o comunitarias, en las actividades vinculadas al sector de la energía, dada su condición de sector estratégico, se realicen de conformidad con los principios de desarrollo sostenible, responsabilidad social, conciencia ambiental, eficiencia y calidad[59].

3. La fijación de los porcentajes de participación estatal y empresarial, así como de recaudación de los impuestos, regalías, tasas, contribuciones y demás conceptos tributarios que se establezcan sobre los réditos generados por la explotación de los recursos naturales considerados estratégicos[60].

4. La planificación del desarrollo energético nacional, según sus prioridades, necesidades y recursos[61].

---

57   Artículo 7 del Marco Regulatorio de Desarrollo Energético Sostenible.
58   Artículo 7.a) del Marco Regulatorio de Desarrollo Energético Sostenible.
59   Artículo 7.b) del Marco Regulatorio de Desarrollo Energético Sostenible.
60   Artículo 7.c) del Marco Regulatorio de Desarrollo Energético Sostenible.
61   Artículo 7.d) del Marco Regulatorio de Desarrollo Energético Sostenible.

5. En el caso de Estados con menor desarrollo económico relativo, se podrán solicitar condiciones más favorables, para alcanzar un desarrollo energético sostenible equilibrado y armonioso con los demás países miembros[62].

Los Estados conforme su ordenamiento jurídico nacional y los compromisos internacionales deberán[63]:

1. Promover la integración energética equitativa, solidaria y complementaria mediante la inserción estratégica del bloque andino en el contexto internacional, valorando ventajas comparativas y competitivas nacionales, con fundamento en los principios de cooperación, reconocimiento de asimetrías y reciprocidad sin menoscabo de la soberanía energética, hasta alcanzar la integración energética plena de los países miembros[64].

2. Promover el desarrollo energético sostenible y sustentable, mediante una adecuada planificación, manejo y aprovechamiento de las fuentes de energía con conciencia intergeneracional y responsabilidad social[65].

3. Garantizar el consumo interno equitativo de productos y servicios energéticos e implementar acciones dirigidas a la erradicación de la pobreza energética[66].

4. Proteger y defender el patrimonio energético nacional preservando los derechos de las futuras generaciones, garantizando la cobertura energética para el consumo interno y previendo las reservas necesarias en los casos de exportación de excedentes[67].

5. Prevenir, controlar y minimizar los factores de deterioro ambiental generados por las actividades de la cadena energética, desde la exploración hasta el consumo, la preservación y la recuperación de los ciclos naturales[68].

6. Velar por la implementación de un adecuado régimen de responsabilidad jurídica para la restauración, eliminación o mitigación según corresponda, en casos de impacto ambiental grave o permanente, ocasionado por la ejecución de actividades de la cadena energética[69].

---

[62] Artículo 7.e) del Marco Regulatorio de Desarrollo Energético Sostenible.
[63] Artículo 9 del Marco Regulatorio de Desarrollo Energético Sostenible.
[64] Artículo 9.a) del Marco Regulatorio de Desarrollo Energético Sostenible.
[65] Artículo 9.b) del Marco Regulatorio de Desarrollo Energético Sostenible.
[66] Artículo 9.c) del Marco Regulatorio de Desarrollo Energético Sostenible.
[67] Artículo 9.d) del Marco Regulatorio de Desarrollo Energético Sostenible.
[68] Artículo 9.e) del Marco Regulatorio de Desarrollo Energético Sostenible.
[69] Artículo 9.f) del Marco Regulatorio de Desarrollo Energético Sostenible.

7. Adoptar medidas transversales para la adaptación al cambio climático y mitigación de sus efectos, mediante la limitación de las emisiones de gases de efecto invernadero y la deforestación[70].

8. Promover la eficiencia energética así como el desarrollo e implementación de prácticas y tecnologías ambientalmente limpias, mediante la diversificación de la matriz energética incorporando diversas fuentes de energías renovables, de bajo impacto, que no pongan en riesgo la soberanía alimentaria, el equilibrio ecológico de los ecosistemas, ni el derecho al agua[71].

9. Incentivar la formación y perfeccionamiento de una cultura colectiva fundamentada en el desarrollo energético sostenible, mediante la introducción de asignaturas, en el sistema educativo nacional, que promuevan el consumo eficiente y racional de los productos y servicios energéticos con conciencia socio-ambiental[72].

10. Propender a la provisión de productos y servicios energéticos, a precios y tarifas asequibles y equitativas, ejerciendo su regulación y control[73].

11. Garantizar la provisión del servicio público de energía eléctrica, en correspondencia con los principios de obligatoriedad, uniformidad, eficiencia, responsabilidad, universalidad, accesibilidad, regularidad, continuidad y calidad[74].

12. Establecer zonas protegidas y de ser el caso adoptar acciones de precaución y restricción a las prácticas vinculadas al sector energético, que puedan implicar la extinción de especies, la destrucción de ecosistemas o la alteración permanente de los ciclos naturales[75].

13. Formular, orientar, implementar y evaluar el diseño, aprobación y efectividad de políticas públicas y marcos regulatorios e institucionales, con fundamento en los principios del desarrollo energético sostenible[76].

14. Promover la participación y el control de la población en la toma de decisiones, planificación y gestión de los asuntos públicos vinculados al sector de la energía, en correspondencia con el principio de democracia participativa y veeduría ciudadana[77].

---

[70] Artículo 9.g) del Marco Regulatorio de Desarrollo Energético Sostenible.

[71] Artículo 9.h) del Marco Regulatorio de Desarrollo Energético Sostenible.

[72] Artículo 9.i) del Marco Regulatorio de Desarrollo Energético Sostenible.

[73] Artículo 9.j) del Marco Regulatorio de Desarrollo Energético Sostenible.

[74] Artículo 9.k) del Marco Regulatorio de Desarrollo Energético Sostenible.

[75] Artículo 9.l) del Marco Regulatorio de Desarrollo Energético Sostenible.

[76] Artículo 9.m) del Marco Regulatorio de Desarrollo Energético Sostenible.

[77] Artículo 9.n) del Marco Regulatorio de Desarrollo Energético Sostenible.

15. Potenciar el rol de la energía en el diseño y perfeccionamiento de un sistema económico, equitativo, democrático, productivo, solidario y sostenible que permita encauzar el desarrollo energético hacia el mejoramiento de la calidad y esperanza de vida y al aumento de las capacidades y potencialidades socioeconómicas a nivel nacional[78].

16. Impulsar la industrialización del sector energético nacional y crear condiciones que potencien la competitividad en el mercado energético, regional e internacional, promoviendo la reducción de la dependencia de la exportación de materias primas e importación de productos industrializados[79].

17. Impulsar la adopción de una política energética común a nivel regional y fortalecer la armonización de las legislaciones nacionales, con énfasis en el sector de la energía de acuerdo con el principio de progresividad regulatoria[80].

18. Apoyar la consolidación de organizaciones subregionales, regionales e internacionales de cooperación y asesoría en materia de energía, así como la suscripción de tratados y otros instrumentos internacionales de integración energética[81].

19. Propender a una relación armónica y equilibrada entre sociedad, Estado y mercado, es decir, de gobernanza[82] a los fines de garantizar la cobertura total de las necesidades energéticas nacionales y regionales[83].

20. Promover e impulsar el desarrollo de la ciencia, la tecnología y la investigación relativa al manejo, conservación y aprovechamiento de los recursos naturales y la biodiversidad[84].

21. Crear y mantener la infraestructura física y el equipamiento necesario para la adecuada provisión de productos y servicios energéticos, asegurando de manera permanente la ampliación y la calidad de la cobertura[85].

---

[78]   Artículo 9.o) del Marco Regulatorio de Desarrollo Energético Sostenible.

[79]   Artículo 9.p) del Marco Regulatorio de Desarrollo Energético Sostenible.

[80]   Artículo 9.q) del Marco Regulatorio de Desarrollo Energético Sostenible.

[81]   Artículo 9.r) del Marco Regulatorio de Desarrollo Energético Sostenible.

[82]   La voz "Gobernanza" se define como "el arte o manera de gobernar que se propone como objetivo el logro de un desarrollo económico, social e institucional duradero, promoviendo un sano equilibrio entre el Estado, la sociedad civil y el mercado de la economía". Real Academia Española, *Diccionario de la Lengua Española*, 22ª ed., Espasa, Madrid, 2001, p. 1141.

[83]   Artículo 9.s) del Marco Regulatorio de Desarrollo Energético Sostenible.

[84]   Artículo 9.t) del Marco Regulatorio de Desarrollo Energético Sostenible.

[85]   Artículo 9.u) del Marco Regulatorio de Desarrollo Energético Sostenible.

2. *Los derechos y los deberes de la población*

En lo que concierne a los derechos de la población, los Estados miembros de la Comunidad Andina que tienen representación en el Parlamento Andino, conforme a sus respectivas Constituciones Políticas y legislaciones internas, así como con sujeción a los compromisos internacionalmente adquiridos por la suscripción y ratificación de tratados, deben tutelar el ejercicio de los siguientes derechos de los habitantes de sus poblaciones[86]:

1. Al acceso universal y equitativo a productos energéticos de calidad, así como a una información precisa sobre su composición y características[87].

2. Al acceso universal y equitativo a servicios energéticos básicos (electricidad y gas domiciliario) bajo los principios de calidad y continuidad[88].

3. A la consulta previa, con la debida información, transparencia y oportunidad[89], para la aprobación de planes y programas de prospección, explotación, transformación y comercialización de recursos energéticos que se encuentren en su entorno[90].

4. A la vida y desarrollo en un ambiente libre de contaminación energética[91].

5. Al acceso equitativo a los beneficios provenientes del aprovechamiento de los recursos naturales no renovables, mediante la asignación de una participación preferente y especial por los habitantes de los territorios, donde se encuentren estos recursos[92].

Por otra parte, los Estados conforme a su ordenamiento jurídico nacional y los compromisos internacionales pueden instituir los deberes de la población que habita en los países que integran la Comunidad Andina, a

---

[86]   Artículo 8 del Marco Regulatorio de Desarrollo Energético Sostenible.

[87]   Artículo 8.a) del Marco Regulatorio de Desarrollo Energético Sostenible.

[88]   Artículo 8.b) del Marco Regulatorio de Desarrollo Energético Sostenible.

[89]   Artículo 15 del Convenio N° 169, de la Organización Internacional del Trabajo sobre pueblos indígenas y tribales en países independientes, de 7 de junio de 1989, http://www.ilo.org/wcmsp5/groups/public/@ed_norm/@normes/documents/public ation/wcms_100910.pdf; los artículos 5, 18 y 19 de la Resolución 61/295, de 13 de septiembre de 2007, que contienen la Declaración de las Naciones Unidas sobre los Derechos de los Pueblos Indígenas, http://www.un.org/esa/socdev/unpfii/documents /DRIPS_es.pdf; y el artículo XXIII de la Resolución 2888, de 14 de junio de 2016, que contiene la Declaración Americana sobre los Derechos de los Pueblos Indígenas, http://www.oas.org/es/sadye/documentos/res-2888-16-es.pdf

[90]   Artículo 8.c) del Marco Regulatorio de Desarrollo Energético Sostenible.

[91]   Artículo 8.d) del Marco Regulatorio de Desarrollo Energético Sostenible.

[92]   Artículo 8.e) del Marco Regulatorio de Desarrollo Energético Sostenible.

los fines de alcanzar el desarrollo energético sostenible. Entre ellos se enuncian los siguientes[93]:

1. Conservar, proteger y aprovechar de manera sostenible los recursos energéticos[94].

2. Ejercer con responsabilidad social sus derechos en los procesos de consulta, participación y veeduría ciudadana, relacionados con el sector de la energía[95].

VII. LAS ESTRATEGIAS, LAS TÁCTICAS Y LAS ACCIONES PARA LA IMPLEMENTACIÓN DEL MARCO REGULATORIO DEL DESARROLLO ENERGÉTICO SOSTENIBLE

Uno de los asuntos más importantes en este ensayo de armonización regulatoria y de políticas públicas en el sector energético dentro de los países que integran la Comunidad Andina, es que no se pretende desconocer y menos sustituir a los Estados en el ejercicio de su soberanía política, económica y energética.

Es por tal razón, que el texto que contiene la propuesta del marco regulatorio del desarrollo energético sostenible, reconoce que conforme a las políticas de cada Estado y según sus propios marcos regulatorios, así como de los compromisos adquiridos internacionalmente, mediante la suscripción y ratificación de los tratados, los países miembros de la Comunidad Andina que integran el Parlamento Andino tienen la posibilidad de implementar las siguientes recomendaciones[96]:

1. *La eficiencia energética, el ahorro y el uso racional de los recursos*[97]

1. La promoción y el incentivo de hábitos de consumo eficiente y sustentable mediante la educación y la cultura, poniendo énfasis en lograr el cambio de estilo de vida, para racionalizar el consumo energético y fomentar activamente el uso de electrodomésticos y aparatos de iluminación de consumo eficiente.

2. La consolidación de la estabilidad del suministro energético a nivel regional, mediante el establecimiento y la implementación de etiquetado de eficiencia energética y de parámetros de medición de intensidad energética,

---

93 Artículo 10 del Marco Regulatorio de Desarrollo Energético Sostenible.
94 Artículo 10.a) del Marco Regulatorio de Desarrollo Energético Sostenible.
95 Artículo 10.b) del Marco Regulatorio de Desarrollo Energético Sostenible.
96 Artículo 11 del Marco Regulatorio de Desarrollo Energético Sostenible.
97 Artículo 11.a) del Marco Regulatorio de Desarrollo Energético Sostenible.

así como de las directrices y las normas de supervisión de estándares para todos los equipos consumidores de energía y de normas para desincentivar la importación de aparatos electrónicos y vehículos ineficientes, en cuanto al consumo energético.

3. El fortalecimiento de las capacidades de formación profesional en auditorías de eficiencia energética, uso racional y ahorro de energía, en el personal competente de las instituciones que rigen la eficiencia energética a nivel nacional, subregional y regional.

4. El perfeccionamiento en el diseño y la implementación de programas y planes nacionales y regionales de eficiencia, ahorro y uso racional de energía que contemplen: introducción de incentivos fiscales y de otra índole; realización periódica de auditorías energéticas en el sector público, comercial y residencial.

5. La propuesta y el apoyo a programas de eficiencia energética a nivel regional, mediante la coordinación y la ejecución conjunta de estrategias sustentadas en buenas prácticas, el intercambio de información, la transferencia de tecnología y el establecimiento de mecanismos de colaboración regional y redes institucionales, con miras al desarrollo y la aprobación de una Política Regional de Eficiencia Energética.

6. La introducción de criterios de eficiencia energética en el diseño, construcción, reforma y modernización de los edificios públicos, comerciales y residenciales.

7. La promulgación de legislación sobre eficiencia energética que contenga regulaciones e incentivos fiscales, para el cumplimiento de parámetros mínimos de eficiencia, incluyendo planes para la descontinuación del uso de equipos de consumo ineficiente.

8. El desarrollo y el perfeccionamiento de procesos tecnológicos que permitan un óptimo aprovechamiento de reservas hidrocarburíferas, mediante la preservación de las condiciones de los yacimientos, evitando siniestros, derrames y demás elementos estimulantes del despilfarro de recursos y afectación ambiental.

2. *El manejo y la gestión sostenible de los recursos energéticos*[98]

1. La satisfacción de las necesidades energéticas de la población con conciencia intergeneracional en lo que respecta al uso sostenible de los recursos y el impacto de las actividades de la cadena energética en la vulneración y el deterioro del ambiente.

---

[98]   Artículo 11.b) del Marco Regulatorio de Desarrollo Energético Sostenible.

2. La implementación de procesos de producción con visión ecosistémica o antropocéntrica, según enfoque de la política gubernamental establecida en materia de desarrollo, en función del interés público y la responsabilidad social, en correspondencia con la capacidad de regeneración de la naturaleza, evitando la afectación de sus componentes.

3. La previsión, la mitigación del riesgo y la vulnerabilidad de los seres vivos y su hábitat en el proceso de desarrollo energético, evitando que la contaminación alcance niveles superiores a los que tolera la naturaleza, para neutralizar sus efectos.

4. La evaluación y la difusión de información científica sobre los impactos ambientales de las actividades de la cadena energética, fundamentalmente aquellas en las que intervienen recursos naturales no renovables.

5. El diseño y la implementación de programas educativos, informativos y culturales sobre los beneficios de las fuentes alternativas de energía, con énfasis en las consideradas limpias por su bajo impacto ambiental.

6. El fomento del intercambio de información y la difusión de las mejores prácticas ambientales en la producción, el transporte y las demás actividades de consumo energético, incluyendo las investigaciones, la transferencia de tecnología en los informes analíticos, con miras a promover el desarrollo energético sostenible a nivel regional.

7. El fortalecimiento de las atribuciones de las autoridades competentes para supervisar y hacer cumplir la legislación y las normas ambientales nacionales, regionales e internacionales que rigen en el sector de la energía.

8. La introducción en la legislación, de incentivos, medidas económicas y fiscales, que, sin comprometer el desarrollo del sector energético, promueven la diversificación de la matriz energética hacia un mayor componente de energías alternativas de bajo impacto ambiental, incluyendo el desarrollo de planes adecuados para los regímenes de responsabilidad e indemnización, en los casos de afectación ambiental.

9. La determinación de parámetros y procedimientos adecuados, claros y transparentes para la realización de estudios de impacto ambiental, en el caso de proyectos de energía a gran escala.

10. El establecimiento de estrategias nacionales para la reducción de emisiones de gases de efecto invernadero, relacionadas con el desarrollo de las actividades comprendidas en la cadena energética y la cooperación para el establecimiento y el cumplimiento de los compromisos internacionales asumidos, en materia de adaptación al cambio climático y mitigación de sus efectos.

11. La determinación prioritaria de metas nacionales y posteriormente regionales para la reducción de las emisiones de gases de efecto invernadero en el sector energético, así como de poner en práctica las medidas de mitigación pertinentes.

12. La adopción de medidas para garantizar los recursos financieros y económicos necesarios para propiciar el manejo sustentable de los recursos energéticos.

13. El establecimiento y la implementación de una adecuada gestión de desechos y residuos energéticos, mediante el ejercicio de procesos sostenibles de producción en las industrias de energía, incluyendo la reducción de residuos, el reciclaje y la reutilización de materiales, la eliminación segura de los residuos generados en todas las actividades de la cadena energética, comprendida la destrucción segura de equipos inutilizados u obsoletos, así como los materiales reemplazados en procesos de mejora tecnológica.

3. *La administración y la distribución de recursos energéticos*[99]

1. El diseño y la implementación de políticas, planes, estrategias y acciones encaminadas a la progresiva eliminación de la pobreza energética, garantizando el acceso universal y equitativo al suministro energético, con tarifas asequibles y servicios confiables para toda la población.

2. El perfeccionamiento y la ampliación de programas de acceso energético con carácter preferencial a sectores vulnerables de la población, de ser necesario mediante sistemas de subsidios focalizados.

3. La aprobación y la implementación de planes de expansión programada de la generación, transmisión, distribución y comercialización de energía eléctrica, a fines de dar cobertura a zonas rurales y áreas alejadas de la red.

4. La facilitación de acceso a combustibles asequibles y amigables con el ambiente, que garanticen la adecuada cocción de alimentos y el transporte en comunidades rurales y zonas remotas.

5. La adopción de las medidas estatales pertinentes para garantizar la transparencia en la gestión de todas las actividades, que comprenden la cadena energética como base para la adhesión a iniciativas subregionales, regionales o internacionales, que promueven la difusión de datos oficiales que permiten la generación de diagnósticos energéticos.

6. El diseño y la aplicación de procesos que faciliten la participación de la sociedad civil en la toma de decisiones relacionadas con el desarrollo energético, tales como consultas públicas o veedurías, entre otros mecanismos que garantizan la participación ciudadana.

7. El dominio y el control de la capacidad real nacional y regional de suministro de productos del petróleo y gas; del potencial de las fuentes de energías renovables; pudiendo determinar una oferta óptima y estratégica, que permita garantizar la disponibilidad de los suministros energéticos de manera permanente.

---

[99] Artículo 11.c) del Marco Regulatorio de Desarrollo Energético Sostenible.

8. El diseño y la implementación de un plan de trabajo que contenga estrategias regionales para el desarrollo energético sostenible, que permitan a mediano y largo plazo garantizar el acceso a nivel regional a los productos energéticos, no producidos en los países miembros de la Comunidad Andina.

9. El establecimiento de una estrategia comunitaria andina para el desarrollo de los mercados energéticos internos de los Estados miembros, que facilite la promoción de la cooperación estructurada y la colaboración entre las empresas y las agencias de energía.

10. La determinación de una estrategia andina para el mantenimiento de las reservas estratégicas de productos energéticos, a los que se pueda acceder y utilizar en casos de emergencia o de crisis.

11. El establecimiento de correspondencia entre la diversificación de la matriz y la cobertura de las necesidades energéticas, valorando opciones de energías alternativas, con énfasis en la energía para la producción.

4.   *La política energética y la planificación*[100]

1. El desarrollo y la implementación de políticas energéticas coherentes con las características y condiciones del sector energético nacional, que además contemplen las potencialidades de complementación y colaboración subregional y regional.

2. La delineación y la aplicación de políticas enfocadas a solucionar los principales problemas que afectan al sector de la energía, estableciendo pautas dirigidas a garantizar la seguridad de abastecimiento energético, la optimización de recursos energéticos autóctonos y la mitigación de la pobreza energética con responsabilidad ambiental.

3. El diseño de políticas y las estrategias nacionales con enfoque integracionista, aunando simetrías y sinergias con miras al establecimiento de una Política Energética Andina, que reconozca el rol fundamental de la energía como elemento transversal al desarrollo socioeconómico de la región.

4. La aprobación de planes energéticos que incluyan metas cuantificables a corto, mediano y largo plazo, que sirvan como base al establecimiento de metas regionales para el desarrollo energético sostenible.

5.   *La seguridad de suministro de productos y los servicios energéticos*[101]

1. El desarrollo de políticas, planes, programas, estrategias, tecnologías e infraestructura que garanticen la disponibilidad de insumos, productos y servicios energéticos de manera confiable, continua y asequible.

---

[100]   Artículo 11.d) del Marco Regulatorio de Desarrollo Energético Sostenible.

[101]   Artículo 11.e) del Marco Regulatorio de Desarrollo Energético Sostenible.

2. El diseño y la implementación de estrategias nacionales con proyección regional, para potenciar el desarrollo y el mantenimiento de reservas estratégicas de productos energéticos considerados reservas, para tiempos de emergencia o crisis.

3. La delineación y la aplicación de una estrategia de respuesta rápida a nivel regional, para la restauración de instalaciones destinadas al suministro de productos y servicios energéticos, que sufran desperfectos o afectaciones súbitas.

4. La alineación de las políticas energéticas nacionales, hacía el aseguramiento de la disponibilidad y el pleno abastecimiento de los recursos energéticos, garantizando la total cobertura de la demanda nacional y la sostenibilidad del sector en el largo plazo con soberanía energética, sin descartar el importante rol y los beneficios de hacer parte de proyectos de integración energética.

6.   *La inversión y la infraestructura*[102]

1. El incremento y el perfeccionamiento de la infraestructura necesaria para la total cobertura de la demanda energética a nivel nacional, así como la requerida para la realización de interconexiones eléctricas, gasoductos y oleoductos entre otras instalaciones que potencien la integración, la cooperación y la comercialización de energía entre los países de la región andina.

2. La exigencia de consideración de parámetros y elementos de eficiencia energética y optimización en los procesos de planificación del desarrollo urbano y rural.

3. El desarrollo y el fortalecimiento de políticas estatales y marcos regulatorios que promuevan la atracción de inversión pública, privada, nacional e internacional en infraestructuras relacionadas con el sector de la energía.

4. La creación y la consolidación de capacidades técnicas en los profesionales dedicados a la planificación física, fundamentalmente en lo que respecta a eficiencia energética y al desarrollo energético sostenible.

5. La constitución y el fortalecimiento de entidades encargadas de la promoción de inversiones en infraestructuras e instalaciones necesarias para el desarrollo del sector de la energía.

6. La determinación de procesos adecuados para el registro, monitoreo, facilitación, asesoría y acompañamiento a las inversiones en proyectos energéticos, así como para la difusión e intercambio de información relevante para la toma de decisiones, en relación a la realización de inversiones en el sector energético.

---

[102]   Artículo 11.f) del Marco Regulatorio de Desarrollo Energético Sostenible.

7. La identificación y la captación de fondos de inversión en agencias u organizaciones locales, regionales o internacionales para el desarrollo de proyectos energéticos, prioritariamente de energías renovables o fuentes alternativas limpias, que permitan maximizar el acceso a productos y servicios energéticos.

7.　La información y las estadísticas[103]

1. La generación, la recopilación, la clasificación, el análisis y la sistematización de datos y las estadísticas energéticas oficiales, incorporando variables que describan el comportamiento del sector energético nacional.

2. El suministro de manera oportuna y con criterio científico, de la información oficial referente a datos y estadísticas energéticas, a los organismos internacionales y las agencias de cooperación, a los efectos de que sea utilizada como referencia para la elaboración de los estudios, las investigaciones, los balances, los análisis, la planificación y la prospectiva, que facilite la labor de cooperación, asesoría técnica y contribución al desarrollo del sector energético nacional, subregional y regional.

3. La promoción de la armonización a nivel regional de las definiciones y metodologías empleadas a nivel nacional, para la elaboración del balance energético en términos de energía final.

4. El fomento del desarrollo y el perfeccionamiento de bases de datos regionales, con información oficial centralizada y actualizada, para su acceso oportuno por parte de entidades estatales y potenciales inversionistas.

8.　El marco regulatorio[104]

1. La contribución al desarrollo del Derecho de la Energía[105], mediante la conceptualización de sus preceptos doctrinales y la determinación de una metodología propia, que le permitan diferenciarse con carácter autónomo de las demás disciplinas jurídicas.

2. El fomento del desarrollo y el perfeccionamiento de la legislación y la regulación energética con carácter pragmático, a tono con las características del sector energético nacional.

---

[103]　Artículo 11.g) del Marco Regulatorio de Desarrollo Energético Sostenible.

[104]　Artículo 11.h) del Marco Regulatorio de Desarrollo Energético Sostenible.

[105]　Sobre la construcción del Derecho a la Energía en los términos apuntados, se recomienda la propuesta de Jiménez-Guanipa, Henry, "El derecho de la energía en Venezuela: Marco constitucional y legal", *Revista Brasileira de Direito Constitucional* N° 23, Sao Paulo, 2015, pp. 27-62; y, Parente, Alessio, *Principios de Derecho Europeo de la Energía*, Aranzadi-Thomson Reuters, Pamplona, 2010, pp. 279-282.

3. La promoción y la realización de digestos jurídicos, a los fines de facilitar el análisis y la aplicación de la normativa energética, eliminando obstáculos, repeticiones, contradicciones y derogaciones tácitas, que vulneran el Estado de Derecho.

4. La colaboración de la reducción de asimetrías y la armonización legislativa energética regional, como base a la aprobación y la aplicación de marcos supranacionales.

5. El fomento entre los países miembros de la Comunidad Andina, que integran el Parlamento Andino del intercambio y la divulgación de información y buenas prácticas en materia de regulación energética.

9.   *El marco institucional*[106]

1. El establecimiento de una estructura institucional nacional completa, que garantice la adecuada gestión del sector de la energía procurando la eficiencia, la estandarización y la economía en los procesos de asignación de funciones, evitando así la duplicidad y la contradicción de responsabilidades.

2. El perfeccionamiento y la mejora de las capacidades institucionales del sector energético nacional, subregional y regional, en lo que respecta al diseño y aprobación de políticas y planes, diseño de legislación y marcos regulatorios, elaboración de diagnósticos, estudios de prospectiva, investigación, entre otras destrezas y habilidades necesarias para una adecuada gestión, administración y control de los recursos energéticos.

3. El diseño y la implementación de procesos de capacitación y asistencia técnica, dirigidos al personal técnico vinculado a las instituciones del sector de la energía.

4. El mantenimiento de una activa participación en entidades y proyectos regionales vinculados a la energía, procurando obtener el máximo beneficio de la cooperación y asistencia técnica, a cargo de entidades y agencias especializadas.

5. El apoyo en la creación de una instancia subregional o regional especializada y de competencia exclusiva, para la resolución de controversias entre las partes involucradas en proyectos de integración energética.

10.   *La integración, la industrialización y el comercio*[107]

1. La promoción del incremento progresivo del comercio intracomunitario de energía, con base en la determinación de objetivos nacionales, subre-

---

[106]   Artículo 11.i) del Marco Regulatorio de Desarrollo Energético Sostenible.

[107]   Artículo 11.j) del Marco Regulatorio de Desarrollo Energético Sostenible.

gionales y regionales en materia de desarrollo energético sostenible, incluyendo la transferencia de tecnología y el intercambio de información y las estadísticas energéticas, aprovechando las ventajas comparativas, las competitivas y valorando las ventajas de la inserción a nivel de bloque regional, en el mercado internacional de energía.

2. El fomento de una mayor interacción y la cooperación entre los sectores público y privado, en lo que respecta al desarrollo de los recursos energéticos.

3. El reconocimiento de asimetrías en cuanto a niveles de desarrollo energético y recursos entre los países de la región, lo que implica diferentes lineamientos y prioridades estatales que deben ser tomados en cuenta antes del diseño y aprobación de compromisos vinculantes en materia de integración energética, pudiendo su aplicación no resultar posible, ni factible para todos los países andinos.

4. La consolidación de un modelo de producción y transformación diversificado e industrializado, que garantice la autosuficiencia energética de la región, con la correspondiente diversificación de la matriz de consumo energético, a partir de una sustitución progresiva de las fuentes primarias de energía no renovables.

5 La promoción y el fortalecimiento de interconexiones entre zonas estructuralmente aisladas, a los fines de posicionar la integración como una estrategia de autonomía energética a nivel regional, enfocada a la ampliación del acceso de los ciudadanos a la energía, como precondición básica para reforzar la industrialización y el desarrollo de los países andinos.

6. El perfeccionamiento a nivel de la Comunidad Andina de mecanismos, estrategias, medidas y acciones de superación de barreras comerciales, que obstaculizan o restringen el intercambio de productos o servicios energéticos.

7. El apoyo a la implementación de programas de desarrollo industrial para el sector de la energía, a fines de garantizar en la región la infraestructura y capacidad técnica necesaria, para la transformación de las fuentes primarias de energía.

8. La consolidación de la integración energética regional tomando en cuenta su relevancia en el aumento de la seguridad energética, la diversificación de fuentes de abastecimiento, así como en la optimización de costos de inversión y operación.

VIII. LAS PROPUESTAS DE ACTUACIÓN EN LOS SUBSECTORES ENERGÉTICOS

Los Estados miembros de la Comunidad Andina que tienen representación en el Parlamento Andino, conforme a los marcos regulatorios nacionales y con sujeción a los compromisos internacionalmente adquiridos por la suscripción y ratificación de tratados, pueden implementar las acciones para la gestión de cada uno de los subsectores que se comentan seguidamente[108].

1. *El subsector del carbón mineral*

En este caso la propuesta únicamente comprende el carbón mineral[109], no incluye el carbón vegetal. Se plantea la implementación de acciones dirigidas a:

1. El perfeccionamiento de los procesos de tratamiento y utilización del carbón mineral como fuente energética, bajo los preceptos del desarrollo sostenible en armonía con los demás componentes de la matriz energética y el desarrollo industrial[110].

2. El potenciamiento del empleo del carbón mineral en la metalurgia y siderurgia, en aras de promover la industrialización y el avance tecnológico nacional y regional, procurando la reducción del impacto ambiental de la cadena productiva de este recurso.

3. El fomento de la cooperación interinstitucional a nivel público, privado, nacional y regional para la consolidación de marcos regulatorios, colaboración técnica, transferencia de tecnología, investigación y capacitación en materia de carbón mineral, en su condición de fuente de energía.

2. *El subsector de los hidrocarburos*

En el caso de los hidrocarburos, debe señalarse que fundamentalmente estos comprenden los líquidos (*oil*) y los gaseosos (*gas*)[111]. Las acciones están dirigidas a:

1. La introducción, desarrollo y aplicación de métodos y procesos de estandarización regional, en lo que respecta a la regulación y normativa aplicable a los hidrocarburos y sus derivados.

2. La coordinación de sinergias para la exploración de medios alternativos que aseguren el acceso al petróleo y sus derivados, procurando el equilibrio entre la demanda y el suministro, independientemente de la capacidad de refinación y la fluctuación de precios en el mercado internacional.

---

[108]   Artículo 12 del Marco Regulatorio de Desarrollo Energético Sostenible.

[109]   Artículo 12.a) del Marco Regulatorio de Desarrollo Energético Sostenible.

[110]   Ortíz Rodríguez, Alexa Catherine, *Manual de Derecho Minero*, Universidad Externado de Colombia, Bogotá, 2014; Ricaurte de Bejarano, Margarita, *Código de Minas Comentado*, 3ª ed., Universidad Externado de Colombia, Bogotá, 2014.

[111]   Artículo 12.b) del Marco Regulatorio de Desarrollo Energético Sostenible.

3. La potenciación de la colaboración y coordinación entre las empresas petroleras nacionales en la exploración, producción, refinación, transporte de petróleo y sus derivados, con miras a la maximización de su influencia en el mercado regional e internacional[112].

4. La garantía de la eficiencia energética aplicada al uso racional de combustibles en procesos productivos, potenciando la conservación de la energía y procurando la reducción de la demanda de petróleo por unidad de producto.

5. La identificación de mecanismos idóneos a nivel nacional con proyección regional, para la mitigación de los efectos adversos de la escalada de los precios de los hidrocarburos y sus derivados.

6. La focalización de los subsidios a los combustibles fósiles y establecimiento de un sistema transparente de precios de los hidrocarburos y derivados que permita reflejar mejor las variaciones de los precios mundiales y de esta forma contribuir a mejorar la competitividad de las energías renovables.

7. La gestión y mantenimiento de reservas estratégicas de petróleo y sus derivados para solventar épocas de crisis y emergencias.

8. El diseño e implementación de mecanismos y procesos de aplicación inmediata enfocados a afrontar, reducir y mitigar según el caso la contaminación, la afectación ambiental y los daños a la salud e integridad corporal de seres vivos por derrames petroleros, rotura o desperfectos de oleoductos, gasoductos o cualquier otro incidente relacionado con las actividades hidrocarburíferas.

9. El perfeccionamiento de las competencias y las capacidades en las autoridades reguladoras nacionales, en lo que respecta al establecimiento y supervisión del cumplimiento de normas y reglamentos, que determinan especificaciones para los hidrocarburos y sus derivados.

10. El apoyo a la estandarización técnica, normativa y reglamentaria a nivel subregional y regional de las especificaciones de los hidrocarburos y derivados, en lo que respecta a calidad, rendimiento, composición, seguridad e incidencia en la salud y el ambiente, incluyendo la promoción de certificación a lineamientos de calidad ISO o algún otro sistema de calidad internacional.

11. El perfeccionamiento de la regulación del contenido de azufre en el diésel producido o importado, conforme a las mejores prácticas internacionales.

---

[112]   AA.VV., (Com. Luis Ferney Moreno), *Temas de Derecho Petrolero*, Universidad Externado de Colombia, Bogotá, 2011.

12. El establecimiento de mecanismos dirigidos a garantizar que productores y proveedores minoristas de derivados del petróleo, acaten a cabalidad las normas relativas a la expedición de productos y servicios de calidad, asegurando que llegue al consumidor final una adecuada y transparente información, acerca de la composición y nivel de rendimiento de los combustibles.

13. La implementación de mecanismos dirigidos a garantizar la protección de los consumidores en lo que respecta al acceso a precios asequibles a productos derivados del petróleo, monitoreando excesos y distorsiones en los costos de transporte y combustibles.

14. La promoción de la optimización del uso del gas natural, mediante el diseño e implementación de programas y proyectos que prevean su incorporación en la matriz energética, como fuente de transición hacia la progresiva sustitución de las fuentes no renovables contaminantes.

15. El diseño de un adecuado sistema de incentivos para promover el desarrollo tecnológico en la sustitución de combustible, así como el uso de vehículos eléctricos e híbridos.

16. El fortalecimiento a la optimización de la eficiencia de la red de transporte de petróleo y derivados, así como la adopción de medidas pertinentes para garantizar la transparencia de los costos de transporte de productos derivados del petróleo y conexos.

17. El perfeccionamiento en el desarrollo de sistemas estratégicos de almacenamiento de hidrocarburos con tecnologías de última generación y la correspondiente reducción de los costos.

18. El fomento de la utilización de combustibles más limpios para el sector del transporte, en particular, el gas natural comprimido (GNC) y los biocombustibles, valorando en cada caso su sostenibilidad técnica y económica, a los fines de garantizar la minimización de impactos ambientales adversos.

3.   *El subsector de la electricidad*

En el caso de la electricidad, se propone un paquete de acciones para este importante subsector, que se enuncian seguidamente[113]:

1. La diversificación de la matriz energética en generación de electricidad, mediante el desarrollo de fuentes renovables tales como la geotérmica, la eólica, la hidroeléctrica, la solar, los biocombustibles y el aprovechamiento de los residuos sólidos urbanos, entre otras alternativas.

---

[113]   Artículo 12.c) del Marco Regulatorio de Desarrollo Energético Sostenible.

2. El fomento de la observancia de estándares, mejores prácticas de fomento, así como adecuados mecanismos de inversión para reducir las pérdidas del sistema en el sector eléctrico, promoviendo una alta eficiencia de tecnologías avanzadas de generación de energía, tales como el ciclo combinado y cogeneración.

3. La adecuación de los marcos penales a nivel nacional, a fines de una apropiada tipificación técnico-legal de los delitos energéticos que conjuntamente con la introducción de tecnologías de punta, permitan mitigar los efectos adversos de las pérdidas no técnicas por consumo ilegal de electricidad.

4. La promoción mediante programas de educación tanto pública como privada, de los beneficios de la denominada "electricidad verde", en lo que respecta a conservación de energía, uso racional y eficiente.

5. La consolidación y ampliación de capacidad e infraestructura del mercado andino unificado de electricidad, con un parque generador basado fundamentalmente en la hidroelectricidad.

6. La consideración de las ventajas de la implementación de proyectos binacionales de integración eléctrica, a partir del máximo aprovechamiento del potencial hidrográfico de la región andina.

7. El fortalecimiento de la sostenibilidad del sector eléctrico, mediante la intensificación del uso de las energías renovables, con el correspondiente soporte legislativo y reglamentario, así como el establecimiento de infraestructuras con miras al desarrollo del comercio transfronterizo de electricidad, generada a partir de fuentes de energías renovables autóctonas.

8. El avance en la adaptación de los regímenes jurídicos internos para la comercialización, exportación, importación y acceso al uso de las redes de transporte de energía eléctrica entre los países andinos, mediante la consolidación de propuestas de armonización de marcos normativos que sobre la base de los ordenamientos jurídicos internos, establezcan reglas comunes que rijan la comercialización y la operación de las interconexiones internacionales, la operación coordinada de los sistemas nacionales y la realización de transacciones de energía, bajo principios de libre competencia, acceso no discriminatorio a las redes de transporte y reciprocidad en el tratamiento.

9. El apoyo y la ratificación desde el ámbito regional a la creación de un mercado latinoamericano de energía[114], mediante el diseño e implementación de una política de precios que fomente y garantice una participación equitativa de los países miembros, en las ventajas que se deriven del desarrollo del sector energético.

---

[114]   Moreno Castillo, Luis Ferney, *Regulación del mercado de energía eléctrica en América Latina: La convergencia entre libre competencia e intervención estatal*, Universidad Externado de Colombia, Bogotá, 2013.

10. El mantenimiento y la ampliación de la Interconexión Subregional de Sistemas Eléctricos e Intercambio Intracomunitario de Electricidad, con miras a la concreción de un mercado unificado de electricidad, entre los países de la Comunidad Andina.

11. El aprovechamiento de economías de escala y su consecuente reducción de costos de operación, mediante la cooperación entre Estados miembros en el cofinanciamiento de inversiones en infraestructuras e insumos, requeridos para el adecuado funcionamiento de las interconexiones eléctricas.

12. La materialización del Corredor Eléctrico Andino, con la correspondiente infraestructura de transmisión regional que permita el establecimiento de interconexiones eléctricas entre los países del área andina, mediante transacciones e intercambios continuos y permanentes de energía eléctrica.

13. El fortalecimiento y la adecuación del marco regulatorio para la Interconexión Subregional de Sistemas Eléctricos e Intercambio Intracomunitario de Electricidad, contenido en los procesos de armonización legislativa y en las normas supranacionales establecidas en las respectivas Decisiones.

14. La supeditación de los intercambios de electricidad, a la capacidad del vínculo de transmisión interconectada y no a la existencia de excedentes, garantizando así la seguridad del suministro.

15. La promoción de ejercicios de planificación conjunta entre los países andinos contemplando prioridades, lineamientos, objetivos y acciones a implementar para la concreción de resultados óptimos de largo plazo, en el proceso de integración eléctrica regional.

16. La consolidación de la integración y complementación energética en zonas de frontera, mediante interconexiones eléctricas vecinales.

17. La implementación de los principios generales para la integración eléctrica establecidos en el Acuerdo Complementario al de Interconexión Regional de los Sistemas Eléctricos y el Intercambio Internacional de Energía, en aras de garantizar el desarrollo progresivo de un mercado de electricidad competitivo, sin discriminación de precios entre mercados nacionales y externos, con libre acceso a enlaces internacionales, sin interferencia de externalidades financieras en el manejo físico de la red, con un adecuado esquema de asignación de rentas de congestión y la observancia de criterios de eficiencia económica.

18. La valoración de los beneficios de la integración energética en la reducción del precio de energía al usuario final, fundamentalmente para el caso de los países en los que predomina la generación térmica.

19. El perfeccionamiento y el desarrollo del comercio transfronterizo de electricidad, mediante la implementación de nuevas tecnologías dirigidas al logro de una mayor eficiencia en la generación de energía eléctrica, a través

de la reducción de pérdidas técnicas y comerciales; el intercambio de información sobre el desarrollo de los mercados nacionales con la finalidad de conocer las necesidades reales de exportación e importación.

20. El fortalecimiento de la cooperación regional en la integración de las instalaciones de energía y comercio de la energía, así como el establecimiento de grupos regionales e internacionales de trabajo, que de manera conjunta valoren la viabilidad técnica, económica, ecológica y social de las interconexiones eléctricas.

4.   *El subsector de las renovables*

Las fuentes de energías renovables ocupan un subsector en la propuesta normativa, que lleva plantear un conjunto de acciones específicas, como las que se mencionan seguidamente[115]:

1. El fomento de la sustitución de combustible tradicional en el sector del transporte, por fuentes de energía más limpias y eficientes.

2. El diseño y la aplicación de marcos regulatorios y políticas fiscales enfocadas al fomento de la energía renovable e implementación de las correspondientes modificaciones legislativas y reglamentarias, dirigidas a fomentar el aumento gradual del empleo de fuentes de energías renovables en el sector de la electricidad, con el apoyo de instrumentos e incentivos específicos tales como: medición y facturación neta, establecimiento de cuotas, exención tributaria y reglas para la conexión a la red[116].

3. La investigación, el desarrollo y la promoción de fuentes de energías alternativas renovables, proyectos de eficiencia energética y medidas de adaptación al cambio climático y mitigación de sus efectos, incluyendo las propuestas de tecnologías y los sistemas para la generación de electricidad, el transporte y la industria, con viabilidad social, técnica y comercial.

4. La creación y el fortalecimiento de instancias nacionales a cargo del manejo de proyectos bajo los criterios establecidos en los compromisos internacionales adquiridos, para la adaptación al cambio climático y la mitigación de sus efectos y valoración del establecimiento de un marco institucional a nivel regional para la identificación de formas innovadoras de aprovechamiento de mecanismos de financiamiento internacional, para el desarrollo de los recursos energéticos viables.

---

[115]   Artículo 12.d) del Marco Regulatorio de Desarrollo Energético Sostenible.

[116]   AA.VV., (Coord. Luis Ferney Moreno), *Regulación Internacional de las energías renovables y de la eficiencia energética*, 5 Colección de Regulación Minera y Energética, Universidad Externado de Colombia, Bogotá, 2011.

5. El diseño y el fortalecimiento de estrategias e iniciativas dirigidas a fomentar nuevos patrones sociales en materia de cultura y educación, para el uso de fuentes de energías renovables.

6. El diseño y la promoción de políticas de interconexión armonizadas que faciliten la autogeneración y la alimentación de excedentes de la electricidad, a los pequeños productores de energías renovables con las correspondientes directrices de interconexión y capacidad de generación para las diferentes tecnologías de energías.

7. La realización conjunta de estudios sobre viabilidad técnica, económica y ambiental de la diversificación de la matriz energética nacional y regional, a partir de fuentes renovables convencionales y no convencionales, considerando los indicadores de sostenibilidad.

8. La determinación de los mecanismos a nivel regional enfocados a la implementación de proyectos de energías renovables, de manera parcial o completa, llave en mano.

9. La facilitación de la sustitución gradual de las fuentes de energías de biomasa convencionales, tales como carbón vegetal y leña, por fuentes de energía renovables de viabilidad técnica y comercial.

10. El establecimiento de mecanismos para el desarrollo de la bioenergía, sin afectación de la seguridad y soberanía alimentaria, mediante el establecimiento de sinergias entre la producción agrícola y el sector energético, que permitan optimizar procesos de producción.

11. La potenciación de los avances tecnológicos del empleo de biocombustibles en la calidad de los oxigenantes, a los fines de minimizar el impacto ambiental producido por los combustibles de origen fósil.

12. El establecimiento de programas de cooperación Sur-Sur, como medio para aprovechar la experiencia existente en la región y a nivel internacional, a los fines de promover la coordinación, asesoría, investigación, recomendaciones y buenas prácticas en materia de fuentes renovables de energía.

5.   *El subsector de las fuentes no convencionales*

Finalmente, se reconoce el subsector de las fuentes de energía no convencionales, siendo de particular interés en algunos de los países del continente aquellas de origen fósil y concretamente dentro de los países de la Comunidad Andina, en Colombia[117].

---

[117]   AA.VV., (Coord. Milton Fernando Montoya), *Regulación comparada de yacimientos no convencionales*, 10 Colección de Regulación Minera y Energética, Universidad Externado de Colombia, Bogotá, 2015.

Las acciones que se proponen serían[118]:

1. El fomento a la investigación del potencial, exploración, viabilidad económica e impacto ambiental de las fuentes no convencionales de gas natural, como el gas de esquisto.

2. La búsqueda de las circunstancias óptimas para el empleo de la energía nuclear, como opción de diversificación de la matriz energética, con estricto apego a las normas internacionales de seguridad, protección radiológica y prevención de desastres, así como las garantías para su uso pacífico, con responsabilidad ambiental.

3. La contribución al desarrollo de marcos regulatorios e institucionales específicos para el tratamiento de fuentes no convencionales de energía.

IX. EL POTENCIAL DEL DESARROLLO ENERGÉTICO SOSTENIBLE EN OTROS MODELOS DE INTEGRACIÓN

La propuesta regulatoria que se ha analizado precedentemente se produjo en el contexto de la Comunidad Andina, por lo que existiendo otros procesos de integración que surgieron posteriormente, resulta interesante conocer brevemente su funcionamiento regulatorio en materia energética. No obstante, que en otra oportunidad se ha hecho una aproximación al tema desde la perspectiva del Mercado Común del Sur (MERCOSUR), a cuyos comentarios se remite[119]. En esta oportunidad el acercamiento se hará en dos espacios de integración en los cuales el tema energético debe ser abordado resueltamente en el marco del Desarrollo Sostenible, conforme a los compromisos adquiridos en el contexto de las iniciativas precedentemente mencionadas de la Organización de las Naciones Unidas.

Es así como seguidamente se hará una sucinta referencia, tanto al Sistema de Integración Centroamericana, el Proyecto Mesoamérica y a la Alianza del Pacífico.

1. El Sistema de Integración Centroamericana

El Sistema de Integración Centroamericana (SICA), constituido mediante el Protocolo de Tegucigalpa[120], en 1991, por Costa Rica, El Salvador, Gua-

---

[118]   Artículo 12.d) del Marco Regulatorio de Desarrollo Energético Sostenible.

[119]   Hernández-Mendible, Víctor R., *El paradigma del desarrollo sostenible como condicionante del uso y explotación de los recursos naturales en el MERCOSUR, Petróleo. Bendición o Maldición. 100 Años de Zumaque I*, (Coords. Carlos Tablante y Henry Jiménez Guanipa), La Hoja del Norte, Caracas, 2014, pp. 581-614.

[120]   Protocolo de Tegucigalpa, http://www.sica.int/consulta/documento.aspx?Idn =82677&IdEnt=401&Idm=1

temala, Honduras, Nicaragua y Panamá, al que luego se adhirieron Belice en 2000 y República Dominicana en 2013, fue constituido justamente con el objetivo de alcanzar la integración de Centroamérica.

En este contexto funciona la Secretaría Ejecutiva del Consejo de Electrificación, integrada por las principales empresas públicas eléctricas de los países centroamericanos y tiene como objetivo el mejor aprovechamiento de los recursos dentro de la cadena energética eléctrica, siendo sus principales ejes de actuación los relacionados con los acuerdos de interconexiones; los estudios, investigaciones, capacitación, distribución de información y asesorías; el establecimiento de contactos con otras organizaciones; y la coordinación de las acciones frente a terceros.

Ahora bien, los países fundadores del SICA resueltos a impulsar el Sistema de Interconexión Eléctrica de los Países de América Central (SIEPAC) y de constituir un Mercado Eléctrico Regional (MER), adoptaron el Tratado Marco del Mercado Eléctrico de América Central en 1996[121], que fue objeto de un Primer Protocolo modificatorio en 1997[122] y un Segundo Protocolo modificatorio en 2007[123].

Estos textos jurídicos constituyen el bloque normativo del Mercado Eléctrico Regional (MER), incorporando al contexto institucional tres entidades: la Comisión Regional de Interconexión Eléctrica (CRIE) que se comporta como la autoridad reguladora; el Ente Operador Regional (EOR) que se encarga de la operación; y al Consejo Director del Mercado Eléctrico Regional (CDMER) le compete promover el desarrollo del mercado, debiendo adoptar las decisiones adecuadas en cooperación con los dos anteriores y con sujeción a los mencionados instrumentos jurídicos.

La regulación del mercado ha sido establecida en el Reglamento del Mercado Eléctrico Regional (RMER)[124].

Tanto el Tratado con sus respectivos protocolos como el Reglamento constituyen los instrumentos orientadores de la armonización regulatoria entre los mercados nacionales y el mercado eléctrico regional, que debe ser-

---

[121]   Tratado Marco del Mercado Eléctrico de América Central, de 30 de diciembre de 1996,   http://www.crie.org.gt/wp/wp-content/uploads/2014/01/tratado_marco_del_mercado_electrico_de_america_cen.pdf

[122]   Primer Protocolo al Tratado Marco del Mercado Eléctrico de América Central, de 11 de julio de 1997, http://www.crie.org.gt/wp/wp-content/uploads/2014/01/i_protocolo_al_tratado_marco_firmado.pdf

[123]   Segundo Protocolo al Tratado Marco del Mercado Eléctrico de América Central de 10 de abril de 2007, http://www.crie.org.gt/wp/wp-content/uploads/2014/01/segundo_ protocolo_al_tratado_marco_del_mer_final_a.pdf

[124]   Reglamento del Mercado Eléctrico Regional, http://www.crie.org.gt/wp/wp-content/uploads/2013/12/rmer.pdf

vir para garantizar las interconexiones eléctricas[125] y las transacciones de electricidad entre los agentes del mercado de los países miembros.

Es importante mencionar que el mercado eléctrico regional se rige por los principios de libertad negociación, de contratación y competencia (elemento económico); se orienta a la universalidad de acceso y participación de las personas (elemento social); y al cumplimiento de la normativa ambiental local (elemento ambiental), lo que genera la concurrencia de los tres aspectos esenciales del Desarrollo Sostenible aplicados al sector eléctrico.

2. *El Proyecto Mesoamérica*

Cabe destacar que en paralelo se ha desarrollado de manera más ambiciosa –al menos en lo que concierne a la extensión que abarca en el sector energético– el Proyecto de integración y desarrollo Mesoamérica (Proyecto Mesoamérica), presentado en Villahermosa, México, el 28 de junio de 2008, que pretende la complementariedad y la cooperación entre sus integrantes que son los países de Centroamérica antes mencionados, junto con Colombia y México, con el objeto de ampliar sus fortalezas y ejecutar proyectos que beneficien a cada uno de los habitantes de sus países, dentro de los dos ejes de trabajo que se han trazado: El económico, que comprende el transporte, las telecomunicaciones, la energía, la facilitación comercial y la competitividad; y el social, que comprende la salud, el ambiente, la gestión de riesgos, la vivienda, la seguridad alimentaria y la nutricional.

En concreto, en lo atinente a la energía se plantea el desarrollo de un mercado eléctrico de ámbito regional mesoamericano, en base a una infraestructura transnacional y el funcionamiento de un marco jurídico-institucional que lo rija, con el objetivo de reducir los costos de la energía, garantizar la complementariedad, mejorar la calidad en el suministro, promover un mayor aprovechamiento de las fuentes renovables de energía y aumentar la competitividad de la región mesoamericana[126].

En noviembre de 2014, se presentó el Marco estratégico del grupo de energía del Proyecto Mesoamérica, donde se consideraron tres grandes desafíos: La interconexión eléctrica mesoamericana; los biocombustibles y las energías renovables; y la eficiencia energética. No obstante, se dejó abierta la posibilidad de otros desafíos.

---

[125]   Díaz, Javier Augusto, Interconexión como motor de Integración Regional, Proyecto SIEPAC, *Reflexiones sobre la Integración Energética*, Universidad Externado de Colombia, Bogotá, 2006, pp. 83-96.

[126]   http://www.proyectomesoamerica.org/joomla/index.php?option=com_con tent&view=article&id=55&Itemid=91#1

A ello se suma la propuesta del programa de gestión de conocimientos, denominado Red Mesoamericana de Investigación y Desarrollo de Biocombustibles, que tiene por objeto fomentar la investigación y la transferencia de tecnología, así como promover el intercambio de experiencias, los recursos humanos y las mejores prácticas entre los países del Proyecto Mesoamérica, a fin de asegurar un crecimiento ordenado del sector de los biocombustibles, en la región mesoamericana[127].

Posteriormente, con motivo de la II Reunión Mesoamericana de Ministros de Energía, se suscribió el memorándum de Entendimiento del Programa Mesoamericano de Uso Racional y Eficiente de Energía (PMUREE), en la que se presentó la Agenda Mesoamericana de Energía, que habían convenido los países en noviembre de 2014, la cual se ejecuta en cooperación con la Unidad de Coordinación Energética del Sistema de Integración Centroamericana (UCE-SICA) e incluye cuatro líneas estratégicas, con sus correspondientes objetivos y productos:[128]

- Línea estratégica 1. Interconexión eléctrica mesoamericana[129].

- Línea estratégica 2. Fomento de fuentes renovables y/o alternas de energía.

- Línea estratégica 3. Uso racional y eficiente de energía[130-131].

- Línea estratégica 4. Energía y cambio climático.

Asimismo, se propuso dar continuidad a la Estrategia de Iluminación Eficiente elaborada con el apoyo del Programa de Naciones Unidas para el Medio Ambiente (PNUMA) y además someter las propuestas regionales en materia de eficiencia energética, para la obtención de recursos y mejorar la infraestructura actual, contribuyendo a la transición de Centroamérica a una iluminación eficiente.

---

[127]   Red Mesoamericana de Investigación y Desarrollo de Biocombustibles, http://www.proyectomesoamerica.org/joomla/index.php?option=com_content&view=article&id=275&Itemid=144

[128]   Marco estratégico del grupo de energía del Proyecto Mesoamérica, http://www. proyectomesoamerica.org/joomla/images/Documentos/Marco%20estrat%C3%A9gico%20 grupo%20de%20energ%C3%ADa%20pm.pdf

[129]   Sistema de Interconexión Eléctrica de los Países de América Central (SIEPAC), http://www.proyectomesoamerica.org/joomla/index.php?option=com_content&view=article&id=171&Itemid=100

[130]   Programa Mesoamericano de Uso Racional y Eficiente de Energía, http://www.proyectomesoamerica.org/joomla/index.php?option=com_content&view=article&id=541&Itemid=267

[131]   Estrategia de Iluminación Eficiente en Centroamérica, http://www.proyectomesoamerica.org/joomla/index.php?option=com_content&view=article&id=630&Ite-mid=269

El compromiso asumido por los países asistentes ha sido trabajar de manera coordinada, para potenciar los recursos de cooperación existentes y que la agenda adquiera una visión de largo plazo, que contribuya a la integración y el Desarrollo Sostenible de la región mesoamericana.

3. *La Alianza del Pacífico*

Más recientemente, se ha constituido la Alianza del Pacífico como una iniciativa de integración regional, lo que se materializó en Lima, el 28 de abril de 2011[132], integrada originalmente por Colombia, Chile, México y Perú, para actuar como bloque en temas de comercio e inversión entre ellos; asegurar la plena libertad para la circulación de bienes, servicios, capitales y personas; promover un mayor crecimiento, desarrollo y competitividad entre sus economías para lograr la inclusión y una efectiva cohesión social; y alcanzar una integración económica y comercial con los países del continente asiático, así como de aquellos otros que tienen costa en el océano pacífico.

Hay que destacar que Costa Rica ha venido dando pasos firmes para incorporarse a la Alianza del Pacífico e igualmente Panamá y Paraguay han manifestado su interés en hacer parte del grupo.

A los fines de cumplir con el Acuerdo Marco[133] y el Protocolo Adicional de la Alianza del Pacífico[134] se ha constituido dentro de ella, un Grupo de Alto Nivel (GAN), que cuenta con la colaboración de los grupos técnicos que sean necesarios, quienes reciben el apoyo de un equipo técnico dedicado a trabajar y lograr la eficiencia y eficacia institucional de la Alianza.

Entre los aspectos que se pretenden abordar se encuentra la mejora de la política de regulación, en lo que tendrá un papel determinante la búsqueda

---

[132] Esta Alianza en escasos 5 años ha celebrado 10 grandes cumbres, siendo la I en Lima de 28 de abril de 2011, que produjo la Declaración Presidencial fundacional sobre la Alianza del Pacífico; la II en Mérida de 4 de diciembre de 2011; la III virtual por teleconferencia de 5 de marzo de 2012; la IV en Antofagasta de 6 de junio de 2012, en la que se suscribió el Acuerdo Marco de la Alianza del Pacífico; la V en Cádiz de 17 de noviembre de 2012; la VI en Santiago de 26 de enero de 2013; la VII en Cali de 23 de mayo de 2013; en la VIII en Cartagena de Indias de 10 de febrero de 2014, en la que se suscribió el Protocolo Adicional del Acuerdo Marco de la Alianza del Pacífico; en la IX en Punta Mita de 20 de junio de 2014, en la que se adoptaron los Mandatos presidenciales para el desarrollo de los trabajos de los grupos técnicos; en la reunión en Lima de 10 de diciembre de 2014, que produjo la Declaración en materia de Cambio Climático en la COP XX; en la X en Paracas de 3 de julio de 2015, que produjo la Declaración de Paracas; en la XI en Puerto Varas, de 1 de julio de 2016, que generó la Declaración de Puerto Varas; y en la XII en Cali, de 30 de junio de 2017, que produjo la Declaración de Cali.

[133] Acuerdo Marco de la Alianza del Pacífico, file:///C:/Users/victor%20hernan dez/Downloads/1.0% 20Acuerdo%20Marco.pdf

[134] Protocolo Modificatorio del Acuerdo Marco de la Alianza del Pacífico, file:///C:/Users/victor%20 hernandez/ Downloads/Protocolo_Modificatorio%20(1).pdf

de las mejores prácticas y de los compromisos de los Estados partes para establecer similares marcos normativos y de intervención pública en los diferentes sectores económicos, que permitan una mayor transparencia y simplificación de trámites, para el fomento de la participación de los inversionistas privados.

Los Estados han asumido el compromiso de garantizar en sus diferentes niveles de organización gubernamental, el acceso a los mercados de compras estatales, lo que permite que las entidades del gobierno de cada uno de los países que integran la Alianza del Pacífico puedan obtener mayores beneficios en términos de calidad y precios, en sus contrataciones de bienes y servicios.

Con la intención de garantizar la libre circulación de servicios y capitales entre los miembros de la Alianza del Pacífico, se proponen dos líneas de actuación: Una, para posicionar a los miembros de la Alianza, como un destino atractivo para la inversión y el comercio de servicios; y otra, para aumentar los flujos de inversión y de comercio de servicios, entre sus miembros, así como con y hacia el resto del mundo.

En tal sentido, en lo atinente al comercio de los servicios, la Alianza tiene el objetivo de consolidarse como líder en este tipo de actividades, que además de permitir la generación de valor agregado, sirva para constituir un polo de desarrollo, innovación y crecimiento para la región.

Es así como también se asumen como ejes estratégicos, el desarrollo de nuevos sectores de servicios para su internacionalización y la profundización de los compromisos contenidos en los acuerdos comerciales vigentes.

En cuanto se refiere a la inversión, la Alianza se orienta no sólo a promover aquella de los países miembros con el resto del mundo, sino también a fomentar la inversión intra-alianza y por ello han adoptado acuerdos incluyentes e integrales.

Conforme a tales términos, los países miembros esperan impulsar las inversiones entre los sectores empresariales de la Alianza, para estructurarla como un mercado de la mayor importancia para el Pacífico-asiático y para el mundo.

Como resultado de las negociaciones, se ha conformado un Comité Conjunto Mixto para el mejoramiento del clima de inversión y el impulso del comercio de servicios en la Alianza del Pacífico, así como la realización de dos estudios, uno sobre las cadenas globales de valor en materia de servicios y otro sobre servicios profesionales.

Además, el grupo de servicios y capitales ha realizado la negociación de capítulos sobre comercio transfronterizo de servicios, inversión, comercio electrónico, servicios marítimos y telecomunicaciones. Mediante los señalados capítulos, los países de la Alianza establecen condiciones claras y permanentes que faciliten y promuevan el comercio de servicios y las inversiones intrarregionales.

En atención a estos principios y criterios sucintamente expuestos, es inminente que los países que constituyeron la Alianza del Pacífico y de aquellos que se incorporen posteriormente, tendrán que efectuar una revisión y eventual modificación de los marcos regulatorios sectoriales para dar cumplimiento a lo convenido en el Acuerdo Marco y el Protocolo Adicional.

En razón de ello se puede concluir, que cuando los respectivos grupos técnicos y el Grupo de Alto Nivel efectúen los estudios, elaboren los informes y las recomendaciones, es muy probable que algunos de los países miembros de la Alianza del Pacífico se vean en la necesidad de incorporar modificaciones del marco regulatorio dirigidas a alcanzar el desarrollo energético sostenible, para armonizarlos y garantizar así que tanto la prestación de los servicios energéticos como las inversiones nacionales e internacionales, se realicen orientados a cumplir con el suministro y acceso a la energía asequible, segura, sostenible y moderna para todos.

X.   CONSIDERACIONES FINALES

La propuesta formulada por el Parlamento Andino denominada "Marco Regulatorio de Desarrollo Energético Sostenible", con la colaboración técnica de la OLADE constituye un extraordinario esfuerzo de búsqueda de armonización y unificación de reglas y prácticas en los países de la Comunidad Andina, que pueden servir de referencia para otras experiencias de integración energética en el resto de América Latina.

La realidad por la que atraviesa el continente actualmente, dividido entre quienes marchan hacia el progreso, el desarrollo y la prosperidad de los pueblos, en regímenes democráticos, con sujeción al Estado de Derecho, respeto a la persona humana y su dignidad; y quienes se empeñan en el atraso, el subdesarrollo, el empobrecimiento de las sociedades, en regímenes antidemocráticos, con desaprensión al Estado de Derecho y absoluto irrespeto a la persona humana y su dignidad, dificultan está tarea de armonización regulatoria e integración normativa como paso previo a la integración y seguridad energética continental, la garantía efectiva de acceso a la energía y la superación de la pobreza energética en la realidad continental.

De esto se infiere que el cumplimiento de las metas trazadas para la Década de la Energía Sostenible para Todos (2014-2024) y los Objetivos del Desarrollo Sostenible puedan experimentar distintas velocidades en atención a las diferentes concepciones políticas que tienen algunos gobernantes y que han afectado el desarrollo económico (elevados índices de inflación y mínima atracción de la inversión privada nacional e internacional), social (aumento de la pobreza en todas sus formas), cultural (falta de concientización de la necesidad de la eficiencia energética) y ambiental (escasos avances en la transformación de la matriz energética, mínima reducción de la emisión de los gases que producen el efecto invernadero y nula contribución a mitigar el cambio climático).

Por tanto, tocará esperar que aquellos países quienes se han alejado del camino democrático vuelvan a restituirlo, para que pueda avanzarse en una auténtica colaboración, cooperación e integración energética, que evite que en el futuro quienes se han auto-aislado terminen quedándose sin la energía para satisfacer las necesidades de sus habitantes y lograr una mayor competitividad, producto de todos los desaciertos con que han conducido la gestión de un sector, que en la actualidad únicamente puede ser guiado por los criterios del Desarrollo Sostenible.

HACIA UN *CODEX ENERGIARUM:*[*]
DEL TRATADO SOBRE LA CARTA DE LA ENERGÍA
A LA CARTA INTERNACIONAL DE LA ENERGÍA

I.   INTRODUCCIÓN

Los Estados de aquellos países que tienen abundantes recursos naturales estratégicos tienen absoluta soberanía[135] –tesis de la soberanía permanente–

---

[*]   Cabe agradecer a los abogados Margarita Teresa Nieves Zarate y Juan Felipe Neira Castro, ambos candidatos a doctores en la *University of Groningen* y *University of Dundee* respectivamente, por la lectura al primer borrador de este capítulo y sus invalorables sugerencias como expertos en la Carta Internacional de la Energía, que fueron de gran utilidad para la conclusión del mismo.

[135]   O.N.U., Resolución 1803 de la Asamblea General, de 14 de diciembre de 1962, titulada "Soberanía permanente sobre los recursos naturales", reconoce:

"1. El derecho de los pueblos y de las naciones a la soberanía permanente sobre sus riquezas y recursos naturales debe ejercerse en interés del desarrollo nacional y del bienestar del pueblo del respectivo Estado.

2. La exploración, el desarrollo y la disposición de tales recursos, así como la importación de capital extranjero para efectuarlos, deberán conformarse a las reglas y condiciones que esos pueblos y naciones libremente consideren necesarios o deseables para autorizar, limitar o prohibir dichas actividades.

3. En los casos en que se otorgue la autorización, el capital introducido y sus incrementos se regirán por ella, por la ley nacional vigente y por el derecho internacional. Las utilidades que se obtengan deberán ser compartidas, en la proporción que se convenga libremente en cada caso, entre los inversionistas y el Estado que recibe la inversión, cuidando de no restringir por ningún motivo la soberanía de tal Estado sobre sus riquezas y recursos naturales.

4. La nacionalización, la expropiación o la requisición deberán fundarse en razones o motivos de utilidad pública, de seguridad o de interés nacional, los cuales se reconocen como superiores al mero interés particular o privado, tanto nacional como extranjero. En estos casos se pagará al dueño la indemnización correspondiente, con arreglo a las normas en vigor en el Estado que adopte estas medidas en ejercicio de su soberanía y en conformidad con el derecho internacional. En cualquier caso en que la cuestión de la indemnización dé origen a un litigio, debe agotarse la jurisdicción nacional del Estado que adopte esas medidas. No obstante, por acuerdo entre Estados soberanos y otras partes interesadas, el litigio podrá dirimirse por arbitraje o arreglo judicial internacional.

para definir el modelo económico[136], las políticas públicas, expedir las normas regulatorias y resolver sobre la conveniencia o no del aprovechamiento racional de tales recursos, en particular, los energéticos[137].

---

5. El ejercicio libre y provechoso de la soberanía de los pueblos y las naciones sobre sus recursos naturales debe fomentarse mediante el mutuo respeto entre los Estados basado en su igualdad soberana.

6. La cooperación internacional en el desarrollo económico de los países en vías de desarrollo, ya sea que consista en inversión de capitales, públicos o privados, intercambio de bienes y servicios, asistencia técnica o intercambio de informaciones científicas, será de tal naturaleza que favorezca los intereses del desarrollo nacional independiente de esos países y se basará en el respeto de su soberanía sobre sus riquezas y recursos naturales.

7. La violación de los derechos soberanos de los pueblos y naciones sobre sus riquezas y recursos naturales es contraria al espíritu y a los principios de la Carta de las Naciones Unidas y entorpece el desarrollo de la cooperación internacional y la preservación de la paz.

8. Los acuerdos sobre inversiones extranjeras libremente concertados por Estados soberanos o entre ellos deberán cumplirse de buena fe; los Estados y las organizaciones internacionales deberán respetar estricta y escrupulosamente la soberanía de los pueblos y naciones sobre sus riquezas y recursos naturales de conformidad con la Carta y los principios contenidos en la presente resolución". http://www.ohchr.org/SP/Professional Interest/Pages /NaturalResources.aspx

[136]   Artículo 1 de la Carta de Derechos y Deberes Económicos de los Estados, adoptada por Resolución 3281 de la Asamblea General de la ONU, de 12 de diciembre de 1974, señala que "Todo Estado tiene el derecho soberano e inalienable de elegir su sistema económico, así como su sistema político, social y cultural, de acuerdo con la voluntad de su pueblo, sin injerencia, coacción ni amenaza externa de ninguna clase". https:// documents-dds-ny.un.org/doc/RESOLUTION/GEN/NR0/743/60/IMG/NR074360.pdf? OpenElement

[137]   Artículo 2 de la Carta de Derechos y Deberes Económicos de los Estados, dispone lo siguiente:

"1.- Todo Estado tiene y ejerce libremente soberanía plena y permanente, incluso posesión, uso y disposición, sobre toda su riqueza, recursos naturales y actividades económicas.

2.- Todo Estado tiene el derecho de: a) Reglamentar y ejercer autoridad sobre las inversiones extranjeras dentro de su jurisdicción nacional, con arreglo a sus leyes y reglamentos y de conformidad con sus objetivos y prioridades nacionales. Ningún Estado deberá ser obligado a otorgar un tratamiento preferencial a la inversión extranjera;

b) Reglamentar y supervisar las actividades de empresas transnacionales que operen dentro de su jurisdicción nacional, y adoptar medidas para asegurarse de que esas actividades se ajusten a sus leyes, reglamentos y disposiciones y estén de acuerdo con sus políticas económicas y sociales. Las empresas transnacionales no intervendrán en los asuntos internos del Estado al que acudan. Todo Estado deberá, teniendo en cuenta plenamente sus derechos soberanos, cooperar con otros Estados en el ejercicio del derecho a que se refiere este inciso;

c) Nacionalizar, expropiar o transferir la propiedad de bienes extranjeros, en cuyo caso el Estado que adopte esas medidas deberá pagar una compensación apropiada, teniendo en cuenta sus leyes y reglamentos aplicables y todas las circunstancias que el

Es así como los recursos naturales energéticos sean renovables o no, han llevado a que cada Estado defina cuáles son considerados por declaración jurídica formal, bienes del dominio público o privado[138]. Si se consideran de titularidad estatal y se resuelve explotarlos, cuál sería el régimen de aprovechamiento, valga decir, preeminentemente público, en régimen de monopolio exclusivo o con contratistas; predominantemente privado, en régimen de competencia; o mixto, bien sea bajo la modalidad de concurrencia de empresas privadas y públicas o la modalidad de PPP, APP y CPP, según la expresión al uso en cada realidad. Igualmente, si el aprovechamiento se encuentra sujeto a controles *ex ante* como las habilitaciones administrativas y de ser el caso, cuál es la más adecuada o si queda sometido únicamente a controles *ex post*. A esto se suma el hecho de la libertad de determinación de la distribución y administración de los beneficios económicos que se generan a partir del aprovechamiento sostenible de los recursos.

Ahora bien, todo ello resulta perfectamente válido conforme al Derecho Internacional y las obligaciones adquiridas por los Estados, que según la Convención de Viena sobre el Derecho de los Tratados, deben ser cumplidas de buena fe y respetadas por todos los órganos del Estado, en el ordenamiento jurídico de cada país[139].

Es justamente en el contexto internacional donde se han librado recientemente los grandes debates sobre temas energéticos y ambientales, dando como resultado por una parte, la formulación del trilema energético[140] –seguridad energética, equidad social y sostenibilidad ambiental–; y por la otra, los objetivos del Decenio de la Energía Sostenible para todos (2014-2024)[141], conocido como SE4ALL –acceso universal, energías renovables y

---

estado considere pertinentes. En cualquier caso, en que la cuestión de la compensación sea motivo de controversia, ésta será resuelta conforme a la ley nacional del Estado que nacionaliza y por sus tribunales, a menos que todos los Estados interesados acuerden libre y mutuamente que se recurra a otros medios pacíficos sobre la base de la igualdad soberana de los Estados y de acuerdo con el principio de libre elección de los medios".

[138]   Sobre este tema se recomienda, AA.VV., (Coords. Fernando López Ramón y Orlando Vignolo Cuevas), *El dominio público en Europa y Latinoamérica,* Red Internacional de Bienes Públicos y Círculo de Derecho Administrativo, Arequipa, 2015.

[139]   Artículos 26 y 27 de la Convención de Viena sobre el Derecho de los Tratados, de 23 de mayo de 1969. http://www.un.org/es/treaty/untc.shtml

[140]   Consejo Mundial de la Energía y Oliver Wyman Consultores, *Informe Trilema Mundial de la Energía: Acciones prioritarias sobre el cambio climático y de cómo equilibrar el trilema,* 2015 https://www.worldenergy.org/publications/2015/world-energy-trilemma- 2015-priority-actions-on-climate-change-and-how-to-balance-the-trilemma/

[141]   ONU., *Reporte del Foro Energía Sostenible para todos,* 4-6 de junio de 2014, Nueva York, 2014, http://www.se4all.org/sites/default/files/l/2014/09/SE4ALL_forum_report_ final.pdf

eficiencia energética–, que han sido asumidos dentro de las metas del Objetivo 7, de los Objetivos del Desarrollo Sostenible[142].

Este modelo de desarrollo coloca en el centro de la actividad económica e industrial a la persona humana y se preocupa por su bienestar actual, así como por el que tienen derecho a disfrutar las futuras generaciones, por lo que propone que el acceso y disfrute de bienes y servicios energéticos modernos, seguros, asequibles y universales[143], se logre a través del aprovechamiento de las fuentes de energías renovables, que son las más respetuosas con el ambiente y las que en mayor medida pueden contribuir en la disminución de la emisión de los gases de efecto invernadero, al resultar menos contaminantes y coadyuvar a mitigar el cambio climático.

El reto no es menor, pues se pretende un nuevo modelo de desarrollo que sea socialmente aceptado, económicamente factible y energéticamente eficiente, que permita satisfacer las necesidades que garantizan la calidad de vida de las personas en la actualidad, sin poner en riesgo la de aquellas llamadas a vivir en las futuras generaciones.

Este modelo de desarrollo exige un escenario de economía verde, hipocarbónico, de energías limpias, que permita contribuir a la disminución de todas las formas de pobreza, –siendo de especial interés a los efectos del tema que se analiza, la erradicación de la pobreza energética–, con la finalidad de asegurar la inclusión y cohesión social, así como la mejora de la calidad de vida.

Las anteriores constituyen las premisas sobre las cuáles los Estados se han ido comprometiendo ante la comunidad internacional para impulsar las políticas de fomento y promoción que les permitan lograr las metas de acceso universal a las energías, del aprovechamiento de las fuentes renovables y de la eficiencia energética, mediante el estímulo de la inversión privada nacional y extranjera, que además de los recursos económicos, aporte tanto las tecnologías modernas y limpias, como las mejores prácticas que maximicen el alcance de estos objetivos.

---

[142]   ONU., Objetivos del Desarrollo Sostenible, http://www.un.org/sustainable development/es/objetivos-de-desarrollo-sostenible/

[143]   ONU., Resolución A/RES/70/186, de Protección del consumidor, aprobada por la Asamblea General el 22 de diciembre de 2015 y distribuida el 4 de febrero de 2016, señala en el párrafo 76, lo siguiente. "Energía. Los Estados Miembros deben promover el acceso universal a la energía no contaminante y formular, mantener o reforzar políticas nacionales para mejorar el suministro, la distribución y la calidad de energía que sea asequible a los consumidores en función de su situación económica. Debe prestarse atención a la elección de los niveles apropiados de servicio, calidad y tecnología, la supervisión regulatoria, la necesidad de contar con programas de sensibilización y la importancia de la participación de la comunidad". https://documents-dds-ny.un.org/doc /UNDOC/GEN/N15/449/14/PDF/N1544 914.pdf?OpenElement

En este escenario de compromisos internacionales tiene particular relevancia el Tratado de la Carta de la Energía, que ha servido de instrumento jurídico para establecer las reglas de inversión y recepción de la misma en el sector, el comercio y tránsito de recursos energéticos, así como para valorar los conflictos entre los inversionistas y algunos Estados que en ejercicio de su soberanía han modificado las condiciones iniciales de la inversión[144]. Igualmente, otros Estados desarrollaron una política de fomento de la inversión en la actividad de generación, mediante el aprovechamiento de las fuentes de energías renovables y luego resolvieron cambiar los estímulos otorgados, por lo que aquellos inversionistas que se consideraron afectados, decidieron decantarse por utilizar los medios de resolución de conflictos que reconoce el referido Tratado[145-146], a los fines de obtener una compensación.

En el presente trabajo se pretende abordar la evolución experimentada desde la Carta Europea de la Energía, pasando por el Tratado de la Carta de la Energía y exponiendo lo que plantea la recién aprobada declaración política contenida en la Carta Internacional de la Energía[147], que podría estar orientada hacia un nuevo y moderno Tratado en la materia.

En aras de una mayor claridad en la exposición de las ideas, el presente trabajo se dividirá en los siguientes aspectos a saber: Se comenzará por exponer el recorrido de la Carta Europea de la Energía (II); se seguirá con el estudio del Tratado de la Carta de la Energía (III); se realizará el análisis de la Carta Internacional de la Energía (IV); y se formularán las consideraciones finales (V).

II.   EL SURGIMIENTO DE LA CARTA EUROPEA DE LA ENERGÍA

Al igual que sucede con todas las declaraciones internacionales, la aprobación de los instrumentos sobre la energía que se analizarán seguidamente,

---

[144]   Como referencia cabe mencionar los Laudos Arbitrales de los tribunales constituidos conforme al artículo 26 del Tratado de la Carta de la Energía, caso AES Summit Generation Limited and AES-Tisza Erömü Kft. *vs.* Republic of Hungry, de 23 de septiembre de 2010, http://www.italaw.com/sites/default/files/case-documents /ita0014 _0.pdf; y el caso Yukos Universal Limited *vs.* Federación Rusa, de 18 de julio de 2014, http://www.italaw.com/sites/ default/files/case-documents/italaw3279.pdf

[145]   De los Santos, Carlos, Arana, Silvestre, Iglesias, Jaime Luis, Arbitraje Internacional sobre el Tratado de la Carta de la Energía: La vía del inversor extranjero, *Cuaderno de Energía* N° 30, Club Español de la Energía, Deloitte y Garrigues, Madrid, 2011, pp. 5-10.

[146]   Para inicios de julio de 2017, existían más de 100 casos conocidos sometidos a arbitraje internacional, conforme al Tratado de la Carta Internacional de la Energía.

[147]   Del Guayo, Iñigo, La Carta Internacional de la Energía en 2015 y las energías renovables. A propósito del Laudo de 21 de enero de 2016, *Cuaderno de Energía* N° 47, Club Español de la Energía, Deloitte y Garrigues, Madrid, 2016, pp. 50-56.

surgen como consecuencia de una cadena de pronunciamientos que constituyen sus antecedentes más recientes[148].

En efecto, la Carta de la Energía es la primera declaración común de países desarrollados y no desarrollados sobre la energía[149], que tiene en consideración los siguientes documentos previos:

1. El informe sobre las conclusiones y recomendaciones de la reunión de la Conferencia sobre Seguridad y Cooperación en Europa (CSCE), dado en Sofía del día 3 de noviembre de 1989, sobre la protección al ambiente, así como su seguimiento;

2. El documento adoptado en Bonn el día 11 de abril de 1990, por la Conferencia sobre Seguridad y Cooperación en Europa (CSCE);

3. El Acuerdo fundacional del Banco Europeo de Reconstrucción y Desarrollo firmado en París, el día 29 de mayo de 1990;

4. La Carta de París para una Nueva Europa, firmada en París el día 21 de noviembre de 1990, en la cumbre de la Conferencia sobre Seguridad y Cooperación en Europa (CSCE);

5. La declaración de la Cumbre económica de Londres, adoptada el día 17 de julio de 1991.

Estos instrumentos sirven de referencia para tratar de comprender los elementos que pudieron inspirar la propuesta de la Carta de la Energía, que será analizada seguidamente.

La génesis de la Carta de la Energía[150] también conocida como Carta Europea de la Energía[151] fue una iniciativa formulada bajo el epígrafe de "Co-

---

[148]   Neira Castro, Juan Felipe, La Carta Internacional de la Energía: antecedentes, realidades y oportunidades para América Latina, (Coord. Moreno Castillo, Luis Ferney y Hernández-Mendible, Víctor R.), *Derecho de la Energía en América Latina,* tomo I, Universidad Externado de Colombia, Bogotá, 2017, pp. 77-86.

[149]   Los suscriptores fueron: Afghanistan, Albania, Armenia, Australia, Austria, Azerbaijan, Belarus, Belgium, Bosnia and Herzegovina, Bulgaria, Burundi, Canadá, Chad, Croatia, Cyprus, Czech Republic, Denmark, Estonia, European Union and Euratom, Finland, France, Georgia, Germany, Greece, Hungary, Iceland, Indonesia, Ireland, Italy, Japan, Jordan, Kazakhstan, Kyrgyzstan, Latvia, Liechtenstein, Lithuania, Luxembourg, Malta, Mauritania, Moldova, Mongolia, Montenegro, Morocco, The Netherlands, Niger, Norway, Pakistan, Palestine, Poland, Portugal, Romania, Russian Federation, Serbia, Slovakia, Slovenia, Spain, Sweden, Switzerland, Syria, Tajikistan, The former Yugoslav Republic of Macedonia, Turkey, Turkmenistan, Ukraine, United Kingdom, United States, Uzbekistan, Yemen. http://www.energycharter.org/process/european-energy-charter-1991/

[150]   Carta de la Energía, de 17 de diciembre de 1991.

[151]   López-Ibor Mayor, Vicente, "La Carta Europea de la Energía", *Noticias de la Unión Europea* N° 93, Madrid, 1992, pp. 69-82.

munidad Energética Europea"[152], en el marco de la reunión del Consejo Europeo de Dublín, en junio de 1990, por el primer ministro del Reino de los Países Bajos Ruud Lubbers. Las negociaciones iniciadas en Bruselas, en julio de 1991 condujeron a la firma de un documento final, en La Haya, el día 17 de diciembre de 1991, con la finalidad de anticiparse al hecho de que la caída del muro de Berlín y la disolución de la Unión de Repúblicas Socialistas Soviéticas, pudiese comprometer la seguridad en el suministro de las fuentes de energía que poseen estos países, hacia Europa occidental[153].

En este contexto la Carta constituye la primera declaración política que se orienta a establecer las bases que debían guiar las relaciones comerciales energéticas, entre las nacientes democracias en Europa oriental y los países de occidente, que en ese momento integraban las Comunidades Europeas y aquellos que estando fuera, formaban parte de la OCDE[154] y de Europa occidental (cooperación Este-Oeste).

Allí se establecieron los principios del mercado energético, de la protección de las inversiones extranjeras, del respeto a las infraestructuras y al tránsito de bienes energéticos, así como las bases para la negociación del futuro Tratado de la Carta sobre la Energía.

La negociación del Tratado sobre la Carta de la Energía se vio limitada geográficamente cuando Estados Unidos de América abandonó las negociaciones en 1993 y aunque países exportadores de hidrocarburos como Arabia Saudí, Irán y Venezuela obtuvieron el estatuto de observadores, no ratificaron el Tratado, por lo que de esta manera quedará restringida la aplicación a las relaciones Europa-ex repúblicas soviéticas[155-156].

---

[152]   Van Elsuwege, Peter, The EU´s Governance of External Energy Relations: The Challenges of a "Rule-Based Market Approach", (D. Kochenov- F. Ambtenbrink eds.), *The European Union´s Shaping of International Legal Order*, Cambridge University Press, Cambridge, 2014, pp. 215-237.

[153]   Bonafé, Ernesto, and Gökçe, Mete, Escalated interactions between EU energy law and the Energy Charter Treaty, *Journal of World Energy Law and Business* 9, Oxford, 2016, pp. 175-176.

[154]   Organización para la Cooperación y el Desarrollo Económicos (OCDE), http://www.oecd.org/centrodemexico/laocde/

[155]   Es importante señalar, que inicialmente la Federación Rusa firmó el Tratado, pero surgieron desavenencias en las negociaciones del "protocolo de tránsito" que condujeron a que esta resolviese no ratificarlo, aunque lo aplicase de manera provisional a tenor del artículo 45 de dicho Tratado, dejó de aplicarlo a partir del día 19 de octubre de 2009. La principal reticencia rusa ha sido considerar que el Tratado es promovido por la Unión Europea. Belyi, Andrei V., La posición rusa con respecto al Tratado sobre la Carta de la Energía, *Real Instituto Elcano*, 25 de septiembre de 2009, p. 4 http://www.realinstituto elcano.org/wps/wcm/connect/0a47c8804fb4dde7a7a3ff8bf7fc5c91/ARI98-2009_Belyi_ Rusia_Tratado_Carta_energia.pdf?MOD=AJPERES&CACHEID=0a47c8804fb4dde7a7a 3ff8bf7fc5c91

Seguidamente se analizará el Tratado sobre la Carta de la Energía, cuya transcendencia jurídica se debe entender que tiene anclaje en la Convención de Viena sobre el Derecho de los Tratados.

III. EL TRATADO SOBRE LA CARTA DE LA ENERGÍA

Aquella primera propuesta dio inicio a las negociaciones que culminaron tres años después, en Lisboa, con el Tratado sobre la Carta de la Energía[157]-[158] y el Protocolo sobre la eficacia energética y los aspectos medioambientales relacionados[159], que fueron firmados el día 17 de diciembre de 1994, por todos los signatarios de la Carta de 1991, así como las Comunidades Europeas y sus Estados miembros, únicamente quedando fuera Estados Unidos de América y Canadá[160].

Una vez producidas las suscripciones, ratificaciones y depósitos mínimos requeridos conforme a las previsiones del instrumento, entró en vigor el día 24 de abril de 1998, año que además fue objeto de enmienda para ajustarlo a las reglas de la Organización Mundial de Comercio (OMC)[161].

---

[156]   Resulta pertinente precisar que en la actualidad se cuenta con 53 miembros del Tratado: Afghanistan, Albania, Armenia, Australia, Austria, Azerbaijan, Belarus, Belgium, Bosnia and Herzegovina, Bulgaria, Croatia, Cyprus, Czech Republic, Denmark, Estonia, European Union and Euratom, Finland, France, Georgia, Germany, Greece, Hungary, Iceland, Ireland, Japan, Kazakhstan, Kyrgyzstan, Latvia, Liechtenstein, Lithuania, Luxembourg, Malta, Moldova, Mongolia, Montenegro, The Netherlands, Norway, Poland, Portugal, Romania, Slovakia, Slovenia, Spain, Sweden, Switzerland, Tajikistan, The former Yugoslav Republic of Macedonia, Turkey, Turkmenistan, Ukraine, United Kingdom y Uzbekistan. Italy es el único Estado de la Unión Europea que no forma parte del Tratado a partir de 2015. http://www.energycharter.org/process /energy-charter-treaty-1994/energy-charter-treaty/

[157]   Bowman, John P., *Lex Petrolea, Sources and Successes of International Petroleum Law, Oil, Gas & Energy Resources Law*, Vol. 39, N° 4, Summer, 2015, pp. 82-83.

[158]   Neira Castro, Juan Felipe, La Carta Internacional de la Energía: antecedentes, realidades y oportunidades para América Latina, (Coord. Moreno Castillo, Luis Ferney y Hernández-Mendible, Víctor R.), *Derecho de la Energía en América Latina*, tomo I, Universidad Externado de Colombia, Bogotá, 2017, pp. 86-97.

[159]   Tratado sobre la Carta de la Energía, de 17 de diciembre de 1994, http://www. energycharter.org/fileadmin/DocumentsMedia/Legal/ECT-es.pdf

[160]   La República de Italia es el único país de la Unión Europea, que ha denunciado el Tratado, lo que ocurrió en enero de 2015. http://elperiodicodelaenergia.com /saltan-las-alarmas-en-la-ue-italia-se-sale-del-tratado-de-la-carta-de-la-energia/

[161]   La Decisión 98/181/CE, CECA y Euratom, del Consejo y de la Comisión de 23 de septiembre de 1997, relativa a la conclusión por parte de las Comunidades Europeas, del Tratado sobre la Carta de la Energía y el Protocolo de la Carta de la Energía sobre la eficacia energética y los aspectos medioambientales relacionados, DO L N° 069, de 09 de marzo de 1998, estableció en el artículo 1 que "Quedan aprobados, en nombre de la Comunidad Europea del Carbón y del Acero, de la Comunidad Europea y de la Comuni-

Este Tratado establece un marco jurídico basado en los principios enunciados en la Carta Europea de la Energía, en que se ratifica que los Estados pueden ejercer la soberanía nacional sobre las fuentes de recursos energéticos, conforme al Derecho Internacional y fijar las políticas energéticas en cuanto a la definición discrecional sobre la explotación y conservación de sus recursos; crear un marco de cooperación internacional entre los países, con el objetivo fundamental de fomentar el potencial energético; las modalidades de participación en la cadena energética; la distribución de los beneficios y garantizar la seguridad de los suministros energéticos.

El Tratado se caracteriza por ser:

1. Un pacto vinculante para la protección de la inversión;

2. Un acuerdo multilateral que comprende el comercio de bienes energéticos;

3. Una convención multilateral que dispone como obligación, la solución internacional de las controversias;

4. Un tratado que reconoce la aplicación de reglas de tránsito a las redes de energía.

En resumen, las disposiciones más importantes del Tratado se refieren a los principios fundamentales siguientes: la promoción y la protección de las inversiones, el comercio de materias y productos energéticos, su tránsito y la solución de controversias.

El Tratado tiene anexo el Protocolo de la Carta de la Energía sobre Eficacia Energética y Aspectos Medioambientales relacionados[162], que pretende impulsar las políticas de eficacia energética compatibles con el Desarrollo Sostenible, el fomento de la utilización más eficaz y sana de la energía, así como el estímulo de la cooperación en el ámbito de la eficacia energética.

---

dad Europea de la Energía Atómica, el Tratado sobre la Carta de la Energía y el Protocolo de la Carta de la Energía sobre la eficacia energética y los aspectos medioambientales relacionados (denominado en lo sucesivo «el Protocolo de la Carta de la Energía»). Se adjuntan a la presente Decisión los textos del Tratado sobre la Carta de la Energía y del Protocolo de la Carta de la Energía". http://eur-lex.europa.eu/legal-content/ES/TXT/?uri=CELEX:31998D0181; luego será modificada por la Decisión 2001/595/CE del Consejo, de 13 de julio de 2001, relativa a la aprobación por la Comunidad Europea de la enmienda a las disposiciones comerciales del Tratado sobre la Carta de la Energía, DO N° L 209, de 02 de agosto de 2001, que dispone en el artículo 1, lo siguiente: "Queda aprobada en nombre de la Comunidad Europea la enmienda a las disposiciones comerciales del Tratado sobre la Carta de la Energía", http://eur-lex.europa.eu/legal-content/ES/TXT/?uri=CELEX:32001D0595

[162] Protocolo de la Carta de la Energía sobre Eficacia Energética y Aspectos Medioambientales relacionados, de 17 de diciembre de 1994, http://www.energycharter.org/fileadmin /Documents Media/Legal/ECT-es.pdf

El Protocolo se adoptó con arreglo a lo dispuesto en el Tratado, que autoriza expresamente la posibilidad de negociar Protocolos y Declaraciones, para lograr los objetivos y los principios de la Carta.

Sus objetivos son los siguientes:

1. El fomento de políticas de eficacia energética compatibles con el Desarrollo Sostenible;

2. La creación de condiciones que induzcan a los productores y los consumidores a utilizar la energía de la forma más económica, eficaz y ecológica posible;

3. El estímulo de la cooperación en el campo de la eficacia energética.

Los signatarios se comprometieron a establecer políticas de eficacia energética y establecer los marcos legales y reglamentarios adecuados, para fomentar aspectos como el funcionamiento eficaz de los mecanismos de mercado, con inclusión de la determinación de precios basados en el mismo.

Tanto el Tratado sobre la Carta de la Energía como el Protocolo sobre la eficacia energética y los aspectos medioambientales relacionados, entraron en vigor el día 16 de abril de 1998.

El Tratado prevé la posibilidad de denuncia del mismo por cualquiera de las partes suscriptoras, una vez transcurrido el plazo de cinco años desde la entrada en vigor.

Lo antes señalado lleva a concluir que el Tratado constituye el principal instrumento convencional de estabilidad jurídica en el sector energético[163] –que genera un clima propicio para la inversión y reduce al mínimo los riesgos no comerciales[164]–, de carácter multilateral en el que se definen las reglas comunes entre diferentes y de amplitud trasnacional, tanto para promover inversiones, como para brindar amplios medios de solución de potenciales controversias, que permite elegir entre los diversos foros arbitrales[165].

IV. LA CARTA INTERNACIONAL DE LA ENERGÍA

El proceso de internacionalización de las reglas del sector de la energía, ha dado un nuevo giro a la rosca, que se inicia en Bruselas en marzo de 2013, con una serie de negociaciones que concluirán con la adopción de la Carta

---

[163] Alexandrov, Stanimir A. y Durán, María Carolina, "El Tratado de la Carta de Energía: un modelo exitoso de acuerdo multilateral para la protección de inversiones", *Revista Argentina de Derecho de la Energía, Hidrocarburos y Minería*, N° 3, nov.-dic. 2014/ ene. 2015, Ed. Ábaco, Buenos Aires, 2015, p. 2.

[164] *Ibídem*, p. 4.

[165] *Ibídem*, p. 11.

Internacional de la Energía[166], hecho que tuvo lugar en la conferencia ministerial en La Haya, el día 21 de mayo de 2015[167].

Esta Carta contiene una declaración política renovada y actualizada, que, a partir del reconocimiento de la economía de mercado, de la soberanía de los Estados sobre sus recursos energéticos y del trato no discriminatorio, reafirma la intención de fortalecer la cooperación y la integración de los mercados energéticos, aunque sin alcanzar a otorgarle naturaleza jurídica normativa, ni carácter vinculante para sus signatarios.

Es importante señalar que los mercados energéticos tienen características *sui generis,* que incluso los distinguen de otros mercados internacionales de bienes o servicios, como los regulados por la Organización Mundial de Comercio (OMC).

1.   *Los antecedentes de la Carta Internacional de la Energía*

La propia Carta Internacional de la Energía incluye anexo un extenso listado de los eventos internacionales y regionales vinculados al sector de la energía, que le sirven de antecedentes, para llegar a la redacción final. Estas cumbres y declaraciones, así como otras no mencionadas en el anexo, pero que se encuentran en el contexto son las siguientes:

1. El Protocolo de la Carta de la Energía sobre Eficiencia Energética y Aspectos Medioambientales Relacionados, que entró en vigor el 16 de abril de 1998 y que establece un marco internacional para promover la cooperación en el campo de la eficiencia energética de un modo que sea compatible con el Desarrollo Sostenible;

2. El Plan de Aplicación de la Cumbre Mundial sobre Desarrollo Sostenible adoptado en Johannesburgo el 4 de septiembre de 2002, que reclama

---

[166]   Carta Internacional de la Energía, de 21 de mayo de 2015, http://www.energychar ter.org/fileadmin/DocumentsMedia/Legal/IEC_ES.pdf

[167]   Los suscriptores son: Afghanistan, Albania, Armenia, Austria, Bangladesh, Belarus, Belgium, Benin, Bosnia and Herzegovina, Bulgaria, Burundi, Cambodia, Chad, Chile, China, Colombia, Croatia, Cyprus, Czech Republic, Denmark, Economic Community of West African States (ECOWAS), Estonia, European Union and Euratom, Finland, France, Georgia, Germany, Greece, Hungary, Ireland, Italy, Japan, Jordan, Kazakhstan, Republic of Korea, Kyrgyzstan, Latvia, Liechtenstein, Lithuania, Luxembourg, Malta, Mauritania, Moldova, Mongolia, Montenegro, Morocco, The Netherlands, Niger, Norway, Pakistan, Palestine, Poland, Portugal, Romania, Serbia, Slovakia, Slovenia, Spain, Swaziland, Sweden, Switzerland, Tanzania, The former Yugoslav Republic of Macedonia, Turkey, Turkmenistan, Uganda, Ukraine, United Kingdom, United States, Uzbekistan, Yemen. Otros Estados que se han sumado son Botswana, Burkina Faso, Cambodia, Iran, Israel, Kyrgyzstan (19 de octubre de 2015), Lebanon, Philippines, Republic of Korea (17 de noviembre de 2015) and Tajikistan y Guatemala (21 de noviembre de 2016). http://www.energycharter.org/process/international-energy-charter-2015/overview/ En el contexto latinoamericano fue invitado como observador Venezuela.

un aumento de la cooperación regional e internacional para mejorar el acceso a servicios de energía fiables, asequibles, viables económicamente, aceptables socialmente y respetuosos con el medio ambiente, como parte integrante de los programas para la reducción de la pobreza, facilitando la creación de entornos favorables y dando respuesta a las necesidades de creación de capacidades, prestando especial atención a zonas rurales y aisladas, según proceda;

3. La declaración "Seguridad de la Energía Global" de la Cumbre del G8 celebrada en San Petersburgo el 16 de julio de 2006, donde los líderes del G8 expresaron su apoyo a los principios de la Carta de la Energía y por los esfuerzos realizados por los países participantes en la mejora de la cooperación energética internacional;

4. La "Declaración de Riad" de la Tercera Cumbre de la OPEP de 18 de noviembre de 2007, en la que los Jefes de Estado y de Gobierno resaltaron la conexión entre la seguridad global del suministro de energía y la seguridad y predictibilidad de la demanda.

También manifestaron su decisión de fortalecer y expandir el diálogo entre los productores y los consumidores de energía a través de los foros adecuados y competentes internacionales y regionales, para el beneficio de todos;

5. El Estatuto de la Agencia Internacional de Energías Renovables (IRENA), firmado en la Conferencia de Establecimiento de IRENA celebrada en Bonn el 26 de enero de 2009, en la que las partes expresan su deseo de promover la adopción creciente de energía renovable con vistas al Desarrollo Sostenible y su creencia firme en las amplias posibilidades que ofrece la energía renovable para responder y mitigar gradualmente los problemas de seguridad energética y la inestabilidad de los precios de la energía;

6. La Declaración conjunta a cargo de las autoridades ministeriales de Energía del G8 tras su reunión en Roma el 25 de mayo de 2009, donde los Ministros de Energía del G8, el Comisario Europeo de Energía y los Ministros de Energía de Argelia, Australia, Brasil, China, Egipto, India, Indonesia, Corea, Libia, México y Nigeria pidieron al Secretariado de la Carta de la Energía y a las instituciones financieras internacionales, que preparasen una estrategia para el desarrollo de redes y corredores energéticos que faciliten el camino hacia la integración de los mercados de energía nacionales en África, a la vez que se identificasen mecanismos de financiación;

7. La Declaración de Roma adoptada por la Conferencia de la Carta de la Energía el 9 de diciembre de 2009, para responder a los retos energéticos globales en el marco del proceso de modernización de la Carta de la Energía;

8. Los Acuerdos de la Conferencia de las Naciones Unidas sobre el Cambio Climático alcanzados en Cancún el 11 de diciembre de 2010, en los cuales la comunidad internacional acordó decisiones significativas, para

responder de manera colectiva e inclusiva al reto a largo plazo del cambio climático, y que las partes deben adoptar acciones urgentes para alcanzar este objetivo a largo plazo, con vistas a reducir las emisiones globales de gases de efecto invernadero, para así mantener el aumento de temperatura global en un promedio de 2° por encima de los niveles preindustriales;

9. La Carta del Foro Internacional de la Energía (FIE), aprobada y firmada en la reunión ministerial celebrada en Riad el 22 de febrero de 2011, en la que se demuestra un compromiso político reforzado con el diálogo global abierto sobre energía, entre los miembros consumidores y productores de energía del FIE, incluidos los "Estados de Tránsito", para así garantizar la seguridad global de la energía;

10. Los objetivos en virtud de las iniciativas "Energía sostenible para todos" (SE4All) de la Organización de las Naciones Unidas, de septiembre de 2011 y de la "Década mundial 2014-2024 para la energía sostenible", destinadas a conseguir acceso universal a la energía, la mejora de la eficiencia de la energía y un aumento de las energías renovables;

11. Los objetivos recogidos bajo la "Asociación África-UE sobre energía";

12. La Declaración de Doha adoptada en la primera cumbre del Foro de los Países Exportadores de Gas celebrada el 15 de noviembre de 2011, en la cual se hizo un llamamiento a favor de la promoción y el desarrollo de vías de diálogo nuevas y efectivas entre productores y consumidores de gas natural, a través de organizaciones energéticas regionales e internacionales, con el propósito de garantizar la transferencia tecnológica, la transparencia en el mercado, la estabilidad y el crecimiento para el beneficio de todos;

13. Las conclusiones del Consejo de la Unión Europea de 24 de noviembre de 2011, sobre el fortalecimiento de la dimensión externa de la política energética de la Unión Europea, en la que esta pidió una expansión geográfica del Tratado de la Carta de la Energía con el objetivo de fortalecer el papel del Tratado como instrumento global, reconocido como la base sobre la que se asienta la normativa energética internacional en sus principales áreas de competencia;

14. El documento final titulado "El futuro que queremos", respaldado por la Conferencia de la Organización de las Naciones Unidas sobre Desarrollo Sostenible de 22 de junio de 2012 y que se añadió como Anexo a la Resolución 66/288 de la Asamblea General de la Organización de las Naciones Unidas, que reconocía el papel crucial que desempeña la energía en el proceso de desarrollo, ya que el acceso a los servicios modernos de energía sostenible contribuye a la erradicación de la pobreza, salva vidas, mejora la salud y ayuda a cubrir necesidades básicas humanas;

15. La "Resolución de San Petersburgo" de la reunión ministerial del Foro de Cooperación Económica Asia-Pacífico (APEC) sobre Energía celebrada los días 24 y 25 de junio de 2012, en la que los ministros de energía recono-

cen que aumentar la seguridad energética requiere una acción conjunta en diversas áreas y se comprometen a continuar sus esfuerzos para mejorar la sostenibilidad, rendimiento, predictibilidad y transparencia de los mercados energéticos tradicionales;

16. La resolución de la Asamblea Parlamentaria de la Organización para la Seguridad y la Cooperación en Europa (OSCE) titulada "Promoción y Utilización de Fuentes de Energías Nuevas y Renovables", adoptada en la 21ª sesión anual de la Asamblea Parlamentaria de la OSCE celebrada en Mónaco el 9 de julio de 2012, en la que se subraya el papel crucial de la seguridad energética en el nuevo entorno de seguridad y la necesidad imperativa de justicia y transparencia, en cumplimiento de la legislación europea y de la Carta Europea de la Energía;

17. El documento final de la 16ª Cumbre de Jefes de Estado y de Gobierno del Movimiento de Países No Alineados, que tuvo lugar del 26 al 31 de agosto de 2012 en Teherán, en la que los jefes de estado o de gobierno insistieron en la importancia de aumentar la cooperación internacional por medio de la colaboración en todas las formas de energía, incluida la energía limpia y renovable. En ella hicieron un llamamiento a los países desarrollados para transferir tecnologías más eficaces y respetuosas con el medio ambiente a los países en vías de desarrollo y a las Naciones Unidas para que promuevan y faciliten esta medida;

18. La Declaración de Clausura del Foro de Rabat sobre Energía de 21 de septiembre de 2012, en el que se reconocía la Carta de la Energía como un instrumento eficaz para contribuir y fortalecer a la cooperación energética en la región de Oriente Medio y Norte de África (MENA);

19. La resolución 67/263 de la Asamblea General de la Organización de las Naciones Unidas titulada "El tránsito fiable y estable de energía y su papel en garantizar el desarrollo sostenible y la cooperación internacional" adoptado el 17 de mayo de 2013, que resalta que el transporte estable, eficaz y fiable de energía, como factor clave del desarrollo sostenible, es favorable a toda la comunidad internacional y acoge favorablemente los esfuerzos a nivel nacional, bilateral, subregional, regional e internacional para crear sistemas de transporte de energía y facilitar el comercio de recursos energéticos para promover el desarrollo sostenible;

20. La Declaración ministerial sobre cooperación regional para una mayor seguridad energética y el uso sostenible de la energía en Asia y el Pacífico adoptada en el Foro de la Energía de Asia y el Pacífico en Vladivostok, Federación Rusa, el 30 de mayo de 2013, en el que se reconoce la seguridad energética como un tema clave de desarrollo para todos los países de la región de Asia-Pacífico, y se recalca la importancia crucial de la energía como un prerrequisito para la erradicación de la pobreza y para garantizar el crecimiento económico;

21. La Declaración de los Líderes de la Cumbre del G20 celebrada en San Petersburgo los días 5 y 6 de septiembre de 2013, en la que se expresa su compromiso de aumentar la cooperación energética, de crear datos del mercado energético más precisos y accesibles, de dar pasos para apoyar el desarrollo de tecnologías energéticas más limpias y con mejor rendimiento, para así mejorar la eficiencia de los mercados y dar un giro hacia un futuro energético más sostenible;

22. El Comité Económico y Social Europeo, en el Dictamen sobre el tema "Por una acción europea coordinada para prevenir y combatir la pobreza energética" (Dictamen de iniciativa), presentado en Bruselas el 18 de septiembre de 2013 y publicado en la D.O.U.E., C 341/21, de 21 de noviembre de 2013;

23. La Comunicación de la Comisión Europea dirigida al Parlamento y al Consejo Europeo sobre la "Estrategia Europea de Seguridad Energética", presentada en Bruselas el 28 de mayo de 2014;

24. La Comunicación de la Comisión Europea dirigida al Parlamento, al Consejo y Comité Económico y Social Europeo, al Comité de las Regiones y al Banco Europeo de inversiones, sobre la "Estrategia marco para una Unión de la Energía resiliente con una política climática prospectiva", que tiene un anexo 1, titulado "Hoja de ruta hacia la Unión de la Energía", presentada en Bruselas el 25 de febrero de 2015.

Todos estos antecedentes han sido considerados directa o indirectamente al presentar la Carta Internacional de la Energía y ello se tradujo en la incorporación de los nuevos suscriptores, lo que en sí mismo pone en evidencia la importancia del documento[168], que ha venido a compendiar los avances que 25 años después de la Carta Europea de la Energía han influido y transformado los mercados energéticos mundiales, producto de situaciones políticas, económicas, técnicas y ambientales, así como de la investigación, el desarrollo y la innovación, que deben ser considerados e incorporados a la actual realidad, a través de esta Carta Internacional de la Energía, la cual ha sido estructurada en tres grandes ejes: Uno que contiene los objetivos y principios; otro que establece las acciones de puesta en práctica; y el último se refiere a los acuerdos específicos. A cada uno de ellos se hará referencia inmediatamente:

2.   *Los objetivos y los principios de la Carta*

La Carta Internacional de la Energía, se plantea como objetivos:

---

[168]   Nieves Zarate, Margarita, The relevance of the Energy Charter to develop renewable energies in Latin America, (Dir. Vicente López-Ibor Mayor), *Clean Energy. Law and Regulation, Climate Change, Energy Union and International Governance*, Wildy, Simmonds & Hill Publishing, London, 2017, pp. 238-260.

a) El desarrollo de la energía sostenible,

b) La mejora de la seguridad energética,

c) La maximización de la eficacia de la producción, la transformación, el transporte, la distribución y la utilización de la energía,

d) El aumento de la seguridad de un modo que resulte aceptable socialmente, viable económicamente y que respete el ambiente.

Además, se consideran como principios que la inspiran:

a) El principio de soberanía, que lleva a ratificar el reconocimiento de la soberanía de cada Estado sobre sus recursos energéticos, así como su derecho a regular la transmisión y el transporte de energía dentro de su territorio, respetando todas sus obligaciones internacionales y con un espíritu de cooperación política y económica.

b) El principio de no discriminación, para lo que se promueve el desarrollo de unos mercados energéticos eficientes, estables y transparentes a nivel regional y global, basados en la no discriminación y en la determinación de los precios en función del mercado, teniendo en cuenta las preocupaciones ambientales y el papel de la energía en el desarrollo nacional de cada país.

Todo lo anterior se orienta a generar un clima favorable para la actividad empresarial, así como el flujo de inversiones y tecnologías para alcanzar los anteriores objetivos.

En razón de ello, se propone el emprendimiento de acciones en las siguientes áreas:

1. El desarrollo del comercio de la energía con apego a los principales acuerdos multilaterales pertinentes, –como el Acuerdo de la Organización Mundial de Comercio (OMC) y sus instrumentos anexos cuando resulten aplicables–, así como las obligaciones y compromisos de no proliferación nuclear, lo cual se alcanzará mediante:

1.1. Un mercado abierto y competitivo para productos, materiales, equipos y servicios energéticos;

1.2. El acceso a recursos energéticos, así como la exploración y el desarrollo de los mismos con criterios comerciales;

1.3. El acceso a los mercados nacionales, regionales e internacionales;

1.4. El desempeño con transparencia en todos los segmentos de los mercados energéticos internacionales (producción/exportación, tránsito, consumo/importación);

1.5. La eliminación de los obstáculos técnicos, administrativos y comerciales en el sector de la energía, de los equipos y tecnologías conexos y de los servicios relacionados con la energía;

1.6. La promoción de la compatibilidad de los sistemas de energías nacionales y regionales para crear un espacio energético común;

1.7. La promoción de la armonización de normas, reglamentos y estándares en el ámbito de la energía;

1.8. La promoción de la materialización de proyectos de infraestructura que sean importantes para proporcionar la seguridad energética global y regional;

1.9. La modernización, la renovación y la racionalización, por parte de la industria, de los servicios e instalaciones para la producción, la transformación, el transporte, la distribución y la utilización de energía;

1.10. El fomento del desarrollo y la interconexión de las infraestructuras de transporte energético y la integración regional de los mercados energéticos;

1.11. El fomento del mejor acceso posible al capital, en particular, por medio de las instituciones financieras existentes apropiadas;

1.12. La facilitación del acceso a las infraestructuras de transporte, a los fines del tránsito internacional, de conformidad con los objetivos de la Carta;

1.13. El acceso, en condiciones comerciales, a las tecnologías para la exploración, el desarrollo, la transformación y la utilización de los recursos energéticos.

2. La cooperación en el ámbito de la energía, que implicará:

2.1. La coordinación de las políticas energéticas, en la medida en que resulte necesario para promover los objetivos de la Carta;

2.2. El intercambio de información y de experiencias que sean relevantes para la Carta;

2.3. El fomento de la generación de capacidad en los países involucrados;

2.4. El acceso mutuo a los datos técnicos y económicos, respetando los derechos de propiedad;

2.5. La elaboración de marcos jurídicos estables y transparentes, que creen las condiciones para el desarrollo de los recursos energéticos, en el contexto del Desarrollo Sostenible;

2.6. La coordinación y de ser el caso, la armonización, a alto nivel, de los principios y directrices en materia de seguridad para los productos energéticos y su transporte, así como para las instalaciones del sector de la energía;

2.7. El fomento de los intercambios de información y de conocimientos tecnológicos en los campos de la energía y el ambiente, inclusive en las actividades de formación;

2.8. La investigación, los proyectos de desarrollo tecnológico, los proyectos de demostración y su comercialización;

2.9. La creación de un entorno favorable para las inversiones, incluso las inversiones mediante empresas conjuntas, para el diseño, la construcción y la puesta en funcionamiento de instalaciones energéticas.

3. La eficiencia energética y la protección del ambiente, lo cual conllevará:

3.1. La creación de los mecanismos y las condiciones que permitan la utilización de la energía del modo más económico y eficaz, incluyendo, cuando proceda, instrumentos normativos y basados en la economía de mercado;

3.2. El fomento de la utilización limpia y eficiente de combustibles fósiles;

3.3. El fomento de una combinación energética sostenible para minimizar los efectos negativos sobre el ambiente, de forma rentable, mediante:

a) Unos precios de energía establecidos en función del mercado, que reflejen de forma más completa los costos y beneficios para el ambiente;

b) Las medidas políticas eficaces y coordinadas en relación con la energía;

c) El empleo de fuentes de energías renovables y de tecnologías limpias, incluidas las tecnologías limpias de combustibles fósiles;

3.4. La consecución y el mantenimiento de un nivel elevado de seguridad nuclear y la garantía de una cooperación eficaz en este campo;

3.5. La promoción de la cooperación para reducir, en la medida de lo posible, la quema y la emisión de gases;

3.6. La compartición de las mejores prácticas sobre desarrollo e inversión en energía limpia;

3.7. La promoción y utilización de tecnologías de baja emisión.

3. *La puesta en práctica de la Carta*

A los fines de alcanzar los objetivos anteriores y sin perjuicio del principio de soberanía de cada Estado sobre sus recursos energéticos, éstos deben emprender acciones coordinadas para obtener una mayor coherencia en las políticas energéticas, las cuales deben basarse en el principio de no discriminación y en la determinación de precios en función del mercado, teniendo en cuenta las preocupaciones manifestadas en relación con el ambiente.

Con la finalidad de intensificar la cooperación en el sector energético, se requiere la adopción de medidas prácticas para definir las políticas energéticas y además un intercambio periódico de opiniones sobre las medidas adoptadas, aprovechando al máximo la experiencia de las organizaciones e instituciones internacionales existentes en este ámbito.

Es así como luce necesario reconocer la posibilidad de completar las formas comerciales de cooperación con la participación intergubernamental, en especial en el ámbito del análisis y la formulación de las políticas energéticas, así como en áreas que son esenciales, pero que no resultan apropiadas para la financiación mediante el capital privado.

Con la finalidad de alcanzar los objetivos de la Carta, se propone el fortalecimiento y la integración de mercados energéticos regionales y se destaca el funcionamiento eficiente del mercado mundial de la energía, mediante acciones conjuntas o coordinadas en distintos campos, para lo que se propone estimular la iniciativa privada, hacer pleno uso del potencial que brindan las empresas, las instituciones y todas las fuentes de financiación disponibles y facilitar la cooperación –inclusive la cooperación técnica entre dichas empresas e instituciones de distintos países–, actuando de acuerdo con los principios de la economía de mercado.

Conforme a la Carta, los campos de actuación serán los siguientes:

A. *El acceso y el desarrollo de las fuentes de energía*

El punto de partida es considerar que el aprovechamiento eficaz de los recursos energéticos es una condición *sine qua non* para alcanzar los objetivos de la Carta, lo que lleva a los signatarios a facilitar el acceso a los mismos, así como a su desarrollo por parte de los operadores interesados.

A tal fin se asume velar porque la normativa pertinente sea transparente y accesible al público, de conformidad con la legislación nacional y las obligaciones internacionales; se reconoce la necesidad de elaborar dichas normas, en caso de que todavía no se haya procedido a ello y de adoptar todas las medidas necesarias para coordinar sus acciones en este ámbito. El desarrollo de los recursos energéticos debería tener lugar en unas condiciones económicas y ambientales óptimas.

Con vistas a facilitar el desarrollo y la diversificación de los recursos, los signatarios deciden evitar la imposición de normas discriminatorias a los operadores, en particular, de las normas referentes a la propiedad de los recursos, al funcionamiento interno de las empresas y a la imposición fiscal.

B. *El acceso a los mercados*

Los signatarios asumen promover considerablemente el acceso a los mercados nacionales, regionales e internacionales de los productos energéticos, a fin de alcanzar los objetivos de la Carta. Tal acceso deberá tener en consideración la necesidad de facilitar el funcionamiento de las fuerzas de mercado y de promover la competencia.

C. La liberalización del comercio de la energía

Con el objeto de desarrollar y diversificar los intercambios en materia de energía, se propone la supresión progresivamente de las barreras comerciales, entre los productos, equipos y servicios energéticos de manera compatible con las disposiciones del Acuerdo de la Organización Mundial de Comercio (OMC) y sus instrumentos anexos, cuando sean aplicables, así como con las obligaciones y compromisos relativos a la no proliferación nuclear.

Los signatarios trabajarán conjuntamente con vistas al mayor desarrollo de unos precios de la energía orientados al mercado y reconocen que el tránsito de productos energéticos a través de sus territorios es esencial para la liberalización de los intercambios de dichos productos, siendo que este debe efectuarse en condiciones aceptables desde el punto de vista económico y ambiental.

Se subraya la importancia que reviste el desarrollo de las redes internacionales de transmisión de energía, así como sus interconexiones, incluidas las redes de petróleo, gas y electricidad transfronterizas. Así mismo, se reconoce la necesidad de intensificar los esfuerzos de coordinación entre ellos y de fomentar la cooperación entre entidades relevantes orientadas a su desarrollo, de la compatibilidad de las especificaciones técnicas que rigen las instalaciones y de la operación de tales redes.

D. La promoción y protección de inversiones

Con el fin de fomentar el flujo internacional de inversiones, se deben realizar todos los esfuerzos necesarios para suprimir los obstáculos a las inversiones en el sector de la energía y prever a nivel nacional, un marco jurídico estable y transparente para las inversiones extranjeras, dentro del respeto a las legislaciones y las normas internacionales pertinentes sobre inversión y comercio.

Es importante que los Estados formalicen acuerdos bilaterales y/o multilaterales sobre promoción y protección de las inversiones, que aseguren un nivel elevado de seguridad jurídica y faciliten la aplicación de planes de garantía de riesgos de las inversiones.

Se reconoce la importancia del pleno acceso a mecanismos adecuados de resolución de conflictos, incluyendo los mecanismos nacionales y el arbitraje internacional, de acuerdo con la legislación y la normativa nacional –leyes y reglamentos sobre inversión y arbitraje incluidos–, así como todos los tratados bilaterales y multilaterales pertinentes y los acuerdos internacionales.

También se reconoce el derecho a repatriar los beneficios y demás pagos relacionados con las inversiones y a obtener o utilizar la divisa convertible necesaria, siendo igualmente importante evitar la doble imposición fiscal, a fin de fomentar las inversiones privadas.

E. *Los principios y las directrices en materias de seguridad*

El respeto a los acuerdos multilaterales pertinentes, conduce a que los signatarios asuman:

a) Cooperar para aplicar los principios y directrices en materia de seguridad, destinados a alcanzar y a mantener unos niveles elevados de seguridad, así como la protección de la salud y el ambiente;

b) Elaborar los principios y las directrices comunes en materia de seguridad que sean necesarios y convenir en el reconocimiento mutuo de sus principios y pautas de seguridad.

F. *La investigación, el desarrollo tecnológico, la transferencia de tecnología, la innovación y la difusión*

Se deben promover los intercambios de tecnología y la cooperación en las actividades de desarrollo tecnológico y de innovación en los campos de la producción, transformación, transporte y distribución, así como sobre la utilización limpia y eficiente de la energía, dentro del respeto a las obligaciones y compromisos relativos a la no proliferación nuclear.

Con este propósito, hay que fomentar los esfuerzos de cooperación en materia de:

a) Actividades de investigación y desarrollo;

b) Proyectos piloto o de demostración;

c) Aplicación de las innovaciones tecnológicas;

d) Difusión e intercambio de conocimientos técnicos y de información sobre las tecnologías.

G. *La eficiencia energética, la protección del medio ambiente y la energía sostenible y limpia*

Conscientemente se reconoce la necesidad de la cooperación en el ámbito de la utilización eficiente de la energía, del desarrollo de fuentes de energías renovables y de la protección del ambiente en el ámbito de la energía. Ello debe incluir:

a) El aseguramiento de forma rentable, de la coherencia entre las políticas energéticas pertinentes, los acuerdos y los convenios relativos al ambiente;

b) El aseguramiento de la determinación de los precios en función del mercado, incluyendo una reflexión más completa de los costos y beneficios para el ambiente;

c) El uso de instrumentos transparentes y equitativos, basados en los principios de la economía de mercado, para alcanzar los objetivos en materia de energía y reducir los problemas ambientales;

d) La creación de condiciones generales para el intercambio de conocimientos, relativos a las tecnologías energéticas respetuosas con el ambiente, las fuentes de energías renovables y el uso eficiente de la energía;

e) La creación de las condiciones generales que garanticen inversiones rentables en eficiencia energética y en proyectos de energía, respetuosos con el ambiente.

H. *El acceso a la energía sostenible*

Se destaca la importancia de acceder a una energía sostenible, moderna, asequible y más limpia, en particular en los países en vías de desarrollo, lo cual puede contribuir a aliviar la pobreza energética.

Para ello, se confirma la necesidad de realizar esfuerzos para fortalecer la cooperación, así como apoyar iniciativas y asociaciones a nivel internacional, que conduzcan a esos objetivos.

I. *La educación y la formación*

Se reconoce el cometido de la industria, en la promoción de la educación y formación profesional en el ámbito de la energía, por lo que se debe cooperar en tales actividades, incluyendo:

a) La educación profesional;

b) La formación profesional;

c) La información pública en el campo de la eficiencia energética y de las energías renovables.

J. *La diversificación de fuentes de energía y de rutas de abastecimiento*

Se confirma que, para aumentar la seguridad energética, resulta de vital importancia la generación de energía a partir de un conjunto de fuentes variadas y la diversificación de las rutas de abastecimiento.

Además, se requiere velar por el cumplimiento de las normas internacionales relativas a la protección de la propiedad industrial, comercial e intelectual.

4. *Los acuerdos específicos*

A los efectos de lograr los objetivos y principios de la Carta, así como de llevar a cabo y expandir su cooperación, se incluyen las siguientes áreas:

1.	Las cuestiones horizontales y de organización;

2.	La eficiencia energética, incluida la protección del ambiente;

3.	La prospección, producción, transporte y uso de petróleo y de productos petrolíferos, así como la modernización de las refinerías;

4.	La prospección, producción y uso de gas natural, interconexión de las redes de gas y transmisión a través de gasoductos de alta presión;

5.	Todos los aspectos del ciclo del combustible nuclear, incluidas las mejoras en materia de seguridad en dicho sector;

6.	La modernización de las centrales eléctricas, la interconexión de las redes de energía eléctrica y la transmisión de electricidad por líneas de alta tensión;

7.	El desarrollo de mercados energéticos regionales integrados;

8.	Todos los aspectos del ciclo del carbón, incluidas las tecnologías limpias del carbón;

9.	El desarrollo de fuentes de energías renovables;

10.	El acceso a la energía sostenible;

11.	La transferencia de tecnología y el estímulo a la innovación;

12.	La cooperación al estudiar los efectos de los accidentes importantes en el sector de la energía, o de otros acontecimientos en el sector energético con consecuencias transfronterizas.

Lo expuesto supone un gran reto para el futuro del Derecho de la Energía, que lleva a reflexionar sobre el potencial que plantea el nuevo modelo de regulación internacional del sector energético.

## V.	CONSIDERACIONES FINALES

Como reflexiones finales es pertinente señalar, que en la actualidad no cabe duda que el Derecho de la Energía ha evolucionado notablemente, ya las reglas jurídicas no se imponen todas de manera exclusiva y unilateralmente por los Estados como en el pasado y aunque éstos siguen definiendo las políticas y la administración de los recursos energéticos de fuentes fósiles o renovables en sus respectivos países, estableciendo la matriz energética conforme a sus potencialidades, determinando su modelo económico, la propiedad sobre los recursos, la regulación del sector y el régimen fiscal, ello no obsta para que deban negociar con los inversionistas condiciones justas, equitativas y que brinden cierta estabilidad, para que resulten atractivas y estos quieran asumir los riesgos subyacentes en los negocios del sector.

A esto se suma que se ha experimentado un vertiginoso proceso de internacionalización del Derecho de las Energías, tal como ha venido sucediendo concretamente con los hidrocarburos y en particular con el líquido, que ha originado la formulación de la tesis de la *Lex Petrolea*[169]-[170], que incluso podría decirse que constituye el inicio del tránsito hacia una construcción más amplia que comprenda todas las energías, una suerte de *Codex Energiarum*.

Es así como se aprecia que actualmente se asiste al nacimiento de un nuevo Derecho de las Energías, el cual implica un cambio en los paradigmas tradicionales, pues supone una revisión del sistema de fuentes y una construcción menos teórica y más empírica, que se ha ido desarrollando para dar respuesta a las realidades ocurridas en diferentes espacios internacionales al calor de la política, la economía, los mercados y el ambiente, ese nuevo derecho podría considerarse como un *Ius Commune Energiarum*.

Este derecho *in fieri* que nace con vocación universal y que se nutre de distintas fuentes jurídicas, se encuentra llamado a contemplar las reglas que regirán tanto los futuros mercados energéticos, como las relaciones comerciales que se desarrollan al amparo de la oferta y la demanda para la satisfacción de las necesidades energéticas, encontrando como condicionante más relevante la obligación de contribuir a garantizar el Desarrollo Sostenible.

Con este nuevo ordenamiento jurídico que comprendería varias *lex mercatoria* en el sector de las energías, como la *lex petrolea*, y otras que podrían denominarse la *lex electricum* y la *lex renovábilis* se conformaría el *Codex Energiarum*, llamado a regular todas las energías y que surge por la integración de distintas fuentes jurídicas, cuyo origen fue el derecho estatal local en el sector energético, pero que fue evolucionando en su configuración, producto de la recepción y aplicación combinada con los medios o fuentes principales[171] contenidos en las reglas establecidas por los Tratados o Convenciones

---

[169]   Como es sabido la doctrina *Lex Petrolea* fue utilizada por primera vez por el Tribunal Arbitral, en el caso *ARAMCO vs. Arabia Saudita*, de 23 de agosto de 1958; a ello se sumará el caso *Sapphire International Petroleum vs. National Iranian Oil Company (NIOC)* de 1967; posteriormente, el caso *British Petroleum (BP) vs. Libia*, de 1979 y luego fue empleada en el caso *Kuwait vs. AMINOIL*, de 24 de mayo de 1982, donde el gobierno kuwaití presentó como argumentos un conjunto de fallos arbitrales que habrían dado origen a lo que se calificó como *Lex Petrolea* dentro de la industria; así como el caso *Burlington vs. Ecuador* en 2012, que entre otros han contribuido a consolidar esta teoría.

[170]   Bishop, Doak, *International Arbitration of Petroleum Disputes: The development of a Lex Petrolea*, Houston, 1998, pp. 1-68; De Jesús O., Alfredo, *The Prodigious Story of the Lex Petrolea and the Rhinoceros. Philosophical Aspects of the Transnational Legal Order of the Petroleum Society*, TPLI Series on Transnational Petroleum Law, Vol. 1, N° 1, 2012, pp. 1-53; Bowman, John P., *Lex Petrolea*, Sources and Successes of International Petroleum Law, *Oil, Gas & Energy Resources Law*, Vol. 39, N° 4, Summer, 2015, pp. 81-94.

[171]   Pellet, Allain, *Article 38*, (Dirs. Andreas Zimmermann, Karin Oellers-Frahm, Christian Tomuschat and Christian J. Tams), *The Statute of the International Court of Justice, A Commentary*, 2a. ed., Oxford University Press, 2012.

Internacionales[172] de reciente auge –tanto sobre la materia energética como ambiental–; los Principios Generales del Derecho reconocidos internacionalmente[173]; las mejores prácticas, los usos y las costumbres aceptadas[174] en cada subsector energético; los contratos energéticos internacionales[175]; y de los medios o fuentes auxiliares comprendidos por las decisiones judiciales o los laudos dictados por los tribunales arbitrales[176], así como la doctrina elaborada por los *iuspublicistas* más reputados en los distintos países[177].

---

[172] Artículo 38.1.a) del Estatuto de la Corte Internacional de Justicia. http://www.icj-cij.org/homepage/sp/icjstatute.php

[173] Artículo 38.1.c) del Estatuto de la Corte Internacional de Justicia. http://www.icj-cij.org/homepage/sp/icjstatute.php

[174] Artículo 38.1.b) del Estatuto de la Corte Internacional de Justicia. http://www.icj-cij.org/homepage/sp/icjstatute.php

[175] De Cárdenas García, Julián, "Tendencias transnacionales en la reglamentación del sector hidrocarburos. La hibridación del derecho estatal y el derecho transnacional del petróleo", (Coord. Moreno Castillo, Luis Ferney y Hernández-Mendible, Víctor R.), *Derecho de la Energía en América Latina,* tomo I, Universidad Externado de Colombia, Bogotá, 2017, pp. 157-198, en concreto sobre los contratos energéticos pp. 188-190; en este mismo sentido, Pinto Oliveros, Sheraldine, "Contratos petroleros en América Latina", (Coord. Moreno Castillo, Luis Ferney y Hernández-Mendible, Víctor R.), *Derecho de la Energía en América Latina,* tomo I, Universidad Externado de Colombia, Bogotá, 2017, pp. 200-254.

[176] Artículo 38.1.d) del Estatuto de la Corte Internacional de Justicia. http://www.icj-cij.org/homepage/sp/icjstatute.php

[177] De Cárdenas Garcia, Julián, *Thoughts on legal education and Transnational Petroleum Law*, Transnational Petroleum Law Institute, Forthcoming paper, 2015.

EL TRATADO SOBRE LA CARTA DE LA ENERGÍA, LAS ENERGÍAS RENOVABLES Y EL ARBITRAJE INTERNACIONAL

I.   INTRODUCCIÓN

El 13 de diciembre de 2007 los entonces países miembros de la Unión Europea alcanzaron un nuevo tratado de reforma[178], que se denomina Tratado de Lisboa y que entró en vigor el día 1° de diciembre de 2009.

Este instrumento tiene la particularidad de modificar tanto el Tratado de la Unión Europea como el Tratado constitutivo de la Comunidad Europea, que pasó a denominarse Tratado de Funcionamiento de la Comunidad Europea, pero sin llegar a sustituirlos.

Este nuevo Tratado vino a fortalecer el marco normativo y los instrumentos jurídicos para darle mayor solidez a la Unión Europea, hacerla más democrática, transparente y eficaz; de renovados derechos, libertades y valores; de solidaridad y seguridad; y el texto debe contribuir a consolidar su presencia y liderazgo a escala mundial. Además se incluyó una cláusula de procedimiento de retiro de la Unión, para el caso en que un Estado miembro así lo resolviera[179].

---

[178]   Tratado de Lisboa, DOUE, de 17 de diciembre de 2007, http://eur-lex.euro pa.eu/legal-content/EN/TXT/HTML/?uri=OJ:C:2007:306:FULL&from=ES#d1e13122-1-1

[179]   Esta cláusula será activada por vez primera, luego que el día 23 de junio de 2016, oportunidad en que el Reino Unido efectuó la consulta a la población, para que optasen entre seguir en el Unión Europea o retirarse de la misma, la mayoría de los participantes en la consulta -aunque por un estrecho margen-, se expresaron en favor de la opción del retiro. En efecto, a favor del Brexit se pronunciaron 17.410.742 de personas, que representan el 51,9% y a favor de permanecer en la Unión se manifestaron 16.577.342 de personas, que representan el 48,1%. El portal BBC mundo título al día siguiente "El *Brexit* gana el referendo: Reino Unido elige salir de la Unión Europea. ¿Qué pasa ahora? Se debe señalar que existe un antecedente de retiro de la Comunidad Económica Europea de parte de Groenlandia, un territorio autónomo, pero que depende del Reino de Dinamarca, lo que ocurrió en 1982, momento para el cual no se encontraba en vigor el Tratado de Lisboa. El portal BBC mundo el día 6 de septiembre de 2016, título *"Brexit: las duras lecciones para Reino Unido de Groenlandia, el único territorio que ha abandonado la Unión Europea".* Finalmente, el portal BBC mundo informa el día 28 de marzo de 2017, *"Brexit: Theresa May firma la carta que dará inicio a la salida de Reino Unido de la Unión Europea".*

De especial interés a los efectos de este trabajo, resulta la novedad del establecimiento de los fundamentos jurídicos para el desarrollo de la política energética, así como las políticas sobre el ambiente y el cambio climático[180]. Esta es considerada una nueva competencia de la Unión Europea, que concurre con las competencias de los Estados miembros sobre sus recursos energéticos[181].

Lo señalado no constituye óbice, para que se hayan aprobado por la Unión Europea, los distintos bloques o paquetes normativos –dentro del ámbito de sus competencias– sobre las energías[182].

Aunque no corresponde extenderse en este asunto por exceder los límites de este trabajo, es bueno dejar sentado que con base en el principio de libre competencia que inspira el desempeño de los mercados europeos, a los fines de evitar que se falsee la competencia y se afecte el comercio, en prin-

---

[180]   El Título XX, Energía, artículo 176A del Tratado de Lisboa estableció:

"1. En el marco del establecimiento o del funcionamiento del mercado interior y atendiendo a la necesidad de preservar y mejorar el medio ambiente, la política energética de la Unión tendrá por objetivo, con un espíritu de solidaridad entre los Estados miembros:

a) garantizar el funcionamiento del mercado de la energía;

b) garantizar la seguridad del abastecimiento energético en la Unión;

c) fomentar la eficiencia energética y el ahorro energético, así como el desarrollo de energías nuevas y renovables; y

d) fomentar la interconexión de las redes energéticas.

2. Sin perjuicio de la aplicación de otras disposiciones de los Tratados, el Parlamento Europeo y el Consejo establecerán, con arreglo al procedimiento legislativo ordinario, las medidas necesarias para alcanzar los objetivos mencionados en el apartado 1. Dichas medidas se adoptarán previa consulta al Comité Económico y Social y al Comité de las Regiones.

No afectarán al derecho de un Estado miembro a determinar las condiciones de explotación de sus recursos energéticos, sus posibilidades de elegir entre distintas fuentes de energía y la estructura general de su abastecimiento energético, sin perjuicio de la letra c) del apartado 2 del artículo 175.

3. No obstante lo dispuesto en el apartado 2, el Consejo, con arreglo a un procedimiento legislativo especial, por unanimidad y previa consulta al Parlamento Europeo, establecerá las medidas mencionadas en ese apartado cuando sean esencialmente de carácter fiscal."

http://eur-lex.europa.eu/legal-content/ES/ALL/?uri=CELEX:12007L002

[181]   Embid Irujo, Antonio, "Energías renovables, medio ambiente y mercado interior de la Energía: Algunas reflexiones en la víspera del "cuarto paquete" sobre la Unión de la Energía", *Revista Argentina de Derecho de la Energía, Hidrocarburos y Minería* N° 9, mayo-junio, Editorial Ábaco, Buenos Aires, 2016, p. 72.

[182]   Del Guayo, Iñigo, "El marco jurídico internacional comunitario de las energías renovables", (Dir. José Francisco Alenza García), *La regulación de las energías renovables ante el cambio climático*, Thomson-Reuters Aranzadi, Pamplona, 2014, pp. 35-58.

cipio están prohibidas las ayudas económicas públicas[183], considerándose únicamente compatibles con los mercados, aquellas que sean de carácter excepcional, de vigencia temporal, en el supuesto que se sean estrictamente necesarias y que puedan justificarse razonablemente ante las instituciones de la Unión Europea[184]. Conforme a ello es que se han admitido las ayudas estatales, para el caso del fomento del aprovechamiento de las fuentes de energías renovables[185].

No obstante el anterior contexto europeo, lo que motiva este análisis no se refiere a un estudio sobre la compatibilidad del régimen nacional de las energías con el régimen de la Unión Europea; sino al posible incumplimiento por un Estado miembro de la Unión Europea, que al modificar su régimen especial de generación de electricidad, mediante el aprovechamiento de las fuentes renovables, pudo incurrir en desconocimiento de las obligaciones que se tienen establecidas en los tratados que garantizan la protección de las inversiones –como el Tratado sobre la Carta de la Energía[186]–, lo que podría derivar en una potencial reclamación patrimonial de indemnización por los eventuales afectados y en una hipotética condena por los órganos jurisdiccionales nacionales o de los tribunales arbitrales.

---

[183]   Artículo 107.1 del Tratado de Funcionamiento de la Unión Europea.

[184]   Artículo 107.2 y 107.3 del Tratado de Funcionamiento de la Unión Europea.

[185]   Inicialmente el fomento de las fuentes de energías renovables se estableció en la Directiva 2001/77/CE, *relativa a la promoción de la electricidad generada a partir de fuentes de energía renovable en el mercado interior de la electricidad*, DO L 283, de 27 de octubre de 2001, http://eur-lex.europa.eu/legal-content/ES/TXT/?uri=celex:32001L0077; y en la Directiva 2003/30/CE, relativa al fomento del uso de biocarburantes u otros combustibles renovables en el transporte, DO L 123, de 17 de mayo de 2003, http://eur-lex.europa.eu/legal-content/ES/ALL/?uri=URISERV%3Al21061; que fueron derogadas por la Directiva 2009/28/CE del Parlamento Europeo y del Consejo, de 23 de abril de 2009, relativa al fomento del uso de energía procedente de fuentes renovables, DOUE 140, de 5 de junio de 2009, cuyo artículo 1 dispone que "La presente Directiva establece un marco común para el fomento de la energía procedente de fuentes renovables. Fija objetivos nacionales obligatorios en relación con la cuota de energía procedente de fuentes renovables en el consumo final bruto de energía y con la cuota de energía procedente de fuentes renovables en el transporte. Establece normas relativas a las transferencias estadísticas entre Estados miembros, los proyectos conjuntos entre Estados miembros y con terceros países, las garantías de origen, los procedimientos administrativos, la información y la formación, y el acceso a la red eléctrica para la energía procedente de fuentes renovables. Define criterios de sostenibilidad para los biocarburantes y biolíquidos" https://www.boe.es/buscar/doc.php?id=DOUE-L-2009-81013; y ha sido complementada recientemente con las Directrices sobre ayudas estatales en materia de protección del medio ambiente y energía 2014-2020, DOUE C 200/1, de 28 de junio de 2014, http://eur-lex.europa.eu/legal-content/ES/TXT/?uri=celex%3A52014XC0628(01)

[186]   Tratado sobre la Carta de la Energía, de 17 de diciembre de 1994, http://www.ener gycharter.org/fileadmin/DocumentsMedia/Legal/ECT-es.pdf

Ello demuestra, que en este especial escenario de compromisos internacionales tiene particular relevancia el Tratado sobre la Carta de la Energía[187], que ha servido de instrumento jurídico para valorar los primeros casos en que algunos Estados integrantes de la Unión Europea en ejercicio de su soberanía sobre sus recursos, luego de desarrollar una política de fomento de la inversión en la actividad de generación, mediante el aprovechamiento de las fuentes de energías renovables, resolvieron inicialmente cambiar los estímulos otorgados y posteriormente eliminarlos, por lo que aquellos inversionistas que se consideraron afectados en sus derechos, decidieron acudir en unos casos a los órganos jurisdiccionales nacionales y en otros, decantarse por utilizar los medios de resolución de conflictos que reconoce el referido Tratado[188-189], a los fines de obtener una compensación.

En aras de una mayor claridad en la exposición de las ideas, el presente trabajo se dividirá en los siguientes aspectos a saber: Se realizará un estudio del derecho estatal y las reformas regulatorias en el sector energético de las

---

[187] La Decisión 98/181/CE, CECA y Euratom, del Consejo y de la Comisión de 23 de septiembre de 1997, relativa a la conclusión por parte de las Comunidades Europeas, del Tratado sobre la Carta de la Energía y el Protocolo de la Carta de la Energía sobre la eficacia energética y los aspectos medioambientales relacionados, DO L N° 069, de 09 de marzo de 1998, estableció en el artículo 1 que "Quedan aprobados, en nombre de la Comunidad Europea del Carbón y del Acero, de la Comunidad Europea y de la Comunidad Europea de la Energía Atómica, el Tratado sobre la Carta de la Energía y el Protocolo de la Carta de la Energía sobre la eficacia energética y los aspectos medioambientales relacionados (denominado en lo sucesivo «el Protocolo de la Carta de la Energía»). Se adjuntan a la presente Decisión los textos del Tratado sobre la Carta de la Energía y del Protocolo de la Carta de la Energía". http://eur-lex.europa.eu/legal-content/ES/TXT/?uri=CELEX:31998D0181; luego será modificada por la Decisión 2001/595/CE del Consejo, de 13 de julio de 2001, relativa a la aprobación por la Comunidad Europea de la enmienda a las disposiciones comerciales del Tratado sobre la Carta de la Energía, DO N° L 209, de 02 de agosto de 2001, que dispone en el artículo 1, lo siguiente: "Queda aprobada en nombre de la Comunidad Europea la enmienda a las disposiciones comerciales del Tratado sobre la Carta de la Energía", http://eur-lex.europa.eu/legal-content/ES/TXT/?uri=CELEX:32001D0595

[188] De los Santos, Carlos, Arana, Silvestre, Iglesias, Jaime L., "Arbitraje Internacional sobre el Tratado de la Carta de la Energía: La vía del inversor extranjero", *Cuaderno de Energía* N° 30, Club Español de la Energía, Deloitte y Garrigues, Madrid, 2011, pp. 5-10.

[189] Para inicio de julio de 2017, existían más de 100 casos sometidos a arbitraje internacional, conforme al Tratado sobre la Carta Internacional de la Energía y de ellos 30 han sido planteados contra el Reino de España, http://www.energycharter.org/what-we-do/dispute-settlement/all-investment-dispute-settlement-cases/; situación que, a finales de 2015, lo había convertido en el Estado contra quien cursaban más demandas arbitrales. Así lo informaba el Periódico de la Energía, el 15 de noviembre de 2015, bajo el título "España supera a Venezuela y se convierte en el país con más demandas judiciales por inversores extranjeros del mundo". http://elperiodicodelaenergia.com/espana-supera-a-venezuela-y-se-convierte-en-el-pais-con-mas-demandas-judiciales-por-inverso-res-extranjeros-del-mundo/

renovables (II); se efectuará el análisis del laudo arbitral que aplica el Tratado sobre la Carta de la Energía (III); se mencionará el otro laudo arbitral que aplica el Tratado sobre la Carta de la Energía (IV); y se formularán las consideraciones finales (V).

II.   EL DERECHO ESTATAL Y LAS REFORMAS REGULATORIAS

En el contexto de los derechos nacionales, cada uno de los Estados que hacen parte de la Unión Europea ha adoptado sus políticas de promoción y estímulo al desarrollo y aprovechamiento de las tecnologías y fuentes de energías renovables y con base en sus fortalezas en los recursos estratégicos, han resuelto a cuáles de ellos aplicarles políticas de fomento y ayudas estatales.

1.   *El marco regulatorio inicial y las reformas*

En el caso de España, se expidió el Real Decreto 661/2007, de 25 de mayo, que antecedió a la entrada en vigor de la Ley 54/1997, de 27 de noviembre, del sector eléctrico; y que fue seguida por el Real Decreto 1578/2008, de 26 de septiembre, orientados a fomentar la generación de energía eléctrica en régimen especial, mediante el aprovechamiento de las fuentes de energías renovables, en concreto la solar fotovoltaica.

En función de esto, varios interesados resolvieron invertir en el sector, mediante la constitución de empresas mercantiles que tendrían por objeto la actividad de generación, en los términos previstos en dicho marco regulatorio.

No obstante, consecuencia de la crisis económica mundial y en particular de su impacto en Europa, el Estado se vio en la necesidad de efectuar reformas y entre ellas, el sector de las energías renovables experimentó un sustancial cambio en la política de fomento de generación de energía eléctrica, a través de la fuente solar fotovoltaica[190]. Ello tuvo lugar a través del Real Decreto 1003/2010, de 5 de agosto; del Real Decreto 1565/2010, de 19 de noviembre; del Real Decreto 1614/2010, de 8 de diciembre; y del Real Decreto-Ley 14/2010, de 23 de diciembre.

Posteriormente, se efectuaron otras modificaciones a través del Real Decreto-Ley 1/2012, de 22 de enero[191]; de la Ley 15/2012, de 27 de diciembre y del Real Decreto-Ley 2/2013, de 1 de febrero.

---

[190]   Embid Irujo, Antonio, "El derecho público de la crisis económica", (Coord. Avelino Blasco Esteve), *El derecho público de la crisis económica. Transparencia y Sector Público. Hacia un nuevo Derecho Administrativo*, INAP, Madrid, 2012, pp. 36-54.

[191]   Del Guayo, Iñigo, "Seguridad jurídica y cambios regulatorios", *Revista Española de Derecho Administrativo* N° 156, Civitas, Madrid, 2012, pp. 217-254.

A estos le seguirán finalmente la eliminación de los incentivos, en el Real Decreto-Ley 9/2013, de 12 de julio; la nueva Ley 24/2013, de 26 de diciembre, del sector eléctrico; y el Real Decreto 413/2014, de 6 de junio, que terminará de regular la actividad de producción de energía eléctrica por fuentes de energías renovables, cogeneración y residuos.

Las antes mencionadas reformas han sido objeto de impugnación y de reclamos de naturaleza patrimonial a nivel nacional –porque los inversionistas nacionales no tienen acceso al arbitraje internacional–, por parte de quienes se han considerado afectados, que han acudido a los órganos jurisdiccionales a través de la interposición de recursos de inconstitucionalidad y de demandas contencioso administrativas que contienen pretensiones de anulación y de condena.

2.   *Los criterios establecidos por los tribunales nacionales sobre el Tratado de la Carta de la Energía*

A los efectos de este epígrafe, se procederá a analizar lo expresado aproximadamente en más de quince de fallos del Tribunal Constitucional y el Tribunal Supremo, a los fines de ver la posición de estos tribunales nacionales con respecto a la aplicación del Tratado sobre la Carta de la Energía, que constituye el principal objeto de estas reflexiones.

En esencia los argumentos presentados por los demandantes ante los órganos jurisdiccionales nacionales son los siguientes: Que se ha incurrido en una transgresión del principio de igualdad jurídica; se produjo una aplicación retroactividad de las nuevas normas; se realizó un desconocimiento de los principios de seguridad jurídica y confianza legítima; se transgredió el principio de interdicción de la arbitrariedad de los poderes públicos y se efectuó una alteración intolerable del principio de la rentabilidad razonable.

Algunas demandas han invocado el incumplimiento de ordenamiento jurídico comunitario y además la violación de las disposiciones del Tratado de la Carta de la Energía.

Dado que el análisis desde la perspectiva del derecho nacional ha sido efectuado de manera prolija por la doctrina científica, que ha sido notablemente crítica con las sentencias pronunciadas[192], el presente análisis se circunscribirá a destacar lo resuelto en los fallos y se hará especial referencia a aquellos que se han pronunciado sobre el Tratado de la Carta de la Energía.

---

[192]   Ruiz Olmo, Irene, Las renovables ante los recientes cambios normativos: el episodio jurisprudencial del RD 1565/2010, que modifica la tarifa retributiva de la energía fotovoltaica, *Actualidad Jurídica Ambiental*, N° 33, 3 de marzo de 2014, pp. 1-28; Alenza García, José Francisco, Las energías renovables ante la fugacidad legislativa: la mitificación de los principios de (in)seguridad jurídica y de (des)confianza legítima: [a propósito de la stc 270/2015 sobre el nuevo sistema retributivo de las energías renovables], *Actualidad Jurídica Ambiental*, N° 55, 1 de marzo de 2016, pp. 1-19.

A. *La posición del Tribunal Constitucional en los casos sometidos a su consideración*

A partir de los primeros casos sometidos a su competencia, el Tribunal Constitucional en Pleno, mediante sentencia 96/2014, de 12 de junio, resuelve desestimar el recurso de inconstitucionalidad interpuesto por el Consejo de Gobierno de la Comunidad Autónoma de la Región de Murcia contra la disposición adicional primera, la disposición transitoria segunda y la disposición final primera del Real Decreto-Ley 14/2010, de 23 de diciembre, por el que se establecieron medidas urgentes para la corrección del déficit tarifario del sector eléctrico, mediante la modificación del régimen retributivo de las instalaciones de tecnología solar fotovoltaica. Este criterio fue reiterado por el propio Tribunal Constitucional en sentencia 109/2014, de 26 de junio.

Luego el Tribunal Constitucional en Pleno, en sentencia 183/2014, de 6 de noviembre, resolvió el recurso de inconstitucionalidad promovido por el Consejo de Gobierno de la Junta de Andalucía en relación con diversos preceptos de la Ley 15/2012, de 27 de diciembre, de medidas fiscales para la sostenibilidad energética, el Real Decreto-Ley 29/2012, de 28 de diciembre, de mejora de gestión y protección social en el sistema especial para empleados de hogar y otras medidas de carácter económico y social; y del Real Decreto-Ley 2/2013, de 1 de febrero, de medidas urgentes en el sistema eléctrico y en el sector financiero. En esa ocasión declaró la pérdida sobrevenida del objeto del recurso, en lo que se refiere a la vulneración del artículo 9.3 de la Constitución Española, del artículo 8 del Real Decreto-Ley 29/2012, de 28 de diciembre, de mejora de gestión y protección social en el sistema especial para empleados de hogar y otras medidas de carácter económico y social, y de los artículos 1; apartados 1, 2, 5, 7, 8, 9 y 10 del artículo 2; 3 y la disposición adicional única del Real Decreto-Ley 2/2013, de 1 de febrero, de medidas urgentes en el sistema eléctrico y en el sector financiero y desestimó el resto de las pretensiones. Este criterio fue reiterado por el propio Tribunal Constitucional en sentencia 28/2015, de 19 de febrero.

Posteriormente, el Tribunal Constitucional en Pleno, en sentencia 48/2015, de 5 de marzo, resolvió el recurso de inconstitucionalidad interpuesto por la Xunta de Galicia, contra el Real Decreto-Ley 1/2012, de 27 de enero, por el que se procede a la suspensión de los procedimientos de preasignación de retribución y a la supresión de los incentivos económicos para nuevas instalaciones de producción de energía eléctrica a partir de cogeneración, fuentes de energías renovables y residuos. En este caso volvió a declarar la pérdida sobrevenida del objeto del recurso, en lo que se refiere a la vulneración del artículo 9.3 de la Constitución Española por parte del Real Decreto-Ley 1/2012, de 27 de enero y desestimó el resto de las pretensiones. Este criterio fue reiterado por el propio Tribunal Constitucional en sentencia 105/2015, de 28 de mayo.

Finalmente, el Tribunal Constitucional en Pleno, en sentencia 270/2015, de 17 de diciembre, resolvió desestimar el recurso de inconstitucionalidad interpuesto por el Consejo de Gobierno de la Comunidad Autónoma de la Región de Murcia, contra el artículo 1, apartados 2 y 3; disposición adicional primera; disposición transitoria tercera y disposición final segunda del Real Decreto-Ley 9/2013, de 12 de julio, por el que se adoptan medidas urgentes para garantizar la estabilidad financiera del sistema eléctrico. Los fundamentos jurídicos de este fallo se reiteran en las sentencias de 19/2016, de 4 de febrero; 29/2016, de 18 de febrero; 30/2016, de 18 de febrero y 61/2016, de 17 de marzo.

Ahora bien, en lo que respecta a la pretensión de que se declare la violación del Tratado de la Carta de la Energía, la sentencia 270/2015, de 17 de diciembre –ratificada por la sentencia 61/2016, de 17 de marzo–, resolvió este alegato en los términos siguientes:

En primer lugar, procede advertir que este Tribunal ha declarado reiteradamente que los tratados internacionales no constituyen por sí mismos parámetro de contraste para valorar la posible inconstitucionalidad de las leyes, pues "la supuesta contradicción de los tratados por las leyes o por otras disposiciones normativas posteriores no es cuestión que afecte a la constitucionalidad de éstas y que, por tanto, deba ser resuelto por el Tribunal Constitucional (STC 49/1988, fundamento jurídico 14 *in fine*), sino que como puro problema de selección del derecho aplicable al caso concreto, su resolución corresponde a los órganos judiciales en los litigios de que conozcan" (SSTC 28/1991, de 14 de febrero, FJ 5, y 207/2013, de 5 de diciembre, FJ 4). En suma, "no corresponde a este Tribunal determinar la compatibilidad o no de un precepto legal con un tratado internacional, ni éstos pueden erigirse en normas fundamentales y criterios de constitucionalidad" (STC 142/1993, de 22 de abril, FJ 3).

En ese sentido tampoco la incorporación de un tratado al ordenamiento jurídico interno, tras su ratificación y publicación oficial, determina –como pretenden los recurrentes–, la supuesta vulneración del principio de jerarquía normativa, puesto que la "garantía de la jerarquía normativa proscribe que una norma de rango inferior contravenga lo dispuesto en una de rango superior. Sin embargo, si el criterio de enjuiciamiento en un proceso de constitucionalidad viene proporcionado por la Constitución y, eventualmente, por las normas que integran el bloque de constitucionalidad, dado que, por definición, en todo recurso de inconstitucionalidad subyace un problema de jerarquía normativa, resulta que tal jerarquía no es un canon idóneo para esta labor. La apreciación de contradicción entre un texto legal y la Constitución no entraña una mera transgresión por norma de rango inferior de lo establecido en otra de rango superior, sino pura y simplemente, la inconstitucionalidad de la norma con rango de ley" (SSTC 91/1998, de 23 de abril, FJ 2, y 198/2012, de 26 de noviembre, FJ 2).

Si bien es cierto que la Carta de la Energía contempla la necesidad de dotar de seguridad y permanencia a las inversiones en energías renovables y la prohibición de adoptar medidas que afecten a dichas inversiones con efectos equivalentes a la expropiación, lo que el recurrente pretende plantear en realidad es una cuestión relacionada con el sistema de fuentes, en particular con el principio de jerarquía normativa. En modo alguno se argumenta sobre el fondo del asunto, esto es, de qué forma las normas que cuestiona contravendrían las reglas del Tratado y, sobre todo, cuáles serían las consecuencias de dicha contravención, a efectos de su enjuiciamiento en sede constitucional. Por eso no se ha levantado la carga alegatoria que pesa sobre quien pretende la declaración de inconstitucionalidad de una norma con rango de ley, pues el recurso carece en este punto de la mínima fundamentación que permita a este Tribunal inferir las razones por las que el recurrente considera que la norma legal impugnada infringe la Constitución. La demanda se limita a hacer referencia al contenido de los arts. 10 y 13 del Tratado sobre la carta de la energía, afirmando posteriormente que "el Estado español, con la aprobación del Real Decreto-ley 9/2013, ha incumplido sus obligaciones contraídas con inversores extranjeros...", decisión que, a su entender, implica un incumplimiento del mencionado Tratado que comportaría como consecuencia la infracción de los principios de jerarquía normativa y de seguridad jurídica. Esa infracción aparece únicamente mencionada, ya que la afirmación del recurrente no viene acompañada de la necesaria argumentación específica que permita conocer las razones por las cuales entienden que las disposiciones cuestionadas vulneran el orden constitucional, sin que esta insuficiencia deba ser salvada por este Tribunal.

Tal como reitera el Tribunal Constitucional en los fallos recientes, los tratados internacionales al no integrar el bloque de la constitucionalidad, no constituyen un estándar con el cuál contrastar la validez de los actos jurídicos normativos, a los fines de resolver sobre su potencial constitucionalidad; y cualquier planteamiento sobre la contradicción entre un tratado y otras normas, por posible contravención al principio de jerarquía normativa, escapa al ámbito del control de constitucionalidad y debe ser resuelto en el caso concreto por los órganos jurisdiccionales competentes.

B. *La posición del Tribunal Supremo en los casos sometidos a su consideración*

Conforme al criterio establecido por el Tribunal Supremo en Sala de lo Contencioso Administrativo, Sección 3, mediante sentencia 2320/2012, de 12 de abril, ratificada de forma reiterada entre otras por la sentencia 1/2014, de 13 de enero, se desestima el recurso contencioso-administrativo interpuesto por las empresas generadoras de energía a través de fuentes renovables, contra el artículo 7, apartado 3, y del Anexo III de la Orden ITC/3353/2010, de 28 de diciembre, y disposiciones regulatorias concordantes, así como contra el artículo primero, apartado diez, del Real Decreto 1565/2010, de 19 de noviembre, por ser conformes a Derecho.

El Tribunal Supremo al pronunciarse sobre la aplicación del Tratado de la Carta de la Energía, señaló lo siguiente:

En cuanto al Tratado sobre la Carta de la Energía y el Protocolo de la Carta de la Energía sobre la eficacia energética y los aspectos medioambientales relacionados, aprobados en nombre de la Comunidad Europea del Carbón y del Acero, de la Comunidad Europea y de la Comunidad Europea de la Energía Atómica por la Decisión del Consejo y de la Comisión de 23 de septiembre de 1997, contienen, en efecto, disposiciones sobre la protección de las inversiones en esta materia. Respecto de ellas las Partes Contratantes han de fomentar y crear condiciones estables, favorables y transparentes para los inversores extranjeros y les aplicarán el principio de nación más favorecida o el trato que concedan a sus propios inversores, según el régimen más favorable.

Aunque admitiéramos a efectos meramente dialécticos que –como interesan los recurrentes– el Tratado fuese aplicable a los inversores españoles respecto de las decisiones adoptadas por el Gobierno español, lo que no se aviene con las disposiciones de aquél, lo cierto es que la protección de las inversiones extranjeras a la que se refiere su artículo 10 lo es contra "medidas exorbitantes o discriminatorias", calificativos que no consideramos adecuados a la mera restricción a 30 años del período de disfrute de la tarifa regulada, en las condiciones y por los motivos ya expuestos, medida que se aplica por igual a todos los productores fotovoltaicos afectados. Mucho menos puede calificarse de "nacionalización, expropiación o medida o medidas de efecto equivalente a la nacionalización o a la expropiación", en los términos del artículo 13 del Tratado.

Y aun cuando el Tratado promueve que las Partes Contratantes fomenten y creen "condiciones estables, equitativas, favorables y transparentes para que los inversores de otras Partes Contratantes realicen inversiones en su territorio", la nota de "estabilidad" debe entenderse referida al marco regulatorio en su conjunto, no a una medida aislada de las que lo componen, y tampoco puede interpretarse en el sentido de que suponga la absoluta petrificación del régimen inicialmente aprobado cuando, como aquí ocurre, ha habido cambio de circunstancias relevantes y motivos justificadores de la modificación regulatoria aplicada a la tecnología fotovoltaica. Las inversiones en esta tecnología siguen estando protegidas y fomentadas en España por un marco normativo sin duda favorable en su globalidad (además de tener la garantía del principio de rentabilidad razonable) incluso si la significación económica de alguna de las medidas ulteriores hubiera eventualmente implicado una muy limitada –y más bien hipotética, dada su eficacia plena para dentro de treinta años– disminución de las previsiones de beneficios calculados inicialmente.

Dicho lo cual, la Sala no aprecia que existan razones para someter al Tribunal de Justicia una cuestión prejudicial. No consideramos, en efecto, que la medida objeto de recurso pudiera ser contraria al Derecho de la Unión Europea, tanto si tomamos como referencias normativas de contraste los principios de seguridad jurídica y protección de la confianza legítima o el artículo 16 de la Directiva 2009/28/CE cuanto si se entendiera que la Carta Europea de la Energía y el Protocolo tienen aquella dimensión en virtud de la ya citada Decisión del Consejo y de la Comisión de 23 de septiembre de 1997.

Del fallo parcialmente transcrito emergen dos ideas de importancia cardinal: Una es que el Tratado de la Carta de la Energía no puede ser invocado como violado por los inversionistas nacionales, pues el mismo únicamente tiene como sujetos de protección a los inversionistas extranjeros; y la otra, que al efectuar el ejercicio teórico de contrastar el estándar de protección de Tratado de la Carta de la Energía con las normas adoptadas por el Estado, estás no se pueden considerar exorbitantes, ni discriminatorias, pues ellas se aplican por igual a todos los inversionistas que se encuentran regulados por ese régimen jurídico.

Posteriormente, el Tribunal Supremo en Sala de lo Contencioso Administrativo, Sección 4, en sentencia 66/2016, de 21 de enero, desestimó el recurso contencioso-administrativo interpuesto por la empresa generadora de energía a través de fuentes renovables, contra el acuerdo del Consejo de Ministros de fecha 22 de marzo de 2013, por el que se desestiman las reclamaciones de responsabilidad patrimonial formuladas por los daños y perjuicios causados a sus instalaciones de producción de electricidad, que tiene como fuente la energía solar fotovoltaica, por la entrada en vigor del Real Decreto 1565/2010, de 19 de noviembre, del Real Decreto-Ley 14/2010, de 23 de diciembre, y de la Ley 2/2011, de 4 de marzo.

Más reciente, el Tribunal Supremo en Sala de lo Contencioso Administrativo, Sección 3, en sentencias 1265/2016 y 1266/2016, de 1 de junio, –que utilizan como fundamento la sentencia del Tribunal Constitucional 270/2015, de 17 de diciembre–, desestimaron los recursos contencioso-administrativo interpuestos por las empresas generadoras de energía, a través de fuentes renovables contra el Real Decreto 413/2014, de 6 de junio, por el que se regula la actividad de producción de energía eléctrica a partir de fuentes de energía renovables, cogeneración y residuos, y contra la Orden IET/1045/ 2014, de 16 de junio, por la que se aprueban los parámetros retributivos de las instalaciones tipo, aplicables a determinadas instalaciones de producción de energía eléctrica a partir de fuentes de energía renovables, cogeneración y residuos.

3.   *Las implicaciones de los fallos respecto a los generadores mediante fuentes renovables*

Hasta el presente se pueden advertir varias conclusiones, respecto a las sentencias de los tribunales nacionales.

Los criterios jurisprudenciales desarrollados por el Tribunal Constitucional han desestimado la cuestionada constitucionalidad de los actos jurídicos que implementaron los recortes y que posteriormente eliminaron los incentivos a los generadores de energía eléctrica, a través de fuentes renovables fotovoltaicas; por el contrario, han considerado que tales medidas fueron razonables y acordes a las circunstancias en que se adoptaron.

Los criterios jurisprudenciales fijados por el Tribunal Supremo han avalado la legalidad de los actos jurídicos que establecieron los recortes y eliminaron los incentivos a los generadores de energía eléctrica, a través de fuentes renovables fotovoltaicas; desechando en consecuencia, cualquier eventual responsabilidad de las Administraciones Públicas.

Se debe destacar que estos criterios podrían experimentar cambios, pues los votos particulares recientes demuestran que la disidencia con respecto a la posición mayoritaria se ha ido incrementando progresivamente y que esta se encuentra ganada a la idea de reconocer algún tipo de responsabilidad de las Administraciones Públicas, lo que por supuesto dependerá de las pretensiones que se formulen en el futuro.

Finalmente, dado que las pretensiones de reconocimiento de transgresión del Tratado de la Carta de la Energía no han prosperado ante los tribunales nacionales, corresponde a los inversionistas extranjeros formular sus reclamaciones ante los tribunales arbitrales para que sean éstos quienes resuelvan conforme a lo que reconoce el Tratado, sobre la pretendida violación y consecuente responsabilidad del Estado. A este asunto se dedicará el análisis del laudo que se hará a continuación, que resulta ser el primero respecto a España, en que se decide un conflicto en aplicación del Tratado.

III. EL LAUDO ARBITRAL QUE APLICA EL TRATADO SOBRE LA CARTA DE LA ENERGÍA

En este epígrafe se analizará el laudo del arbitraje N° 062/2012, recaído en el caso *Charanne B.V. y Construction Investments S.A.R.L.* contra el Reino de España, emitido el día 21 de enero de 2016, expedido por el Tribunal Arbitral del Instituto de Arbitraje de la Cámara de Comercio de Estocolmo, integrado por el presidente Alexis Mourre y los árbitros Guido Santiago Tawil y Claus Von Wobeser.

La disputa entre las partes surgió como consecuencia de que una vez establecidas las reglas del régimen especial en la generación de energía eléctrica[193], con el objetivo de fomentar el aprovechamiento de las fuentes de energías renovables, –en el caso concreto la solar fotovoltaica–, a través del otorgamiento de incentivos y subvenciones estatales, –que estimularon a los inversionistas a participar en el sector–, se modificó el régimen regulatorio estableciendo unas condiciones menos ventajosas que las iniciales[194], lo que motivó las reclamaciones de los inversionistas al Estado receptor de la inversión[195].

Seguidamente se precisarán las pretensiones expuestas por las partes ante el Tribunal Arbitral.

---

[193] Nebreda Pérez, Joaquín M., *Aspectos jurídicos de la producción eléctrica en régimen especial,* Thomson-Civitas, Madrid, 2009, pp. 5-70; González Ríos, Isabel, *Régimen Jurídico-Administrativo de las Energías Renovables y de la Eficiencia Energética*, Aranzadi Thomson-Reuters, Pamplona, 2011, pp. 203-264.

[194] Ruiz Olmos, Irene, y Delgado Piqueras, Francisco, "La nueva regulación legal de las energías renovables: del régimen especial al régimen específico", (Dir. José Francisco Alenza García), *La regulación de las energías renovables ante el cambio climático*, Thomson-Reuters Aranzadi, Pamplona, 2014, pp. 59-96.

[195] Estos reclamos fueron formulados contra España, Italia, República Checa - desde el 15 de abril de 2016, se denomina Chequia-, Países Bajos, Alemania, Chipre, Luxemburgo y el Reino Unido. Bonafé, Ernesto, and Gökçe, Mete, "Escalated interactions between EU energy law and the Energy Charter Treaty", *Journal of World Energy Law and Business* 9, Oxford, 2016, pp. 185-186.

1. *Las pretensiones de las partes*

Los demandantes son las sociedades mercantiles *Charanne B.V.* y *Construction Investments S.A.R.L.*, cuyos representantes formularon varias pretensiones que se resumen a continuación:

1. Que se declare que el demandado ha incumplido del Tratado sobre la Carta de la Energía y en concreto que violó el artículo 13, al expropiar las inversiones de los demandantes sin una compensación, pronta, justa, adecuada y efectiva; que incumplió el artículo 10.1, que contiene la obligación de garantizar a los inversionistas un trato justo y equitativo; y que incumplió el artículo 10.12, que contempla la obligación de establecer en el derecho nacional, los medios eficaces para la tramitación de demandas y el ejercicio de derechos.

2. Solicitan se condene al demandado a pagar las sumas reclamadas por concepto de indemnización, con los respectivos intereses, mientras no se proceda al pago total de la condena.

3. Subsidiariamente, en el caso que no se hubiese condenado al demandado a indemnizar por las cantidades antes mencionadas, que se le condene a pagar las cantidades que determinan a su favor, por concepto de violación de la obligación establecida en el artículo 10.12 del Tratado, así como que conceda cualquier otra reparación que considere apropiada.

4. Que condene al demandado al pago de los costos y gastos que se hayan incurrido en el arbitraje, incluidos los costos y gastos del Tribunal Arbitral y del Instituto de Arbitraje de la Cámara de Comercio de Estocolmo, así como a reembolsar a los demandantes todos los gastos en que hayan incurrido como consecuencia del arbitraje, incluyendo los honorarios de abogados y expertos.

El demandado es el Reino de España, que a través de sus representantes expuso sus defensas previas y de fondo en los términos siguientes:

1. Que se desestime las pretensiones de los demandantes por ser inadmisibles, en virtud de considerar que el arbitraje devino sin objeto y por carecer el Tribunal Arbitral de jurisdicción sobre el asunto.

2. Subsidiariamente, en el supuesto negado que el Tribunal resuelva que tiene jurisdicción para conocer de la controversia, que desestime todas las pretensiones de las demandantes en lo concerniente al fondo, pues el demandado no ha incumplido el Tratado sobre la Carta de la Energía.

3. Subsidiariamente, que se desestimen todas las pretensiones resarcitorias de los demandantes, en virtud de que ellos no han experimentado daño alguno, como consecuencia de las decisiones adoptadas por el demandado.

4. Que condene a los demandantes al pago de las costas y gastos que se deriven del arbitraje, incluidos los gastos administrativos de la Cámara de

Comercio de Estocolmo, los honorarios de los árbitros, de los representantes del demandado, de los peritos y de los asesores, con la inclusión de una tasa de interés razonable desde la fecha en que tales costos se produzcan y hasta la fecha de su efectivo pago.

Precisados los límites de la controversia, se analizarán las razones expuestas por el Tribunal Arbitral para resolver el fondo, pues los aspectos procesales resultan menos relevantes, a los fines de la aplicación del Tratado sobre la Carta de la Energía.

2. *La fundamentación del laudo*

El Laudo comienza por rechazar el alegato de inadmisibilidad del arbitraje por pérdida sobrevenida del objeto e inmediatamente procede a analizar los argumentos sobre el fondo. A continuación se expondrán los fundamentos del Laudo en el siguiente orden: En primer lugar, se analiza el posible incumplimiento de la existencia de medios eficaces para la tramitación de las demandas (3.2.1); en segundo lugar, se explicará la denuncia de expropiación indirecta (3.2.2); en tercer lugar, se evaluará el supuesto incumplimiento del trato justo y equitativo (3.2.3), en las dos posibles manifestaciones que se alegaron del mismo: El desconocimiento de las expectativas legítimas (a); y, el incumplimiento de la interdicción de retroactividad (b).

A. *Los medios eficaces para la tramitación de demandas*

El artículo 10.12 del Tratado sobre la Carta de la Energía establece que "Las Partes Contratantes se asegurarán de que su derecho nacional proporciona medios eficaces para la tramitación de demandas y el ejercicio de derechos en relación con inversiones, acuerdos de inversión y autorizaciones de inversión".

Los demandantes consideran que los demandados al modificar las condiciones jurídicas existen al momento en que se hicieron las inversiones violó esta norma del Tratado, pues denuncian que en el derecho nacional no es posible presentar recursos contencioso administrativo contra tales actos jurídicos.

El Tribunal Arbitral señala que el estándar de medios eficaces, supone que los Estados establezcan un marco legal que garantice a los inversores recursos eficaces para la realización y protección de las inversiones, pero no impone obligación alguna respecto a la organización del sistema judicial, por lo que resulta suficiente que exista un sistema adecuado de leyes e instituciones que funcionen de manera efectiva[196].

---

[196]   Párrafo 470.

Dado que existe la posibilidad de que el inversor que se considera afectado, cuestione la validez de los actos jurídicos ante los órganos jurisdiccionales ordinarios y que de ser el caso, estos planteen al Tribunal Constitucional la cuestión de inconstitucionalidad; a lo que se suma la posibilidad de formular la demanda de responsabilidad patrimonial, previa reclamación administrativa ante la autoridad responsable, el Tribunal Arbitral considera que tales vías son suficientes para cumplir con la obligación de proporcionar medios eficaces[197].

Hay que tener presente que el estándar de medios eficaces exigido por el Derecho Internacional, no puede llegar a dictarle al Estado las modalidades precisas del sistema de recursos, obligándolo por ejemplo a establecer un sistema de control directo de la constitucionalidad de sus actos de naturaleza legislativa. La ausencia de tal modalidad de control de la constitucionalidad no materializa una violación del estándar de medios suficientes, en la medida que existen recursos tanto de control de constitucionalidad, –aunque sea de manera incidental–, como para obtener la compensación de los daños y perjuicios[198].

En razón de lo anterior, el Tribunal Arbitral rechaza los alegatos de los demandantes, sobre la violación del estándar de medios eficaces[199].

B. *La expropiación indirecta*

El artículo 13.1 del Tratado sobre la Carta de la Energía, dispone respecto a las expropiaciones que "1) Las inversiones de los inversores de una Parte Contratante en el territorio de otra Parte Contratante no serán objeto de nacionalización, expropiación o medida o medidas de efecto equivalente a la nacionalización o a la expropiación (a las cuales se aludirá en lo sucesivo como "expropiación"), excepto si dicha expropiación se lleva a cabo:

a) por un motivo de interés público;

b) de manera no discriminatoria;

c) con arreglo al debido procedimiento legal; y

d) mediante el pago de una indemnización rápida, adecuada y efectiva.

El importe de la indemnización equivaldrá al justo valor de mercado de la inversión expropiada inmediatamente antes de que el anuncio de la expropiación o de la intención de llevar a cabo la expropiación hubiese afectado al valor de la inversión (en lo sucesivo denominado "fecha de valoración").

---

[197] Párrafos 471-472.

[198] Párrafo 472.

[199] Párrafo 474.

Este justo valor de mercado se expresará, a elección del inversor, en una divisa libremente convertible, basándose en el tipo de cambio existente en el mercado para esta divisa en la fecha de valoración. La indemnización incluirá intereses según un tipo comercial fijado con arreglo a criterios de mercado, desde la fecha de la expropiación hasta la del pago".

Los demandantes denuncian que los actos jurídicos expedidos por el demandado en 2010, generan un "brutal impacto económico causado a la rentabilidad de la actividad desarrollada" por la empresa mercantil en la que poseen acciones, por lo que consideran que ello constituye "una expropiación de una parte sustancial del valor y de los rendimientos de la inversión". Por tanto, señalan que la afectación al valor económico de la inversión, aunque no se haya visto afectada la titularidad de las acciones es suficiente para caracterizar una expropiación indirecta, pues no es necesaria "la destrucción total de la inversión o una pérdida de control, sino que una interferencia significativa en el disfrute de la inversión o su beneficio pueden ser suficientes".

Es preciso señalar que conforme al Tratado, la inversión realizada por los demandantes consiste en una participación en acciones en una sociedad mercantil[200], aunque los demandantes sostienen haber invertido en rendimientos[201], lo que les lleva a considerar que al afectarse los flujos de caja futuros de la empresa, los actos jurídicos adoptados produjeron una expropiación indirecta, pues al reducirse los rendimientos, estos quedaron expropiados.

El Tribunal Arbitral no comparte tal argumentación, pues considera que el objeto de la inversión no fueron los rendimientos, sino las acciones en la empresa y que conforme lo argumenta el demandado, la inversión protegida por el Tratado debe estar en posesión o control del inversor y los demandantes no poseen, ni controlan los rendimientos futuros de la empresa, los cuales no constituyen derechos incorporados a su patrimonio[202].

El Tratado prohíbe tanto las medidas expropiatorias como aquellas de efecto equivalente –expropiación indirecta o *creeping expropriation*–[203]. Siendo la expropiación una toma de posesión que implica una privación de la

---

[200] Artículo 1.6.b) del Tratado sobre la Carta de la Energía.

[201] Artículo 1.6.e) del Tratado sobre la Carta de la Energía.

[202] Párrafo 459.

[203] Nouvel, Yves, "Les mesures équivalant à une expropriation dans la pratique récente des tribunaux arbitraux", *Revue générale du droit international public,* Vol. 106, París, 2002, pp. 79-102; Fortier, L. Yves, and Drymer, Stephen L., "Indirect expropriation in the law of international investment: I know when I see it, or caveat investor", *ICSID Review: Foreign Investment Journal,* Vol. 19, Oxford, 2004, pp. 293-327; Muci Borjas, José A., *El derecho administrativo global y los tratados bilaterales de inversión (BITs)*, Editorial Jurídica Venezolana, Caracas, 2007, pp. 171-181.

propiedad, para considerar que una expropiación es indirecta, se debe analizar si las medidas adoptadas por el demandado tuvieron el efecto de privar total o parcialmente al inversor de sus derechos como accionista de la empresa mercantil[204].

Considera el Tribunal Arbitral que el estándar de expropiación indirecta establecido por el Derecho Internacional, implica una afectación sustancial de los derechos de propiedad del inversor, que puede consistir en una efectiva privación de todo o parte de los bienes objeto de la inversión o en una pérdida de valor, que pueda ser equivalente por su magnitud, a una privación de la inversión[205].

Sin embargo, constituye un hecho admitido que los demandantes siguen siendo titulares de sus acciones en la empresa, no existen alegatos ni evidencias de que sus derechos como accionistas hayan sido limitados o afectados de alguna manera por los actos jurídicos adoptados por el demandado. Además, tampoco es un hecho controvertido que la empresa se encuentra operando y produciendo ganancias, ni fue alegado que aunque los actos jurídicos hayan afectado la rentabilidad de la empresa, esta haya sido privada de todo o parte de sus bienes o activos[206].

El único aspecto controvertido es la disminución de la rentabilidad de la empresa y por consiguiente del valor de las acciones. Por ello, los demandantes sostienen que una expropiación indirecta puede ser producto de una pérdida de valor de una inversión o de una pérdida de control sobre la misma. Ahora bien, para que una pérdida de valor sea equivalente a una expropiación, tiene que ser de tal magnitud que equivalga a una privación de propiedad[207].

Considera el Tribunal Arbitral, que aun cuando la rentabilidad de la empresa pudiera haber sido seriamente afectada como alegan los demandantes, dicha afectación no es por si misma suficiente para constituir una expropiación, pues de admitirse tal argumento, se llegaría al resultado que cualquier acto jurídico que afecte la rentabilidad de una sociedad pudiera considerarse expropiatorio, en cuanto pudiera producir una disminución de las ganancias de la misma y por consiguiente de su valor.

En criterio del Tribunal Arbitral, esto no es admisible, pues para que un acto jurídico pueda ser considerado como equivalente a una expropiación, los efectos que producen deben ser de tal magnitud que se pueda considerar que el inversor ha sido privado, total o parcialmente de su inversión, pero una disminución del valor de las acciones objeto de la inver-

---

[204]   Párrafo 460.

[205]   Párrafo 461.

[206]   Párrafo 462.

[207]   Párrafo 464.

sión, no puede considerarse una expropiación indirecta, a menos que la pérdida de valor sea tal, que se pueda considerar equivalente a una privación de propiedad[208].

Sostiene el Tribunal Arbitral, que de admitirse el planteamiento propuesto por los demandantes, aunque la reducción de la rentabilidad pudiese haber tenido serias consecuencias económicas y financieras, no es de tal magnitud para considerar que el valor de la inversión haya quedado destruido e incluso destaca que aunque se haya reducido, los demandantes reconocen que la rentabilidad de las plantas se mantuvo positiva[209].

Conforme a lo anterior, considera el Tribunal Arbitral que los demandantes no han probado que los actos jurídicos expedidos por el demandado, hayan tenido efecto equivalente a una expropiación[210].

C. *El trato justo y equitativo*

En lo concerniente a la denuncia de violación del trato justo y equitativo, el artículo 10.1 del Tratado sobre la Carta de la Energía dispone que "De conformidad con las disposiciones del presente Tratado, las Partes Contratantes fomentarán y crearán condiciones estables, equitativas, favorables y transparentes para que los inversores de otras Partes Contratantes realicen inversiones en su territorio. Entre dichas condiciones se contará el compromiso de conceder en todo momento a las inversiones de los inversores de otras Partes Contratantes un trato justo y equitativo. Estas inversiones gozarán asimismo de una protección y seguridad completas y ninguna Parte Contratante perjudicará en modo alguno, mediante medidas exorbitantes o discriminatorias, la gestión, mantenimiento, uso, disfrute o liquidación de las mismas.

En ningún caso podrá concederse a estas inversiones un trato menos favorable que el exigido por el derecho internacional, incluidas las obligaciones en virtud de los tratados. Toda Parte Contratante cumplirá las obligaciones que haya contraído con los inversores o con las inversiones de los inversores de cualquier otra Parte Contratante".

Los demandantes denuncian que el demandado ha vulnerado el estándar de trato justo y equitativo al modificar de modo inesperado el régimen regulatorio y económico aplicable a sus inversiones y por ende las expectativas legítimas (a); así como que tales actos jurídicos son violatorios de sus derechos, al ser retroactivos (b).

---

[208]   Párrafo 465.

[209]   Párrafo 466.

[210]   Párrafo 467.

a) El desconocimiento de las expectativas legítimas

En lo relacionado con el desconocimiento de las expectativas legítimas, los demandantes consideran que el demandado violó el Tratado al modificar de un modo inesperado el régimen regulatorio y económico que les era aplicable, vulnerando las expectativas legítimas y que al alterar el marco jurídico generó que su inversión quedase librada a inestabilidad regulatoria que se mantendría hasta el momento de formular sus alegatos. Sostiene que se trata de una ofensiva regulatoria en el período 2010-2013, que generaron ese contexto de inestabilidad y de falta de claridad que contraviene el artículo 10.1 del Tratado.

El Tribunal Arbitral considera que habiendo circunscrito la controversia a las normas regulatorias expedidas en 2010, no debe pronunciarse sobre las producidas con posterioridad, pues escapan al objeto del debate[211] y al resolver sobre aquellas que incumbe al objeto de conflicto, señala que no puede concluir que el demandado violó la obligación de estabilidad regulatoria[212]; y en lo concerniente a la falta de claridad del marco regulatorio, sostiene que ello no puede ser valorado, pues también excede el objeto del arbitraje, al referirse a las normas expedidas en 2013[213].

Considera el Tribunal Arbitral que con base en el principio de buena fe del derecho internacional, un Estado no puede inducir a un inversor a realizar una inversión, generando expectativas legítimas, para luego desconocer los compromisos que hayan generado tales expectativas[214].

Partiendo de esta premisa se analiza el argumento, según el cual el marco normativo existente al momento de la inversión generó expectativas legítimas y sí el cambio del marco regulatorio las ha desconocido. Al respecto considera el Tribunal, que no existen compromisos específicos adoptados personalmente frente a los demandantes, como una cláusula de estabilización o cualquier tipo de declaración que el Estado hubiese efectuado a los inversores y que estos fuesen sus destinatarios, en la que asumiera que el marco regulatorio existente al momento de la inversión no cambiaría[215].

Agrega el Tribunal, que el marco normativo existente al momento de la inversión no puede constituir o ser equivalente a un compromiso específico, pues aun estando dirigido a un grupo limitado de inversores, no lo convierte en compromisos concretos dirigidos a cada uno de ellos.

---

[211] Párrafo 482.

[212] Párrafo 484

[213] Párrafo 485.

[214] Párrafo 486.

[215] Párrafo 490.

Tales normas por su alcancen específico, no pierden la naturaleza general que caracteriza a los actos legislativos o reglamentarios[216].

Precisado lo anterior, considera que la comprobación de la existencia de vulneración de las expectativas legítimas del inversor, debe fundarse en un estándar o análisis objetivo, por lo que no resulta suficiente la mera convicción subjetiva que pudo tener el inversor al momento de realizar la inversión. A ello se suma que la aplicación del principio se encuentra condicionada a que la expectativa haya sido razonable en el caso concreto, siendo relevante las representaciones eventualmente realizadas por el Estado para inducir la inversión[217], es decir, lo relevante es saber si el marco regulatorio existente al momento de la inversión era capaz de generar la expectativa legítima protegida por el Derecho Internacional, de que el mismo no sería posteriormente modificado y del análisis efectuado se puede concluir, que un inversor no podía tener tal expectativa en ausencia de compromiso concreto, respecto a que la regulación existente no sería modificada[218].

Ello es así, porque de admitirse la existencia de la pretendida expectativa, habría que inferir que el marco regulatorio aplicable se debe mantener congelado, aunque las circunstancias hayan cambiado, lo que conduciría a admitir que cualquier cambio en la tarifa o en el horario, supondría una violación del Derecho Internacional y añade, que incluso hasta los propios demandantes reconocieron no haber tenido la expectativa legítima de que el marco regulatorio iba a permanecer inmutable[219].

Para considerar que los actos jurídicos eran violatorios de las expectativas legítimas del inversor, las medidas regulatorias no debieron haber sido razonablemente previsibles en el momento de la inversión, pero en el asunto sometido a arbitraje, los demandantes podían prever fácilmente la posibilidad de modificaciones al marco regulatorio, pues ello estaba previsto en la legislación nacional[220]. Este es el nivel de diligencia que se esperaría de un inversionista extranjero en un sector altamente regulado como el energético, que impone insoslayablemente un análisis previo y exhaustivo del marco jurídico aplicable al sector, antes de proceder a realizar la inversión[221].

Establecido lo anterior, procede analizar si los actos jurídicos modificatorios del régimen de inversión, no son en sí mismos violatorios de los estándares de trato justo y equitativo.

---

[216]   Párrafos 492-493.

[217]   Párrafo 495.

[218]   Párrafos 498-499.

[219]   Párrafo 503.

[220]   Párrafo 505.

[221]   Párrafo 507.

Debe advertirse que los demandantes argumentan que las expectativas legítimas resultan frustradas, aun en ausencia de compromisos específicos, cuando el Estado realiza actos jurídicos incompatibles con el criterio de razonabilidad económica, con el interés público o con el principio de proporcionalidad. Al respecto el Tribunal Arbitral acepta que el inversor tiene la expectativa legítima de que el Estado al modificar la regulación existente al momento de la inversión, no actuará de manera irrazonable, contraria al interés público o desproporcionada, que son los estándares que deberá analizar antes de finalizar este punto[222].

En cuanto al principio de proporcionalidad, señala que este se considera satisfecho en la medida que las modificaciones no sean caprichosas o innecesarias, y que no lleguen a suprimir de manera imprevisible y repentina las características esenciales del marco regulatorio existente[223], lo que se mantiene bajo la reforma de 2010[224], que ha implementado ajustes y adaptaciones que no suprimieron las características fundamentales del marco regulatorio existente, pues las empresas operadoras mantuvieron el derecho a percibir la tarifa y la posibilidad de vender la totalidad de la generación de energía de manera prioritaria dentro del sistema, por lo que no se violó la expectativa legítima conforme al Derecho Internacional[225].

En lo referido al principio de racionalidad económica, el Tribunal Arbitral estima que tanto la limitación de las tarifas a un período máximo, como la limitación temporal de horas elegibles responden a criterios objetivos y aunque pueden perjudicar los intereses económicos de los generadores, no pueden ser consideradas como irracionales o arbitrarias[226].

En lo concerniente al principio del interés público, la adopción de medidas orientadas a limitar el déficit de tarifa y la evolución del precio no resultan contrarias a este principio, ni son arbitrarias e irracionales, a lo que se suma que no se ha aportado prueba en tal sentido[227] y tampoco se ha producido discriminación con los generadores que aprovechan las fuentes renovables eólicas, pues el Estado puede aplicar reglas diferentes a sectores industriales distintos, sin que se materialice la violación a la obligación de no discriminación contemplada en el Derecho Internacional[228].

---

[222]   Párrafos 513-515.

[223]   Párrafo 517.

[224]   Párrafo 519.

[225]   Párrafo 533.

[226]   Párrafo 534.

[227]   Párrafo 536.

[228]   Párrafo 538.

Tampoco aprecia el Tribunal que las normas cuestionadas fueren injustas e incoherentes o hubiesen sido adoptadas en violación del debido proceso legislativo o reglamentario[229].

Según lo antes expresado, el Tribunal Arbitral concluye que no ha ocurrido un desconocimiento de la obligación de otorgar un trato justo y equitativo[230].

b) La violación de la interdicción de retroactividad

En lo concerniente a la denuncia de violación de la interdicción de retroactividad, los demandantes sostienen que al expedir los actos jurídicos que modificaron las reglas contenidas al momento en que efectuaron su inversión y proceder a aplicarlas de manera inmediata se afectaron sus derechos adquiridos, al alterarse las condiciones de equilibrio económico conforme a las cuales habían decidido invertir, lo que constituye una regulación retroactiva incompatible con el citado artículo 10.1 del Tratado sobre la Carta de la Energía. Consideran que como inversionistas de la empresa generadora han sido afectados, pues esta tenía un auténtico activo incorporado a sus instalaciones e integrado a su patrimonio, que era susceptible de valoración económica y transmisible con la instalación.

El Tribunal Arbitral no acepta el argumento de la pretendida retroactividad de los actos jurídicos expedidos en 2010 por el demandado y señala, que no existe ningún compromiso contractual con los demandantes, por lo que procede a valorar cuál es el alcance de la potestad del Estado para modificar con aplicación inmediata, las normas reglamentarias de aplicación general[231].

Es así como el Tribunal ratifica que la obligación de otorgar un trato justo y equitativo no implica que el marco regulatorio debe mantenerse inalterado, para todas las empresas mercantiles con respecto a sus instalaciones a lo largo de su vida útil, pues aceptar esa hipótesis, significaría congelar el marco regulatorio, quedando limitado cualquier cambio de la regulación a nuevas empresas e instalaciones establecidas con posterioridad a dichos cambios[232].

La inscripción de la empresa operadora en un registro constituye un requisito administrativo para realizar la venta de energía, pero ello no atribuye un derecho adquirido a una determinada retribución[233].

---

229   Párrafo 539

230   Párrafo 540.

231   Párrafos 544-545.

232   Párrafo 546.

233   Párrafo 547.

El Tribunal considera que habiéndose aplicado inmediatamente a su entrada en vigor, los nuevos actos jurídicos que modificaron el régimen existente al momento que se hicieron las inversiones en las empresas mercantiles, ello no supuso aplicación retroactiva a los períodos de operación anterior y por tanto no existe principio alguno de Derecho Internacional –ni ha sido demostrado por los demandantes–, salvo en el supuesto que existan compromisos específicos como los que se derivarían de un contrato, que prohíba a un Estado adoptar las medidas regulatorias con efecto inmediato, respecto a situaciones en curso[234].

Con fundamento en lo expuesto, el Tribunal Arbitral desestima los argumentos de los demandantes, según los cuales la aplicación inmediata de los actos jurídicos expedidos en 2010, constituyen una violación del artículo 10.1 del Tratado[235].

3. *La decisión*

El Tribunal arbitral luego de analizar detenidamente los alegatos formulados por los demandantes y el demandado, resuelve asumir la competencia para conocer del conflicto; rechaza la totalidad de las pretensiones formuladas por los demandantes y los condena de manera conjunta y solidaria a pagar los costos del arbitraje, así como el impuesto sobre el valor agregado, de ser procedente; los costos razonables en que incurrió el demandado, los cuales generarán los intereses a favor de éste a la tasa legal en vigor en España, a partir de la fecha del laudo y hasta el momento de su efectivo pago[236].

4. *El voto disidente*

El árbitro Guido Santiago Tawil, manifestó las razones por las cuales no comparte los argumentos expresados en el Laudo y que llevan a la conclusión de rechazar las pretensiones de los demandantes, las cuales se resumen seguidamente.

Comienza por reconocer la cuestionada competencia del Tribunal Arbitral para resolver el conflicto[237], al amparo del Tratado sobre la Carta de la Energía y también reconoce que la mayoría del Tribunal aplica correctamente el estándar de expropiación indirecta, que exige una afectación sustancial

---

234   Párrafo 548.

235   Párrafo 549.

236   Párrafo 573.

237   Párrafo 1.

de los derechos de propiedad, por lo que resulta correcto concluir que no hubo expropiación indirecta del demandado[238].

No obstante, manifiesta su desacuerdo con respecto al alegato de las expectativas legítimas que integran el estándar de trato justo y equitativo que reconoce el Tratado[239].

Partiendo de la premisa que la potencial vulneración de las expectativas legítimas del inversor debe valorarse sobre la base de un análisis objetivo y no de mera apreciación subjetiva que pudo tener el inversor al efectuar la inversión, considera que la aplicación de este criterio se debe efectuar en cada caso y que debe considerarse que la expectativa ha sido razonable en el caso concreto[240]; sin embargo, la generación de expectativas legítimas en un inversor, no se encuentra limitada únicamente a la existencia de un compromiso específico de naturaleza contractual o basado en declaraciones específicas otorgadas por el Estado receptor, pues ella puede evidenciarse del ordenamiento jurídico vigente al momento de realizarse la inversión[241].

Conforme a esta idea considera, que el marco normativo especial establecido por el demandado respecto a la fijación del cobro de tarifas y la temporalidad de la vigencia de las mismas, considerado junto a otros documentos, dan el contexto objetivo para que los demandantes resolviesen realizar la inversión, en el entendido que sería mantenido y no alterado[242].

Ese marco normativo no estaba dirigido a una generalidad indeterminada o imprecisa, sino a un número reducido de potenciales destinatarios que contaban con los recursos económicos para hacerlo[243], a lo que se suma la temporalidad de esta normativa sujeta a un plazo de caducidad, por lo que considera que ambas condiciones constituyen el establecimiento y la aceptación de expectativas legítimas en favor de los demandantes[244].

Considera que no existe un derecho adquirido al mantenimiento de un régimen jurídico general determinado, ni tampoco existe la expectativa legítima a la estabilidad de las leyes y reglamentos, por lo que el Estado siempre conserva intacta su potestad reglamentaria y puede modificarlas, incluso habiendo otorgado cláusulas de estabilidad.

---

[238]   Párrafo 2.
[239]   Párrafo 3.
[240]   Párrafo 4.
[241]   Párrafo 5.
[242]   Párrafo 6.
[243]   Párrafo 8.
[244]   Párrafo 9.

No obstante, si en el ejercicio de tal potestad el Estado afecta derechos adquiridos o expectativas legítimas, debe indemnizar a los afectados por los perjuicios causados[245].

En razón de lo anterior concluye señalando, que: "..., cuando un inversor cumple con todos los requisitos establecidos por la normativa vigente para ser acreedor a un derecho específico y determinado, su desconocimiento posterior por parte del Estado receptor de la inversión viola una expectativa legítima. El Reino de España se encontraba facultado para modificar o eliminar el régimen de promoción instaurado, no existiendo el riesgo de congelamiento, petrificación o inmutabilidad del marco regulatorio. No obstante ello, si al modificar el beneficio otorgado a quienes ya habían invertido en función de ese régimen especial –estableciendo en el caso una limitación al número de horas de producción y los años con derecho a tarifa- provocaba un perjuicio sin establecer una compensación adecuada, estaría violando las expectativas legítimas creadas y, con ello, el trato justo y equitativo protegido en el artículo 10 del TCE"[246].

IV. EL OTRO LAUDO ARBITRAL QUE APLICA EL TRATADO SOBRE LA CARTA DE LA ENERGÍA

El laudo arbitral recaído en el caso *Isolux Infrastructure Netherlands B.V.* contra el Reino de España, emitido en el día 17 de julio de 2016[247], expedido por el Tribunal Arbitral del Instituto de Arbitraje de la Cámara de Comercio de Estocolmo, integrado por el presidente Yves Derains y los árbitros Guido Santiago Tawil y Claus Von Wobeser, constituye la segunda victoria consecutiva del demandado.

El asunto se trata de una sociedad mercantil española, que también consideró que obtendría un mejor resultado en el arbitraje internacional, que intentando una demanda ante los tribunales nacionales y resolvió valerse de una filial holandesa para solicitar el arbitraje.

La disputa entre las partes surgió por las sucesivas reformas regulatorias que han sido explicadas en este trabajo, que se tradujeron en las rebajas de los subsidios o las primas para la generación de electricidad, mediante el aprovechamiento de fuentes renovables y además por considerar que una vez realizada su inversión, el establecimiento de un impuesto del 7% a los ingresos de las empresas que generan electricidad con dichas fuentes, le afectaba.

---

245   Párrafo 11.

246   Párrafo 12.

247   http://www.elconfidencial.com/empresas/2016-07-13/laudo-espana-arbitraje-internacional-recorte-renovable_1232050/

Dado que el laudo se encuentra sujeto a condiciones de confidencialidad, no existe manera de conocer todas las pretensiones formuladas y en
función de ello, los términos de lo resuelto por el Tribunal Arbitral[248].

V.   CONSIDERACIONES FINALES

La situación que se ha analizado con la aplicación del Tratado de la Carta de la Energía, a los inversionistas que optaron por participar en el mercado de la generación de energías a través de fuentes renovables fotovoltaicas,
constituye un precedente a nivel nacional, que genera mucha incertidumbre
en los inversionistas sobre el contexto de estabilidad –*lato sensu*–, en el cual
pueden realizar sus inversiones futuras.

Los tribunales nacionales en los casos resueltos concluyeron que los actos jurídicos adoptados para modificar o extinguir el régimen normativo que
estimuló la inversión, se encontraban suficientemente justificados y que no
eran imprevisibles o irrazonables.

El conflicto resuelto en el arbitraje constituye un precedente al que deberá hacerse seguimiento, para ver la evolución que pueda producirse respecto
a los otros casos pendientes de arbitrajes en aplicación del Tratado[249] y en
concreto, de aquellos que atañen al Estado español, que rondan un tercio –29
casos de arbitraje– del centenar pendientes de resolución[250].

Esto también genera una enorme incertidumbre sobre el futuro desarrollo de las tecnologías limpias y el aprovechamiento eficiente de las fuentes de energías renovables, pues el riesgo regulatorio puede tornar más

---

[248]   http://investmentpolicyhub.unctad.org/ISDS/Details/564

[249]   En la doctrina científica italiana, se considera que el Laudo del arbitraje N°
062/2012 es un antecedente irrelevante por tener un alcance limitado a unas medidas
que fueron finalmente derogadas, además que ello fue precisado así en el Laudo por el
Tribunal Arbitral, al aclarar que no prejuzga sobre otros asuntos no comprendidos en los
límites de la controversia. Se consideran pocos convincentes algunos argumentos formulados sobre el análisis del Tratado de la Carta de la Energía y se concluye que "*Insomma,
il lodo 'Charanne' non pone fine alle molteplici questioni qui discusse. Occorrerà attendere i pros-
simi lodi emessi nei molti procedimenti tuttora pendenti per formarsi un quadro d'insieme, dal
quale comprendere come si assesterà la giurisprudenza abritrale nella materia*". De Luca, Anna,
Lodo favorevole alla spagna a conclusione del primo degli investment arbitrations sorti
da impianti fotovoltaici: un precedente rilevante?, *Diritto del Commercio Internazionale,*
Anno XXX, Fasc. 1, Giuffrè Editore, Milano, 2016, pp. 272-275.

[250]   Resulta importante tener presente que inspirado en el estándar de Derecho Internacional, establecido en el artículo 59 del Estatuto de la Corte Internacional de Justicia, –http://www.icj-cij.org/homepage/sp/icjstatute.php– el Laudo señala en el párrafo
542, que "… el Tribunal Arbitral no pretende prejuzgar de manera alguna las conclusiones a las que podría llegar otro tribunal arbitral con base en el análisis del conjunto de las
normas adoptadas hasta la fecha, incluyendo las normas de 2013, que han quedado por
elección de las Partes fuera del análisis sometido a este Tribunal".

tímidos los progresos en I+D+i ante la inseguridad de retorno y de la rentabilidad razonable, que aspiran quienes invierten en ello.

Sin ninguna duda, cabe compartir la inquietud formulada por la doctrina científica respecto a que lo ocurrido, supone el riesgo de que un juicio emitido en circunstancias excepcionales, se constituya en el criterio de referencia para el enjuiciamiento en situaciones de normalidad[251].

Finalmente, un aspecto que no debe soslayarse, es que siendo los inversionistas españoles quienes lideran los principales grupos de inversión en Latinoamérica, es justamente desde allá dónde se ha construido una doctrina jurídica –que cambiando lo que hay que cambiar, pero siempre en materia de protección de las inversiones–, le podría ser de utilidad a cualquier Estado en Latinoamérica para promover inversiones y en caso de verse obligado a modificar las condiciones iniciales de la inversión extranjera, podría librarse exitosamente de la responsabilidad patrimonial de indemnizar a estos inversionistas, siempre que siga estrictamente el guion que han hilvanado los juristas del Estado y que han aceptado tanto los tribunales nacionales como el tribunal arbitral en este asunto.

---

[251]   Del Guayo, Iñigo, "La Carta Internacional de la Energía en 2015 y las energías renovables. A propósito del Laudo de 21 de enero de 2016", *Cuaderno de Energía* N° 47, Club Español de la Energía, Deloitte y Garrigues, Madrid, 2016, p. 56.

ÍNDICE

PRÓLOGO 11

INTRODUCCIÓN 15

LOS ASPECTOS GENERALES DE LA REGULACIÓN DE LAS ENERGÍAS

LOS ENTES REGULADORES Y LOS CONTROLES INSTITUCIONALES

I.   INTRODUCCIÓN 23

II. LAS CARACTERÍSTICAS GENERALES DE LOS ENTES REGULADORES 27

    1.   Independencia o autonomía 27

        A.   El elemento orgánico o estatutario.............................. 28

        B.   El elemento funcional 29

        C.   El elemento de gestión.. 30

        D.   Autonomía... 31

    2.   Neutralidad 32

    3.   Transparencia... 34

    4.   Especialización... 34

III. LAS COMPETENCIAS DE LOS ENTES REGULADORES 36

    1.   Competencia normativa 36

    2.   Competencia organizativa 38

    3.   Competencia de supervisión y control................................. 39

    4.   Competencia para otorgar y revocar títulos jurídicos habilitantes 42

    5.   Competencia sobre las instalaciones esenciales 42

6. Competencia de dirimir o solucionar controversias.............. 43

    A. Arbitraje propiamente dicho 44

    B. Resolución administrativa de conflictos 46

7. Competencia sancionatoria 48

IV. EL CONTROL INSTITUCIONAL DE LOS ENTES REGULADO-
RES 49

1. El control parlamentario 49

2. El control administrativo 49

3. El control jurisdiccional 51

V. CONSIDERACIONES FINALES 52

EL ESTATUTO DE LOS CONSUMIDORES
Y LOS USUARIOS ENERGÉTICOS

I. INTRODUCCIÓN 54

II. LOS FUNDAMENTOS NORMATIVOS DE LOS DERECHOS DE
LOS CONSUMIDORES Y LOS USUARIOS DE LOS SERVICIOS
ENERGÉTICOS 57

1. En el contexto europeo 58

2. En el contexto internacional 59

3. En el contexto americano 61

4. En los contextos nacionales 62

III. EL DERECHO DE LOS CONSUMIDORES Y LOS USUARIOS A
LA PARTICIPACIÓN EN LOS PROCEDIMIENTOS ADMINIS-
TRATIVOS DE REGULACIÓN NORMATIVA 64

1. La competencia normativa de las autoridades administra-
tivas 65

2. La garantía del derecho a la participación en los asuntos
públicos 67

3. Las ventajas de garantizar la participación en la regulación
de los servicios energéticos 72

IV. LOS DERECHOS DE LOS CONSUMIDORES Y LOS USUARIOS
ANTE LOS SERVICIOS ENERGÉTICOS 73

1. El derecho al establecimiento del servicio energético 74

2. El derecho de acceso al servicio energético 76

3. El derecho a la prestación del servicio energético 77

4. El derecho a elegir el servicio energético que se necesita 78

5. El derecho a la información para ejercer el control del servicio energético 78

6. El derecho al resarcimiento como consecuencia de la prestación del servicio energético 79

V.   CONSIDERACIONES FINALES 80

LA RESPONSABILIDAD SOCIAL EMPRESARIAL Y LA SOSTENIBILIDAD EN EL SECTOR ENERGÉTICO. CONSTRUYENDO EL FUTURO

I.   INTRODUCCIÓN.. 81

II.   DEFINIENDO LA RSE... 82

1. Misión y elementos de la RSE................................. 89

2. Principios de la RSE 90

3. Principales materias de la RSE................................ 91

III. DEFINIENDO EL DESARROLLO SOSTENIBLE 101

IV.   GERENCIANDO SUS *STAKEHOLDERS*................................... 104

V.   COMUNICANDO LA RSE 107

VI.   LOS REPORTES Y MEMORIAS DE SOSTENIBILIDAD, UN DIÁLOGO CON LOS *STAKEHOLDERS*... 112

VII. APLICACIÓN DEL CONCEPTO DE RSE EN LA EMPRESA........ 118

VIII. ALGUNOS ORGANISMOS GLOBALES Y DOCUMENTOS INTERNACIONALES DE INTERÉS PARA EL SECTOR ENERGÉTICO Y LA APLICACIÓN DE LA RSE 122

1. El Pacto Mundial (Global Compact) 122

2. Iniciativa Mundial de presentación de informes-GRI 122

3. La Asociación Mundial para Electricidad Sostenible 122

4. Propuestas de la Organización de las Naciones Unidas (ONU).. 122

5. La Carta Internacional de la Energía 123

6. El Marco Regulatorio del Desarrollo Energético Sostenible.. 123

7. Principios *OCDE* de Gobernabilidad....................... 123

8. *ISO* 14000 124

9. Convención *OCDE* contra la corrupción 124

10. Convención Interamericana contra la corrupción 124

11.   Pacto Mundial para el empleo 124

12.   OHSAS 18001 125

13.   SA8000:2008 125

14.   Código de Comercio Ético (Ethical Trading Code) 126

15.   AA1000SES:2015 126

16.   Estándares y Directrices para la Gestión Ética y de Respon-
      sabilidad Social: SGE 21:2008 (Forética) y la ISO-26000 127

17.   SE4ALL 127

18.   *ISO* 50001 128

19.   Observatorio de Responsabilidad Social Corporativa en el
      ámbito de la sostenibilidad energética y ambiental 128

IX.   CONSIDERACIONES FINALES 129

LA REGULACIÓN DE LAS ENERGÍAS EN LA PERSPECTIVA NACIONAL

EL INICIO DE LA REGULACIÓN DEL SECTOR ELÉCTRICO

I.   INTRODUCCIÓN 135

II.   EL RÉGIMEN JURÍDICO DEL SECTOR ELÉCTRICO 136

III. LAS ACTIVIDADES DEL SECTOR ELÉCTRICO 141

      1.   La actividad de generación 141

      2.   La actividad de transmisión 142

      3.   La actividad de gestión 142

      4.   La actividad de distribución 142

      5.   La actividad de comercialización 143

IV.   LOS PARADIGMAS JURÍDICOS DEL SECTOR ELÉCTRICO 143

      1.   El servicio público y el sector eléctrico 144

      2.   La promoción de la libertad de empresa, libre competencia
           y la apertura a la participación de capitales privados 146

           A.   La libertad de empresa y la libre competencia 147

           B.   La separación de la función de planificación, de la
                regulación y de la actividad empresarial 147

           C.   La desintegración vertical 148

           D.   La garantía de libertad de acceso de terceros a las redes .. 149

E. El fomento de la conformación del mercado mayorista... 149

F. La garantía de la calidad de los servicios........................... 150

3. La protección del ambiente 150

4. La intervención del Estado en el sector eléctrico 152

A. El Ministerio de Energía y Petróleo................................... 152

B. La Comisión Nacional de Energía Eléctrica 152

C. El Centro Nacional de Gestión del Sistema Eléctrico...... 153

D. Las empresas del Estado 154

E. Las entidades municipales.. 155

F. Otras autoridades administrativas 155

V.   LA NUEVA POLÍTICA PÚBLICA EN EL SECTOR ELÉCTRICO... 156

1. La desaparición de la participación privada en la gestión
del sector eléctrico 158

2. La supresión de la diversidad de operadores y de la libre
competencia... 159

3. El cambio de régimen de las habilitaciones administrativas... 162

4. La modificación del modelo institucional del sector eléc-
trico.. 163

5. Las implicaciones tributarias de la reorganización del sec-
tor eléctrico 164

A. Las exenciones tributarias a los negocios jurídicos dirigidos a la transformación empresarial del sector eléc-
trico... 164

B. La exención de los tributos estadales y municipales so-
bre las actividades eléctricas... 164

VI. CONSIDERACIONES FINALES.. 168

EL REGRESO DEL ESTADO PRESTADOR
EN EL SERVICIO ELÉCTRICO

I.   INTRODUCCIÓN.. 172

II. EL RÉGIMEN DE LA CRISIS ELÉCTRICA 173

1. La primera fase de la crisis eléctrica 173

2. La segunda fase de la crisis eléctrica 175

III. LA CONSOLIDACIÓN DE LA VUELTA AL ESTADO PRESTA-
DOR EN EL SECTOR ELÉCTRICO.. 177

1. Nueva regulación de las actividades del sector eléctrico 178

2. Las premisas que inspiran el sector eléctrico 179

   A. Acceso universal al servicio eléctrico 179

   B. Reserva y dominio del Estado 180

   C. Modelo de gestión socialista 182

3. Los principios rectores del sector eléctrico 186

4. La institucionalidad en el sector eléctrico 187

   A. El Ministerio de Energía Eléctrica 187

   B. La Comisión Presidencial del Estado Mayor Eléctrico ... 187

   C. La Corporación Eléctrica Nacional 188

   D. Los municipios... 189

IV. CONSIDERACIONES FINALES 190

LOS DESAFÍOS DEL SERVICIO DE ENERGÍA ELÉCTRICA

I. INTRODUCCIÓN.. 192

II. LOS RIESGOS EXISTENTES EN EL SECTOR ELÉCTRICO 195

III. EL RÉGIMEN DE TRANSICIÓN EN EL CAMBIO DEL MODE-
LO ELÉCTRICO 199

1. La inmediata transición del modelo eléctrico 199

2. La mediata transición del modelo eléctrico 202

IV. LAS PROPUESTAS PARA LA REFORMA DEL MERCADO DE
LAS ENERGÍAS 204

1. La necesidad de reconfiguración del marco regulatorio 204

2. La revisión del modelo institucional 206

3. La garantía de estabilidad y seguridad para las inversiones.. 208

V. LAS FUENTES DE ENERGÍAS CONVENCIONALES Y LAS
FUENTES DE ENERGÍAS RENOVABLES 209

1. La conformación del negocio 209

2. El mercado de las energías 211

3. La necesidad de integración de las distintas fuentes que
abastecen los mercados.. 213

VI. LA PROMOCIÓN DE LA EFICIENCIA ENERGÉTICA.................. 214

VII. LOS USUARIOS DEL SERVICIO ELÉCTRICO................................ 218

VIII. EL PAGO DEL COSTO DEL SERVICIO ELÉCTRICO 220

IX.   CONSIDERACIONES FINALES 221

LA REGULACIÓN DE LAS ENERGÍAS EN LA PERSPECTIVA INTERNACIONAL

LA ENERGÍA COMO DERECHO HUMANO Y SU EJERCICIO ANTE EL CAMBIO CLIMÁTICO

I.   INTRODUCCIÓN 225

II.   EL DESARROLLO DEL MARCO INTERNACIONAL DEL DE-
      RECHO HUMANO A LA ENERGÍA 227

III. EL POSIBLE CONTENIDO DEL DERECHO HUMANO A LA
      ENERGÍA 236

IV.   EL CAMBIO CLIMÁTICO Y SU INCIDENCIA EN EL DERE-
      CHO HUMANO A LA ENERGÍA 240

V.   CONSIDERACIONES FINALES 247

LA TRIADA: ENERGÍAS RENOVABLES, ENERGÍA SOSTENIBLE PARA TODOS Y OBJETIVOS DEL DESARROLLO SOSTENIBLE

I.   INTRODUCCIÓN 250

II.   LA PRECISIÓN SOBRE LAS FUENTES RENOVABLES DE
      ENERGÍAS 252

      1.   La energía solar 256

      2.   La energía eólica 257

      3.   La energía hidráulica 259

      4.   La energía de la biomasa 260

      5.   La energía geotérmica 260

      6.   La energía marina 261

      7.   La energía del hidrógeno 264

      8.   El estado del desarrollo y explotación de las energías reno-
            vables 265

      9.   La naturaleza jurídica de los bienes o recursos para utilizar
            las fuentes de energías renovables 267

III. LA ENERGÍA SOSTENIBLE PARA TODOS (SE4ALL) 270

1. La evolución hacia la Década de la Energía Sostenible para Todos 271

2. Los objetivos de la Década de la Energía Sostenible para Todos 273

3. Hacia la Energía Sostenible para Todos post-2015 274

IV. LOS OBJETIVOS DEL DESARROLLO SOSTENIBLE 276

1. El largo camino hacia los Objetivos del Desarrollo Sostenible 277

2. El establecimiento del objetivo energético dentro de los Objetivos del Desarrollo Sostenible 279

3. Las implicaciones que supone el cumplimiento del objetivo energético dentro de los Objetivos del Desarrollo Sostenible 280

V. CONSIDERACIONES FINALES 281

LA EFICIENCIA ENERGÉTICA Y EL AHORRO DE ENERGÍA

I. INTRODUCCIÓN 286

II. UNA APROXIMACIÓN INICIAL A LA EFICIENCIA ENER-GÉTICA 288

III. LOS INSTRUMENTOS INTERNACIONALES QUE HAN CON-FIGURADO LA REGULACIÓN DE LA EFICIENCIA ENERGÉ-TICA 290

1. La Carta Europea de la Energía 291

2. El Protocolo del Tratado sobre la Carta de la Energía 292

3. La normativa de la Unión Europea 300

4. Las declaraciones de la Organización de las Naciones Unidas 302

5. La Carta Internacional de la Energía 304

6. El Marco Regulatorio del Desarrollo Energético Sostenible.. 305

7. Las normas internacionales ISO relacionadas con la Eficiencia Energética 307

IV. CONSIDERACIONES FINALES 308

LA REGULACIÓN DE LAS ENERGÍAS EN LA PERSPECTIVA COMUNITARIA

EL MARCO REGULATORIO DEL DESARROLLO ENERGÉTICO SOSTENIBLE

I. INTRODUCCIÓN 313

II. EL CONTEXTO INSTITUCIONAL Y JURÍDICO DE LA COMUNIDAD ANDINA 315

III. LAS RAZONES QUE MOTIVARON LA INICIATIVA DEL MARCO REGULATORIO DEL DESARROLLO ENERGÉTICO SOSTENIBLE 318

IV. LOS CONCEPTOS COMUNES PROPUESTOS EN EL MARCO REGULATORIO ANDINO 320

   1. La energía y sus manifestaciones 320

   2. Las fuentes de energía y su clasificación................................. 321

   3. Las ideas que complementan el Desarrollo Energético Sostenible 321

   4. La visión antropocéntrica y biocéntrica del desarrollo sostenible 322

   5. El enfoque de la integración en el contexto desarrollo energético 323

V. LOS FUNDAMENTOS QUE INSPIRAN LA INICIATIVA DEL DESARROLLO ENERGÉTICO SOSTENIBLE................................. 323

   1. El objeto general del marco regulatorio 323

   2. La naturaleza del marco regulatorio.. 323

   3. El objetivo integral que contempla el marco regulatorio....... 324

   4. Los objetivos especiales que contempla el marco regulatorio 324

   5. Los principios rectores del marco regulatorio......................... 325

VI. EL ESTATUTO DE LOS INVOLUCRADOS EN EL DESARROLLO ENERGÉTICO SOSTENIBLE 328

   1. Las atribuciones y los deberes de los Estados ante la población.. 328

   2. Los derechos y los deberes de la población 332

VII. LAS ESTRATEGIAS, LAS TÁCTICAS Y LAS ACCIONES PARA LA IMPLEMENTACIÓN DEL MARCO REGULATORIO DEL DESARROLLO ENERGÉTICO SOSTENIBLE................................. 333

1. La eficiencia energética, el ahorro y el uso racional de los recursos 333

2. El manejo y la gestión sostenible de los recursos energéticos... 334

3. La administración y la distribución de recursos energéticos.. 336

4. La política energética y la planificación 337

5. La seguridad de suministro de productos y los servicios energéticos 337

6. La inversión y la infraestructura 338

7. La información y las estadísticas.. 339

8. El marco regulatorio... 339

9. El marco institucional 340

10. La integración, la industrialización y el comercio 340

VIII. LAS PROPUESTAS DE ACTUACIÓN EN LOS SUBSECTORES ENERGÉTICOS.. 341

1. El subsector del carbón mineral 342

2. El subsector de los hidrocarburos 342

3. El subsector de la electricidad 344

4. El subsector de las renovables 347

5. El subsector de las fuentes no convencionales 348

IX. EL POTENCIAL DEL DESARROLLO ENERGÉTICO SOSTENIBLE EN OTROS MODELOS DE INTEGRACIÓN 349

1. El Sistema de Integración Centroamericana........................... 349

2. El Proyecto Mesoamérica 351

3. La Alianza del Pacífico 353

X. CONSIDERACIONES FINALES 355

HACIA UN *CODEX ENERGIARUM*: DEL TRATADO SOBRE LA CARTA DE LA ENERGÍA A LA CARTA INTERNACIONAL DE LA ENERGÍA

I. INTRODUCCIÓN.. 357

II. EL SURGIMIENTO DE LA CARTA EUROPEA DE LA ENERGÍA.. 361

III. EL TRATADO SOBRE LA CARTA DE LA ENERGÍA.................... 364

IV. LA CARTA INTERNACIONAL DE LA ENERGÍA 366

1. Los antecedentes de la Carta Internacional de la Energía 367

2. Los objetivos y los principios de la Carta................................ 371

3. La puesta en práctica de la Carta 374

    A. El acceso y el desarrollo de las fuentes de energía 375

    B. El acceso a los mercados.. 375

    C. La liberalización del comercio de la energía 376

    D. La promoción y protección de inversiones....................... 376

    E. Los principios y las directrices en materias de seguridad 377

    F. La investigación, el desarrollo tecnológico, la transferencia de tecnología, la innovación y la difusión............. 377

    G. La eficiencia energética, la protección del medio ambiente y la energía sostenible y limpia 377

    H. El acceso a la energía sostenible 378

    I. La educación y la formación.. 378

    J. La diversificación de fuentes de energía y de rutas de abastecimiento 378

4. Los acuerdos específicos.. 378

V. CONSIDERACIONES FINALES 379

EL TRATADO SOBRE LA CARTA DE LA ENERGÍA, LAS ENERGÍAS RENOVABLES Y EL ARBITRAJE INTERNACIONAL

I. INTRODUCCIÓN.. 382

II. EL DERECHO ESTATAL Y LAS REFORMAS REGULATORIAS . 386

1. El marco regulatorio inicial y las reformas 386

2. Los criterios establecidos por los tribunales nacionales sobre el Tratado de la Carta de la Energía 387

    A. La posición del Tribunal Constitucional en los casos sometidos a su consideración 388

    B. La posición del Tribunal Supremo en los casos sometidos a su consideración 390

3. Las implicaciones de los fallos respecto a los generadores mediante fuentes renovables 392

III. EL LAUDO ARBITRAL QUE APLICA EL TRATADO SOBRE LA CARTA DE LA ENERGÍA.. 393

1.	Las pretensiones de las partes	394
2.	La fundamentación del laudo	395
	A. Los medios eficaces para la tramitación de demandas...	395
	B. La expropiación indirecta	396
	C. El trato justo y equitativo	399
3.	La decisión	404
4.	El voto disidente	404
IV.	EL OTRO LAUDO ARBITRAL QUE APLICA EL TRATADO SOBRE LA CARTA DE LA ENERGÍA	357
V.	CONSIDERACIONES FINALES	407

www.ingramcontent.com/pod-product-compliance
Lightning Source LLC
Chambersburg PA
CBHW081426270326
41932CB00019B/3112